# 서대문민중신학교의
## 증언

# 서대문민중신학교의 증언 〈개정증보판〉

2019년 12월 9일  초판 1쇄 발행
2020년 6월 10일  개정증보판 1쇄 발행

엮은이 | 서대문민중신학교 역사편찬위원회
지은이 | 권진관 이광일 이현준 외
펴낸이 | 김영호
펴낸곳 | 도서출판 동연
주  소 | 서울시 마포구 월드컵로 163-3
전  화 | (02)335-2630
전  송 | (02)335-2640
이메일 | h-4321@daum.net / yh4321@gmail.com
블로그 | https://blog.naver.com/dong-yeon-press

ISBN 978-89-6447-577-5  03300

이 책은 서울특별시의 2019년 종교단체 후원 사업으로 출간하였습니다.

개정
증보판

# 서대문민중신학교의
# 증언

서대문민중신학교 역사편찬위원회 엮음
권진관 이광일 이현준외 지음

동연

# 자랑스러운 당신들이여

김상근
(KBS 이사장)

박정희 군사독재정권은 대통령 삼선을 금한 헌법을 개헌합니다.
정변이었습니다.
그것도 모자라 영구집권을 획책했습니다.
'유신'을 선포하고 헌법에 다시 칼을 들이댔습니다.
거센 저항이 일어납니다.
그 맨 앞에 대학생들이 있었습니다.
한국신학대학 학생들 또한 그 저항에 몸을 던졌습니다.
박정희는 한국신학대학에 학생 제적을 명하더니
신학과 신입까지 중지시킵니다.
제적생들은 거리로 쫓겨났습니다.

박정희는 이른바 민청학련사건을 만들어 학생들을 대거
검거하고 감옥에 처넣었습니다.
그들은 거리로 나왔습니다.
그들은 거리에서 감옥에서 하늘을 만납니다.

사회적 약자들을 만납니다.
그 가슴에 기독교 신앙이 꿈틀거렸습니다.
새로운 소명이 불탔습니다.

이때 바로 한국기독교장로회는 선교교육원을 세웁니다.
저들은 거기에서 민중과 만납니다.
역사와 만납니다.
대학 교단에서 해직당한 교수님들을 만납니다.
새로운 전혀 새로운 삶을 만듭니다.
세상을 바꿔냅니다.
교회를 바꿔냅니다.
하나님이 만드신 박정희의 역설입니다

그 장본인들이 당신입니다.
당신들의 삶, 그것은 성령의 걸음입니다.
그 걸음을 글로 모은다니 쾌거가 아닐 수 없습니다.
그 글 모음은 글 모음이 아닐 것입니다
아픔, 고통, 눈물, 기쁨, 환희입니다
당신들 후학에게 손전등이 될 것입니다.

나는 당신들을 자랑합니다.
당신들로 인해 하나님께 감사합니다.

# 서대문민중신학교 역사 정리 사업을 축하하며

정진우
(민주화운동기념사업회 상임부이사장)

1970, 80년대 한국현대사에서 가장 깊은 어둠과 절망이 지배하던 시절, 예수의 이름으로 그 절망에 맞섰던 이들이 모여 이루어낸 기장 선교교육원의 지하신학교 역사가 기록된다는 소식을 들었습니다. 고맙고 반가웠습니다. 당대 최고의 지성과 당대 가장 뜨거운 가슴을 지녔던 젊은이들이 신학교를 만들었고 불의한 권력과 세상에 맞서는 예수 공부를 나누던 그 가슴 벅차도록 아름다운 이야기가 아직까지 역사로 정리되지 못했다는 것은 한국기독교사뿐만 아니라 한국민주화운동사에서도 하나의 큰 숙제였습니다. 이 귀한 일을 시작하신 분들에게 깊은 존경과 감사를 드립니다.

기장 선교교육원, 해직 교수들과 민주화운동으로 학교에서 쫓겨난 학생들이 모여 예수를 배우고 그 공부를 통해 불의한 시대를 극복하여 민주와 인권, 평화의 새 시대를 열기 위해 모인 그곳은 가장 깊은 절망의 자리에서 새로운 시대를 만들어낸 3천 년 전 다윗의 아굴람 동굴 같은 곳이었습니다. 거기 몸담았던 한 사람 한 사람 모두가 이후 한국민주화운동사에 대단히 중요한 발자취를 남겼습니다.

이름은 기장 선교교육원이었지만 그곳은 단지 기장이라는 기독교의 한 교단의 울타리나 기독교라는 특정 종교에 매인 곳은 아니었습니다. 그곳은 복음이 지향하는 '오이쿠메네'(주님께 속한 전세계)라는 말 그대로 온 세상 속에 하나님의 정의를 실현하고픈 열망만이 가득했던 곳이었고, 거기서 배우고 익힌 예수 공부는 기독교 교리를 널리 전하여 종교인들을 만들어내자는 것이 아니라 독재와 분단의 마귀를 쫓아내고 생명의 바람, 평화의 바람, 온 누리에 성령의 바람이 불게 하자는, 진정한 의미에서 복음을 전파하는 운동이었습니다. 또한 거기 모인 면면의 다양한 배경을 보더라도 이것이 단지 종파적 활동이 아니라는 것을 단박에 알 수 있고 이 일이 가능했던 네트워크도 전세계에 연결되어 있었습니다. 진정한 에큐메니칼의 현장이었던 것이고 그 점에서 오늘의 에큐메니칼 운동에 시사하는 바도 크다고 생각합니다. 과문한 탓이겠지만 이렇게 에큐메니칼 정신을 온전히 구현해냈던 사례는 이천 년 세계 교회사에 그리 흔치 않은 일이었다고 생각합니다.

　지금 생각해보면 어쩌면 이것은 기적이라고 해야 하는 것이 아닐까 생각됩니다. 비록 10년을 넘지 않는 짧은 기간이었지만 선교교육원의 역할은 한국민주화운동의 가장 빛나는 힘을 제공했고 오늘의 민주화를 이룩하는 일에 소중한 밑거름이 되었습니다. 이 점에서 선교교육원의 역사는 한국 사회 전체, 한국민주화운동사라는 관점에서 깊이 조망되어야 할 것입니다.

　모쪼록 이 귀한 역사가 잘 정리되어 여러 가지로 혼란스러운 오늘의 한국교회와 사회 속에 새로운 영감과 성찰의 자료가 될 수 있기를 바라며 이 일을 위해 수고해 주신 모든 분께 높은 치하의 인사를 드립니다.

# 특별한 사건이었고, 은총이었던 선교교육원

권진관
(서대문민중신학교 동문회장)

선교교육원의 문을 두드렸던 1977년 봄, 바깥세상은 앞이 보이지 않을 정도로 깜깜했습니다. 역사의 어둠이 짙게 깔려서 나라의 앞날은 물론 우리 개인의 앞날도 점칠 수 없었습니다. 갈 곳이 없어서 차가운 거리를 헤맸습니다. 잠시 동지들을 만나서 오랜만에 반가운 미소를 나누며, 서로 알고 있는 정보를 교환하고 돌아서는 외로웠던 시기였습니다.

1976년 한 해 동안 나는 공장에서 일하고 있었습니다. 공장을 가게 된 것은 여러 이유가 있었습니다. 현장을 경험하자는 것이 제일 컸고, 용돈도 좀 벌어 보고, 삶의 의미도 찾아보리라 생각해서 공장에 들어간 것입니다. 노동을 잠깐 쉬던 이듬해 봄에 선교교육원에 친구들이 모여서 공부하고 있다는 얘기를 듣고 찾아가 보았습니다. 이미 학기 수업이 시작되고 있었습니다. 나는 먼저 입학한 친구들과 선배들의 권유로 선교교육원에 갔던 그 날 이들 틈에 앉아서 강의를 듣게 되었습니다. 오랜만에 들은 강의였습니다. 그게 인연이 되어 교육원생이 되었습니다.

여기까지 글을 썼는데 문득 커피 생각이 났습니다. 뜨거운 커피 한 잔을 만들어 책상에 다시 앉았습니다. 그리고 창밖을 보며 40여 년 전 일들을 회상했습니다. 스물다섯 살이었을 때입니다. 민청학련 사건으로 약 1년간 형무소에서 복역한 후 1975년 겨울의 추위가 아직 남아있던 2월에 출소했습니다. 출소 후 동지들은 뿔뿔이 흩어져 자주 만날 수 없었습니다. 학교는 돌아갈 수 없게 되어 교회에 갔습니다. 교회 안에서도 재학생들과 우리 '빵잽이' 사이에 보이지 않는 금이 그어져 있다는 것을 느꼈습니다. 그래도 동료 빵잽이들이 있어서 함께 만남도 가졌고 동조해 주는 재학생들도 있었습니다.

그래서 동료 빵잽이들이 모인 선교교육원은 우리에게 오아시스와 같은 곳이었습니다. 그곳에는 생명이 살 수 있었습니다. 서대문 선교교육원에는 잘 가꾸어진 잔디밭도 있고, 앵두나무가 있었고, 무엇보다 동지애가 있는 곳이었습니다. 우리는 매일 만나서 공부하고 토론하고, 식사도 같이 하고, 탁구도 치면서 바깥의 어두움과 차가움을 잊을 수 있었습니다. 동료들끼리 수학여행도 갔었습니다. 유난히 찬바람 불던 시대에 따뜻함을 느끼는 공동체였습니다. 한국 사회 변화를 이끌 수 있는 민족·민주·민중운동가가 되기 위해서 모두 열심히 공부했고 밖에 나가서는 열심히 활동했습니다. 가끔 교육원 안에 있는 기숙사에서 퇴수회를 하면서 공동체를 만들어갔습니다.

돌이켜보면, 선교교육원은 세계 유례없는 특별한 곳이었습니다. 신학뿐 아니라 다른 학문에서 훌륭한 선생님들이 신학의 영역을 넘어 통합적인 배움을 제공해 주었습니다. 우리는 그야말로 가장 진보적인 교육을 받았던 것입니다. 비록 비공식적인 영성함이 있었기는 했지만, 지금 생각해보면 매우 이상적인 교육이었습니다. 이런 진보적이고 창의성 있는 교육의 장을 우리가 다시 만들 수 없을까요? 그대로는 불가능할 것입니다. 그러나 모색해 볼 가치가 충분히 있습니다. 나는 동료들과 함께 그런 가능성을 열어놓고 계속 모색해 보고 싶습니다.

그 좋았던 교육원 시절로 우리가 돌아갈 수도 없고, 그것을 지금 반복할 수도 없습니다. 당시의 교육원은 하나님의 역사였고, 은총이 었습니다. 하나의 사건이었습니다. 반복될 수 없는 유일회적인 특별한 사건이었습니다. 그 사건을 기억하면서 우리는 앞으로 나아갈 것입니다. 하나님께서 우리를 통하여 앞으로 어떤 사건을 일으키실지 아무도 모릅니다. 바울 선생 말씀대로 우리는 그저 앞을 보며 달려갈 뿐입니다. 남은 생이 다할 때까지 최선을 다할 뿐입니다. 하나님이 우리와 함께해 주실 것을 믿습니다. 아멘.

# 차 례

녹두
예수

# 기장 선교교육원 교수들과 학생들

일본 도잔소 한일기독자협의회(1970년 초)에 참석한 서남동 목사(왼쪽에서 네 번째)

제3회 졸업식

총회 위촉생 교육과정 학생들과(앞 줄 가운데 서남동 원장, 1978~1984년 시절)

# 선교교육원의 사계

## 초대 원장 심원心園 안병무 박사

## 2대 원장 죽재竹齋 서남동 박사

고 문동환 교수의 사모님과 위촉생 출신 학생들(문 교수님 딸 문영미 집 거실에서)

죽재서남동목사탄
생백주년기념사업
회 출범식(이사장
서광선 박사) ⇦

기념사업회에
참석한 사람들 ⇩

# '서대문민중신학교'의 설립 과정과 학생 및 교수들

이광일

(선교교육원 역사편찬위원장)

이 책은 '한국기독교장로회총회 선교교육원 총회 위촉생 교육과정'(약칭: 위촉생 과정, 일명: 서대문민중신학교)에 대한 이야기입니다. 우리가 함께 다녔던 신학교의 명칭을 놓고 오래 고민하다 협의를 통해 '서대문민중신학교'라고 정했습니다.

기장 선교교육원은 기장교단의 선교와 교육을 수행하는 기관의 명칭입니다. 해직 교수와 제적 학생들의 이 학교는 선교교육원의 한 교육과정이었습니다. 처음에는 기장 총회가 선교교육원에 교육을 위촉하여 '총회 위촉생 교육과정'으로 진행하였으나, 이 교육과정의 성격을 바르게 표현하는 명칭이 통일되지 못했습니다. 이에 앞으로는 '서대문민중신학교'라는 명칭으로 사용하기로 했습니다.

이 책의 구성에 대해 많은 사람과 여러 차례 고심하다가 교육원 생활과 개인들의 삶을 표현하는 '증언'을 중심으로 꾸미고, 발언자들의 느낌을 살리기 위해 집담회 형태로서 발언 내용을 그대로 싣기로 하였습니다. 집담회를 글로 옮기는 과정에서 간혹 깔끔하게 정리되지 못한 부분들이 있는데 이점 독자들께서 양해해 주시기를 정중히 부탁드립니다.

1976년 4월 15일 개원한 위촉생 과정은 한국기독교장로회총회(기장 총회)가 한국신학대학을 포함한 민주화운동으로 대학에서 쫓겨난 학생들과 해직 교수를 포함한 각계의 진보적인 여러 교수를 모아, 서대문에 위치한 '기장 선교교육원'에서 10년간(1976~1985년) 운영한 신학교입니다.

기장 교단은 과정을 이수한 수료자들에게는 기장 교단의 목사가 될 수 있는 자격(준목고시 자격)을 부여해 주었습니다. 그 시작은 1976년 한국신학대학에서 제적된 학생들과 해직된 교수들로부터였으나, 기장 교단이 점차 문호를 개방하여 일반대학의 제적 학생 중 신학을 공부하려는 학생들에게도 입학을 허락해 주었습니다. 단, 입학 절차 중에 교회의 추천을 반드시 받도록 했습니다.

민중신학, 사회과학, 현장실습을 각각 2:1:1 비율로 한다는 원칙은 있었으나 학생 중심의 민주적 운영으로 배울 과목과 교수 선정 등에 학생회의 결정을 존중해 주었습니다. 소정의 학점을 얻어야 수료(졸업)가 가능했습니다. 10년간 123명의 학생이 등록했으며, 49명이 수료를 했습니다. 대다수 수료생은 목사가 되는 '준목시험'을 거쳐 목회자가 되었습니다. 나머지 학생들은 정부의 복학 조치에 따라 학교로 돌아가 학업을 마쳤습니다. 그리고 10년간 52명의 교수가 수업을 담당하였습니다.

서대문민중신학교를 거쳐간 모든 학생과 그들을 가르친 교수의 명단은 다음과 같습니다.

# 1. 선교교육원 학생 전체 명단

(총 123명 / 4년 과정 수료[졸업]자 49명, 복학자 74명.
가나다순: 2019년 11월 15일 현재)

| 이름 | | | | | | |
|---|---|---|---|---|---|---|
| 강구철 | 강명진 | 강성구 | 강익현 | 고은수 | 구충서 | 권오걸 |
| 권오성 | 권진관 | 기길동 | 김 윤 | 김거성 | 김경남 | 김경록 |
| 김광수 | 김광호 | 김광훈 | 김기준 | 김명숙 | 김명희 | 김병국(목) |
| 김병국(한) | 김상복 | 김석진 | 김수태 | 김영근 | 김원표 | 김인태 |
| 김재홍 | 김정길 | 김종생 | 김종수 | 김진규 | 김창규 | 김충섭 |
| 김하범 | 김현수 | 김현애 | 김형기 | 나상기 | 노창식 | 류태선 |
| 문병수 | 박광순 | 박남수 | 박달용 | 박몽구 | 박병식 | 박성인 |
| 박성훈 | 박윤길 | 박정진 | 박종덕 | 박종철 | 박준엽 | 박춘노 |
| 박현 | 방병규 | 배경순 | 배정섭 | 배현식 | 변현정 | 서용석 |
| 서철용 | 손인범 | 송재희 | 신대균 | 신희백 | 심상환 | 심재욱 |
| 안남영 | 안태용 | 양관수 | 양동춘 | 오세구 | 오세중 | 유상덕 |
| 유종성 | 유종일 | 윤규상 | 윤석인 | 윤인중 | 이택 | 이광일 |
| 이대수 | 이병백 | 이상익 | 이영우 | 이영재 | 이영환 | 이원희 |
| 이종원 | 이춘섭 | 인태선 | 임시은 | 장민석 | 장신규 | 전병생 |
| 전유희 | 전점석 | 정동수 | 정등룡 | 정상시 | 정성현 | 정영란 |
| 정태헌 | 조영숙 | 조인영 | 조주환 | 조태원 | 주재석 | 진철 |
| 진창덕 | 천상만 | 최웅일 | 최인규 | 한기양 | 한태완 | 홍봉준 |
| 홍성엽 | 홍승구 | 황승주 | 황인성 | | | |

## ■ 총회 위촉생들의 구성

다음의 표는 선교교육원 총회 위촉생 과정을 수료(졸업)한 학생들은 총 49명이며, 관련 사건과 그들을 추천한 교회 등 상세 설명을 첨부하였습니다.

## 1-1. 선교교육원 총회 위촉생 과정 수료(졸업)자 명단

| 졸업<br>년도 | 이름 | 대학교 | 입학<br>년도 | 추천교회 | 관련사건 |
|---|---|---|---|---|---|
| 1977 | 김병국 | 한신대 | 76. 3. | | 긴급조치/학내시위 |
| | 김충섭 | 한신대 | 76. 3. | | 긴급조치/학내시위 |
| 1978 | 김경남 | 서울대 | | 서울제일 | 민청학련/긴조 1, 4호 |
| | 김수태 | 한신대 | | | 긴급조치/학내시위 |
| | 조주환 | 한신대 | | | 긴급조치/학내시위 |
| 1979 | 김인태 | 한신대 | | 전궁 | 긴급조치/학내시위 |
| | 박성인 | 한신대 | 78. 3. | 무안읍제일 | 긴급조치/학내시위 |
| | 서용석 | 한신대 | 76. 3. | 보광동 | 긴급조치/학내시위 |
| | 송재회 | 한신대 | | 백양 | 긴급조치/학내시위 |
| | 이광일 | 한신대 | | 한빛 | 민청학련/긴조 1, 4호 |
| 1980 | 나상기 | 숭실대 | 78. 3. | 광주 양림 | 민청학련/긴조 1, 4호 |
| | 박남수 | 한신대 | 79. 3. | | 긴급조치/학내시위 |
| | 배경순 | 세종대 | 77. 3. | 상동 | 긴급조치/학내시위 |
| 1981 | 권오성 | 서강대 | 78. 3. | | 민청학련/긴조 1, 4호 |
| | 권진관 | 서울대 | 77. 3. | 새문안 | 민청학련/YW위장결혼 |
| | 신대균 | 서울대 | 77. 9. | 새문안 | 민청학련/긴조 1, 4호 |
| | 이상익 | 한양대 | 77. 9. | 마산 한 | 민청학련/YW위장결혼 |
| | 황승주 | 서울대 | 77. 3. | 수도 | 민청학련/긴조 1, 4호 |
| 1982 | 김광훈 | 한신대 | | | 긴조 9호/ 계엄포고령 |
| | 이원희 | 외국어대 | 77. 9. | 수도 | 민청학련/긴조 1, 4호 |
| | 전병생 | 한신대 | 81. 3. | | 긴조9호/국가보안법 |
| 1983 | 노창식 | 한신대 | | | 긴급조치/학내시위 |
| | 박몽구 | 전남대 | 79. 3. | 전남 무진 | 긴조/우리교육사건 |
| | 오세구 | 서울대 | 79. 3. | 서울제일 | 긴급조치 9호 |
| | 유종성 | 서울대 | 79. 9. | 새문안 | 긴급조치/계엄포고령 |
| | 전유희 | 이화여대 | 79. 9. | 신명 | 긴급조치 9호 |
| | 정등룡 | 전남대 | 79. 9 | 광주 양림 | 긴급조치 |
| | 정상시 | 한신대 | 78. 9. | | 긴급조치 9호 |
| | 진창덕 | 전북대 | 79. 3. | | 집시법 |
| 1984 | 김광수 | 외대대 | | 백석 | 계엄포고령위반 |
| | 김상복 | 중신대 | | 향린 | 긴급조치 |
| | 김석진 | 감신대 | | | 계엄포고령 |
| | 김창규 | 한신대 | | 청주 중부 | 〃 |
| | 박춘노 | 세종대 | | 새봄 | 계엄포고령 |
| | 서철용 | 성균관대 | | 신명 | 학내시위/강제징집 |

| 졸업<br>년도 | 이름 | 대학교 | 입학<br>년도 | 추천교회 | 관련사건 |
|---|---|---|---|---|---|
| 1984 | 이대수 | 연세대 | 79. 9. | 수도 | 긴급조치 9호 |
| | 조인영 | 외국어대 | | 신명 | 계엄포고령 |
| 1985 | 김명희 | 한일장신 | | 파주중앙 | 계엄포고령 |
| | 김원표 | | | 한빛 | |
| | 김형기 | 성균관대 | | 신촌 | 집시법 |
| | 박병식 | 경희대 | | | |
| | 박정진 | 숙명여대 | 83 | 창현 | 집시법 |
| | 방병규 | 서울대 | | 동월 | 긴급조치/국보법 |
| | 유상덕 | 서울대 | 77. 9. | | 긴급조치 9호 |
| | 윤규상 | 세종대 | | | |
| | 정영란 | 충북대 | 83. 3. | 양광 | 집시법 |
| | 조영숙 | 세종대 | | 신촌 | 집시법 |
| | 최인규 | 전북대 | 82. 9. | 함열 | 긴급조치/포고령 |
| | 한기양 | 국민대 | 83. 3. | 삼일 | 계엄포고령 |

## 1-2. 복학생 명단(74명)

| 졸업<br>년도 | 이름 | 대학교 | 입학<br>년도 | 추천교회 | 관련사건 |
|---|---|---|---|---|---|
| 1985 | 강구철 | 서울대 | 83. 3. | | 민청학련/Y위장결혼 |
| | 강명진 | 한신대 | 83. 9. | | 집시법 |
| | 강성구 | 연세대 | 79. 9. | 한빛 | 긴급조치 9호 |
| | 강익현 | 원광대 | | | |
| | 고은수 | 서울대 | 78. 9. | | 긴급조치 |
| | 구충서 | 단국대 | 78. 3. | 초동 | 민청학련/긴조 1, 4호 |
| | 권오걸 | 서울대 | 78. 3. | 수도 | 민청학련/긴조 1, 4호 |
| | 기길동 | 서울대 | 79. 2. | 서울제일 | 긴급조치 |
| | 김윤 | 서강대 | 77. 9. | 봉원 | 민청학련/긴조 1, 4호 |
| | 김거성 | 연세대 | 79. 2. | 신촌 | 긴급조치 9호 |
| | 김경록 | | 83. 3. | | |
| | 김광호 | | | | |
| | 김기준 | | | | |
| | 김명숙 | 성균관대 | 77. 3. | 형제 | 전교조 |
| | 김병국 | 목원대 | 83. 3. | | 긴시법 |
| | 김영근 | 연세대 | 78. 9. | | 긴급조치 9호 |
| | 김재홍 | 목포대 | 83. 2. | 전남 연동 | |
| | 김정길 | 전남대 | 77. 9. | 광주 양림 | 민청학련/긴조 1, 4호 |

| 졸업<br>년도 | 이름 | 대학교 | 입학<br>년도 | 추천교회 | 관련사건 |
|---|---|---|---|---|---|
| 1985 | 김종생 | 침례신대 | 79. 2. | 서울제일 | 국보법 |
| | 김종수 | 서울대 | | | 긴급조치 |
| | 김진규 | 경북대 | 78. 3. | | 긴급조치 |
| | 김하범 | 한신대 | 79. 3. | 복음 | 긴급조치 9호 |
| | 김현수 | 한신대 | 79. 9. | | 긴급조치 9호 |
| | 김현애 | 연세대 | 83. 3. | | |
| | 류태선 | 서울대 | 79. 2. | 새문안 | 긴급조치 |
| | 문병수 | 연세대 | 77. 1. | 성광 | 긴급조치 |
| | 박광순 | 서울대 | 78. 9. | 한빛 | 긴급조치 |
| | 박달용 | | | | |
| | 박성훈 | 연세대 | 78. 3. | 한빛 | 긴급조치 9호 |
| | 박윤길 | 고려대 | 78. 3. | | |
| | 박종덕 | 경북대 | 83. 3. | | 국보법/집시법 |
| | 박종철 | | | | |
| | 박준엽 | 서강대 | 78. 3. | 불광천주 | 민청학련/긴조 1, 4호 |
| | 박현 | 한신대 | 83. 9. | | 집시법 |
| | 배정섭 | 숭전대 | | | 집시법 |
| | 배현식 | 전북대 | 83. 2. | 전북 금암 | 계엄포고령 |
| | 변현정 | 경희대 | 77. 3. | 새문안 | 긴급조치 |
| | 손인범 | 전북대 | 78. 3. | 함열 | 긴급조치 9호 |
| | 신희백 | 서울대 | 79. 9. | 서울제일 | 긴급조치 9호 |
| | 심상완 | 서울대 | 79. 2. | 새문안 | 긴급조치 9호 |
| | 심재욱 | 한신대 | | 강원 교동 | 집시법 |
| | 안남영 | 한신대 | 76. 3. | | 긴급조치 9호 |
| | 안태용 | 고려대 | 82. 3. | | |
| | 양관수 | 서울대 | 77. 9. | 한빛 | 계엄포고/YW위장결혼 |
| | 양동춘 | 전남대 | | | 학내시위/집시법 |
| | 오세중 | 서울대 | 78 | | 학내시위/계엄포고령 |
| | 유종일 | 서울대 | 83. 3. | 초강 | 집시법 |
| | 윤석인 | 서울대 | 78. 3. | 향린 | 긴급조치 |
| | 윤인중 | 한신대 | 83. 2. | 서울 양광 | 긴급조치 |
| | 이택 | 전남대 | 79. 9. | 광주 한빛 | 긴급조치 |
| | 이병백 | 서울대 | 79. 9. | 경서 | 긴급조치 |
| | 이영우 | 동대 | 79. 2. | 새문안 | 긴급조치 9호 |
| | 이영재 | 한신대 | 79. 9. | | 긴급조치 9호 |
| | 이영환 | 서울대 | 79. 2. | 새문안 | 긴급조치 9호 |
| | 이종원 | 서울대 | 77. 2. | 동부 | 민청학련/긴조 1, 4호 |

| 졸업<br>년도 | 이름 | 대학교 | 입학<br>년도 | 추천교회 | 관련사건 |
|---|---|---|---|---|---|
| 1985 | 이춘섭 | 한신대 | 83 | | 긴급조치 9호 |
| | 인태선 | 한신대 | 79. 2. | | 긴급조치 9호 |
| | 임시은 | 한신대 | | | |
| | 장민석 | 한양대 | 79. 9. | 성남 | 긴급조치 9호 |
| | 장신규 | 성균관대 | 83. 2. | | |
| | 전점석 | 인하대 | 77. 9. | 천은 | 긴급조치 9호 |
| | 정동수 | 부산대 | | | 국보법/집시법 |
| | 정성현 | 서울대 | 79. 3. | 서울제일 | 긴급조치 9호 |
| | 정태헌 | 고려대 | 79. 2. | 서울제일 | 긴급조치 9호 |
| | 조태원 | 부산대 | 78. 3. | 부산중부 | 긴급조치 9호 |
| | 주재석 | 서울대 | 78. 9. | 서울제일 | 긴급조치 9호 |
| | 진철 | 한신대 | | | 긴급조치 9호 |
| | 천상만 | 고려대 | 79. 2. | 새문안 | 긴급조치 9호 |
| | 최응일 | 동대 | 78. 3. | 미아리침례 | |
| | 한태완 | 인하대 | | | 집시법 |
| | 홍봉준 | | | | |
| | 홍성엽 | 연세대 | 78. 3. | 연세대학 | 민청학련/Y위장결혼 |
| | 홍승구 | 서강대 | 79. 9. | 향린 | 긴급조치 9호 |
| | 황인성 | 서울대 | 77. 9. | 형제 | 민청학련/긴조 1, 4호 |

## 2. 교수 명단(1976~1985년)

가나다 순(총 52명)

| 이름 | 학과 | 학기수 | 이름 | 학과 | 학기수 |
|------|------|--------|------|------|--------|
| 고재식 | 기독교윤리 | 2 | 김경재 | 조직신학 | 3 |
| 김득중 | 신약 | 1 | 김성재 | 기독교교육 | 4 |
| 김성환 | 기독교교육 | 2 | 김영은 | 성서 | 1 |
| 김용복 | 기독교윤리 | 7 | 김윤환 | 경제학 | 1 |
| 김이곤 | 구약 | 2 | 김찬국 | 구약 | 7 |
| 나상기 | 농민운동 | 1 | 문동환 | 기독교교육 | 6 |
| 문익환 | 구약 | 2 | 박근원 | 목회학 | 6 |
| 박봉랑 | 조직신학 | 1 | 박준서 | 구약 | 1 |
| 박창섭 | 교회성장 | 1 | 박현채 | 경제사 | 4 |
| 박형규 | 사회윤리 | 1 | 백낙청 | 문학 | 1 |
| 서광선 | 현대신학 | 1 | 서남동 | 조직신학 | 8 |
| 서인석 | 성서해석 | 1 | 성래운 | 교육학 | 1 |
| 손덕수 | 여성신학 | 1 | 송건호 | 학생운동사 | 1 |
| 신홍섭 | 헬라어 | 1 | 안병무 | 신약 | 8 |
| 안병직 | 한국근대사 | 1 | 양호민 | 국제정치학 | 1 |
| 유인호 | 경제학 | 1 | 이만열 | 교회사 | 1 |
| 이문영 | 정치학 | 3 | 이삼열 | 철학 | 1 |
| 이영희 | 국제정치학 | 1 | 이우정 | 헬라어 | 5 |
| 이장식 | 교회사 | 1 | 임태수 | 히브리어 | 1 |
| 장일선 | 히브리어 | 1 | 장일조 | 사회철학 | 1 |
| 정장복 | 설교학 | 2 | 정창열 | 한국근대사 | 1 |
| 정하은 | 기독교윤리 | 2 | 주재용 | 교회사 | 6 |
| 진연섭 | 신약, 헬라어 | 5 | 최순남 | 교회와사회복지 | 1 |
| 한승헌 | 공법이론 | 2 | 한승호 | 목회와상담 | 1 |
| 한완상 | 사회계층론 | 1 | 허병섭 | 민중교육 | 1 |
| 황성규 | 신약 | 4 | 황성숙 |  | 1 |

1부

기장 선교교육원
'총회위촉생교육' 탄생 역사

# 한국기독교장로회 선교교육원 '총회 위촉생 교육과정' 탄생 역사

이현준

(선교교육원 원장)

## 1. 시작하며

'서울특별시 서대문구 경기대로 55'에 위치한 한국기독교장로회 선교교육원(현 총회교육원)은 그 초기 역사에 있어 비단 한국교회사 측면에서뿐 아니라 한국 사회 민주화운동사에 있어서도 아주 중요한 의미를 지닌다. 그것은 선교교육원이 한 종교기관의 범주에 머무르지 않고 당시 유신체제라는 박정희 군사정권의 폭압 정치에 정면으로 맞서 민주화와 민중운동을 실질적으로 견인한 요람의 역할을 수행했기 때문이다. 특히 불의한 독재정권에 항거하다 제적당한 학생들과 강단에서 쫓겨난 해직 교수들이 이곳에서 함께 모여 서로의 아픈 마음을 위로하고, 더 큰 사회 변혁의 동력을 재생산했던 '위촉생 교육과정'은 한국 민주화운동사에 길이 간직되고 높이 평가받아 마땅한 창조적 실험실이었다. 여기서 민중교회운동이 태동되고, 민중신학이 활발히 논의되며 한국을 대표하는 신학으로 발전하였다. 또 정치적 민주화를 외치는 소극적 저항의 차원을 넘어 당시 모순된 사회구조로 인해 고통당하던 노동자, 농민, 도시빈민 등 기층민중의 삶에 적극적으로 동참하여 평등한 사회를 건설하려는 민중운동이 활발히 전개되었다. 참교육을 지향하는 전국교직원노동조합의 출범도 위촉생 과정의 실험정신이 빚어낸 결과이기도 했다. 박정희 유신체제 종말의 단초가 되었던 YH사건도 위촉생 과정과 연관이 있다. 한마디로, 기장(한국기독교장로회) 선교교육원 위촉생 교육과정의 역사는 한국 민주화운동을 논함에 있어 결코 간과될 수 없는 근원적 정당성을 가지고 있다 하겠다.

그러나 이렇듯 빛나는 공헌에도 선교교육원 위촉생 교육과정의 역사는 철저히 소외되고 묻혀져 왔다. 문민정부가 들어선 이후 한국 민주화운동에 대한 역사화 작업이 활발히 전개되고 다양한 결과물들이 쏟아져 나왔지만, 정작 초기 한국 민주화운동의 구심점 역할을 담당했던 선교교육원과 위촉생 과정을 조명한 연구물들은 그 어디서도 찾아보기 힘들다. 대단히 서글픈 역설이 아닐 수 없다. 이에 위촉생 과정에 참여했던 당사자들이 직접 나서 동문회를 조직하고, 자료를 모으고, 기억을 되살려 비로소 역사화 작업의 첫발을 내딛게 되었다. 서울시의 후원으로 출간되는 이 책자는 어디까지나 작은 시작일 뿐이다. 앞으로 더 많은 관심과 노력으로 한국 민주화운동의 전위대와 같았던 선교교육원 초기 역사가 정당한 평가와 함께 재조명되어야 할 것이다.

우리 사회 민주화는 결코 그냥 주어진 것이 아니다. 수많은 이들의 고귀한 피와 눈물의 결정체가 민주화의 꽃으로 부활한 것이다. 그러므로 이들의 거룩한 희생이 헛되지 않게 우리는 자유, 정의, 평화, 평등, 생명, 통일의 보편적 가치가 우리 사회 저변에 확고히 뿌리내리도록 할 책임이 있다. 어제, 오늘, 내일이 단절이 아닌 하나의 연속

된 시간이듯이, 과거(역사)를 잘 보존하고 계승 발전시키는 과정을 통해 보다 아름다운 미래를 열어가는 동력으로 삼아나가야 할 것이다. 언제나 살아 있는 역사를 간직하는 것, 그 중요성은 아무리 강조해도 지나침이 없을 것이다.


## 2. 총회 위촉생 교육과정의 태동 배경

### 1) 정치적 배경: 유신체제의 등장과 반독재민주화투쟁

1961년 5월 16일, 군사 쿠데타로 국가권력을 장악한 박정희는 1963년 10월 15일에 치러진 제5대 대통령 선거에서 윤보선 후보를 0.97%의 근소한 차이로 누르고 당선되었다. 4년 뒤 윤보선과 재대결을 벌인 제6대 대통령 선거에서 그는 큰 득표 차로 재선에 성공하였다. 권력의 단맛을 본 박정희는 장기 집권을 위해 국가 안보 강화와 경제 발전을 구실로 1969년에 3선 개헌을 강행하였다. 1971년 김대중 후보를 상대로 한 제7대 대통령 선거에서는 53.2%의 득표율로 세 번째 집권에 성공하였다. 그러나 선거에서의 승리를 위해 지역감정을 유포하고, 갖가지 형태의 부정선거 방법을 다 동원했음에도 불구하고 예상보다 신승에 가까운 결과는 그에게 상당한 실망과 불안감을 안겨다 주었다. 김대중은 "선거에서 이기고 개표에서 졌다"는 말이 사람들 입에서 파다하게 떠돌아다녔다.

이에 재집권의 위기감을 느낀 박정희는 1972년 10월 17일 제3공화국 헌법을 폐기하고 대통령에게 초법적인 권한을 주는 유신헌법을 공포하였다. 전국에 비상계엄령이 선포되고, 국회가 해산되었으며, 어떠한 정치 활동도 금지되었다. 모든 출판물과 언론매체는 검열을 거쳐야만 했고, 오직 유신헌법을 미화하고 찬양하는 선동들만 난무하게 되었다. 중앙정보부 등 정보기관의 감시망을 두려워한 나머지 다방과 같은 공공장소에서는 정치적 대화가 자취를 감추게 되었다. 삼엄한 계엄령 속에 치러진 유신헌법 찬반 국민투표에서는 총유권자의 91.9%가 참여하여 91.5%의 압도적인 찬성률로 개헌안이 통과되었다. 이러한 투표 결과는 공정성 문제는 차치하고서라도 당시 분위기가 얼마나 공포스런 억압의 상황이었는지를 역설적으로 반증한다 하겠다. 이후로 대통령 선거는 '체육관'에서 통일주체국민회의가 선출하는 간접선거로 바뀌었고, 박정희는 1979년 10월 26일 자신의 부하가 쏜 총탄에 맞아 서거하기까지 대한민국의 절대권력자로 군림하였다.

유신체제는 한마디로 박정희의, 박정희를 위한, 박정희에 의해 구축된 국가권력의 사유화가 그 본질적 특성이다. 유신헌법 제53조는 대통령의 단순한 행정명령 하나만으로도 국민의 자유와 권리에 대해 무제한의 제약을 가할 수 있는 초헌법적 권한을 명시하고 있다. 유신체제는 긴급조치에 의해 유지될 수 있었다고 할 만큼 대통령의 긴급조치권은 무소불위의 권력행사를 헌법으로 보장한 악법 중에 최고의 악법이었다. 이를 기초로 박정희는 1974년 1월 8일, 일체의 헌법 개정 논의를 금지하는 내용의 긴급조치 1호와 2호를 발동하였다. 동년 4월에는 소위 민청학련(전국민주청년학생총연맹) 사건을 빌미로 긴급조치 4호를 선포하였다. 1975년 4월 8일에는 유신반대시위를 막고자 고대 휴교령 및 군대투입을 내용으로 하는 긴급조치 7호가 내려졌다. 그리고 약 한 달 뒤 5월 13일에는 유신헌법의 부정·반대·왜곡·비방·개정 및 폐기의 주장이나 청원·선동 또는 이를 보도하는 행위를 일절 금지하고 위반자는 영장 없이 체포한다는 내용의 긴급조치 9호가 선포되었다. 긴급조치 9호는 지금까지 반포된 긴급조치령을 집대성한 것으로서 그가 시해되기까지 4년 이상 존속되었다.

유신체제기는 한국 현대사에 가장 폭압적인 시대 가운데 하나로 기록되어 마땅하지만 동시에 민주화운동사의 맥락에서 이 시기는 불의한 권력에 저항하고 사회적 모순을 극복하려는 민주민중운동의 역량이 괄목할 만하게 성장한 때기도 하였다. 1973년 8월에 발생한 김대중납치사건은 유신체제의 부도덕성을 적나라하게 드러내면서 반(反)유신체제 운동의 저변을 확대하는 계기가 되었다. 급기야 장준하, 백기완, 함석헌, 지학순, 윤보선 등 지식인·종교인과 야당인사들은 민주 헌정의 회복 및 박정희 유신정권의 인권탄압을 격렬히 규탄하면서 개헌운동을 위한 '100만인 개헌서명운동'을 전개하였다.

1974년 4월 3일, 서울대, 연세대, 성균관대, 이화여대 등 주요 대학에서 벌어진 시위에서는 민청학련 명의의 "민중·민족·민주선언"과 "민중의 소리" 등의 유인물이 뿌려졌다. 이는 유신에 반대하는 대학생들의 저항이 조직적으로, 또 전국적인 범위로 확산되고 있음을 보여준다. 박정희 정권은 이 시위의 배후에 '인민혁명당' 그룹이 있다고 음모를 꾸민 뒤 소위 민청학련사건으로 포장·조작하여 180명을 구속 기소하였다. 이때 구속된 사람들 가운데는 대학생뿐만 아니라 윤보선 전 대통령, 가톨릭 원주교구장 지학순 다니엘 주교, 한국기독교장로회 서울제일교회 박형규 목사 등도 포함되어 있었다.

긴급조치 9호가 공포되고 탄압과 감시가 극에 달한 상태에서도 반독재민주화투쟁은 그치지 않았다. 1976년 3월 1일에는 함석헌, 윤보선, 정일형, 김대중, 윤반웅, 안병무, 서남동, 문동환, 이우정 등 대표적인 재야인사들이 서명한 '3·1 민주구국선언'이 명동성당에서 선포되었다(명동사건). 이 선언서는 긴급조치 9호 철폐, 투옥 인사와 학생 석방, 의회정치 복원, 사법권 독립을 촉구하는 내용을 담고 있었다. 대학 캠퍼스에서는 점차 다수의 학생이 동참하는 대규모 시위가 전개되었고, 투쟁 방식도 학내투쟁에서 가두투쟁으로 발전되어갔다. 한 예가 바로 1978년 6월 26일에 벌어진 광화문시위사건이다.

유신체제에 대한 저항운동은 학생운동과 재야운동에 국한되지 않았다. 노동자, 농민, 도시 빈민 등 기층민중들의 저항도 본격적으로 확산되고 조직화되기 시작했다. 박정희가 추구했던 근대화와 산업화는 결국 저임금과 저곡가, 대규모 이농 정책의 토대 위에 추진되었던 것인데, 이는 노동자와 농민 등 기층민중의 일방적인 희생을 전제로 한 것이었다.

1970년 11월 13일, '근로기준법을 준수하라', '우리는 기계가 아니다', '일요일은 쉬게 하라' 등의 구호를 외치며 휘발유로 자신의 몸을 적시고 불을 붙여 분신한 전태일 사건은 한국사회에 실로 엄청난 파장을 불러일으켰다. 이때까지만 해도 민주화운동은 재야인사, 진보적 지식인, 종교인, 학생들이 주체가 되어 전개되어왔다. 그런데 전태일 분신 사건의 결과로 청계피복노동조합(전국연합노조 청계피복지부)이 결성되고, 기층민중들의 노동운동, 인권운동, 생존권투쟁이 비로소 본격적인 모습을 드러내게 되었다. 정치적 민주화만을 목표로 했던 많은 민주인사와 종교인, 학생들이 그의 죽음을 통해 척박한 민중의 삶의 현실에 깊은 관심을 갖기 시작하면서 민주화운동과 민중운동이 연대하고 결합하는 새로운 차원의 투쟁이 수행되었다. 지식인들 사이에 민중운동, 민중신학과 같은 주제가 논의되고, 종교계를 중심으로 산업선교회, 도시 빈민선교회 등이 조직되었으며, 학생들은 야학운동을 통해 노동자와의 연대를 꾀하고 또 직접 노동현장에 투신하기도 하였다.

1972년 한국모방(이후 원풍모방) 노동자들의 노조민주화투쟁, 1974년 반도상사 민주노조 결성투쟁, 1976년 동일방직사건, 1979년 YH사건 등은 일방적 희생과 순응만을 강요했던 박정희 정권의 모순된 정책에 대한 노동자들의 반정부투쟁이자 수탈적 자본주의에 대한 생존권투쟁의 성격을 겸하고 있다. YH사건이 발단이 되어 부마항쟁이 전개되고, 결국 10·26 사태가 발생하였다. 국가권력이라는 가공할 물리적 힘으로 영구집권을 꿈꾸었던 박정희의 야욕의 성(城)이 결국 도도한 저항의 파도에 휩쓸려 비참히 무너지는 역사의 심판을 맞게 된 것이다.

또 다른 희생의 피해자인 농민 역시 1970년대 후반에 생존권투쟁의 대열에 합류하였다. 이 당시 농민 운동은 가톨릭농민회가 주도적인 활동을 하였다. 1976년 11월부터 1978년 5월까지 진행된 함평고구마피해보상투쟁은 농민 운동에 하나의 이정표를 세운 사건으로 평가된다. 1978년 여름 경북 영양군에서는 감자피해보상투쟁이 전개되었는데, 이 투쟁을 주도하던 가톨릭농민회장 오원춘이 안기부에 의해 납치되는 사건도 발생하였다. 유신체제는 이처럼 민중들의 생존권투쟁마저 반정부투쟁으로 간주하여 탄압하는 반민주, 반민중적 특성을 나타냈다.

## 2) 교단적 배경: 한국기독교장로회 신앙고백과 선교정책

선교교육원 총회 위촉생 교육과정은 우연히 태동된 것이 아니다. 그 배경에는 한국교회를 대표하는 진보 교단 가운데 하나인 한국기독교장로회가 있었고, 캐나다연합교회와 독일 개신교선교연대(EM

S, Evangelical Mission in Solidarity)와 같은 해외협력 기관 그리고 보다 넓게는 세계교회협의회(WCC, World Council of Churches)가 있었다. 따라서 위촉생 교육과정의 특성과 역사를 잘 이해하기 위해서는 어느 정도 교단적 배경에 대한 이해가 필요할 것이다.

한국기독교장로회가 박정희 군부 독재에 맞서 개신교를 대표하는 진보 교단으로 기독교 민주화운동을 이끌 수 있었던 데는 교단을 이끄는 많은 지도자의 선구적 역할이 있었기 때문이다. 기장 교단 출범의 기수였던 김재준 목사는 일찍이 1965년 한일 굴욕외교 반대투쟁에서부터 반독재민주화투쟁에 깊숙이 참여하여 1969년에 3선개헌반대범국민투쟁위원회 위원장, 1972년 국제앰네스티한국위원회 위원장, 1973년 민주수호국민협의회 공동의장을 역임하였다. 강원용 목사는 1965년 '한국크리스찬아카데미'를 설립하여 민주화운동의 주체 양성 및 활동가 재교육 차원에서 중요한 역할을 하였다. 1972년 12월 13일에는 전주 남문교회 은명기 목사가 포고령 위반 혐의로 유신 선포 이후 처음으로 구속되기도 했다. 개신교계 민주화운동을 한 단계 격상시킨 계기가 되었던 1973년 4월의 '남산부활절연합예배사건'(남산부활절 내란예비음모사건) 역시 기장 소속 박형규, 권호경 목사가 주도적 역할을 하였다. 이 사건을 계기로 약 한 달 뒤인 5월 20일에는 기독교 민주화운동의 장엄한 선포와 같았던 "1973년 한국그리스도인선언"이 발표되었고, 한국기독교교회협의회(NCCK) 민주화운동의 주역인 인권위원회가 탄생했으며, 세계교회로부터 민주화운동에 대한 국제적 지원 네트워크도 본격 가동되기 시작했다.

한국기독교장로회가 사회참여적 신앙을 고백할 수 있었던 데는 WCC의 영향도 빼놓을 수 없는 부분이다. 특히 WCC의 '하나님의 선교'(Missio Dei) 신학은 기장의 정체성과 방향성을 확립하는 데 지

대한 역할을 하였다. 여기서 잠깐 하나님의 선교 신학에 대해 살펴보기로 하자.

두 차례 세계대전을 경험하면서 WCC는 교회가 존재하고 있는 세상에 대한 책임성 문제를 성찰하게 되었다. 1948년 암스테르담 총회 이후 WCC는 기존의 복음주의적 입장을 탈피하고 이른바 하나님의 선교 신학을 형성하게 되었다. 하나님의 선교 신학은 과거와 같은 공간적 및 교세 확장적 선교사상을 거부하고, 개인의 개종과 구령(救靈)만을 최고로 삼는 전도나 신조를 피할 뿐 아니라 개교회 중심과 개교파 중심의 선교사상과 운동을 지양한다. 선교는 교회가 하는 것이 아니라 하나님이 하나님의 일을 위해 하는 것이고, 교회는 하나님의 선교를 위한 하나의 도구일 뿐이라고 고백한다. 하나님은 사랑을 샘솟게 하는 분이기에, 선교에 참여한다는 것은 곧 인간을 향한 하나님의 사랑 운동에 참여하는 것을 뜻한다. 따라서 교회의 선교는 곧 하나님의 선교가 되어야 하며, 교회는 그 소명과 본질에 있어서 '선교적'이어야 한다는 것이다. WCC 제3차 뉴델리 총회(1961)는 이러한 내용을 골자로 하는 하나님의 선교 신학을 정립하고 고백하였다.

하나님의 선교 신학은 약자에 대한 배려, 사회정의, 분배를 선교적 차원에서 다루면서 '하나님-교회-세계'라는 전통적 질서를 '하나님-세계-교회'로 바꾸어 놓았다. 또 이 신학은 이른바 행동신학(doing theology)의 기초를 제공하면서 세계교회에 큰 영향을 미쳤다. 한국기독교장로회는 이러한 WCC의 하나님의 선교신학을 일찍부터 받아들이고 그것을 신학화하고 현장화하는 데 가장 앞장선 교단이다. 1973년 "Salvation Today"(오늘의 구원)라는 주제로 열린 제2차 '세계 선교와 복음전도위원회'(CWME) 방콕 대회는 오늘의 구원은 인간화, 인간 회복, 인간의 자기정체성 확립을 의미하는 것으로 고백했는데, 김성재 교수는 이 대회가 기장의 신학과 정체성을 확립하는 데 큰 영향을 미쳤다고 말한다.

이렇듯 세계교회의 변화된 흐름과 유신독재의 국내적 상황이 맞물리면서 기장 교단은 점차 개인 구원의 차원을 넘어 사회참여적 신앙과 활동에 관심을 가지게 되었다. 1974년 한국기독교장로회는 문동환 교수의 주도하에 한국신학대학 부설 선교신학대학원을 개원하였다. 새로 신설된 이 과정은 WCC 프로젝트의 일환으로 현장 중심의 신학교육을 실험하기 위함이었다. 즉, 삶의 현장에서 어떻게 삶으로 선교의 사명을 감당할 것인지에 대한 연구 실천이 주된 교육 목표였다. 입학 자격은 목회자에 국한되지 않고 직업을 가진 일반 신도들에게까지 확대되었다. 교수진 역시 한신대 교수들 외에도 이극찬(정치학, 연세대), 이효재(사회학, 이화여대), 변형윤(경제학, 서울대), 이문영(행정학, 연세대), 서남동(문화, 연세대), 김용준(자연과학, 고려대) 등 일반대학 교수들이 광범위하게 참여하였다. 수업은 경동교회에서 야간으로 진행되었으며, 문동환 교수가 원장을, 김성재 교수가 총괄 실무를 담당하였다. 이에 기장 목회자뿐 아니라 타 교단 목회자와 주요 사회인들도 입학하여 수학하였다. 이렇게 새로운 형태의 선교신학대학원 실험교육은 후에 총회 위촉생 교육과정을 개설하는 데 중요한 길잡이가 되었다.

1975년 긴급조치 9호가 발동되자 한신대에서도 격렬한 시위가 벌어졌다. 이 시위에는 교수들도 연루되었다. 이로 인해 많은 학생이 제적당했고, 문동환, 안병무 교수가 해직을 당하게 되었다. 정부의 압박에 버틸 수 없었던 김정준 학장은 제자와 동료 교수들을 잃게 된 책임을 통감해 스스로 학장직을 사임하였다. 유신 정부는 이에 그치지 않고 한신대 부설 선교신학대학원마저 폐쇄시켜 버렸다. 광풍처럼 휘몰아친 정부의 탄압에 대항하여 한국기독교장로회는 그해 9월 제60회 총회에서 교단 선교 정책 강화를 위해 선교교육위원회와 선교사업국를 조직하고, 제적당한 학생들과 해직 교수들을 위해 문교부의 승인 없이도 자체적으로 교육을 실시할 수 있는 교단 인정 교육기관으로 선교교육원 설립을 결의했다.

## 3. 총회 위촉생 교육과정의 탄생과정과 의미

교단 선교정책 강화를 위한 선교교육위원회나 선교사업국을 조직하는 것은 자체적인 결의만으로도 얼마든지 가능한 일이었지만 새로운 교육기관을 설립하는 것은 부지와 재원 마련의 과제가 뒤따를 수밖에 없었다. 이러한 문제를 해결하기 위해 한국기독교장로회는 해외 형제/자매 교회기관들에게 도움을 요청하지 않을 수 없었다. 먼저 부지 문제 해결을 위해서는 캐나다연합교회에 어윈(M. MacDonald Irwin) 선교사 사택이 있는 현 총회교육원 부지를 선교교육원 용도로 사용할 수 있도록 요청하였다. 또 운영에 필요한 재원은 안병무 교수를 통해 독일 EMS에 지원 요청하였다. 감사하게도 이들 형제/자매기관들이 기장의 긴급 요청을 흔쾌히 받아들여 그해 겨울에 건물을 개보수하는 작업을 완료하였다. 1976년 2월, 총회 선교교육원 초대원장으로 안병무 교수가 취임하여 3월 새 학기부터 위촉생 과정을 개설하기로 하였다. 위촉생 과정의 전반적인 구조와 내용은 이전에 한신대 부설 신학대학원의 것과 유사한 형태를 취했다. 곧 교수진은 한신대와 타 신학대 및 일반대학 교수들(해직 교수 포함)로 구성되어 있었고, 여러 대학에서 제적당한 학생들이 지원하였다. 과정을 이

선교교육원 설립예배(1976년 4월 25일)

수한 학생들에게는 목사 안수를 받는 길을 열어주었는데, 이 과정을
통해 실제로 많은 졸업생이 기장 교단의 목사가 되었다.

　그렇지만 위촉생 교육과정은 그 출발부터 그리 순탄하지만은 않
았다. 개설을 앞두고서 안병무 원장이 이른바 '3·1 민주구국선언' 사
건으로 구속되었기 때문이다. 갑작스러운 원장의 구속으로 일정이
약간 지연될 수밖에 없었지만 위촉생 과정은 이에 굴하지 않고 1976
년 4월 15일, 역사적인 첫 강의를 시작하였다. 총회 선교교육원 역시
곧이어 4월 26일에 개원예배를 드림으로써 반독재민주화운동의 전
위대적 출범을 성공리에 마칠 수 있었다.

　안병무 원장은 1977년 2월에 출소하여 1년여를 원장으로 봉직
하면서 민중신학의 토대를 쌓기 시작했다. 그는 민중의 성서적 전거
를 「마가복음」의 '오클로스'(ochlos)에서 찾았다. 그는 민중의 시각
에서 「마가복음」에 나타난 오클로스를 재조명함으로써, 민중이 역
사를 담지해 온 주체이며 구원과 해방 사건의 주체임을 역설하였다.

　초대 원장 안병무 교수의 뒤를 이어 1978년 3월, 서남동 목사가

총회 선교교육원 2대 원장으로 취임하였다. 안병무 교수와 마찬가지로 서남동 목사 역시 민중신학의 창안자로 평가받는다. 그가 「기독교사상」 1975년 2월호에 기고한 글 "예수·교회사·한국교회"와 동년 3월 1일에 있었던 안병무 교수의 "민족·민중·교회" 강연은 민중신학의 출발을 알린 사건으로 받아들여진다.

2대 원장 서남동 교수

1976년에 시작된 위촉생 과정은 1985년까지 10년 동안 35명의 (해직)교수와 123명의 학생이 박정희-전두환으로 이어지는 군부독재에 맞서 사회적 민주화와 민중해방의 꿈을 실현하기 위해 온 정열과 의기를 투합했던 진정한 민주·민중교육기관의 면모를 유감없이 나타내보였다. 안병무-서남동이라는 걸출한 두 민중신학자들의 지도 아래 위촉생교육은 날이 갈수록 반독재민주화투쟁 및 한국 사회 변혁운동의 핵심기관으로 자리 잡아갔다. 민중신학, 민중교회, 민중경제론, 민중사학, 민중사회학, 민주교육학 등 실로 실제적인 민중의 삶에 기반을 둔 새로운 이론과 실천의 결합이 이곳에서 실험되고 있었다.

대단히 안타깝게도, 서남동 목사는 3대 원장의 직무를 감당하던 중 김대중 내란음모사건(1980)으로 구속되었을 때 받았던 고문 후유증으로 급작스럽게 서거(1984년 7월 19일)하였다. 이로 말미암아 위촉생 과정 또한 동력을 크게 상실할 수밖에 없었다. 이후 선교교육원과 위촉생 과정은 사람들의 뇌리 속에 아주 오랫동안 잊혀진 과거가 되고 말았다. 하지만 이 책의 2부에서 이어지는 학생들의 생생한 증언과 자료를 통해 선교교육원과 위촉생 과정의 역사가 정당하게 재조명되고 계승 발전됨으로써 아직도 할 일 많은 이 땅에 보다 나은 내일의 사회를 향한 새로운 동력원으로 부활할 수 있기를 바라마지 않는다.

# 2부

# 증언

# 민들레 홀씨 봄을 배달하듯
## — 선교교육원이 걸어온 길

박몽구

오직 한 사람의 안락한 의자를 위하여
삼천리를 서슬 푸른 총으로 누르던 시절
갈릴리 교회의 정신으로 세워진 선교교육원은
진리의 불씨를 간직한 소도였다

한밤중에도 잠들지 못하는 공장에서
미래가 없는 저임금에 묶여
청춘을 짓이겨서는 안 된다고
거짓으로 가득한 책 던진 채
곧은 소리 외치는 대학생들
정든 강의실에서 내쫓기고
차가운 감옥에 던져지던 시절
선교교육원은 독재의 칼 뿌리치고
자유와 양심을 지킨 성역이었다
한 줄기 목숨 같은 진리를 담은 책

강의실을 빼앗긴 젊은 벗들에게 건네 주었다
양심을 지키다가 강단에서 쫓겨난 교수들
빼앗긴 말 되찾아 마음껏 풀어놓는
단 하나 담은 진리의 요람이었다
함께 모여 거짓으로 가득한
신문 방송들이 숨긴 행간을 읽고
한 줄기 살아 있는 진실의 촛불을 켜서
불 꺼진 대학, 어두운 공장에 나누었다
마음껏 자유의 날개 펼 날을
함께 준비하는 예수의 제자들의 집이었다

그렇게 촛불 하나를 지켜서
마침내 어두운 독재의 시절 끝내고
삼천리에 깨끗한 민주의 새벽을 열었다
공장에도 학교에도 희망의 등을 걸었다

민들레 홀씨 얼음을 넘어 수렁을 넘어
삼천리에 생명 넘치는 봄을 전파하듯
선교교육원은 굴종의 그늘 던지고
교회마다 살아 있는 예수의 말 나누었다

다시 일제의 검은 손 넘보고
광화문 과장에 거짓 복음들 넘치는 시간
선교교육원은 시대의 상처를 치유하고
그럴듯한 언어로 유혹하는 거짓 뿌리치고

진리의 등 내건 소도
다시 더욱 넓게 열 것이다
민주의 새벽으로 가는 길
온몸을 걸어 분명하게 가리키는 나침반
받아든 예수의 제자들
그 빛과 진리를 널리 나눌 것이다.

# 제1장 ㅣ 총회 위촉생들의 증언

# 증언자

# 1. 고은수(입학 78)

## 이력 및 경력

| | |
|---|---|
| 1967. | 대구에 있는 중고등과정 가톨릭신학교 입학. 5년 중퇴 |
| 1973. | 서울대 사범대학 역사교육과 입학 |
| 1975. | 3학년 때 김상진 열사 추도식(서울대 5·22사건) 시위 참여 단순가담 혐의로 체포. 3개월 복역 후 바로 군대 입대 |
| 1978. 5. | 군 제대 |
| 1978. 9. | 기장 선교교육원 입학 |
| 1978. 겨울-79. 5. | 영등포산업선교회 야학 |
| 1980. 3. | 서울대학교 복학 |
| 1980. | 5·17쿠데타로 4개월간 피신 |
| 1983. | 서울대학교 졸업. 교사가 됨 |
| 1988. | 선배인 유상덕 등과 교사협의회 조직 |
| 1989. | 유상덕 김진경 등과 전교조 조직 |

## 증언(인터뷰)

　저는 초등학교 5학년 때 성당에서 가톨릭 신부가 되는 신학교 모집 공고를 보고 중고등학교 과정의 이 중학교에 입학했어요. 어린 나이였지만 이 짧은 인생 어떻게 사는 게 가장 의미가 있을까 하고 골똘히 생각했었죠. 대학에 가서는 서클 활동을 통해서 의식이 정립되어 가는 과정에서 75년 김상진 열사의 추도 시위에 참여했고 어처구니없는 사유로 체포되었습니다. 머리가 좀 짧다는 이유로 검문을 받았고 유인물 한 장이 발견되어 그날로 경찰서 가고 제적되었습니다. 3개월 넘게 감옥에 있다가 나온 뒤 1주일 만에 군대에 끌려갔습니다.

　78년 5월에 제대한 후 같은 사범대 선배인 유상덕 선생님과 대화 중에 공부를 좀 더 하고 싶다는 이야기를 했어요. 그랬더니 바로 선교교육원을 소개해주셨고, 78년 여름에 교육원에 와서 면접을 봤어요. 좋은 분들이 많이 계셨는데 제일 나한테 관심 갖고 이것저것 물어보셨던 분이 이우정 선생님이셨어요. 특히 고향을 물어보시더니 당신도 내가 살던 제주도 모슬포에 인연이 있다는 얘길 하셨어요. 좋았죠. 그리고는 이제 그때 배운 내용이 나에게 20대를 의미 있게 만들어줬습니다.

　78년 2학기부터 선교교육원에 다녔는데 그해 여름에 사회적인 사건이 많았어요. YH여성노동자들이 민주당사에서 농성하고 그 농성이 김경숙 씨의 죽음으로 이어지고, 이런 것들을 보면서 공부보다는 행동이 필요하다는 생각을 하게 되었죠. 그해에 인명진 목사 교회에서 야학을 하게 됐습니다. 야학을 권유했던 선배가 선교교육원의 권오성 목사. 그분이 야학해보지 않겠냐고. 전공이 역사니까 역사 수업을 좀 해 봐라 해서 했죠. 그리고 야학에서 제일 중요한 게 역사예요.

78년 겨울부터 5~6개월 했던 것 같아요. 그리고는 이제 노동자들의 삶 속에 나도 들어가자, 허위의식을 벗자 하는 생각이 들었습니다. 그때 현장 운동이 많은 사람한테 강조되고 있었잖아요. 나도 학교니 뭐니 다 잊고 79년에 한 학기를 마치고 여름에 제주도로 갔어요. 제주도로 갔는데 고향이란 것 외에는 아무것도 없었어요. 거기서 형님 하는 과수원 일을 거들면서 여기서 터전을 잡아야겠다 했죠. 내 또래 내지는 후배들을 모으면서 한편으로는 농사일 배워가면서….

그러다 10·26 소식을 듣게 되었고 복학을 할 건지 지금 생활을 계속할 건지 혼란이 왔습니다. 결국 교사가 되기 위해 복학을 했습니다. 그때서부터는 선교교육원이 머릿속에서 조금 잊혀졌죠.

근데 뭐 복학을 하고 나서는 5·17 비상쿠데타가 일어났고 5·17 새벽부터 내가 왜 도망을 다녀야 되는지도 모르면서 도망을 다녀야 했어요. 4개월을 힘겹게 피신한 끝에 잡혔고 도와준 친구들도 엄청 얻어맞았죠. 정학을 맞고 83년에 졸업을 하면서 교사가 됐습니다.

선교교육원 시절을 돌아보면 신선했던 게 너무 많았습니다. 우선은 안병무 선생님의 "예수시대사"가 기억에 남습니다. 서기 전후 한 50년에서 길게 봐야 100년 정도의 이스라엘과 로마의 역사와 예수의 행적까지 함께 보는 강의였는데 역사로 된 신학이었습니다. 내가 이제까지 읽으면서 느꼈던 성경을 정말로 새롭게 정리할 수 있었어요. 그래서 그때 노트를 잘 정리했고 지금도 찾으면 어디 있을 텐데…. 그걸 몇 번이고 숙독했던 것이 내 인생에 굉장히 큰 도움이 되었어요.

이우정 선생님의 헬라어 수업, 송건호 선생의 한국현대사, 한승헌 선생의 헌법학 개론 그리고 김용복 박사의 근대사상사 등등. 그때 공부를 하면서 내가 여유만 되면, 먹고사는 문제가 해결만 되면 나의 지적 호기심과 학문적 열정을 여기서 다 마쳐도 좋으리라 생각을 했죠. 그보다 더 큰 고민, 현실적으로 생계 문제라든가 때문에 계속하지 못했던 거죠.

수업을 같이 했던 사람들한테서도 나는 많이 배웠습니다. 내가 다니던 서울대학교 수업만 하더라도, 1~2학년 수업이라서 그랬을 수도 있고, 나중에 삼사 학년 복학해서도, 여전히 교수의 일방적인 강의만 있었을 뿐이었지요. 교수와 학생이 서로 둘러앉아서 이야기를 나누고 격의 없이 질의 토의할 수 있었던 분위기는 선교교육원에서만 있었던 것 같습니다. 그런 수업 방식은.

토론했던 내용들은 아까 안병무 선생님의 예수시대사가 있었고요. 서남동 목사님의 조직신학 같은 것도 신구약을 막론하고 꺼내니까, 저는 신학을 잘 몰라서 좀 쭈볏쭈볏했는데, 다른 분들은 활발하게 발언들을 했어요. 예컨대 그때 권오성 목사도 굉장히 활발하게 의견 개진을 했고. 신대균 씨도 상당히 엘리트다웠고. 그래서 나는 주로 듣고 배우는 입장이었지. 뭐 발제를 특별하게 해야 된다든지, 그럴 때는 열심히 준비했지만. 그때 내가 발제를 맡았던 흡스의 이야기가 기억나네요.

그 외에는 나는 수학여행 같은 건 안 가봤고, 정상시 목사님하고 지하실에 있는 탁구대에서 탁구를 열심히 쳤던 기억이 나네요.

# 2. 구충서(입학 79)


1954년 출생. 1971년 경기고교 입학. 고교시절 학교동아리 문예반에서 활동하였고 3·1운동을 비롯한 항일민족운동과 4·19혁명 등 민주주의운동에 관심이 많았다. 1972년 10월 문예반 학우들과 유신 직후 열흘 동안 이에 관해 토론하고 10월 27일부터 29일까지 8쪽의 유인물을 제작 배포했다. 학교는 물론 계엄 당국이 발칵 뒤집혔고 서대문교도소에 구속 수감되었다. 군사재판에 회부되었다가 어린 나이에 엄청난 고초를 겪고 선고유예로 풀려났다.

1974년에 단국대 사학과에 입학했다. 입시가 끝난 후 전국순회에 나섰다. 광주일고, 전주, 부산, 경남, 서울의 경기, 경복, 보성, 대광, 중동고교 등을 대상으로 학생회장단이나 재수하는 전임학생회장 또는 친구를 통해 조직화작업을 적극 시도했다. 서울 소재 10개 정도의 고교생들을 혜화동 로터리에 집결시켜 청와대 쪽으로 간다는 구상도 세웠다. 2월 고교 선배 장하성의 제의로 고뇌 끝에 고교 문예반 선배인 이철과 연계 협력하였다. 1974년 4월 민청학련의 고교조직 총책으로 활동 중 구속되어 징역 12년 형을 선고받고 75년 2월 형 집행정지로 석방되었다.

석방 후에 중앙정보부에서의 고문과 육체적·정신적 고통으로 인한 후유증으로 40여 년간 정신병원을 전전하면서 어렵게 생활하였다. 부모형제까지 모두 정신적 충격, 경찰사찰 등으로 고초 중 돌아가시거나 실직 상황에 처해졌다.

1995년경부터 고교 동창들의 도움으로 병원치료를 받고 있다.

# 3. 권오걸(입학 80)

1953년 전북 고창군 성송면에서 2남 4녀 중 장남으로 태어났다. 학천초등학교 시절, 친척 선생님 덕분에 공부와 독서에 눈이 떴다. 광주로 유학하여 광주서중을 다녔다. 학교 내 광주학생운동 탑 비문 '우리는 피 끓는 학생이다. 오직 바른 길만이 우리의 생명이다'를 보며 저항정신을 배웠다. 광주일고 때 향토반(광랑)에서 독서 모임, 농촌 봉사활동을 하였고 1972년 서울대학교 문리대 철학과에 입학했다.

입학 후 창신동 낙산아파트, 현저동 금화아파트에서 빈민 야학활동에 전념했고, 1973년 10월 2일 문리대캠퍼스에서 일어난 최초의 반유신 데모에 참여했다.

1974년 3월 전국적 규모의 학생데모를 위한 준비모임에 참여하고 3월 중순 학우 셋이서 유인물을 제작하고 4월 15일 검거되지 않은 강구철 등과 함께 명동에서 500부가량 살포했다. 그 후 구속되어 징역 10년 형을 선고받고 전주교도소에서 복역하다가 1975년 2월 형 집행정지로 석방되었다.

석방 이후 1978년에서 1982년까지 가리봉동에서 노동야학의 백합야학교감으로 일할 때 김상근 목사로부터 세례를 받고 선교교육원(문익환 목사의 심사)에 입학하였다.

교육원에서 이우정 교수의 지도를 받아 마가복음을 발표했다. 1979년 창간된 「실천문학」 편집장으로 일했다. 1984년 제일기획에 경력 입사하여 17년간 PR, SP팀장, 프로모션 수석국장을 역임했다. 2001년 힌컴(힌화)을 거쳐 2002~2006년에는 기획제작회사 리얼라이즈를 운영했다.

2005년 12월에서 2008년 9월까지 국립공원관리공단에서 기획이사로 일했다. 국민 복지 차원에서 입장료 제도 폐지 실현, 경주국립공원 등의 관리권 확보, IT 정보전략 업무 등의 효율화에 성과가있었다.

2005년 4월 유영표 등과 60년대 이후 민주화운동 동지들의 민주화운동 정신 함양, 생활 안정과 복지사업 목적으로, 민주화운동공제회 창립에 참여했다. 2009년 2월부터 2016년 10월까지 민주화공제회 이사, 운영위원장을 맡아 공제회 전반 운영을 하면서 생활 및 긴급지원 및 학자금 지원 사업, 자체 신용대출기금 등을 조성하여 소액대출 지원을 하는 등 복지사업을 수행했다. 2013~2014년에는 '민청학련계승사업회' 이사를 역임했다.

현재 굿하우스(주) 대표로 있다.

# 4. 권오성(졸업 81)

나는 부모님이 6·25 전쟁 중에 피난을 갔던 부산에서 1953년 2월 출생하였다. 종전 직후 서울로 귀환하여 초등학교, 중고등학교를 다녔고, 1971년 서강대 전자공학과에 입학했다. 대학 입학 후 흥사단 아카데미에 가입하였고, 그해 4월 대통령 선거 야당 참관인 참여 운동으로 평창에 다녀온 이후 사회 문제에 깊이 관심을 가졌다. 군사 독재 정권에 의한 1972년 10월 유신 이후 민주화를 위한 학생 운동에 나섰으며, 1974년 3월 민청학련 사건에 관련되어 구속되어 징역 8년 형을 선고받고 복역하다가 이듬해 2월 형집행정지로 출소하였다. 그 뒤 1976년 2월 "자유서강" 사건으로 긴급조치 9호 위반으로 징역 2년형을 선고받고, 1978년 2월 만기 출소하였다.

1977년 부활절에 옥중에서 하나님께서 부르신다는 고백을 하고 출소 후 평생 목사로 살겠다고 서원했다. 그러나 당시 대학에서 제적된 상태이었는데 제적생들은 정권에 의해 대학으로 편입학, 재입학, 유학 등이 완전히 막혀 있었다. 신학을 배울 길이 없었다. 그런 처지에서 1978년 2월 출소 직후 아주 특별한 신학교가 있다는 소식을 들었다. 민주화운동을 하다가 제적된 학생이어야 입학 자격이 있고, 해직 교수님들이 교수진인 신학교라고 하였다. 선교교육원이었다.

그 당시 원장은 서남동 목사님이었다. 하나님께서 나의 소명을 위하여 예비하신 신학교라는 고백을 하고 3월에 입학했다. 20여 명이 넘는 학생들과 즐겁게 공부하며 1981년 초까지 3년 과정을 마쳤다. 교육 내용은 신학의 경우 일반 신학교와 마찬가지로 조직신학, 신약, 구약, 선교학, 기독교교육, 목회, 교회사, 희랍어 등이었는데, 여기에 사회 현실 이해를 위해서 경제학, 역사, 사회학 등도 폭넓게 배웠다. 직접 배웠던 교수님들은 지금 기억이 나는 분들만 적어도 신학에서는 안병무, 서남동, 이우정, 문익환, 김찬국, 문동환 목사님이고, 그 외 과목으로 김용복, 박현채, 성내운, 송건호, 유인호, 이문영, 정창렬 교수님들이다. 해직된 교수님이 없는 과목의 경우는 박근원, 주재용, 김성재 목사 등 한신대 교수들이 가르쳤다.

제적된 학생들과 해직된 교수들이 함께 했던 수업의 열기는 뜨거웠다. 일반 대학의 강의 시간에는 볼 수 없는 학업에 대한 '사명감'이 있었고, 학생들 사이에는 고난을 통한 '연대감'이 느껴졌다. 수업 내용은 전통적인 교리에 바탕을 둔 주입식이 아니었다. 한편으로는 정치적 독재와 빈부 격차의 경제 현실을 몸과 수업으로 확인하면서 다른 한편으로는 이에 대해 성서와 신학이 무엇을 말하고 있고, 교회가 어떻게 응답해야 하는가를 질문하고, 대답하는 식으로 수업이 진행되었다. 신학이 현실감이 있었고, 공부가 재미있었다. 또 몇몇 뛰어난 친구들이 질문하고, 대답하면서 보여주는 식견 때문에 놀라고 감탄하기도 했다.

교육원 재학 중에 우리 교단 청년회 활동을 했다. 1979년 2월부터 한국기독교장로회 청년회 전국연합회 총무로 일하며, 교단 청년 연합운동의 일환으로 EYC 활동을 동시에 했다. 유신 독재 말기 엄혹한 시기에 교단 청년 운동에 청년들이 적극 참여했고, 여기에는 언제나 긴장과 활력이 넘쳤었다. 그해 8월 여름 광주에서 열렸던 기청 전국대회에서 '내가 속히 오리라'(계 22:20)를 주제로 하고 유신 독재

정권의 붕괴를 염원했는데, 10·26 이후 하나님의 응답이 이렇게 오나 하고 생각했던 적도 있었다.

1979년 11월 "통일주체국민회의의 대통령을 선출하는 것에 반대하는" 명동 YWCA 사건에 관련되어 전국에 지명 수배가 되었고, 10개월 동안 도피 생활을 했다. 또 그렇게 도피 중인 1980년 5월 18일 당시 예비 검속 대상이 되어 새벽에 집에 군경이 들이닥치기도 했다. 이 사건은 고 박형규 목사님이 중간에 나서서 일단 조사받고 기소유예 하는 것으로 조정해 주셔서 일단락되었다. 1981년 선교교육원을 졸업했는데, 이것으로 '한국기독교장로회 총회 위촉생 과정'을 마치고 목사가 되기 위한 관문인 준목고시를 치를 자격을 갖게 되었다. 시험 과목은 설교 실연을 포함하여 12과목이었는데 6년 안에 합격하면 되었다. 그런데 서남동 원장님은 선교교육원 학생들이 12과목을 한 번에 완전히 합격하기를, 소위 '올패스'를 기대하고, 재촉하셨다. 그해 졸업했던 학생들 10여 명 중 상당수가 한 번에 합격하여 서 목사님이 교단 내외분들을 만나서 자랑하고, 좋아하셨던 기억이 새롭다.

1980년 12월 결혼하였고, 1981년 3월부터 한국기독교장로회 총회 선교사업국 간사로 일했다. 사업국 업무는 선교와 관련된 교단의 모든 사업을 구상, 제안, 실천하는 것이었다. 12개 정도의 소위원회가 있었는데 개척교회 운동을 추진하는 '2000교회 운동 본부', 부흥사 목사님들의 교단 모임인 '부흥선교단', 군목 후원을 했던 '군목선교단', 노동법 개악을 반대했던 '노동법 위원회' 등이 기억난다. 1982년 4월 수도교회에 준목으로 부임했는데, 담임목사이었던 김상근 목사님이 그해 9월 교단 총회에서 총무로 선출되었다. 어쩔 수 없이 준목으로 부임한 지 5개월 만에 목회 경험도 없이 임시로 단독목회를 할 수밖에 없었다. 수도교회 당회가 3년 목회 경력이 끝나는 1984년에 나를 담임목사로 청빙했다. 어리고 미숙하기만 했던 애송이를 담임 목사로 세웠던 수도교회 당회원들과 교인들에게 지금도 감사할 뿐이다. 전두환 정권의 서슬이 퍼런 때인 1985년 종로 2가에서 목사 20여 명이 그때까지 금기이었던 '5·18 광주' 시위를 했다. 장성룡 목사님을 비롯해서 목사 전원이 종로경찰서로 체포되었을 때 그 밤중에 수도교회 교인들이 따뜻한 옷 보따리를 싸 들고 제일 먼저 달려와서 격려해줬던 일은 잊을 수 없다. 또 1987년 전두환 정권의 4·13 호헌 발표 때 전국목회자정의평화실천협의회 임원으로 다음 날 반박하는 성명서를 발표하고, 5월 6일부터 선교교육원에서 35명의 목사와 함께 삭발, 단식에 들어갔다. 그때 수요예배를 단식 장소이었던 선교교육원에서 드리겠다고 찾아온 교인들이 자랑스러웠다.

1988년 11월 우리 교단으로부터 독일 헤센나사우(Hessen Nassau) 총회 선교사로 파송받아 프랑크푸르트에 거주하며 1994년 8월까지 6년을 일했다. 헤센나사우 총회 '선교와 에큐메니칼국' 소속 목사로 업무의 1/2은 독일교회 선교 일을, 또 1/2은 라인마인(Rhein-Main) 한인교회 목회를 하는 것이었다. 특별히 독일에서 일하는 기간에 독일의 분단, 장벽 붕괴와 통일, 통일의 후유증까지 직접 현장에서 경험할 수 있었다. 이 경험으로 귀국 후 '독일통일 — 교회가 열다'라는 책을 편역하여 출판할 수 있었다. 또 1989년 초에 독일 교회가 북한 교회 대표단을 초청하여 그 당시 분단된 상황에서는 상상할 수 없었던 북한 사람을 난생처음 만나기도 하였다. 그 후 독일에 있는 동안 북한 대표단과 5~6회 협의회를 가져서 남북문제를 폭넓게 이해하는 데 도움이 되었다.

귀국 후 1995년부터 낙산교회에서 일했고, 1997년 수도교회에서 두 번째 청빙을 받아 10년간 담임목사로 일했다. 2006년 11월 한국기독교교회협의회(NCCK) 총무로 선임되어 2010년까지 일했다. 이때 'NCCK가 한국교회를 대표한다. NCCK는 NGO가 아니고 한국교회 연합기관이다'는 생각을 늘 마음에 품었다. 가장 기억에 남는 것은 '2차 남북정상회담 때 대통령 수행원으로 휴전선을 넘어 북한을 방문'하고, 또 '남한 교인 100명과 함께 평양을 방문하여 북한 교인들과 봉수교회에서 성찬식과 예배를 드렸던' 것과 유럽교회와 정교회와 표 대결을 해서 '세계교회협의회 10차 총회를 우리나라에 유치'했던 일이다.

지금은 자원 은퇴를 하고 서울 동작동에서 칩거 중이다.

# 5. 권진관(졸업 81)

1952년 경남 거제군 장승포에서 태어났다. 부모는 1950년 12월 흥남 부두 철수 때 거제도로 이주한 피난민이었다. 어릴 때 서울로 이사 왔다. 장충초등학교, 경복중고교를 졸업하고 1971년에 서울대학교 문리대 사회복지학과에 입학했다.

재학 중 문리대 학술 서클인 한국문화연구회에 가입했다. 새문안교회의 대학생회에서 활동하고 한국기독학생회총연맹에도 참여하였다. 1973년 10월 서울 문리대 캠퍼스에서 유신반대 시위에 참여하였다. 학교가 휴교가 되면서, 그해 겨울방학 동안 반유신 데모와 기도회가 범교회적으로 교회 청년들을 중심으로 개최되었다. 여러 번 경찰서에 끌려갔고, 그중 잊을 수 없는 사건은 1973년 11월 새문안교회 대학생회(회장 권진관) 주최로 횃불시위를 펼친 것이었다.

1974년 4월 '민청학련 사건'으로 구속되어 징역 10년 형을 선고받고, 안양교도소 그리고 대전교도소에 수감되어 있다가 1975년 2월에 형 집행정지로 석방되었다.

석방 후 공장 등에서 일하다가, 1977년 봄부터 서대문에 있는 한국기독교장로회 소속 선교교육원에서 신학공부를 하게 되었다. 당시 가르쳤던 분들은 서남동, 안병무, 문동환, 문익환, 이우정, 이문영, 송건호, 정창렬, 박현채, 김용복 등의 해직 교수들과 한신대 교수들이었다.

1979년부터 한국기독청년협의회(EYC) 간사가 되어 기독교청년 운동을 도왔다. 그해 11월 명동 소재 'YWCA 위장결혼식 사건'으로 수감되어 징역 1년 6월 형을 선고받고 대전교도소에서 지내다가 1년여 만에 석방되었다.

석방 후 다시 NCCK에서 근무하다가, 1982년 결혼하고, 1983년 여름에 미국으로 유학하게 되어 피츠버그 신학교와 Drew 대학에서 7년간 공부하였다.

귀국 후 19901년부터 성공회대학교에서 신학교수가 되어 26년 동안 가르쳤다. 그동안도 그랬듯이 지금도 한국의 민중신학을 발전 시키기 위해서 노력 중이며, 저술활동에 힘을 모으고 있다.

저서로『신학이란 무엇인가』(동연, 2017),『예수 민중의 상징, 민중 예수의 상징』(동연, 2009),『민중신학에세이』(동연, 2012),『종교 는 돈을 어떻게 가르치는가』(공저, 2016) 등이 있다.

# 6. 김명희(졸업 85)

## 이력

| | |
|---|---|
| 1957. | 전북 전주에서 태어남. 전주에서 초중고등학교 졸업 |
| 1977. | 한일장신대에 입학, 1979년 3학년 휴학, 1980년 휴학 중 서울의 봄을 맞이함 |
| 1980. | 5·18 계엄포고령 위반 전주 신흥고 시위사건 배후조종 |
| 1983. | 선교교육원 입학 |

## 경력

| | |
|---|---|
| 1980-1983. | 전북 "백제마당" 창단 기획자 활동 |
| 1989-1997. | "서울지역공부방연합회" 회장 역임 |
| 2000-2004. | 안산 희망교회 방과후 공부방 실무자 역임 |
| 2005-2010. | "안산교육을 생각하는 학부모임" 회장 |
| 2006-2010. | 안양 안민교회 노인돌봄사업 실무자 역임 |
| 2011-2019. | 안산교육희망네트워크 대표(현) |
| 2014-2019. | 경기도교육청 안산교육회복지원단 근무 |

## 증언(자전적 글쓰기)

### (1) 입학과 수업 과정

한일장신대(당시는 한일신학교) 기독학생회에서 활동하다가 3학년 때 휴학을 했다. 전두환 신군부가 정권을 잡기 위해 전국 대학교에 휴교령을 발동한 후 어떠한 행동도 할 수 없었다. 이러한 상황에서 대학생들은 행동할 수 없었지만, 활동이 가능한 곳은 고등학교였다. 당시 기독학생회가 고등학생회랑 연관을 갖고 활동을 하고 있었는데 학도호국단 문제 같은 것을 고등학생 입장에서 어떻게 풀어가야 하나 고민하고 있었다. 그래서 전북기독학생회(KSCM)에 소속되어 있는 기독학생들은 현실을 직시하고 행동을 할 수 있도록 내부적으로 열심히 토론하고 현실을 극복하기 위한 방법들을 논의하고 있었다. 그러던 중 전라지역인 광주에서 5·18 광주항쟁이 일어났음에도 불구하고 전주에서는 알지 못하고 있었다. 광주에서 김현장 씨가 광주항쟁을 알리는 유인물을 가지고 옴으로써 진실을 알게 된 기독학생들은 광주 5·18 항쟁을 전주 시민들에게 알리기로 하였다.

그때 농민운동을 하셨던 하현호 선생님이 국사 선생님이던 이상호 선생님을 소개시켜 주셔서 광주에서 가지고 온 유인물을 중심으로 "전주시민에게 고하는 글"이라는 성명서를 만들었다. 전북기독고등학생회를 중심으로 전주에 있는 고등학교(15개교)가 동시다발적으로 시위를 벌이기로 하였으나 이러한 사실이 사전에 유출되어 "전주 신흥고"에서 시위를 하게 되었다. 학교에서 밖으로 나갈 때 제지당할 것을 대비해 화염병을 준비했는데 내가 휘발유를 담당해서 학교 담 밑에 갖다 놓았고, 나는 고등학생들을 선동하고 배후조종했다는 혐의로 5·18 포고령 위반으로 징역 1년 집행유예 2년 선고를 받았다. 전주경찰서 유치소에서 영장 없이 60일, 광주교도소에서 60일간 살다가 풀려나왔다.

광주교도소에서 출소한 후 전북 김제에 김민기 선배가 농사를 짓는다는 소식을 듣고 김민기 선배를 만나게 되었는데 그게 계기가 되어 문화운동을 약 2년 동안 하게 되었다.

전주에서 김민기 선배의 연출로 "멈춰선 상여는 상주도 없다더냐"라는 마당극을 했으며, "백제마당"이라는 마당극 팀을 만들고 "장사의 꿈"이라는 제목으로 마당극을 기획하기도 했다.

거기 있다가 선교교육원 이야기를 듣게 되었다. 그때 당시에는 선교교육원에 들어오려면 선배들의 추천이 있어야 했고 선배들의 추천이 없으면 못 들어왔다. 그래서 나는 전주에 있는 인규 형의 추천으로 선교교육원에 왔는데, 그때는 인원이 네 명인가 세 명인가 밖에 들어올 수가 없었다. 당시 지원자가 방병규, 정영란, 김명희, 한기양, 류종혜 등 다섯 명이었는데 결국은 어찌어찌해서 다 들어왔다.

1983년 선교교육원에 입학하게 되었다. 그때 박현채 교수님이나 안병직 교수도 오셨고, 그다음에 이삼열 교수도 오셨고, 손덕수 교수도 와 계셨고, 한승헌 변호사님께 배웠던 기억이 난다. 그리고 리영희 교수님도 기억이 나고, 리영희 교수님은 그때 쉽게 들을 수 없었던 남북교차승인 이야기를 하셨었고, 연방제 이야기도 했었는데 그 기억이 나한테는 굉장히 크게 남아있다. 그러한 것들이 우리가 공부하는 어떤 원동력이 아니었었나 하는 생각이 든다.

그리고 교육원에 있으면서 우리는 분과 활동을 했었는데 ─노동분과, 농민분과, 사회분과였나─ 그렇게 되어 있었는데, 그때 나랑 정형란, 방병규는 농민분과 선택을 했다. 그래서 EYC에 이재욱이라는 친구가 있었는데, 그 친구를 중심으로 해서 농활도 했었다. 농민운동은 농촌으로 들어가야 한다는 생각 때문에. 그런 것들이 어떤 점에서 내가 민중교회하고 연관지어 깊게 활동했었던 시기가 아니었는가 싶다. 이게 선교교육원에서 잠깐 있던 시기에 했던 일이다.

(2) 졸업 이후의 삶

1986년 선교교육원 졸업 후 잠깐 휴식하고 있을 때 교육원 동기인 방병규 목사가 준목고시를 같이 준비하자고 하여 안산에 잠시 올라왔다.

1988년 안산에서 같이 공동목회하자는 제안을 받았다. 목회한다는 점이 부담스러웠으나 교회에서는 지역선교와 지역운동적인 측면에서 노동자 자녀들을 위한 공부방을 운영하고 있었다. 나는 공부방 운영실무자로 일하기로 하였다. 그래서 평일에는 초등학교 아이들을 돌봐주었다. 안산은 노동자 도시였기 때문에, 대체로 단칸방에 살고, 그 아이들이 공부라는 것에 대해 생각이 없고 숙제도 제대로 못해갔을 시기였으니까.

아이들과 부모님들을 통해서 지역운동도 했었고. 그게 모태가 되어서 1990년도에 여신도를 중심으로 한 빈민운동으로 발전했다. 하월곡동 쪽 여러 군데에서 공부방 하는 활동가들을 중심으로 해서 모임을 만들었고 그 모임을 어떻게 발전시킬 수 있을 것인가를 고민하다가, 서울지역 공부방연합회를 만들었다. 서울지역 공부방연합회를 1990년부터 시작해서 97년도까지 서울지역 공부방연합회장을 했었고, 그 속에서 활동가들 교육도 하고 자원봉사자들 교육—대학생들에게 어떻게 교육시키고 아이들을 어떻게 대해야 하는지—도 했다. 연합회 활동을 끝낸 후에도 공부방 활동을 계속했었다.

2000년~2003년 안민교회 공부방 실무자로 활동하면서 안산지역의 교육 현실을 다시 직시하게 되었다. 그 당시 안산지역의 교육은 고교서열화로 인해 아이들의 행복권, 생활권 등 모든 것이 피폐화되어 있어서 안산지역 교육 현실을 극복하기 위해 선생님들과 학부모를 중심으로 한 교육단체를 결성하였다. 경기도 내 30만 이상 인구를 가진 도시에서 고교평준화가 실행되지 않은 지역은 안산, 광명, 의정부밖에 없었다. 이 세 도시를 중심으로 경기 고교평준화운동협의회를 결성하여 고교평준화 집행위원장으로 활동을 하였다.

2006년에서 2010년까지는 안양 안민교회 노인 돌봄사업 실무자로 활동하였다.

2013년도에 고교평준화가 실시되었다. 2011년 전국 조직인 교육희망네트워크를 중앙으로, 지역 교육 조직인 안산교육희망네트워크 조직을 결성하고 단체 대표로 지금까지 활동하고 있음.

2014년도에 안산지역에 커다란 사건이 일어났다. 단원고 학생들이 세월호를 타고 제주도 수학여행을 갔다 학생 250명, 교사 12명이 세월호 침몰로 실종 및 사망하는 사건이 일어난 것이다. 시민단체(안산교육희망네트워크)에서 활동하고 있던 나는 세월호로 희생된 학생의 학부모들과의 소통을 담당하기 위해 임기제로 "경기도교육청 안산교육회복지원단 소통협력 담당"을 하게 되었고 최근 그만두었다.

# 7. 김정길(입학 77)

통일운동가. 한국전쟁이 나던 그해 가을, 광주시 방림동(현 봉선동)에서 태어났다. 그 지역은 소농 중심의 빈촌이었다. 광주일고를 마치고 몸이 좋지 않아 2년을 쉬고 1971년에야 전남대학교 상과대학 경영학과에 입학하였다.

입학 후 전남대 사회과학 서클인 민족사회연구회에서 활동하였다. 이듬해 72년 10월 유신이 선포되자 유신반대 데모를 준비하다가 '함성지 사건'에 연루되어 투옥, 1973년 9월에 석방되었다.

1974년 '민청학련 사건'으로 징역 15년 형을 선고받고 수형생활 중 1975년 2월, 형집행정지로 석방되었다.

석방 후 학생운동의 한계를 느끼고 사회 운동의 필요성을 절감하여 동지들과 전남구속자협의회를 결성하였고, 민중신학 공부를 위해 안병무 박사가 운영하는 선교교육원에서 수학하였다.

보다 조직적이고 강력한 운동을 위해 남민전에 가입 활동하였다. '남민전사건'으로 1979년에 투옥, 1983년 석방되었다.

1989년 통일문제와 민족문제 연구를 위해 국제문제연구소를 설립, 소장을 역임하였으며, 1990년 광주전남 재야와 노동·농민·청년학생을 총 망라해 지역 전선체인 광주전남민주연합을 조직하고 상임공동대표 겸 집행위원장에 취임하였다.

김영삼 정부가 들어서자 악화된 재정 문제를 해결하기 위해 주식

회사 중산을 설립했으나 대형화재로 부도가 나고, 1998년 건강 악화로 쓰러져 3년간 요양 끝에 회복되었다.

　2002년 민주주의민족통일 광주전남연합 상임의장으로 운동에 복귀, 광주전남 통일연대 상임대표를 겸임하였다. 2006년 광주에서 개최한 남북해외민족대축전 행사 이후 통일 운동에 전념하기 위해 6·15 공동선언실천 남측위원회 광주전남본부 상임대표를 맡아 2016년까지 10년간 활동하였으며, 2016년 이후는 6·15 공동선언실천 남측위원회 광주전남본부 상임고문으로 통일운동에 미력이나마 보태기 위해 노력하고 있다.

# 8. 김창규(졸업 84)

## 이력

김창규는 충북에서 아버지 김웅서, 어머니 현봉선 사이에 4형제 중 장남으로 태어났다. 어머니는 독실한 기독교 신자였고 모태신앙이다. 아버지는 공무원으로 지내다 은퇴하였고 어머니는 평범한 가정주부로 일생을 마쳤다. 집안은 넉넉하고 행복했다.

| | |
|---|---|
| 1975. | 한국신학대 입학, 1976년 한국신학대 제적 |
| 1982. | 선교교육원 위촉과정 입학 |
| 2009. | 한신대학 졸업 |
| 2012. | 한신대학원 입학, 2014년 한신대학원 졸업 |

## 경력

| | |
|---|---|
| 1973. | KSCF 활동에 참여 |
| 1975. | 한국기독교장로회 청년회 충북연합회 활동 |
| 1976. | 기장 청년전국연합회 목포 대회 시위주도 |
| 1980. | 중부교회 전도사 |
| 1984. | 군산복음교회 교육전도사(조용술 목사 시무) |
| 1985. | 빛고을교회 창립 |

| 1990. | 목사임직(충북노회) |
|---|---|

### ■ 민주화운동 경력

| 1976. | 유신반대 유인물 배포 수배 |
|---|---|
| 1980. | 광주 5·18 비상계엄확대로 5·18 유인물 배포로 잡혀 구속 |
| 1982. | 한국기독교장로회 청년회 전국연합회 부회장으로 활동 |
| 1983. | 자유실천문인협의회 회원, 이 활동으로 연행, 조사를 받음 |
| 1985. | 충북민주화운동 참여 EYC 창립 |
| 1985. | 「분단시대」 동인지 창간호 발행 |
| 1987. | 4·13 호헌조치 반대 10일 단식투쟁 |
| 1988. | 노동자 대투쟁 택시 파업 집회 시위 주도적 역할 |
| 1989. | 산업선교회 노동교회(정진동 목사) 집회 시위로 불구속 |
| 1990. | 민족문학작가회의 회원, 2000년 한국작가회의 회원 |
| 1992. | 충북 NCC 총무 |
| 2003. | 노무현 대통령특보(신행정수도추진위원장), 대통령 정책실 위원 |
| 2005. | 6·15 공동선언 실천을 위한 남북작가대회 평양, 백두산, 묘향산대회 참석, 2005년 충북작가회의 회장 |
| 2014. | 세월호 304명 사망 광화문 광장 단식투쟁 |
| 2014. | 포럼시민혁명 창립 |
| 2016. | 박근혜 퇴진 촛불시민혁명 주도적 참여 |

2019.   3·1운동 100주년 111인 기념시집을 발간

■ 저서

첫 시집 「푸른 벌판」 1988

두 번째 시집 「그대 진달래꽃 가슴 속 깊이 물들면」 1990

세 번째 시집 「슬픔을 감추고」 1992

네 번째 시집 「촛불을 든 아들에게」 2019

## 증언(자전적 글쓰기)

### (1) 입학과 수업 과정

선교교육원에 다니기 전에 1976년부터 마가복음 KSCF 교회다락방 성서 연구 모임에 참석할 기회가 주어져 서남동 목사에게 마가복음을 배웠다.

선교교육원 수업은 특별했다. 나는 선교교육원 입학하면서 서남동 목사의 관찰 대상이었나보다. 다른 학생들도 수업 후에 원장실로 불려가서 이야기를 나누었겠지만 나는 그럴 기회가 여러 번 있었다. 서남동 목사님은 책을 두 권 놓고 있으셨는데 하나는 사회주의 이론서 같은 것이었고 다른 한 권은 성서였다. 서남동 교수님의 민중신학은 특별했다. 김지하의 장일담 이야기와 전래동화 같은 은진미륵 이야기를 하실 때 민중신학이 무엇인지를 분명하게 알게 해주었다.

서남동 교수님은 우리 모두에게 '한의 사제'가 되라고 분명하게 가르쳐주셨다. 그 가르침으로 우리는 1984년에 민중교회운동을 시작했고 작은 교회를 통해서 민중신학을 전파하게 되었다. 민중신학

은 아시아에서뿐만 아니라 전 세계의 전통적인 신학으로 우뚝 서게 되었다. 자랑스러운 신학이라 하지 않을 수 없다.

수업 전에 일찍 오시는 박현채 교수님은 두 시간 전에 교육원 잔디밭에 오신다. 진달래가 곱게 피었고 따뜻한 봄 햇살이 퍼지면 우리는 교수님의 민족해방 운동의 역사 이야기를 들을 수 있었다. 그분이 16살에 인민군을 따라 보급 투쟁의 전선에서 남원 지리산 간 열차를 멈추고 식량과 무기를 얻었다는 이야기는 신화처럼, 전설처럼 들렸다.

이만열 교수에게서 해방 전 전덕기 목사의 민중 사랑, 독립운동 한 이야기를 들을 때는 살아 있는 교회사를 듣는 것 같았다. 독립운동이 한반도 기독교 역사에 어떤 영향을 미치게 되었는지 너무나 확실하게 배웠다. 이만열 교수의 강의는 열강 그 자체였다. 전덕기 목사가 죽었을 때 만장 행렬이 십 리나 이어졌고 성문 밖의 행려병자나 가난한 사람들이 목사의 죽음을 슬퍼했다는 이야기는 정말 가슴 뿌듯했다.

리영희 교수는 '8억 인과의 대화'라든지 여러 가지 책들을 읽어서 알고 있었지만 한국 미국 일본 삼각군사동맹의 문제점을 지적할 때는 소름이 돋았다. 일본의 재무장을 걱정하지 않을 수 없게 되었다, 리영희 교수는 저서를 통해 청년 학생들에게 많은 것을 전달해주었다.

한승헌 변호사님의 공법 강의도 재미있었다. 평상시 만날 수 없었던 분들이 선교교육원 교수로 오셨기 때문이다. 한승헌 교수님 사무실이 선교교육원 삼인 출판사에 있었기 때문에 책 선물도 많이 받았다. 정말 산 교육의 현장이었다. 대학에서 제적을 당하고 감옥을 다녀오지 않았다면 우리가 해직 교수님들의 강의를 어디서 이렇게 들을 수 있었단 말인가, 얼마나 감사한 일인지….

또 기억에 남는 분은 서인석 교수님이다. 「성서 속의 가난한 사람들」강의를 하실 때 감동의 눈물을 흘리기도 했다. 구티에레즈의 해방신학을 배우게 되었고 그것이 민중신학의 바탕에서 졸업후 많은 도움이 되었다.

지방에서 매주 서울로 올라와 선교교육원 밑의 숙소에서 잠을 자면서 수많은 학생운동, 노동운동가를 만나서 그들의 활동 이야기를 듣기도 했다. 이후로 수업은 더욱 진지하게 진행되었고 헬라어를 가르쳐 주신 이우정 교수님과의 만남도 교과 중에서 가장 뜻 깊었다.

안병무 교수의 글 중에『역사와 증언』이라는 책은 지금까지 기억에 남는 책이다. 성서를 보는 눈, 성서를 이해하는 눈을 가지게 했다.

민중신학의 이론이 체계화된 것은 어느 정도 시간이 지난 후에서야 안정적으로 자리를 잡게 되었으나 우리는 민중신학이 태동되고 실험되었던 바로 그곳에서 생생한 경험을 함께 했다.

(2) 졸업 이후의 삶

졸업 후 민중의 현장에서 노동자와 농민, 도시 서민들을 위한 목회 활동을 전개하였다. 그뿐 아니라 모든 분야에서 끊임없이 평화와 번영 통일의 길을 열기 위해 노력하였다. 청주도시산업선교회 정진동 목사와 민생문제 800가지 중에 400가지는 해결하였다. 이 과정 중에 눈물나는 투쟁의 역사가 있었다.

민중신학은 김창규에게 있어서 지금도 삶의 지표가 되고 있고 그러한 노력이 오늘날 엄청난 촛불시민혁명의 원동력이 되었다. 결국 신학은 가난한 사람들, 예수를 따르는 사람들에게 올바르게 전해져야 한다. 목회의 현장에서 민중신학은 기독교운동을 통해 민중교회운동연합으로 발전하였고 기장의 생명선교연대로 조직화되고 그 공동체의 지도자인 목사들은 '한의 사제'로서 책임을 다하고 살고 있다.

내게 기억에 남는 투쟁은 5·18 진상규명과 각종 싸움, 거기에 6·10항쟁이 있고, 1991년 분신정국 민주화운동이었다. 강정해군 기지반대, 밀양철탑반대투쟁, 부산한진중공업 김진숙 골리앗 크레인 투쟁, 평택 쌍용자동차 투쟁, 우성기업 싸움에 적극적으로 개입하여 싸웠다. 시간이 흐른 후에 광우병 수입 쇠고기 반대 투쟁, 4대강 댐 건설반대에 앞장서서 싸웠다. 광화문 세월호 진상규명 투쟁에 함께했고 40일 단식에도 동참하였다. 2016년 백남기 농민의 죽음을 보고 박근혜 퇴진 광화문광장 촛불을 들었고 이명박·박근혜 퇴진 운동은 2017년 3월 31일 민중이 승리하여 박근혜를 탄핵을 시켰고 촛불정부를 만들었다.

앞으로 남은 목회는 남북의 평화에 이바지하려고 한다. 선교교육원 원장님을 지낸 스승 서남동 교수님과 안병무 교수 그리고 제적생들을 가르쳐준 해직 교수님들의 가르침 그 뜻에 따라 끊임없이 성찰하고 노력하여 가난한 자들을 위한 목회로 마지막 남은 활동을 전개하려고 한다.

# 9. 김현수(입학 79)

## 이력

| | |
|---|---|
| 1955. | 강원도 횡성 태기산 기슭에서 소농 집안의 장남으로 태어남 |
| 1963. | 서울에 올라와 교회에서 운영하는 야학을 다니며 검정고시로 중·고등학교 과정을 마침 |
| 1977. | 한신대 제적, 긴급조치 9호 투옥 후 출소하여 선교교육원 입학 |
| 1977. | 한신대 고난선언 |
| 1980. | 한신대 복학 |
| 1983. | 한신대 졸업 |
| 1984. | 새밭교회 전도사 |
| 1986. | 안산노동교회 개척 1996년까지 10년간 목회 |
| 1986. | 안산노동교회 목회 중 안산선교소식지와 광주비디오 상영으로 수감 |
| 1994. | 안산노동교회 목회를 하던 중 거리의 아동 청소년들을 만나 청소년공동체 들꽃청소년세상으로 지금까지 함께 살아옴 |

## 증언(자전적 글쓰기)

1974년 언론을 통하여 시위를 하다 연행되는 한신대 학생들 기사를 접하고 한신대를 알게 되었다. 진정으로 살아 있는 대학이라 느꼈고 마음이 끌려 한신대에 지망하여 입학하였다. 입학하고 얼마 되지 않아 교수님들이 해직되고 선배들이 학원간첩단 사건과 긴급조치로 연행 구속되거나 제적되는 아픔을 목격했다. 그래도 해직된 교수님들과 제적된 선배님들이 선교교육원에서 수업을 계속한다는 소식에 참 다행이라고 생각했던 기억이 새롭다. 교단 신학교 졸업장을 받아 목회를 할 수 있다는 이야기를 듣고 기장 교단에 대해 자랑스러웠다.

1977년, 75학번이 3학년이 되었다. 한신대 민주화운동의 전통을 잇고자 했던 다짐을 결행하기로 준비하였고 이를 실행하여 유신 치하의 저항운동에 참여하였다. 이로 인하여 2년 4개월 동안 수감생활을 하였다. 서울구치소, 성동구치소, 전주교도소, 광주교도소를 거치면서 나는 비로소 우리 민족을 만나게 되었다. 각성하는 배움의 시간이었다. 사회과학서적과 민중신학·해방신학 서적을 탐독하였다.

1979년 7월 출감하니 친구들이 선배들처럼 선교교육원에서 신학수업을 하고 있었다. 나도 같은 날 출감한 이영재와 함께 선교교육원에 입학 등록을 하였다. 1979년 가을학기에는 부마항쟁으로, 또 독재자 박정희가 10·26으로 죽는 격동의 시간이 계속되었다. 나는 한신대와 수감생활과 교육원에서 배울 수 있었던 민중신학 해방신학을 민중현장에서 실행할 때라 생각하였다. 공장에 노동자로 취업을 하였다. 선교교육원 수업을 현장에서 연장한다고 여겼다.

1982년 1월 22일 결혼을 하였는데, 서남동 목사님께서 주례를 맡아주셨다. 주례사로 여성신학에 대한 강의를 40분 동안 하셨는데,

아내는 그때 추위 속에서도 깊은 감동을 받아 지금도 서남동 목사님의 여성신학을 되새겨보곤 한다.

1980년 한신대 복학을 하게 되어 1983년 한신대를 졸업하고 1984년 일반교회인 서울 구의동에 있는 새밭교회에 전도사로 목회 훈련을 받았다.

1년 6개월 동안 전도사로 목회 수련을 받고 1986년 안산노동교회를 창립하여 노동목회를 시작하였다. 전두환 정권시절, 노동운동이 무지막지한 폭압으로 숨죽여있던 시절이었다. 우리 교회는 합법오픈운동 공간으로 노동자의 권익투쟁과 해방투쟁에 연대하였다. 1986년 4월 교회를 창립하여 노동운동과 연계하여 투쟁하던 중 그해 10월 안산노동교회는 경찰에 포위되었다. 경찰이 강제로 교회에 진입하여 나는 연행되고 교회는 유린되었다. 이때 기장 교단의 많은 목회자들과 한신대 학생들의 연대투쟁에 큰 격려와 감동을 받았다. 불법 유인물 배포와 광주 비디오를 상영하였다는 이유로 언론기본법과 음반에 관한 법률 위반으로 연행되었다. 재판을 받고 집행유예로 출감하기까지 4개월 동안 수감생활을 하였다.

노동운동과 연계한 투쟁활동과 탁아소 노동야학 공부방과 같은 민중선교 활동을 하다가 1994년 거리의 아동 청소년들을 만나 지금까지 25년 동안 '들꽃청소년세상'이란 이름으로 청소년들과 공동생활을 하고 다양한 청소년 관련 활동을 하고 있다.

# 10. 나상기(졸업 79)

## 이력

| | |
|---|---|
| 1949. | 출생 |
| 1974. | 숭실대 졸업 및 한신대 편입학, 휴학, 민청학련사건 으로 투옥/비상군법 20년형 |
| 1977. | 선교교육원에 입학 |
| 1982. | 한신대 졸업장 받음 |
| 1976. | 농민선교/농촌교회 농민교육, 전남지역 기독교농민 조직화 |
| 1978. | 전남기독교농민회 창립 |
| 1982. | 한국기독교농민회총연합회 창립 |
| 1990. | 전국농민회총연맹(전농) 창립 |

## 경력

| | |
|---|---|
| 1973. | KSCF(한국기독학생회총연맹) 회장, 남산부활절예 배(박형규 목사 구속)사건 연루 |
| 1974. | 민청학련사건 투옥/군사법정 20년 선고 |
| 1975. | 석방 |

| 1981-1982. | 기장 총회 산하 이서농촌개발원 교육부장(전북 완주) |
|---|---|
| 1983-1984. | 한국기독교농민회총연합회(기농) 사무국장 |
| 1986-1992. | 농민문제연구소 설립(광주) 및 소장 |
| 1989. | 전국농민운동연합(전농련) 사무처장 |
| 1991. | 전국농민회총연맹(전농) 대의원대회의장 |
| 1995-1997. | 새정치국민회의 농어민특별위원회 부위원장, 김대중 대통령후보 농어민지원 활동 |
| 1998-1999. | 한국식품개발연구원 감사 |
| 2001-2004. | 한국마사회 상임이사 |
| 2008-2010. | 한국농어촌공사 비상임이사 |
| 2018. | 시사집(詩寫集)『기다림의 꽃 그리움의 풍경』발간 |
| | 현재 민청학련동지회 공동대표 |
| | 광주전남민주화운동동지회 고문 |
| | 광주전남기독교민주화운동동지회 감사 |

## 증언(자전적 글쓰기)

1974년 한신대 편입학했으나, 학교 측의 요구로 휴학한 상태로 민청학련사건에 연루되어 투옥 75년 석방, 이후 전남지역을 중심으로 전국기독교농민회를 조직, 농민선교활동 중에 친구 이광일의 권유로 1977년 선교교육원에 입학하여 수업을 받게 되었다.

선교교육원 수업을 받으면서 현장 농민들과 기독교농민회 조직을 전국적으로 전개, 1982년 한국기독교농민회총연합회를 영등포산업선교회관에서 결성하였다.

선교교육원 수업을 받은 이후 목사고시에 합격하여 준목으로 농민선교활동을 하였고 선교교육원 수업 과정에서 서용석, 정상시 등과 농민선교분과 활동도 허였다.

박현채 교수의 민족경제론과 농업경제론 강의와 정창렬 교수의 한국근현대사 중에서 1894년 농민 주체의 갑오농민전쟁 역사강의 등이 기억난다. 그리고 문익환 목사의 구약학, 서남동 목사와 안병무 박사의 민중신학, 이우정 교수의 히브리어 수업, 서남동 목사의 기독교와 사회주의 특강 등이 기억난다.

그리고 특별히 목사고시 준비를 위해 선교교육원 기숙사에서 몇 날 며칠을 합숙하면서 공부했던 친구 동지들의 기억이 스쳐간다.

선교교육원 과정을 이수한 후 한신대에서 전통복을 입고 졸업식 거행했던 일이 새삼스레 기억난다.

# 11. 문병수(입학 78)

## 이력

| | |
|---|---|
| 1953. | 출생 |
| 1971. 2. | 배재고등학교 졸업 |
| 1971. 3. | 연세대학교 이공대학 의학과 입학 |
| 1974-1975. | 긴급조치1호 위반 수감 |
| 1977-1979. | 기장 선교교육원 수학 |
| 1983. 2. | 연세대학교 의과대학 의학과 졸업(학사) |
| 1986. 2. | 연세대학교 의과대학 대학원 내과학 석사 |
| 1995. 8. | 연세대학교 의과대학 대학원 내과학 박사 |
| 1984-1987. | 연세대학교 세브란스병원 내과 전공의 수료 |

## 경력

| | |
|---|---|
| 1987. 2.- | 현재 내과 전문의 |
| 1987. 3-1988. 2. | 강화병원 내과과장 |
| 1988. 3-1992. 2. | 강화 문내과의원 원장 |
| 1992. 3-1994. 2. | 강서 연세병원 원장 |
| 1996. 3. 1.- | 소화기 내시경분과전문의, 소화기분과전문의 |

1996. 3.-2007. 2. 연세대학교 의과대학 내과학교실 부교수

1997. 11.-2007. 2.연세대학교 용인세브란스 병원장

2007. 3.-2018. 2. 연세대학교 의과대학 내과학교실 교수

2019. 4.-          청구성심병원 소화기내과과장(현)

1987. 3.-1989. 2. 인도주의실천의사협의회(개원의 및 봉직의)

　　　　　　　　공동대표

2002. 2.-2003. 2. 용인시 총선연대 공동대표

2014. 12. 6.      대한 상부위장관-헬리코박터학회 최우수 논문상 수상

2018.            저서 『가로등의 노래』 출간

## 증언(인터뷰)

　긴급조치 1호가 발효된 이후 1974년 1월 21일 발생했던 연세대학교 의과대학생들의 유신헌법에 관한 토론에 참여하게 되었어요. 이 사건과 연루되어 수감생활을 하게 되었고 긴급조치 1호 위반으로 1심에서 징역 7년, 2심에서 5년을 선고받고 복역 중 1975. 2. 15. 형집행정지로 풀려났고, 75년도 2월 15일 출소 후 연세대 박대선 총장이 복교를 시키겠다는 방침에 따라 일단 복교가 되어 4월 며칠까지 다녔어요. 다시 제적되었지요.

　문: 복학됐다가 바로 제적당하고 그다음에는 어떻게 하셨나요?

　답: 당시 복교는 못 해도 학업에 목말라 있었던 것 같아요. 일 년 반 정도 연세대학교에 나가 도강을 했지요. 1975년 5월 연세대 사학과의 홍성엽(YWCA 위장결혼식 사건의 신랑) 후배를 만났어요. 민청학련에 연루되어 2학년 다니다가 긴급조치 4호로 복역하다 함께 풀려난 홍성

엽 군이 연세대학교 문과대학에서 여러 가지 수업을 도강하더라고요. 그럼 같이 공부하러 다니자고 해서 그 친구랑 같이 거의 1년 반 정도 공부했어요.

그 당시 사정을 보면, 감옥에 가서 우리 같이 정치범으로 실형을 살면 외국 가는 길이 막혀요. 그리고 공무원으로 취직이 안 되고 장사하든지 개인회사 들어가서 일하든지 아니면 아르바이트를 하든지. 아르바이트 정도는 할 수 있었고 특별히 직업을 가질 수 없는 상황. 그 당시 복교가 바로 될 것 같은 희망이 있어서 의학을 하기 전 평소에 관심 많았던 인문학 수업을 제대로 스승을 찾아서 한 것이지요. 연세대 철학과의 정석해 교수(4·19 교수 데모로 유명하신 분)의 서양철학, 사회학과 박영신 교수(문익환 목사의 처남)의 강의, 신학대학도 가서 한태동 교수의 강의, 정치외교학과에 가서는 이극찬 교수의 정치학 공부도 하고 경제학 공부도 하고 보냈지요.

그리고 국제 엠네스티에서 도움을 받아 한의학 공부를, 서울대 의대 다니다 제적된 황승주 목사하고 6개월 정도 했어요. 국제 엠네스티에서 우리 같은 감옥에 다녀온 양심범들을 위해 재정적으로 돕고 재취업 훈련과정을 지원하는 펀드가 있었어요. 그래서 서울대 의대 본과 3학년 다니다 제적된 황승주 선생과 함께 한의학 공부를 했죠. 거의 6개월에서 1년 한 것 같아요.

그러다 선교교육원에서 제적생을 위한 목회자 교육이 있다는 얘기를 듣고 황승주 목사와 참여하게 되었습니다.

## 신학공부와 기독학생운동

**문**: 그 다음에는 어떻게 됐죠?

답: 1977년도 8월에 선교교육원이라는 곳의 문호가 열려 있었어요. 그곳은 한국기독교장로회 교파에 속하는 목사님에 대한 재교육 프로그램이 열리던 곳이었어요. 그곳에서 교단의 배려에 의해 특설된 목사 위탁교육생이라고 해서 목회자가 되기 위한 신학 코스가 만들어졌어요. 주로 우리같이 일반대에서 제적된 학생들보다 한국신학대학에서 데모하다가 제적된 학생들이 많았는데 그런 학생들을 위해서 목사가 되기 위해 만들어진 2년 코스의 과정이었습니다. 보통은 대학교에서 3학년 이상 다니다가 왔으니까 편입생처럼 2년만 하면 목사시험 볼 자격이 주어지는 그 코스에 들어갔던 것이 1977년 9월입니다.

문: 거기를 졸업하셨나요?

답: 못했어요. 1년 반 정도의 과정을 마쳤습니다. 선교교육원의 교수진은 민중신학을 시작하고 발전시킨 우리나라를 대표하는 주역들이지요. 1, 2대 원장인 안병무 박사(한신대)와 서남동 교수(연대)가 대표적인 분들이지요. 김대중 내란 음모 사건에 연루되어 한국신학대학교와 연세대학교에서 해직되신 교수님들이었고, 연대 신학대의 김찬국 교수. 서울대 사회학과의 한완상 교수, 한국신학대의 문동환, 문익환 목사님, 민중경제론의 박현채 교수, 언론인 송건호 선생, 신학의 다른 부분은 현직의 한국신학대 교수들이 강의해주는 우리나라의 기라성 같은 목사님 학자들이 교수진으로 있었어요. 거기서 신학공부와 한국사회의 사회과학적 지식을 넓힐 수 있었지요. 그 당시에 그곳이 그나마 안전했던 게. 그 시대에 민주화운동을 할 수 있었던 곳은 기독교 단체밖에 없었거든요. 다른 분야의 공간은 숨 쉴 수 없었고 교회라는 울타리, 그나마 그곳만이 보호받을 수 있던 유일한 곳이었어요. 같은 동기들은 향후 자신들의 관심사에 따라 목회활동을 하면서 노동운동이나 농민운동,

빈민운동 활동가가 된 사람들도 있고 일선 목회자, 사회운동가, 교수나 학자가 되었습니다.

선교교육원은 가족과 같은 분위기였던 것 같아요. 신학계에서 기라성 같은 대가들의 체취와 숨소리를 들으면서 시대의 아픔을 같이 고민하는 그런 학문과 신학과 활동(praxis)의 장이 아니었나 생각합니다.

안병무 교수님은 신약학 강의를 하셨고, 로마서 강해, 중간사, 공관복음, 역사적 예수에 대한 초상. 유럽에서 갓 날라온 따끈한 원어의 성서 해석학을 바로 접하는 느낌을 받았습니다.

안병무 교수님이 원장 하실 때 가난한 위탁생들이 정신적으로나 육체적으로나 풍족하지 않았나 생각합니다. 1978년 가을 어느 날 선생님의 야외예배 가기 전 설교도 일품이었고 독일 신사의 패션이 학자의 기품을 더 해 주지 않았나 싶습니다. 간혹 촌철살인의 농담도 학문에 더 몰두하게 해 준 것 같습니다.

서구 신학의 안테나란 별명을 들으셨던 서남동 교수님의 명강의가 생각납니다. 테야르 드 샤르뎅, 영성 신학, 앙드레 말로의 미술사적 귀결…. 선생님 사색의 지평을 가깝게 접할 수 있었습니다.

구티에레스의 해방신학을 공부했던 기억이 생생히 납니다. 그 당시 연희동에 있는 연세대에서 제공한 사택에 머물러 계셨는데 벽돌로 된 선교사 사택에 세배가면 추운 집에 켜있던 석유 난로가 우리를 따듯하게 보듬어 주는 것 같았습니다.

김찬국 교수님은 개인적으로 집사람과 약혼식 때 주례를 맡아주셨지요. 설날이 되어 교수님 댁에 연대 제적생들이 세배하러 가면 사모님이 정성껏 준비해주신 떡국을 대접받았는데 어려운 살림살이를 축내던 기억이 생생합니다. 평소에 온화하시던 분이 선교교육원을 감시하러 온 경찰서 정보과 형사를 무섭게 나무라던 모습을 한번 본 적이 있습니다.

선생님의 예언자적 풍모를 새삼스럽게 발견했습니다.

문동환 교수님의 현장 신학, 교육 신학 페다고지, 선생님과 학생들과의 토론을 통해 사회적 이슈에 대한 우리들이 할 수 있는 일들을 수렴시키는 토론 방식과 솔직한 대화들을 통해 우리 자신을 발전시킬 수 있었던 것 같아요

이문영 교수님의 성서와 사회를 해석하는 parabolism(우화적 비유)도 인상에 남았고요

문익환 목사님이 감옥에서 나오셔서 구약학과 예언서를 강의하던 도중 "꿈을 비는 마음"이란 시 중 일부를 낭독해 주시던 감동이 지금도 전해옵니다. 선생님은 시대적 신앙적 성령이 충만하여서 마지막 날까지 불태우며 사셨던 것 같아요.

1994년인가 돌아가시기 전 세브란스 병원에 분신한 노동자를 데리고 오셨을 때 만나 뵈었는데, 잘 돌보아 달라는 말씀이 기억납니다.

장일조 교수의 사회철학강의를 통해 현지 프랑크푸르트 학파의 목소리를 들을 수 있었고, 교수님 댁의 책장에 숨겨 있던 양주를 우리에게 꺼내주셔서 난생처음 맛본 몰트향의 양주 맛이 아직 혀끝 기억으로 남아있어요.

문: 졸업을 못 한 게 복학이랑 관련이 있나요?

답: 네, 그렇죠. 그래서 1년 반을 다녔죠. 한 학기를 남겨놨는데 그 당시에 원장님은 1대 안병무 교수님. 그다음에 2대 원장님이 서남동 교수(연대 신학대 교수). 그런데 그러시더라고요. 여기 교과과정 수료는 한국신학대에서 언제든지 인정해준다. 졸업을 6개월 앞둔, 그래서 4학년 1학기까지 다녔어요. 나머지도 언제든지 할 수 있었는데 그리고 나서 1979년도에 10·26이 나서 시국이 복잡하게 돌아갔죠. 그때 잠깐

휴학을 했을 때에요. 뉴스에 학생들을 다 복교시키겠다 해서 다시 신학교로 들어가 마친 사람들이 대부분이지만 원래 다니던 대학으로 돌아간 사람도 있었죠. 나처럼 의과대학생의 입장에서는 공부도 때가 있는데 더 늦기 전에 돌아가야겠다고 생각해서 신학과정을 마치지 못했던 겁니다.

선교교육원의 커리큘럼 중 문동환 교수의 현장신학이란 과목이 있었지요. 선교교육원 신학 내용은 민중신학, 해방신학이라고 볼 수 있는데 현장에 들어가서 순수하게 목회도 할 수 있지만, 노동운동을 하는 사람도 있고 어떤 사람들은 대중운동 예를 들면 나는 그때 기독교 대중운동을 하라는 신대균 친구의 추천이 있어서, EYC(한국기독교청년협의회)에서 서울 대표를 맡았거든요. 그 당시 만연했던 인권탄압을 교회와 사회에 알리는 일을 했었는데 동일방직 사건이 났을 때 정동 구세군교회에서 노동조합 탄압을 반대하는 집회를 했어요. 구세군 본부에서 저는 사회를 보고 문동환 목사님을 강사로 모시는 인권집회를 열었지요. 그 당시 어떻게 알았는지 형사들이 저를 담당하기 위해 6~7명 따라붙었던 시절이었지요.

문: 10·26이 안 났으면 노동운동 현장에 들어가셨을 가능성이 굉장히 크네요.

답: 컸을 거예요. 아니면 목회자가 됐을 수도 있고. (웃음) 그때 내가 기독교장로회 교단의 교회에 가서 전도사 생활을 했어요. 3학년 1학기 마치고 3학년 2학기 때부터는 한 1년간 전도사 생활을 했어요. 학생·청년부서를 책임지고 주일날 저녁은 목회수련과정으로 설교할 기회도 주어졌어요.

문: 복교하고서 1983년 졸업까지 군사정권 시기인데 문제없었나요?

답: 1980년도 복학해서 5·18민주화운동이 일어났죠. 전두환이 통일국민주최회의란 체육관선거로 집권하기 위해 야당 인사들과 김대중을 잡아들이려고 했어요. 3·1절에 김대중 이하 여러 정치인, 종교인들 이런 사람들이 민주화선언을 했었어요. 김대중에게 내란음모죄로 사형언도를 내렸어요. 그래서 신군부가 3월 들어오자마자 학생들이 시끄러웠으니까 입학하자마자….

문: 학교 다닐 때 학생들이 5·18민주화운동, 이런 걸 다 알고 있었나요?

답: 5·18민주화운동의 시작은 1980년 3월에 개학하자마자 신군부의 우두머리인 전두환이 집권야욕을 드러내놓기 시작하면서 학원가에서는 전국적인 규모의 데모가 일어날 때였습니다. 그때 이슈가 뭐냐면 실질적으로 최규하가 대통령이었지만 최규하는 사실 껍데기고 실세는 신군부인 전두환(전두악)이었고 실권을 장악하고 있었지요. 그 당시에 합수사란 중앙정보부와 보안사를 통합한 게 합수사에요. 합동수사본부. 보안사령관이자 중앙정보부장을 겸임한 거예요. 숨은 최고 실권자가 전두환이었죠. 그리고 최규하 대통령이 하야하고 전두환을 체육관 대통령으로 만들어줬잖아요. 5월 시작하자마자 반대하는 데모가 또 엄청 많이 일어났습니다. 그때 5·18민주화운동이 일어나기 전에 김대중 등 야권지도자를 구속 대대적인 사전 검거를 했었는데 나도 거기 명단에 들어가서.

나는 5·18민주화운동이 일어난 지도 몰랐는데 서대문의 과거 전매청(지금의 대한민국경찰청)에 있는 합동수사본부 조사실에 들어가서 알았어요. 김대중 사형 선고하니까 광주에서 시끄러운 거예요. 그때 내가 45일 동안 전매청 자리 합동수사본부에 끌려 들어가서 조사를 받았어요. 특별한 죄목이 있는 것이 아니라 사전 검거형태로 인신을 구속당한 것이지요.

문: 그리고 나서 복학해서 계속 의과대학 공부를 하셨고요?

답: 5·18이 지나 풀려나오니까 유기정학이 됐어요. 그런데 리포트 제출하면 졸업시켜준다고 하기에 —그때 전국 대학이 휴교 들어갔으니까— 그래서 본과 2학년 1학기에 나머지는 리포트로 제출했지요. 그것도 학교에서 배려해준 거죠. 6년 만에 들어와서 다른 생각을 할 시간도 없고 일단 접자, 일단 의사부터 먼저 되어야겠다고 생각했지요. 들어와서 다행히 낙제 안 하고 1983년 2월에 연대 의대를 졸업하게 되지요.

1983년에 인턴하고 87년 2월까지 신촌에서 내과 레지던트 끝나고 나서 강화병원에 가서 내과과장으로 1년 있다가 거기다가 개업을 했어요.

## 개원의 시절

문: 강화에 별로 사람 없을 것 같은데 강화에서요?

답: 네. 개업을 3년 했나요. 환자도 많았지만 사회활동을 많이 했어요. 바쁘고 육신적으로 힘들었지만 의사로서는 행복했던 게 지역의 유일한 내과전문의이니 아파서 찾아오는 환자들이 많았고, 그다음에 거기서도 지역사회 일도 하고 가족하고도 가깝게 지내고, 애들이 어리니까. 그런 여러 가지 목가적이면서도 뭔가 괜찮았던 시절인 것 같아요. 그러다 서울에 왔어요. 60병상 규모의 준종합병원을 열었어요.

문: 서울에서는 어디에서 하셨어요?

답: 화곡동에서 했어요. 강서연세병원이라는 병원을 운영했는데 너무 힘에 부치더라고요. 노력에 비해 비전은 별로 없는 듯했어요. 1년

반~2년 하다가 그때 다른 일을 모색하려고 생각했는데 그때 용인 세브란스병원에 스텝 자리가 났어요. 그래서 소화기내과 주임교수님에게 가서 지원할 의향을 말씀드렸지요. 그래서 연구강사 2년을 하고 내과학 교실 전임 교원이 되었습니다.

문: 의사의 길을 걷는 동안에도 1987년도 6월 항쟁도 있었고 계속 민주화 그런 게 계속 있었는데 그런 쪽에도 계속 관여하신 건가요?
답: 1987년에 인도주의실천의사협의회가 만들어졌지요. 의사사회에서 학생운동 경험 있는 분들과의 개인적인 친분들은 있으니까. 개업의 시절에는 인도주의실천의사협의회—거기에 연세대학교에서도 많이 관여했기 때문에 김일순 선생님도 처음에 관여를 했어요—에 들어가서 제가 초대 본직의와 개원의 공동대표도 하게 되었지요. 그래서 연대 졸업생 위주의 그룹들이 좀 있었어요. 의대 시절의 의청그룹도 있고 그런 후배들의 사주에 의해서 인도주의적인 이슈들 즉 직업병, 노동운동 현장에서의 인권에 대한 문제, 시민들의 인권 현안에 대한 문제에 쟁점을 만들고 시민운동으로 해결하는 방식 예를 들면 매향리 사격장 주민들의 난청문제, 오랜 시간 연탄 공장이 들어서 있던 상봉동 주민들의 진폐증 문제, 수은 체온기를 만들던 노동자 문송면 군의 수은 중독사건, 그런 문제들을 사회 이슈화하고 해결을 위해 많은 논의를 했어요.

민주화 관련하고 활동했던 것은 용인지역의 YMCA를 창립하고 시민연대 공동대표를 맡게 되었지요. 2002년도 총선연대라는 것인데, 그게 뭐냐면 제대로 정치인이나 시장을 뽑을 때 토론의 과정이나 시민들이 참여해서 그 사람의 자격을 검증하는 거기에 용인지역 대표로 들어가서 그 당시에 시장과 국회의원을 뽑을 때 패널을 조직하여 공개적인 공청회를 여는 역할을 한 것이지요.

# 12. 박남수(졸업 80)

## 증언(인터뷰)

**문**: 자기 소개를 부탁합니다.

**답**: 저는 70학번이에요. 1970년도 한신대 입학하면서부터 한신 내부적인 여러 가지 사건과 함께, 당시 박정희 독재가 장기화되면서 위수령, 계엄령 같은 것들이 선포되었던 살벌한 시대에 대학생활을 시작하게 되었어요. 그러면서 반정부 학생운동에 참여해 우리 교수님들과 함께 한신대 정문에서 경찰들과 대치하고, 학생들과 밀담을 하면서 반독재투쟁을 했던 기억들이 있구요.

그런 과정들을 겪으며 한 2년 한신대학에 머물렀었는데, 고등학교 때까지 순수하게 신앙생활을 하면서 살아왔던 나에게는 한신대학이 굉장히 충격적이었어요. 기장교회에서 성장을 했지만, 대학에 와서 역사에 대한 눈도 떠지고, 사회의 문제점들도 보이게 되고. 그러면서 정의를 위해서 치열하게 싸우는 것이 나의 당면 과제가 되었습니다. 그런데 개인적으로 보면 부모님이 많이 편찮으셔서 내가 대학에 간 상황도 사실 잘 모르셨어요. 혼자서 공부하면서 반독재투쟁하면서 내 생활을 유지하고 이런 것들이 굉장히 힘겨운 시간들이었고요.

거기다 신학을 공부하면서 갈등이 더 많아졌어요. 고등학교 때까지 시골에서 교회 다니면서 성경을 그저 순수하게 받아들이고 말씀을 이

해했었는데, 거기 와서는 역사비평과 문학비평 등 모든 걸 통해 성경이 전부 다 분해되면서 신학적인 관점에서 성경을 보게 되니까, 기본적으로 가지고 있던 청소년의 순수한 신앙에 퀘스천(?) 마크가 자꾸 붙으면서 힘든 시간을 보냈어요.

그래서 나는 목사로서의 자질은 없는 것 같다 싶어서 휴학을 하고 목사 안 하겠다고 도망간 곳이 제주도예요. 제주도에서 한 1년 동안 이시돌 목장이라는 곳에서 맥글린치 신부를 만나 양 키우는 것도 배우고, 돼지 키우는 법도 배우고, 말 키우는 법도 배우면서 농장에서 생활하는 꿈을 키웠었는데. 하나님께서 또 올려 보내셔서 신학을 하다가, 도저히 그 상황을 견디지 못해서 군대에 갔죠. 원래는 군종 시험을 봐서 합격하면 군종으로 가게 되는데, 한신대학에서의 여러 가지 사건들로 인해서 제가 블랙리스트에 올라와 있었어요. 그래서 군종으로 못 가고, 어차피 육군으로 갈 바에야 해병대에 가겠다 해서 해병대에서 삼 년 동안 군생활을 하고 복학한 것이 1975년이에요.

그런데 돌아와서 보니까, 예전에 그렇게 치열하게 반정부투쟁을 했던 학교의 모습이, 학장도 바뀌고 학도호국단도 생기고, 여러 가지 변화와 함께 학교 분위기가 좀 이상해졌어요. 그러면서 유신헌법이 발효되고, 긴급조치 1호부터 9호까지 발령이 되었죠. 가까운 친구들과 우리가 이대로 있어서는 안 된다, 박정희 정권이 이렇게 끊임없이 민주주의를 찬탈하고 국민들의 의사 표현을 짓누르면서 결국 군사정권을 장기화하려고 하는 것들에 대한 목소리를 내야 하지 않겠냐 하는 얘기들을 나눴죠. 전점석이라는 인하대에서 온 대학원 친구와 최갑성이라는 친구하고 을지로에 와서 많은 이야기를 하면서 한 번 우리가 우리의 입장을 표명하자 하고 "긴급조치 반대, 유신 철폐"에 대한 한신선언문을 발표하기로 했죠.

그래서 사실은 채플 시간에 선언문을 발표하고 낭독하기로 하고 문서를 다 만들어 놓았는데, 어떻게 된 건지 모르지만 정보부로 새어나갔어요. 북부서 정보과 형사들이 밤에 막 들이닥쳐서는 우리 모든 기숙사를 다 털고. 그 사람들은 누가 누군지 모르니까 막 잡아가려고 하는데 "야, 우리 일단 튀자. 한신선언문은 다음에 다시 발표하자" 하고 튀었어요. 셋이 튀었는데, 두 사람은 일찍 잡혔고 나는 해병대 기질로 꽁꽁 숨어 연락을 끊어버려서 삼 년 동안 수배를 당한 상태에 있었죠. (웃음) 그래서 한신선언문은 1975년도 5월에 유신 독재 철폐를 주장하면서 자유와 평화와 평등, 우리 사회의 진정한 민주주의의 회복을 위해서 발표됐던 겁니다.

문: 3년 수배 후에 그러면…?
답: 그렇죠. 그래서 1978년도에 기소중지가 되었다가, 그분들의 작전일 수도 있고요. 그 3년 동안에 나는 숨어다니면서, 천은교회라고 달동네 교회, 또 신촌에 있는 신촌교회, 이런 정말 열악한 교회에서 청년들을 교육하고 학생들을 교육하면서 야학을 만들었어요. '시정의 배움터'라고, 아마 야학사에서 보면 1호일 겁니다. '시정의 배움터'에서 노동 공부도 시키고, 또 아이들의 진로를 위해서 검정고시 교육도 했었죠. 그런 중에 78년도에 정보과 형사들이 제 위치를 어떻게 알았는지 갑자기 들이닥쳐서 그때 재판받고. 1년 동안 꼬박, 1978년도 1월에 들어가서 12월 성탄절 석방될 때까지 꼬박 1년을 수감생활 했고요. 그때 김대중 대통령하고 전주에서 같이 수감생활을 했죠.

문: 그때 그게 긴급조치 몇 호예요?
답: 9호. 긴조 9호.

문: 그럼 수감생활 이후에 선교교육원에 입학하신 거네요?

답: 그렇죠. 수감생활 이후에 입학을 했죠. 79년도에.

문: 선교교육원에 들어가라고 누가 추천을 해 준 거예요?

답: 추천보다는, 그때 당시에 한신대에서는 우리보다도 먼저 친구 전병생을 비롯해서 강종원 선배라든지 이런 분들, 일본에서 한신대에 와서 신학공부하는 사람들이 간첩단 사건으로 잡혀들어가는 일이 있었고. 우리들도 들어가고. 그다음에 우리 후배인 김현수 목사님을 비롯해서 김희택 목사, 이영재 목사, 이런 분들도 고난선언문 관련해서 붙들려들어가고. 우리 신학생들에게 많은 어려움이 있었어요. 사실 학교 쪽에서 보면 얼마 되지 않는 신학생들이 계속 빠져나가게 되고, 제적당하고, 시대의 일꾼으로 일할 사람들이 역사의 희생자가 되다 보니까, 그런 부분들이 총회에서 논의되었던 것으로 알고 있습니다. 구체적인 내용은 잘 모르겠는데. 교수님들하고 목사님들이 신학생들을 구제할 수 있는 방안을 모색하셨어요.

그래서 총회에서 교육원은 어차피 교육하는 곳이고, 사실은 목회자들 재교육과 함께 목회자들 양성교육을 위해 교육원이 만들어졌는데, 지금 군사 독재에 항거하다 제적당한 학생들을 방치하는 것보다는, 이 학생들이 신학을 못하니까 이곳에 와서 공부해서 자연스럽게 목회의 길을 걸어갈 수 있도록 위촉생 교육과정을 마련하자, 그렇게 해서 총회에서 위촉생 과정이 허락이 됐어요.

문: 그래서 79년도 3월에 들어오셔서… 선교원을 2년 다니셨어요?

답: 2년 다녔죠. 2년 다니고, 졸업한 다음에 선교대학원 2년을 다시해서 4년 동안, 82년도까지 다녔어요.

문: 그럼 수업을 받으신 장소가 바로 이 장소예요?

답: 네, 이 장소예요.

문: 이 장소에서 학생들과 같이 수업받았을 때 기억나는 학생들이 있나요?

답: 있죠. 나상기. 또 친구들도 있고, 아까 얘기했던 황승주라든지, 이광일 목사님이라든지. 하도 오래되어서 다 기억할 수는 없는데 권오성 목사도 있었고. 한신대 친구들만이 아니라 서울대, 연대, 고대, 서강대 이런 데에서 학생운동 하다가 잘린 사람들이 사실 갈 곳이 없었어요. 그 시대에 누가 품어주는 사람이 없었고. 학교에 돌아가면 학교는 살벌하고. 그들은 시대의, 역사의 부랑아처럼 떠돌아다녔었는데, 이곳에서 그때 당시에 해직된 교수들도 있었거든요. 안병무 교수님이라든지 서울대 백낙청 교수님이라든지 한완상 박사님, 서남동 교수님 이런 분들. 시대의 역사에서 정의로운 목소리를 내면서 민족의 미래를 늘 염려하는 참 대단한 분들이었죠. 『우상과 이성』을 쓰신 리영희 교수님 같은 분들 말이예요. 여하튼 이런 분들이 이곳에 모이게 됐어요. 학교에서 제적당한 학생들을 교수님들에게 위탁해서 맡겼기 때문에, 그분들도 이곳이 어떤 의미에서는 고향 같은 곳이고, 사회에 적응할 수 없었던 우리들에게도 어떤 의미에서는 마음의 고향 같은 곳이죠. 사실 교육원은 블랙리스트에 올랐던 사람들의 총집결장소였고, 또 꿈을 키우는 장소였고, 대정부 투쟁을 하는 산실이었고, 역사적으로 굉장히 중요한 위치에 있었다고 생각합니다.

문: 목사님 인생에서 79년도부터 4년간 교육원에서 공부하셨는데, 회상해보면 목사님 인생에서 어떤 의미였던 것 같아요?

답: 어떤 의미에서는 젊은 시절의 아픔이 있었고 방황의 시간이 있었죠. 그런데 교육원에서 좋은 선생님들, 교수님들을 만나면서 이! 삶은 이래야 된다는 귀한 교훈을 얻게 되었고요. 세상이 아무리 척박하고 혼란스럽고 부정의하고 불평등한 사회 속에서도, 정의를 추구하면서 바른 길을 걸어가고 민족을 위해서 또 사회의 옳은 방향을 위해서 치열하게 투쟁하며 정말 인간적인 애정과 인류에 대한 사랑을 갖고 살아가는 사람들이 있다는 소망을 발견한 것이 이 시기예요. 어떻게 보면 학문적인 공부보다도 좋은 사람들을 만났던 기억들 그리고 그 시대에 치열하게 역사의 선두주자로 나가면서 아픔을 겪고 고통을 당하고 감옥에 가고 고문을 당했지만 마음 속에 인생을 잘못 선택했다든지 하는 후회는 없고 오히려 나의 신념과 역사에 대한 바른 의식을 갖게 하는 정말 스승다운 스승들을 만났던 곳이 교육원입니다. 그래서 4년 동안 그분들을 통해서 배우면서 이곳에서 석사 학위 논문을 썼던 기억은 일생에 가장 중요한 자산으로 남아 있습니다.

# 13. 박몽구(졸업 83)

## 증언(자전적 글쓰기)

### 시와 변혁 운동의 한가운데서

1956년 3월 15일 전남 광산군 서방면(현 광주광역시 북구 일대)에서 부 박봉춘, 모 문귀순 사이에 태어났다. 부친은 참전 군인으로 전역 후 호남신문 주재 기자를 하면서 소설을 썼다. 부친이 취재처와의 불화로 투옥되고 해직됨에 따라, 조부가 살던 광산군 송정읍 도루메로 이거하였다. 이곳이 6세 무렵 광주 비행장 부지로 징발되어, 인근 도산리로 다시 이거하였다.

광주서중학교를 졸업한 후 1972년 3월 광주제일고등학교에 입학하였다. 광주일고 국어교사로 재직 중이던 시인 주기운 선생에게 시를 사사하기 시작하여 '신록' 등의 작품이 학교 신문에 게재되고, 무등문학상을 수상하기도 하였다. 고등학교 2학년 재학 시절 활동하고 있던 '원시림' 문학 동인의 엘리트적이고 틀에 박힌 문학관에 반발하여 멀어지게 되었다. 그 대신 동기인 곽재구, 나해철 그리고 1년 후배인 박석면, 한명환 등과 함께 '울림문학동인회'를 결성하여 당시 금남로에 있던 '가톨릭센터' 등을 돌아다니며 시 합평회를 가졌다. 박석면의 소개로 조선대 부고에 재학 중이던 이영진을 만나고, 선배격인 박주관, 나종영 등이 가세하여 이 모임은 교외 문학 활동으로 확대되었다. 이해에 전남대학교 용봉문학제에서 시 '바다'로 장원을 차지하였다.

이 무렵 후배인 박석면의 사형인 다산연구가 박석무 선생과 인사를 나누게 되어 오늘날까지 사숙하게 되었다. 또한 박 선생과 깊은 교유 관계에 있던 당시 중앙여고 교사 양성우 시인과 함성지 사건으로 옥고를 치르고 나와 영어 공부와 시작에 몰두하고 있던 김남주 선배를 만나 교유하게 되었다. 김남주 형은 「창작과비평」지를 통하여 '잿더미' 등의 시편으로 데뷔한 후 전남여고 후문 부근에 '카프카 서점'을 열었다. 필자는 이 서점을 드나들면서 윤재걸, 송기원 그리고 동아일보 해직기자 이태호 선배들을 만났다. 특히 김남주 형께는 빼어난 이미지를 간직한 채 행동파 지식인의 면모를 보여준 파블로 네루다와 러시아 농민시인 에세닌의 시에 대하여 인상 깊은 배움을 얻게 되었다.

고2 때에는 문예장학생이 될 목적으로 중앙의 여러 대학 주최의 백일장에 참가하였으나, 고배를 마셨다.

1976년 광주제일고 졸업 후 고교 동창인 김상집을 만나 교유하면서, 당시 운동권의 중요한 이론가 가운데 한 사람인 그의 사형 김상윤 선배를 만났다. 김상윤 형이 꾸려가고 있던 녹두서점을 드나들면서 『후진국경제론』, 『전환시대의 논리』 등을 탐독하면서 냉전적 사고에서 벗어나 세계관을 넓히게 되었다. 이 같은 정신적 성장에 힘입어 「씨올의 소리」에 '개항백년' 등 언어 유희를 청산하고, 기법과 주제가 균형을 이룬 다수의 시를 발표했다. 시인 문병란 선생을 만나, 처음으로 습작시에 대해 긍정적인 평가를 받았다.

양성우 시인이 '겨울공화국'을 발표하여 해직되고 그의 판금 시집

『겨울공화국』을 배포하다 경찰서에 붙들려가 고초를 당했다.

1977년에는 시 '浮流'를 한국일보 신춘문예에 투고하여 최종선에서 낙선하였다. 친구 김경주의 화실에 드나들면서 시작에 몰두하던 중, 군입대를 위한 신체검사를 받았으나 폐결핵으로 면제 판정을 받았다. 외우 이영진 시 '법성포'로 「한국문학」지 신인상에 당선됨. 이를 계기로 선배 시인 김진경이 노동 현실을 체험차 광주에 내려와 면식을 가지게 되었다.

1977년 4월에는 울림문학동인들의 주선으로 2백부 한정판 시집 「목격」을 간행함. 그해 10월, 고향 친구 이창훈의 집에서 기식하면서 쓴 '영산강', '뿌리 내리기' 등의 시편을 당시 지식인들 사이에서 신망을 얻고 있던 월간 「대화」지에 투고하여 실리게 되었다. 편집장인 임정남 시인으로부터 더 많은 작품을 보내 달라는 통보를 받고 상경하여, 면담 후 신인 작품으로 게재가 결정되었다. 시를 읽고 찾아온 노창선 시인과 조우하였다.

당시의 정치 현실과 노동 현실을 정면으로 다루던 「대화」지에 대한 탄압이 본격화되면서, 필자 역시 중앙정보부 제2 조사국에 체포되어 수일간 강도 높은 조사를 받고 풀려났다. 이 무렵 장준하 선생의 비서 박세정 형을 만나 교유하였다. 데뷔 후 서울에서 직장을 얻을 생각으로, 박석무 선생의 소개를 받아 조태일 선배가 경영하던 '창제인쇄공사'에 들어가 문선 일을 배웠으나, 지병인 폐결핵 등에 해로운 환경임을 알고 추석을 맞아 낙향하게 되었다.

1978년 3월에는 전남대학교 인문대학에 입학하였다. 4월이 되자 양성우, 박석무 등과 연계된 요주의 인물이라는 구실로, 이돈주 학생처장이 집으로 방문하여 등교하지 말아줄 것을 종용하였는데 이때에 정상적인 학업이 이루어지지 못할 것을 직감하게 되었다.

1978년 6월 29일, 전남대 국문과 송기숙 교수 등이 '민주교육지표'를 발표하고 투옥되자, 이에 호응하여 일제하의 교육칙어를 모방한 '국민교육헌장'을 철폐하고 교육 민주화를 달성하라는 시위에 주도적으로 참여하여, 선언문을 작성하였다. 시위사건 후 체포를 피해 상경하였다. 당시 전남대 정외과를 졸업한 후 주택은행에 근무 중이던 윤상원 형 등을 만나 도움을 받는 한편, 앞으로의 삶의 계획 등을 의논하였다. 그러나 형의 친구로 표구상이던 미아리고개 고흥 형 댁에서 은거 중 상원 형이 후배들을 도우면서 소시민으로 살 수 없다며, 사표를 내고 광주로 내려갔다는 말을 듣게 되었다.

　1978년 9월에 도피 생활 중 학원사 기자 공채에 응시하여, 시인 임정남 선생이 동사의 주간인 권오운 시인에게 천거한 덕분에 합격하여 '소설주니어'부 기자로 6개월간 일하기도 하였다. 당시 직장 선배로 소설가 최학, 만화가 조관제 선생 등을 만날 수 있었고 기자 생활 중 틈틈이 성수동 야학에 가서 강학으로 활동하였다. 처음으로 엄혹한 노동 현실을 경험하고, YWCA 기관지에 야학에 관한 르뽀를 발표하는 한편, 「씨올의 소리」지에 투고 형식으로 '새벽의 기도' 등의 시를 발표하였다.

　이해 가을학기부터 장차 산업선교회에 들어가 일할 생각으로 '기독교장로회 선교교육원'(원장 서남동)에 입학하여 체계적으로 신학 공부를 시작하였다. 동급생으로는 진창덕, 김명숙 등이 있었다. 12월에는 권호경 목사의 집전으로 서울제일교회에서 세례를 받았다.

　1979년 3월, 그저 밥벌이를 위한 잡지사 기자 생활에 회의를 느껴 사표를 내고, 「대화」지에서 만난 외우 구창완의 주선으로 서울제일교회 야학의 강학으로 활동하였다. 일본어를 독학하여 일본 세카이(世界)사 판 「한국으로부터의 통신」 등을 탐독하였다. 야학에서 김충선을 만나 이후 수십 년을 교우하게 되었다.

1979년 9월 선교교육원에 다니면서 서울 창신동 산동네에서 자취생활을 하던 중 전남 도경 수사대에 의하여 체포되었다. 조사를 마친 후 광주 서부서에 유치장에 수감 중 남민전 사건 발표와 김남주, 이학영 형 등의 체포 소식을 들었다. 10월 26일 광주교도소 특사에 수감되어 재판을 기다리던 중 박정희 저격 소식을 들었다.

1979년 12월 9일 긴급조치 9호의 해제와 함께, 광주교도소에서 석방되어 송정리 고향 집으로 돌아가 시작을 재개하는 등 잠시 평온한 시간을 가졌으나, 복학 움직임 등이 본격화되면서 전남대 복학생협의회 회장을 맡게 되었다. 이후 이른바 '12·12사태' 등 정치군인들의 권력 장악 음모가 진행되고 민주화가 위협을 받게 됨에 따라, 전남대 등에서 나오는 선언문 대부분을 작성하였다. 당시 마산 출신 운동권 친구 유동열을 만나 부마항쟁의 경과에 대하여 상세하게 전해 듣는 등으로 정세를 파악하였다. 박관현 당시 전남대 학생회장 등 재학생들을 만나 우물 안 개구리식의 학내 시위로 시종할 게 아니라, 시민들과 결합하여 변혁 운동의 폭과 깊이를 더해야 한다고 주장하였다. 그 일환으로 5월 들어 전남대 학생들이 교수들과 함께 금남로 분수대로 진출하여 시민들에게 신군부의 권력 장악 음모를 알리고, 진정한 민주 회복을 외치는 등으로 발전하는 데 작은 역할을 하였다.

또한 신영일, 임낙평, 이재의 등 전남대 운동권 학생들을 대상으로 일본어 강독 교육에 나서서『현대의 휴머니즘』등을 함께 읽으면서 세계관을 바로 잡는 데에도 주력하였다. 이들은 나중에 광주민중항쟁의 진실을 알리는 데서 나아가 노동운동 등 변혁운동에 참여하여 광주 운동권을 일신하는 주역이 되었다.

1980년 5월 18일 계엄령이 발동되고 학교 문이 닫히면 교문 앞에서 만나자는 약속에 따라, 안정애 등과 아침 9시경 전남대 정문으로 갔다. 학교로 진입하려는 학생들을 막는 과정에서 계엄군이 착검을 한 채 무차별 구타하는 등 사뭇 삼엄한 현실을 목격하였다. 이 사태 앞에 몇몇 계엄군들과 대치하여 해결될 문제가 아니라고 판단한 끝에, 오전 11시경 200여 명의 후배들과 스크럼을 짜고 광주 금남로로 진출하였다. 이 시위대를 주축으로 금남로 가톨릭센타 앞에서 전경대와 부딪치게 되었는데, 이것이 5·18광주민중항쟁의 시발점이 된 것이다. 이후 광주민중항쟁이 미완의 혁명으로 저물기까지 외우 김상집의 집에 기거하면서, 시민대회 사회를 보고 아시아자동차공장 접수 대열에 참여하는 등 줄곧 광주를 지켰다.

1980년 6월, 외우 김상집 모친, 문승훈 모친 등의 도움으로 광주를 벗어나 상경하여 선배인 윤재걸, 선경식, 서울대 음대 출신 피아니스트 김문화 등의 도움으로 정세를 관망하다가 이태복 선배가 꾸려가고 있던 광민사 편집부에 일자리를 얻었다. 하지만 죽은 자들의 뜻을 저버릴 수 없다는 생각에 시달리다가 한 달여 만에 광주로 내려갔다.

1980년 9월부터는 전남 화순읍 소재 외우 배환중의 집에 은거하면서 필자의 목격담을 중심으로, 광주민중항쟁 일지를 정리하였다. 필자 등의 작성한 자료를 기초로 하여 작성된 광주민중항쟁 일지가 일본 「세카이」(世界)지에 최초로 발표되었다. 전남대 후배들을 대상으로 하여 일본어 강독을 시작하여, 수백 명의 학생들이 일본어를 해득할 수 있도록 하였다. 검열이 횡행하고 출판 자유가 크게 위축되어 있던 환경하에서 정세를 바르게 판단하는 데 일조를 하였다. 도피 생활 중 이영진 등의 주도로 '5월시' 제1집이 출간되었으며, 필자는 '박상태'라는 가명으로 참여하여 '빈 잔', '무등 혹은 우리 마음의 기둥'

등의 시를 발표하였다.

1981년 7월, 전남 화순읍 대리에서 은거하며 시작과 번역일에 매달리던 중 체포되었다. 포고령 위반 등의 죄목으로 집행유예를 받고 광주교도소에서 석방되었다. 외국어학원, 광주 YMCA 등에서 일본어 강사 일을 하면서, 시작에 몰두하였다. 1982년 4월, 첫 시집『우리가 우리에게 묻는다』를 나남출판사에서 간행하였다.

1982년 9월 일본어 강사 생활을 청산하고 상경하여 선교교육원에 복교하게 되었다. 한편으로 전예원 편집부에 취직하여 생계를 도모하였는데, 이 무렵 선배 김영모 선생의 주선과 박석무 선생의 보증으로 그의 여동생 김숙희를 만나 장래를 약속하고 1983년 1월 30일 시인 문병란 선생을 주례로 모시고 광주 가톨릭센터에서 김숙희와 결혼하였다.

1983년 3월 대한출판문화협회 출판부로 직장을 옮겼다. 당시 대학 졸업장이 없었던 필자는 취직이 불가능하였으나, 소설가 박태순 선생께서 당시 출판부장인 소설가 강호무 선생에게 간곡히 부탁하여 취직이 되었다.

1983년 8월, 기독교 장로회 선교교육원을 졸업하고 전도사 자격을 얻었다. 목사고시에 응시하고자 하였으나, 고교 선배이자 광주지역 재야 원로인 강신석 목사의 권고에 따라 시작과 직장 생활에 전념하기로 마음을 고쳐먹었다.

1984년 4월, 동화작가 정채봉의 주선으로「샘터」편집부로 직장을 옮기게 되었다. 같은 해 6월에는 이영진이 주도하던 '청사민중시선'에 참여하여 제2시집『거기 너 있었는가』를 간행하였다. 이 무렵 '5월시' 동인지 광주민중항쟁을 소재로 한 연작장시 '십자가의 꿈'을 싣기 시작하였다. 그리고 채광석 선배의 권유에 따라 자유실천문학위원회의 교육분과 간사 일을 맡아 참여하였다.

1986년 2월에는 광주민중항쟁을 다룬 본격 연작시집『십자가의 꿈』(도서출판 풀빛) 간행. 1988년에는 외우 강형철의 주선으로 광주 민중항쟁에서 살아남은 이들의 삶을 소재로 한『끝내 물러서지 않고』 (전예원)를 간행하였다.

1989년 봄부터는 한길사 제정 '한국문학학교' 시창작반 강사로 초빙되어 김남주 선생과 함께 강의하였는데 이듬해에는 민족문학작 가회의 청년문학위원회 위원장으로 선출되어 이소리 시인과 함께 청년 작가, 시인들의 참여 공간을 확대하는 데 노력하였다.

1991년 8월, 13년 만에 은사 명노근, 이경순 교수 등의 도움으로 전남대 영문과를 졸업하게 되었다. 영어교사 자격을 획득하였으나 교사 진출은 유보하고 체코의 프라하 등 동구권을 여행하면서 직장 생활로 지친 마음을 충전하였다.

1998년 봄에는 선배 부길만의 권고에 따라, 새로운 지식도 익히 고 쳇바퀴 돌 듯한 잡지 기자 생활도 돌아볼 생각으로 중앙대 신문방 송대학원 출판잡지 전공에 입학하였다. 이해에 정채봉의 뒤를 이어 「샘터」 편집부장이 되었다.

2000년 3월에는 만 16년에 걸친 샘터사 기자 생활을 마감하였 다. 조선대학교 역사학부 겸임교수직을 맡았고 이 해에 중앙대신문 방송대학원 졸업하게 되었다.

2001년 봄에는 한양대 대학원 국문과에 입학하였고, 순천향대학 교 국문과에 시창작 강사로 출강하였다. 2004년 2월 한양대 대학원 국문과 졸업하였다. "김현승 시 연구"로 문학박사 학위받았다. 졸업 과 함께 한양대학교 출강하게 되어 한국출판학회 사무국장직을 사 임하고 연구와 강의에만 전념하기로 결정하였다.

2007년 3월 계간 시 전문지 「시와 문화」를 창간하여 주간에 취임하였다. 현재까지 통권 51호를 발간하였으며, 한양대 겸임교수를 거쳐 현재는 순천향대에서 시 창작과 글쓰기를 강의하고 있다.

# 14. 박성인(졸업 79)

## 이력

| | |
|---|---|
| 1972. 3. | 한신대 입학 |
| 1975. 4. | 4학년 재학 중(학생회 서기) 긴급조치 9호 위반 제적 |
| 1975. 7. | 강제 군입대 |
| 1978. 3. | 선교교육원 입학 |
| 1979. 2. | 선교교육원 졸업 |
| 1981. 2. | 한신대 졸업 |
| 1981. 3. | 한신대학 신학대학원 입학 |
| 1984. 2. | 동대학원 졸업 |
| 1982. 4. | 목사 안수 |
| 2019. 11. | 현재 익산노회 동광교회 담임목사 재임중 |

# 15. 박춘노(졸업 85)

## 이력

| 1971. | 익산 남성고등학교 졸업 |
| 1979. | 세종대학교 경상계열 입학, |
| 1980. 6. | 세종대학교 제적 |
| 1982. 3. | 선교교육원 입학 |
| 1984. 9. | 선교교육원 졸업 |
| 1984. 9. | 복학, 1985년 9월 제적 |
| 1993. 3. | 세종대학교 복적 |
| 1995. 2. | 세종대학교 경제학과 졸업 |

## 경력

| 1982. | 인천 부평 새봄교회 창립 참여 |
| 1985. | 서울 구로 산돌교회 창립(전도사) |
| 1985. | 서울 구로 산돌노동문화원 (간사, 총무, 원장) |
| 2000. | 목사임직(서울남노회) |

## 증언(자전적 글쓰기)

### (1) 입학과 수업 과정

세종대학교는 병역을 필하고 1979년 27세의 나이에 입학하였다. 당시로서는 많이 늦은 입학이었다. 1980년 3월 서울의 봄 시절에 나는 세종대학교 학생회 부활 추진위원장으로 활동하면서 학생운동에 참여하였다.

학생회를 부활시키는 과정에서 사학비리문제를 해결하기 위해 30여 일간 철야농성을 하였는데 서울역 시위를 비롯한 당시 정치사회 민주화 과제를 요구하는 각종 시위에 주도적으로 참여하였다.

5·18 전국계엄확대 조치로 40여 일간 구금되었다. 풀려난 후 6월 말 제적되었다. 이후 복학과 제적을 반복하였다.

1982년 2월 말 권오성의 추천을 받아 서남동 목사님과의 면담을 거쳐 선교교육원 위촉생 과정에 입학하였다.

선교교육원의 교수진과 강의 내용은 매우 신선하고 독특했다. 우선 교수진은 신학 전공자 외에 인문 사회과학 전공자들이 많았다.

신학의 경우 국내 각 분야에서 저명한 분들의 강의를 들을 수 있었다. 안병무 서남동 교수님 외에 김찬국, 문희석, 현영학, 문익환, 문동환, 서광선, 김경재, 김용복, 변선환, 이우정, 김성재, 주재용, 고재식, 정장복 교수, 서인석 신부 등 교단과 교파를 구분하지 않고 각 분야 교수님들의 강의를 들었다.

그뿐 아니라 사회과학자 변형윤, 이문영, 유인호, 박현채, 리영희 교수 등 그리고 인문과학자 이만열, 안병직, 이삼열 교수님 등과 한승헌 변호사의 강의도 듣게 되었다.

귀하고 알찬 강의와 교육원의 동료들과의 만남과 사귐은 힘든 생업과 각자의 활동 속에서 큰 힘이 되었다고 기억한다.

강의가 선교대학원과 겹치는 경우가 아닌 위촉생만을 위한 강좌는 대다수 학생과 토론을 통해 교재나 강의 내용을 정하는 경우가 많았다.

그리고 강의는 일방적인 수업이 아니라 토론식 수업도 제법 많았던 것으로 기억한다.

서남동, 안병무 교수님의 경우 학생들의 의견을 듣는 것을 매우 즐거워하셨던 모습이 지금도 기억에 남아있다.

안병무 교수님의 마가복음 강의는 압권이었다. 한 학기를 열심히 했어도 진도가 몇 장 나가지 못하였는데 한 구절을 두고 기존의 학자들의 의견을 제시하시고 우리의 의견을 물었고 한국적인 상황에서 어떤 해석을 해야 하는지 등의 심도 있는 강의가 계속되었다.

서남동 목사님의 경우 외국 학자까지 초청해서 관련 분야를 들었던 기억도 난다. Norman Gottwald의 저서 *The Tribes of Yahweh* 원서 강독도 기억이 새롭다.

그리고 강의가 끝난 후 음식점에서 2차 강의를 한 적이 많았는데 서남동, 안병무, 박현채 교수님들은 마지막에 야자타임을 제안하여 우의(?)를 돈독하게 한 경우도 있었다.

그리고 위촉생들은 내부적으로 분과별로 나누어 자신들의 관심 분야에 따라 활동을 하였다. 노동분과, 농촌분과, 정치분과, 빈민분과 등이 그것이었다.

졸업할 무렵에 서남동 목사님께서 캐나다에 다녀오신 후에 병고에 시달리다가 소천하시게 되어 재학생 졸업생들은 큰 슬픔에 싸여 한동안 비통한 심정을 달랠 길 없어 힘들어했었다. 서 목사님께서 학생들이 학기 말에 감사의 표시로 넥타이를 선물하자 고맙게 받겠지만 민중해방이 오기 전까지는 넥타이를 매지 않겠다고 고백하신 것도 기억난다. 그래서 내 기억으로는 넥타이를 맨 모습을 끝내 볼 수 없었다.

'한의 사제'가 되어야 한다는 서남동 목사님의 말씀은 나의 평생의 나침판이 되고 있다.

더 나아가 선교교육원은 나에게 한 사람의 기독신앙인으로서 어떻게 살아야 할 것인지, 무엇을 하며 살아야 하는지를 가르쳐준 곳이다. 특히 기독교 신앙이 교회 안에만 머물지 않고 교회 밖 세상의 변화를 위한 것으로 확장되어야 한다는 관점을 분명하게 제시해 주었다고 생각한다. 또 지식과 이론뿐만이 아니라 몸으로 살아내야 하는 일생의 과제를 갖게 한 곳이기도 하다.

또 제적 학생으로서 당시 암울한 상황에서 내일과 희망을 준비할 수 있는 보금자리 같은 곳이었다.


(2) 졸업 이후의 삶


현장 노동운동을 지향한다는 목표를 세웠지만 여의치 못해 결국 노동자들이 많이 있는 공단지역에서 교회를 세우고 노동자들의 교육, 조직 등을 지원하는 활동을 하게 되었다. 교회는 1982년부터 인천 부평공단의 새봄교회에서 3년간 사역에 참여하였다. 그 후 1985년 구로공단에서 산돌교회 개척에 참여하였고 그 후 산돌교회와 산돌노동문화원에서 20여 년간 노동자들을 섬기는 활동을 하였다.

한편 세종대학교 정상화 민주화 관련 활동도 계속하였다.

1980년 3월 서울의 봄 시절에 나는 세종대학교 학생회 부활 추진위원장직을 맡아 활동하면서 두 번에 걸친 제적 복학 등 우여곡절이 많았다.

2004년 사학비리로 세간의 지탄을 받던 세종대학교 법인의 불법비리, 재단 퇴진을 위한 활동을 다시 하게 되었다. 2005년 5월 교육부의 임시이사가 파견된 후 임시이사회의 요청에 따라 학교법인 대양학원 사무국장직을 맡아 본격적인 정상화 활동을 하였다. 그러나 2009년 이명박 정부로 정권이 교체되면서 2009년 대기발령, 전보발령, 해직 등으로 이어져 약 5년 동안 출근투쟁과 법정소송 등을 이어갔다. 결국 법정소송은 최종 승소하였으나 정년퇴임이 되어 현재는 학교 외부에서 학교 정상화를 위한 활동을 계속하고 있다.

세종대학교에서의 활동은 한마디로 대학민주화운동이다. 좀 더 구체적으로 말하면 대학의 정상적인 운영을 위한 활동이다. 이렇게 표현하면 이상하게 들릴지 모르겠으나 당시나 현재나 세종대학교는 비정상적인 상황에 있기 때문이다. 그래서 표면적으로는 대학민주화이지만 내용적으로는 대학의 정상적인 운영이 목표이다. 우리나라의 사립대학의 대부분은 비정상적인 운영체제라 할 수 있을 정도로 대학이 본래의 모습을 잃어버리고 자본화, 상업화되어있는 상황이다.

정치의 민주화 이후 사회 각 분야의 민주적인 토양이 뿌리내려야 실질적인 민주화가 이루어진다는 차원에서 대학의 민주화는 나에게 주어진 작은 소명이라 여기고 있다.

# 16. 서용석(졸업 79)

## 증언(인터뷰)

문: 선교교육원에 대해 얘기해 주세요.

답: 내가 74년도에 재입학을 해서 2학년 때인 75년도에 긴급조치 9호로 우리 학생 10명하고 안병무, 문동환 교수 두 분이 제적이 됐어요. 그분들은 해직이고 우리는 제적이죠. 그런데 그게 6월인가 7월일 거예요. 계속 문교부하고 싸우다가. (웃음) 결국 한신에서 굴복을 하고, 7월에 휴교를 하는 대신 제적이랑 해직을 시키는 것으로 결정되서 우리가 결국 제적이 됐는데, 역시 예수 믿는 사람들이라 정이 있잖아요. 이 학생들 그대로 내버려두면 안 된다는 생각이 학교 측에서도 있었고 교수들 측에서도 있었고, 총회에서도 있었어요. 특별히 자기 동생, 아들이 있는 사람도 있고. 그러니까 9월 총회에 이걸 헌의했던 것 같아요, 선교교육원에. 또 안병무 교수의 생각은 독일 신학교, 뭐지? 무슨 신학교를 본받아 숙식을 해주면서 교육을 할 꿈이 있어서.

문: 안 박사가 독일에서 신학을 했지요?

답: 맞아요. 그분은 이미 독일에 재정 원조 요청을 해 놓았는데 서남동 교수랑 감옥에 들어가게 된 거예요. 근데 총회를 와 보니까, 웬 돈이 와 있거든. 그때 박 무슨 총무, 아주 돈 잘 밝히는 분이 이게 웬 떡이냐

해가지고 어영부영 자기들이 가져가 버렸어요. 김성재 목사가 안병무 교수 면회를 가니까, 그 돈 안 왔더냐고 물어본 거지, 안병무 교수가. (웃음) 그래서 그 돈의 일부를 총회 위촉생 과정으로, 전액은 아니지만 돌려줬다는 말을 들었어요.

**문:** 아이고, 그럼 나머지 일부는 다른 데로 간 거네요?

**답:** 김성재 교수하고 6월에 제적되어서 9월 총회죠? 75년도. 김성재 목사하고 이창식 형하고 준비를 열심히 했어요. 사실은 그분들이 산파 역할을 한 거야. 안병무 교수는 감옥에 가 계시니까. 그리고 안남영이 같이 어울리면서 열심히 참여했고. 그래서 76년도 아마 4월일 거예요. 개강을 했어요. 그때 최초 학생이 안남영, 조주환, 김충섭, 김병국, 김인태, 박성인, 송재회, 나 이렇게 일곱 명이었던 것 같아요.

**문:** 목사님, 76년 3월 개원한 그 사진을 봤습니다.

**답:** 아 그래요? 그럼 3월이 맞구먼. 개강을 해서 공부를 하는데, 뭐 교수나 수학여행 이야기 이런 건 나중에 하고. 우선 뼈대를 말하면, 거기서 76년도에 공부하면서, 다른 데에서 요청이 와서 그랬나 어쨌나 모르지만, 76년도 총회에다가 또 헌의를 했어요. 타대학 제적생들도 신학을 하고 싶은 학생들은 와서 공부하도록 하자. 그래서 문호를 개방했죠. 그다음 해에, 그러니까 77년도부터 개방을 한 거예요. 76년도에 그렇게 헌의가 돼서, 그다음 해인 77년도에… 문호 개방을 했죠.

**문:** 76년도 3월에 개원할 때엔 한신대학교 학생들을 중심으로 했는데, 그해 기장 총회에서 문호를 열자는 총회헌의안이 통과가 돼서 77년도부터 타대학 제적 학생까지 받았다로 정리하겠습니다.

**답:** 네. 어쨌든 그렇게 해서, 결국에는 교육원이 발전이라고 할까? 그렇게 된 거예요. 우리 신학생들끼리 공부할 때는 정말 소규모로 가족적인 분위기에서 공부하다가, 이 꾼들이 들어오니까 싹 달라졌지. 내가 보기엔 한신대생들하고 새로 들어온 애들하고 갈등도 생기고. 왜냐면 공부하는 풍토도 다르고, 또 공부하는 목표도 달랐으니까. 대부분 우리 신학생들은 목사 되기 위해서 공부를 하는 건데, 이 친구들은 운동하기 위해서 온 거여. 그래서 맨날 운동운동 하면 내가 그랬지, "자식들아, 나도 운동한다. 나 아침마다 달리기도 하고 운동도 하고." (웃음) 그런 얘기도 하고 그랬었죠.

근데 어쨌든 획기적인 발전이라는 게 뭐냐면, 이 친구들이 와서 "그러지 말고 사회과학도 좀 공부하자" 해서 첫 학기에는 박현채 교수가 와서 경제학을 강의했을 거예요. 그때는 참 교수들까지 와서 듣고, 강의실이 가득 찼어요. 박현채 교수 강의가 특히 인기가 있었어요. 그리고 정창렬 교수가 와서 한국사를 강의했어요. 나는 한국사에서 참 많이 배웠죠. 그 부분이 글에 보면 있어요. 〈서남동 원장과 나〉 글에다 잠깐 썼는데. (내가) 머리는 그렇게 나쁜 건 아니지만 공부할 기회가 없어서 공부를 참 못하는 사람이었어요. 그런데 여기 와서 공부를 하면서 이런 천재들하고 공부하니까 너무나 차이가 나는 거예요. 그런데 이분들이 천재일 뿐만 아니라 약아 빠져가지고, (웃음) 어려운 발제랄지 하기 싫은 발제는 나를 시키는 거야. 그래서 내가 뭐를 발제를 맡았냐면, 그 뭐야. 구한말 유생들이 하던 운동. 그 의병운동에 대해서 발제를 맡았어요. 참고도서로 이이화 씨인가가 쓴 역사, 자기들끼리 나오는 책이 있더라고.

**문:** (이이화 씨가) 그 당시에 글을 안 썼어요?
**답:** 아냐 아냐. 책이 나와 있었어요. 그걸 주더라고, 참고도서로. 근

데 뭐 글도 짧을 뿐 아니라 발제할 게 별로 없어. 그래서 서점에 가서 보니까 박근찬이라는 사람이 최근에 책을 한 권 냈더라고.

그래서 그걸 열심히 읽어서 발제를 했더니, 양관수라든지 이런 친구들이 피식피식 웃는 거야. 이 자식들이… (웃음) 그러더니, 아마 양관수가 그랬을 거야, 딴지를 걸더라고. 아주 보수적인 시각에서 쓴 거래, 의병운동을. 아주 미화해서. 그러니까 정창렬 교수가 발제를 듣고 나서 갑갑했던지 나한테 별도로 공부를 시킨 거예요. 그게 뭐냐면 처음에 백낙청 교수가 쓴 『민족문학과 세계문학』이라는 책이 있었어요. 그걸 주더라고요. 그래서 부끄러운 마음에 받아서 열심히 읽어서 역사를 보는 눈이랄까 사회를 보는 눈, 이걸 거기서 깨닫게 됐죠. 그래서 나는 한국사… 그때 한국사 공부가 다른 어떤 공부보다도 내 인식을 바꿔놓고 성장시키는 중요한 계기가 됐어요.

**문**: 그래서 목사님은 76년도, 77년도 2년 다니셨어요?
**답**: 아냐, 3년 다녔어요. 나는 2학년 5월 초까지밖에 공부를 못했어요. 그리고는 계속 휴교가 돼 버려서. 그래서 다시 이어서 2학년부터 공부를 했죠.

재밌는 에피소드 하나만 얘기할게요. (웃음) 2학년에는 나 혼자뿐이잖아요. 이제 신약개론을 공부를 시키려고 어떤 교수가 와서 공부를 시키는데, 둘이 1대 1로 공부를 하는 거여. 내가 밤새도록 술먹고 와서 수업시간에 앞에 앉아서 자고 있는 거여, 내가. 그럼 "서 군, 서 군"하고 깨워. "여기서 서 군이 자면 내가 누구보고 강의하겠어." (일동 웃음) 그렇게 깨우면서 공부를 가르쳤어요. 참 심성은 기가 막히게 좋은 분이에요, 실력은 몰라도.

자, 그런데 획기적인 발전이 또 하나 있어요. 아까 말한 대로 우리는 한신에서 공부한 것만 하고, 학점만 따려고 공부를 하는데 다른 학생들은 그게 아니어서 사회과학 분야를 두 개를 늘리더니, 계속해서 과목을 늘렸어. 한 가지 중요한 것은, 한신이 이것 때문에 충격을 먹었어요. 실천신학을 현장신학이라고 하는 것때문에. 한신에서는 실천신학이라고 그러지 현장신학이라는 말이 없었죠. 근데 현장신학이라는 말을 붙여서 실천신학을 3개 분과로 나눴죠, 그때. 모사꾼들이 속닥속닥해가지고 그렇게 만들었는데. (웃음) 노동분과, 농민분과, 청년문화 분과. 청년학생이 아니라 청년문화 분과라고 했을 거야 아마. 이름은 청년문화 분과. 그러면서 여기 노동분과에 김윤환 교수가 와서 강의하고, 농민분과에는 주로 박현채 교수도 왔지만 나상기가 주도적으로 많이 가르쳤지.

그 외에는 뭐, 역사와는 별로 관계가 없지만 야유회도 가고. 야유회 두 번을 갔다 온 기억이 있어요.

# 17. 신대균(졸업 81)

## 증언(자전적 글쓰기)

1952년 대구에서 출생. 대구 계성중학교를 졸업하고 서울로 와서 대광고교를 졸업하고, 1972년 서울대학교 문리대 외교학과에 입학했다. 기독교계 중·고교를 다니며, 함석헌 선생의 글들에 공감하였다.

재학 중 학생운동서클에 참여하는 한편 새문안교회 대학생회에서 활동하였고, 이를 통해 한국기독학생회총연맹(KSCF) 운동에 참여하였다.

1974년 '민청학련사건'으로 구속되어 KSCF 그룹으로 재판을 받고 징역 7년 형을 선고받고, 1975년 2월 출감하였다.

석방 후 1975년부터 보수성향의 서울대 기독학생회를 진보적 기독학생회로 전환(1978년)시키는 활동을 이끌었고, 1979년에 KSCF 간사로서 캠퍼스 기독학생운동의 활성화를 통해 유신철폐민주화운동역량을 크게 확장시켰다. 이 시기에 기독학생청년운동의 교재로서『한국역사 속의 기독교』(NCCK 발간)를 편저하였다.

한편 1979년 8월 위기에 처한 YH 노동자들을 보호 지원하기 위해 황주석(최순영 YH노조위원장의 남편) 등 4명의 동지와 함께 혼신의 노력을 다해, 결국 이문영 교수, 문동환 교수, 고은 시인과 신민당

김영삼 총재의 만남을 연결시켜, YH노동자들은 김 총재의 보호 하에 신민당사로 피신하여 'YH문제'를 만방에 알릴 수 있었다.

기독학생운동의 연장선상에서 기독교사회운동을 모색하여 81년~84년 YMCA 전국연맹의 파견간사로 대구YMCA에서 활동하였다. 기독교운동과 민주화운동과의 결합을 지향하여 85년 민주통일민중운동연합 사업국장으로 참여했다. 87년 민주헌법쟁취국민운동 서울시본부 사무처장을 지냈다.

77~79년 선교교육원에서 신학 과정을 마치고, 85년 이후 구로 지역에 산돌교회와 산돌노동문화원을 만들었고, 문화원 총무를 역임하였다.

1989년 경제정의실천시민연합의 결성에 참여하여 초대 조직위원장 및 부정부패추방운동본부 사무처장을 맡아 활동하였다. 93년 행정쇄신실무위원회 위원으로 활동하며 국민고충처리위원회의 창설을 기획하였고, 위원으로서 6년간 복무하였다. 한편 97년부터 행정개혁시민연합을 창립하여 초대 사무총장직을 담당하였다.

2000년 이후 쓰레기소각장 대안 시설을 개발하는 기업을 설립, 경남 남해군에 소각 대안 시설을 가동하여, 이는 2008년 정부의 소각장 건설 중단 정책의 계기가 되었다.

2008년 한국YMCA전국연맹의 이사로 참여하였고, 2017년 YMCA시민운동위원장으로서 촛불정국 이후 직접민주주의 연대운동을 제안하여 경실련, 흥사단, 지방분권 시민단체 등이 함께 대선 때 후보들로부터 직접민주주의를 위한 개헌 공약을 받아 내었다. 또한 현재 KSCF 이사장, (사)기독교민주화운동 사무총장으로 봉사하고 있다.

# 18. 양관수(입학 79)

## 이력

| | |
|---|---|
| 1950. | 출생 |
| 1976. | 유신독재반대 서울대축제사건 배후조종자로 지목 |
| | 되어 두 번째로 제적 |
| 1971. | 공정선거와 교련반대투쟁으로 제적 강제징집 |
| 1974. | 복학 |
| 1977. | 기장 선교교육원 입학 |

## 경력

| | |
|---|---|
| 1971. | 서울대 사회복지학과입학 이후 세번 제적 |
| 2016. | 복학 |
| 2017. 2. | 입학한 지 36년 만에 졸업 |
| 1982. | 일본 모모야마학원대학 경제학부 3학년 편입학 |
| 1984. 3. | 동 대학 졸업 |
| 1984. 4. | 오사카시립대 경제학연구 박사과정 입학 |
| 1995. | 동 박사과정 수료 |
| 1990. | 오사카경제법과대학에 취직 |

| 2000. | 동 대학 객원교수 |
| 2010. | 동 대학 전임교수 |
| 2001-2009. | 고려대 객원교수, 성공회대 외래교수 |
| 2001. | 평화통일시민연대 상임집행위원장, 환경운동연합 정책위원, 민화협 정책위원, 희망연대 공동대표 |
| 2006. | 대통합민주신당 연수원장, 대통령중앙선거대책위원회 유세본부장, 재외국민위원회 공동위원장 |

■ 민주화운동 경력

| 1971. | 교련반대 학원병영화반대투쟁으로 제적 강제징집 |
| 1976. | 서울대축제 유신독재반대투쟁으로 제적 |
| 1978. | 민청협총무 및 중앙상임위원회 부의장 |
| 1979. 11. | 대통령간선제반대투쟁 소위 YWCA위장결혼식사건 계엄령 위반으로 구속 |
| 1981. 3. | 특사로 석방 |
| 1986. | 일본에서 우리문화연구소창립 오사카대표, 황석영 등과 통일마당굿 공연 |
| 1987. 9. | 재야정계침투 간첩사건에 연루되어 귀국하지 못함 |
| 1998. 5. | 김대중 정부의 허가로 귀국 |
| 2001-2009. | 귀국하여 여러 가지 민주통일운동과 환경시민운동에 참여 |
| 2016. | 박근혜탄핵 촛불시위 오사카대표 |

# 19. 유종성(졸업 83)

## 입학 과정

나는 어려서부터 고등학교 졸업할 때까지만 해도 기독교에 대해서나 다른 종교에 대해서 별 관심이 없었다. 대학 입학하면서부터 친구 심상완(현 창원대 교수)의 권유로 새문안교회에 다니게 되었는데, 민주화운동으로 옥고를 치르고 나온 교회 선배들로부터 커다란 감동을 받고 이들이 말하는 예수의 삶에 관심을 가지게 되었다. 점점 기독학생운동과 민주화운동에 깊숙이 참여하게 되었고, 서울대학교 4학년에 재학 중이던 1978년 가을 유신 철폐 광화문 시위를 계획하던 중 시위는 해보지도 못하고 사전 검거, 구속되면서 학교에서도 제명을 당하게 되었다.

나는 당시 대학 졸업장을 받는 것에는 별 가치를 두지 않고 있었기 때문에 대학에서 제적당한 것에 대해 특별히 아쉬운 것은 없었다. 그런데 1979년 7월 제헌절 특사로 석방된 후 신대균, 이원희 등 기독학생운동 선배들로부터 기장 선교교육원의 총회 위촉생 과정에서 과거에는 한신대 제적생만 받아들였는데 이제 일반대에서 제적된 학생들도 받아들이니 다니는 게 좋겠다는 권유를 받았다. 나는 목사가 될 생각은 전혀 없었고, 선교교육원 졸업장이 필요하다는 생각도 없었지만, 당시 KSCF 간사로서 기독학생운동을 지도하는 역할을 요구받으면서 신학 공부를 좀 더 하는 것은 괜찮겠다는 생각으로 1979년 가을 교육원에 입학하게 되었다.

나는 선교교육원 총회 위촉생 과정을 수료하기는 하였지만, 준목 고시도 보지 않았고, 학교 생활을 그리 충실히 하지는 못하였다. 내 기억이 분명하진 않지만 아마도 첫 학기와 세 번째 학기에만 제대로 수업을 들었고, 나머지 학기들은 거의 수업을 못 듣거나 결석을 많이 했던 것 같다.

우선 한 학기가 지난 후에 서울대학교에 복학을 하게 되었다. 첫 학기 중에 10·26사건이 있었고, 그해 12월 초에는 KSCF 창립 10주년 예배를 계엄당국이 불허했는데도 강행했다가 계엄법 위반으로 구속, 군사법원에서 징역 1년의 실형을 선고받았지만 선고 당일 바로 관할관 확인으로 형집행정지를 받아 1980년 2월에 석방되었다. 1980년 '서울의 봄'을 맞아 서울대학교에 복학을 하였는데, 5월 17일 밤에 계엄령 전국 확대 발표를 앞두고 동생 유종일과 함께 연행되어 계엄사 합동수사본부에 끌려가서 두 달간 조사받고 서울대학교에서는 두 번째로 제적을 당하였다. 그래서 그해 가을학기에는 선교교육원에 복귀하여 수업을 들었는데, 다음 해인 1981년 1월 말에 광주학살 진상규명 시위 배후 혐의로 다시 구속되어 징역 1년을 선고받아 1982년 2월까지 복역하였다. 출소 후 선교교육원에 복귀하기는 하였지만 1982년 4월부터는 한국YMCA 전국연맹 간사로 일하게 되어 수업을 거의 못 들었던 것으로 기억한다. 그러다가 1984년 봄에 서울대에서 두 번째 복학을 허락하고, 그해 여름, 그러니까 서울대 입학 9년 반 만에 졸업을 하게 되었다. 내가 선교교육원 수료를 한 것도 그 무렵이었던 것으로 기억한다. 이때 여러 선배, 동료들이 준목고시를 보라는 권유를 하였지만, 나는 목회자가 될 마음의 준비가 없었고 YMCA 간사로서 일하는 데에는 굳이 목사가 되지 않아도 되기 때문에 준목고시를 보지 않았다.

## 수업 과정

선교교육원 재학 중의 수업과 활동내용에 대해서는 아쉽게도 기억이 희미한 편이다. 가장 인상적인 것은 기독학생운동 시절 존경했던 해직 교수 신학자들의 강의를 듣는 것이었다. 당시 원장을 맡고 계셨던 서남동 교수님, 김찬국 교수님 등. 한때 새문안교회 대학부 지도목사로서 학생들에게 큰 영향을 끼쳤고, 이후 구로동에 산돌교회라는 민중과 함께 하는 개척교회를 함께 하셨던 김용복 교수님의 수업을 들을 수 있는 것도 기쁨이었다.

기독교 운동의 기라성 같은 선배들과 비슷한 경험과 고민을 공유하는 한신대와 여러 일반대 출신들이 함께 배우며 토론하고 대화를 나눌 수 있는 것이 참 좋았다. 커리큘럼이나 강의 내용은 내가 들은 과목에서는 그리 생소하지 않았던 것 같다. 기독학생운동을 하면서 감옥 안에서 나름대로 신학 서적을 상당히 읽었기 때문인 것 같다.

선교교육원은 나의 젊은 시절에서 중요한 한 부분을 차지하고 있긴 하지만, 대다수 졸업생이 준목고시를 보고 목사가 되어 목회 또는 각종 선교활동을 한 것과 달리 나는 준목고시를 보지 않았고, 평신도 단체인 YMCA 그리고 일반 시민단체인 경실련에서 일하고, 나중에는 뒤늦게 학계에 들어간 데다가 한국에 돌아온 지는 아직 1년여밖에 되지 않다 보니까 아무래도 나는 선교교육원 동문 중에서는 좀 주변부에 속하는 것 같다. 그래도 기독학생운동 시절과 선교교육원 시절에 형성된 나의 기독교 정체성은 나로 하여금 항상 내가 진정으로 예수의 삶을 본받고 따르고자 하는지를 자성하게 만든다. 사회정의와 진보적 개혁을 외치고 민중을 위한다고 하면서도 나 자신의 기득권에 안주하지 않는지, 진실로 민중과 함께 하고자 하는지 돌아보게 된다.

## 졸업 이후의 삶

나는 이후 인생역정에서 여러 가지 다른 경험과 경력을 쌓아왔다. 나의 첫 정규 직장이자 기독교청년시민운동체로서 6년간 몸담았던 YMCA 간사직을 1988년에 떠나서 당시 제13대 국회에서 광주민주화운동진상규명특별위원회 위원장을 맡았던 문동환 의원 보좌관으로 일하다가 1990년 11월부터는 경제정의실천시민연합(약칭 경실련)에서 기획실장, 정책실장, 「시민의신문」 편집국장, 사무총장 등의 역할을 맡아서 1999년 8월까지 거의 10년간을 일하게 되었다.

이후 2000년 2월부터 미국 유학을 떠나 처음 몇 달 동안은 뉴욕과 제네바에서 열린 UN 사회개발특별총회 준비위원회 및 총회에 NGO 대표로서 참여하는 기회를 가졌고, 그해 7월부터는 하버드대학교 케네디정부대학원에서 행정학 석사과정을 밟았다. 다음 해부터는 하버드대학교 공공정책학 박사과정에 들어가서 불평등과 사회정책 프로그램을 이수하고, 2006년 만 50세에 "불평등과 부패 및 사회적 신뢰에 관한 비교 연구"란 제목의 학위논문으로 공공정책 철학박사학위(Ph.D. in Public Policy)를 받았다. 이후 2014년 봄 학기까지 8년간 캘리포니아 샌디에이고 대학교(UC San Diego)의 국제관계대학원에서 조교수로, 2014년 가을 학기부터 2018년 봄학기까지 4년간 호주국립대학교(Australian National University)의 정치사회변동학과에서 부교수로 재직한 후 18년 반 만에 귀국하여 2018년 가을 학기부터 가천대학교 사회정책대학원 교수로 일하고 있다. 또한, 한국학중앙연구원의 한국학 세계화 사업의 일환으로 한국불평등연구랩(http://kirl.re.kr)의 연구 책임을 맡아서 국내외 학자 15명과 더불어 불평등의 측정, 원인, 결과와 불평등 완화를 위한 사회정책에 대한 연구를 하고 있다. 저서로는 *Democracy, Inequality, and Corruption: Korea, Taiwan, and the Philippines Compared*(Cambridge University Press, 2015) 그리고 한국어판으로 김재중 옮김, 『동아시아 부패의 기원: 문제는 불평등이다. 한국, 타이완, 필리핀 비교 연구』(동아시아, 2016)가 있다.

또 내가 그동안 살아오면서 가장 힘들었던 순간에 가장 힘이 되었던 것이 찬송을 부르고 기도하는 것이었다. 세 번째 징역살이를 할 때, 특히 겨울을 날 때는 정말 힘들었다. 아마도 그때 발에 걸린 동상 때문에 아직도 발바닥이 차가워 항상 양말을 신지 않고는 견디기가 어려운 것 같다. 그때도 정말 혼자서 찬송가도 많이 불렀고, 기도도 많이 했다. 18년 반에 걸친 해외 생활 중, 그 중에도 아내가 와 있던 1년간 딸을 키우며 지냈던 기간 외에, 나 혼자 지냈던 상당히 긴 세월에는 남몰래 외로움과 고통을 삼켜야 했다. 미국이나 호주에서는 나름대로 인정을 받는 학자였지만, 한국의 대학에 십여 차례 지원을 할 때마다 1차 심사를 한 번도 통과해본 적이 없었다. 그때마다 슬픈 마음을 억제할 수 없었지만 나이가 걸림돌이 되는 한국의 현실을 충분히 이해하기에 누구도 원망하지는 않았고, 마음속으로 기도하며 내가 언젠가 한국 사회에 학문적으로 기여할 수 있는 때가 오기를 기다렸다.

하나님께서 내 기도를 들어주셔서 고맙게도 정년이 얼마 남지 않은 나를 가천대학교에서 불러주었다. 또, 운이 좋게도 한국에 오자마자 한국학중앙연구원에서 한국 불평등연구 랩에 상당한 규모의 연구비 지원을 해주었다. 내 정년은 이제 1년 반 정도밖에 안 남았지만, 5년간의 연구 집필 기간에 더해 3년간의 출판 기간을 허용하는 이 연구 프로젝트를 마치려면 정년 후에도 몇 년은 더 일해야 한다. 남들보다 늦긴 했지만 한국의 불평등과 빈곤 문제에 대해 15명의 우수한 국내·외 공동연구진의 연구 역량을 잘 모아서 연구를 통해 기여하고자 한다.

촛불 시민혁명 후 집권한 문재인 정부가 소득주도 성장 내지 포용적 성장을 내세우긴 했지만, 정책적인 준비가 미흡했던 것 같다. 이제는 주먹구구식이나 구호적인 정책으로는 안 되고, 증거기반 정책(evidence-based policy)을 위한 연구가 절실하게 요구되는 때라고 본다. 갈수록 심화되는 이중 노동시장에 이중 사회보장 구조가 고착되어 불평등과 빈곤은 확대되고 사회보장의 광범한 사각지대가 해소되지 않고 있다. 사회보험과 공공부조를 두 축으로 하는 전통적 사회보장제도의 패러다임적 전환을 요구받는 상황이다. 보편적 기본소득의 도입 등이 새로운 대안으로 제시되고 있지만, 기존 사회보장제도의 개혁이든 새로운 사회보장제도의 도입이든 그 실현을 위해서는 구체적인 재정 모델에 대한 연구는 물론 혁신적 정책에 대한 정치적 합의를 가능하게 할 수 있는 여러 조건과 경로에 대한 연구가 필요하다. 그런데, 이러한 연구에 있어서 가장 기초가 되는 것은 가장 작은 자에 대한 이웃 사랑이라는 예수의 가르침을 제도화하고 생활화하는 것 그리고 주기적으로 불평등을 해소하는 구약의 희년 사상을 제도화하는 데 있다고 본다. 이것이 바로 우리가 선교교육원에서 함께 공부했던 민중신학의 핵심이라고 생각한다.

# 20. 이광일(졸업 79)

## 증언(자전적 글쓰기)

나는 지금은 북한 땅이 된, 함경남도 원산에서 태어났다. 1951년 1·4 후퇴 때, 원산에서 미군의 LST(전차상륙함)를 타고 원산남부교회 교인들과 함께 부산까지 피난을 왔다. 초등학교 4학년 1학기를 마치고 서울로 이사하여 한강변 노량진 부근에 살며 전차를 타고 을지로 입구에 있는 일신국민학교를 다니던 때 4·19와 5·16을 겪었다.

한양공대를 다니던 시절, 1970년 11월 3일 전태일 노동자의 분신을 보고, 같은 반 친구 성해용과 함께 KSCF(한국기독학생회총연맹)가 주관하고 연동교회에서 거행되었던 전태일 열사 추모예배에 참석하면서 기독학생운동에 발을 딛게 되었다. 이후, 70년대 초의 기독교사회운동에 참여하게 되었다.

1971년 4·27 대통령 선거에 '민주수호기독청년협의회'의 이름으로 '학생참관인단'을 구성하여 강원도 평창 쪽 학생참관인단을 이끌고 갔다.

1973년 12월 전국교회청년협의회를 조직하여 회장이 되었으나, 1974년 박정희 군부정권이 같은 해 4월 3일에 발동한 긴급조치 4호에 근거하여, "학생들이 조직을 만들어 정부 전복을 시도했다"는 '전국민주청년학생총연맹 사건'에 연루 혐의로 징역 20년 자격정지 15

년을 받았으나, 다음 해 2월에 석방되었다.

한신대학에 복학했지만 문교부의 압력으로 제적되었다. 그러나 교단을 믿고 신학공부를 하러 온 학생들에 대한 책임을 느끼고 개설한 '기장 선교교육원 총회 위촉생 과정'에 들어가, 박정희 독재정권에 저항하다 해직된 교수님들과 학교에서 제적되어 학교로 돌아갈 수 없었던 제적 학생들과 함께 공부하게 되었다.

과정 수료 후, 79년 기장산업선교회 실무자로 기독교노동운동을 하였다. 기독교노동자운동 방식의 새로운 모델로 교회노동자들을 통한 기독교노동자운동에 관심하였다. 그러다가 친구 황주석이 개척했던 신명교회를 책임지게 되었다. 노동자, 청년, 학생 중심의 교회를 통해 한국기독교노동청년운동의 건설을 꿈꾸었다. 그러나 1980년 전두환의 폭거에 저항하여 일어난 5·18 광주민중항쟁이 일어나고, 교인이었던 김현장이 써 보낸, 광주의 상황을 알리는 글을 뿌리다가 발각되어 교인 2명이 구속되는 등 교회가 완전히 부서져 버리는 일이 벌어졌다. 그런 연후 서대문 교육원에 있던 기장산업선교회 사무실에서 다시 교회를 이끌며, 민중운동의 일환으로 민중교회 확산 운동에 나서게 되었다. 이종헌 목사가 이끌던 크리스찬아카데미 교회사회부와 함께 초교파적으로 민중의 교회를 하고자 하는 이들을 교육하거나, 교회를 개척하는 일을 도왔다.

이후, 기장 총회 실무자, 캐나다 선교사, 일본 선교사, KSCF 총무, 중국 선교사 등을 역임했고, 2005년 이후 2013년까지 외국인근로자 지원 기관에서 일하였으며, 민청학련계승사업회 사무처장을 지내기도 했다.

현재는 '교회청년민주화운동연구회'를 개설하여, '교회청년들의 민주화운동 참여에 관한 역사를 정리하는 일'을 하고 있다.

# 21. 이대수(졸업 84)


## 증언(자전적 글쓰기)

### 선교교육원 입학 이전

75년 연세대학 교육학과에 입학하자마자 기독학생회(SCA)에 가입해 활동을 했는데 당시 긴급조치 4호로 구속되었던 민청학련 선배들이 복학했고, 그중에는 기독학생회 출신들이 많아서 자연스레 그 선배들을 만날 수 있었다. 신일고 시절부터 다니던 교회를 떠나, 다니게 된 리버럴한 수도교회에서 청년회 활동과 KSCF 활동에 참여하면서 노동자와 농민 민중지향적 신학에 관심 가졌고, 그래서 서남동 교수의 가르침을 직·간접으로 듣고 배울 기회가 있었다. 대학생들의 연합모임에서 연속적인 서남동 교수의 강의도 있었다. 아라이 사사쿠의 『예수의 행태』(현대신서 72. 서남동 역)라는 책을 통해 예수의 삶을 당시 시대상황과 민중의 시각에서 소개했던 것으로 기억하고 있다. 비공개로 열렸던 KSCF 학생대회에서 "어릿광대 예수, 나귀 타는 예수"라는 주제강의를 기억한다. 당시 소개되었던 해방신학 흑인해방신학 등과 함께 나에게 역사적 예수를 이해하는데 사상적 신앙적 토대를 형성하게 해 주었고 민중과 함께 살아가도록 근거가 되어주었다. 1977년 10월 말 긴급조치 9호 위반으로 구속되었다가

1979년 제헌절 특사로 대전교도소에서 석방되었고, 수도교회 대학 청년회 활동에 참여하면서 후배들과 가까이 어울렸다. 그리고 기장 청년연합회 활동에 참여하면서 가을학기에 선교교육원에 입학해 한 학기를 다녔다. 격동하는 시절이라 차분히 수업 듣지는 못했지만 민중신학적인 방향은 분명해질 수 있었다.

1980년 복교하면서 신과대학에서 서 교수님 강의를 들었다. 복학생회 총무를 맡아 활동하면서 학내외 민주화 투쟁에 여념이 없었던 터라 제대로 수업을 들을 수도 없었지만 서 교수님도 복직을 하신 상태였고, 내 기억에는 떼야르 드 샤르뎅의 우주적 그리스도론을 강의하셨다. 조금 엉뚱하고 유치하기까지 했지만 어릴 적부터 지구적 상상이 발동해 '30억 50억 인구를 위하여'라는 발상을 자주 했던 터라 관심을 갖기도 했었다. 5·18 계엄 확대로 대학이 휴교 상태로 들어가긴 했지만 중간고사를 지나는 시기라 좋은(?) 학점도 받았다.

선교교육원, 무인가 신학교과 자유대학으로

80년 계엄포고령으로 수배, 구속되었다가 10월 석방되어 기장 청년회 활동을 본격적으로 하게 되었다. 그러다가 82년 선교교육원에 재입학하면서 다시 선생님을 제대로 만날 수 있었다. 기장 총회의 선교교육원은 해직 교수와 제적 학생들이 모인 '무인가 신학교'였다. 문교부로부터 설립 인가를 받은 대학이 아니었기 때문이다. 80년대 초반 기장 총회 결의로 제적된 한신대학 신학생들에게 신학공부를 해서 목사가 될 수 있도록 했고, 추가 결의로 학생 시위로 제적된 일반 대학 출신들에게도 신학공부를 할 기회가 주어졌다. 나치에 저항한 고백교회의 전통을 가진 독일 교회의 지원을 많이 받았기에 감사

한 일이기도 했다. 선교교육원 바로 옆 사무실에서 기장청년회 활동
을 했던 터이라 민청학련 선배들을 중심으로 개설된 초기 과정에 있
던 선배들을 자주 볼 수 있었고 아주 쉽고 자유스럽게 선교교육원
목회자과정에 들어서게 되었다. 전두환 독재하에서 해직된 교수들
이 선교교육원 교수진의 다수였다. 신학만이 아니라 사회과학 분야
도 꽤 포함시켰고, 출석과 수업 방식도 자유로웠고 수없이 많은 토론
을 했다. 그래서 우리는 '자유대학'이라고 스스로 부르기도 했다. 당
시 대부분의 학생들은 여러 현장에서 나름대로 활동을 해 왔었고, 그
중에서는 노동운동 빈민운동과 관련하는 경우가 많았다. 그래서 수
업시간에 그런 이야기들은 한국의 민중현실로 곧바로 등장하였고
서원장님의 민중신학과 접목되는 과정이기도 했다. 교육원 강의실
과 잔디밭은 우리에게 작지만 오붓한 자유를 느끼게 해 주었다.

### 정통에 대한 도전의식

서 원장은 우리에게 민중신학의 내용과 관련해 중요한 가르침을
주었다. "두 이야기의 합류"가 그것이었다. 한국의 민중전통과 기독
교의 민중전통이 합류하는 민중신학을 제시해 주셨다. 한국의 민중
전통에서는 동학을 비롯한 종교적 흐름까지 포함해 소개해주셨기에
서구 신학, 남미의 해방신학, 아프리카와 미국의 흑인해방신학의 흐
름에서 설명되던 것과는 달리 접근되었다. 한국 역사 속에서 민중전
통이라는 내재적인 흐름과 연결한 것이었다. 그중에서도 민중의 염
원이 담긴 민중종교적 전통을 재해석해 신학으로 접목해 들어갔던
것이다. 그것은 한국 역사 속에서 민중운동의 흐름을 중요한 역사적
뿌리이자 자산으로 이해해왔던 우리들에게는 큰 힘이 되었고 기독

교운동, 기독교 민중운동, 민주화운동의 필요성과 당위성을 굳건히 해 주었다.

## WCC 벤쿠버 총회에서의 경험

기장 청년연합회와 EYC(한국기독청년협의회) 활동을 하던 중 기장 교단의 총대로 선발되어 1983년 7월 캐나다 벤쿠버에서 개최된 WCC총회에 참석하게 되었다. WCC는 청년대표의 참여와 대표성을 중요시했기 때문에 나에게 기회가 주어진 것이었다. 그리고 김용복 박사도 예장 통합의 청년 총대로 참석하셨다. 벤쿠버총회는 새로운 세상을 만날 수 있는 기회가 되었다. 아시아권 청년들의 모임은 따로 있었다. 수많은 참가자의 다양한 모습과 내용들, 102개국 교회가 참여했기에 각 나라의 모습을 직간접적으로 볼 수 있었다. 러시아 정교회가 겪고 있는 사회주의국가 소련의 현실과 정교회가 겪고 있는 어려움, 동독교회의 청년대표였던 룸메이트격인 불트만과는 많은 이야기를 나눌 수 있었다. 사회주의 일당독재 하에서의 동독과 자본주의 개발독재 하에서의 한국 현실의 유사성이 많아 공감하면서 즐겁게 어울려 다녔다. 서구의 진보적이면서도 포용적인 신학이 크게 와 닿았다.

당시 WCC 회장 선거에 출마한 고 강원룡 박사가 낙마한 사건이 있었다. 추천위원회 표결에서 반대가 많았던 것이 핵심 이유였다. 그 과정에서 총회 석상에서 지역에서의 추천을 위한 서명작업이 진행되었는데 나는 반대의사를 밝히고 서명하지 않았다. WCC의 국제정치판을 잠시 본 기회이기도 했다. 전두환 정권의 국보위원을 맡았던 사실을 알기에 도저히 동의해 줄 수 없었다. 김포공항에서 출국하기 위해 대기하던 중 그런 분위기를 확인하기도 했다. 나중에 강 박사께서는 김대중 구명을 위해 그런 역할을 하신 것이라고 했지만 당시 피끓는 청년인 나로서는 용납할 수 없었다. 그런 소식은 기장 교단 가을총회에서 논란이 되기도 했었지만 WCC를 잘 알고 계셨던 서 목사님의 반응에서 공감하는 분위기를 느낄 수 있었던 기억이 생생하다. 서남동 교수는 벤쿠버총회의 직전 총회였던 1975년 나이로비 케냐 WCC총회 준비를 위한 '신앙과직제위원회'에 참석하면서 유럽의 정치신학 남미의 해방신학 북미의 흑인신학들을 접하셨기에 신학적 지평이 넓었고 실천적이었으며 세계신학의 안테나 역할을 하실 수 있었던 것이 아닌가 싶다.

서 목사님은 참 서민적인 느낌을 주셨다. 신학자였지만 목회를 하셨기에 교육원 수학 중에 자상하게 아껴주시는 분위기를 느끼면서 다닐 수 있었다.

캐나다 모교에서 명예박사 학위를 받으시고 귀국 직후 건강이 악화되어 세브란스병원에서 임종하셨는데 한 선배는 '하나님은 왜 이렇게 착한 사람을 일찍 데려가시느냐'고 비통해 하셨다. 나는 그런 비통함에 전적으로 공감했다. 내게 그런 분이셨다.

## 22. 이상익(졸업 81)

### 이력

| 1953. | 출생 |
|---|---|
| 1974. | 민청학련 1차 투옥, 한양대 제적 |
| 1975. | 출옥 |
| 1977. | 기장 선교교육원 입학 |
| 1979. | 대통령간선반대 국민총궐기대회(소위 명동YWCA 위장결혼식사건) 2차 투옥 |
| 1987. | 민주헌법쟁취 국민운동본부(국본) 경남공동대표 |

### 경력

EYC전국총무 및 서울지구회장/장청 서울8개 노회연합회장, 경남인권위원회 위원, 마산YMCA사무총장, 성균관대학교 사회복지 대학원 교수(겸임), 한국도로공사 상임감사, 대통령자문 동북아시대 위원회 자문위원, 한국감사협회 부회장, 경남노인복지협회 회장 역임. 사회복지법인 가야(새길동산요양원) 설립자, 창원한교회 준목(현), 시인, 작곡가(정부예술활동증명번호 201901070016), 사)경남작가회 의 이사(현)

■ 저서

시집 『더불어가기』, 사유집 『이상익의 시적 사유』,

정치평론집 『잃은 자유 얻은 진실』 외 작곡집 등 10여 권

## 증언(인터뷰)

(1) 입학과 수업 과정

나는 74년 민청학련으로 투옥된 후 마산교도소에서 75년 출옥하였고 이때 마산교도소에서 같이 출옥한 후 함안지역에서 같이 거주하고 있던 장영달 선배(당시 국민대 KSCF 회장)와 노동자의 삶을 살기로 하였습니다. 강원도 탄광에서 막노동자 생활을 하기로 약속하였으나 장영달 형이 동아일보에 인혁당 고문을 이야기한 것이 이유가 되어 다시 투옥, 탄광노동자의 뜻을 이루지 못하고 저 혼자 부산에서 노동자의 삶을 살고자 막노동자 생활을 하던 중, 마산교도소에서 수형생활을 같이했던 친구 이종원(서울대)이 부산까지 내려와서 '신학을 하자'고 설득하였습니다. 밤샘하며 고민한 끝에 이종원과 함께 상경하여 선교교육원에 입학하게 되었습니다. 아이러니하게도 저를 신학교로 인도한 이종원은 졸업을 하지 못하고(이종원은 그 후 일본으로 유학, 닛교대학 부총장 등 역임) 저는 두 번째 투옥, 출소 후에 선교교육원에서 권진관, 권오성, 고 황승주 동기들과 졸업을 하였지요.

(2) 선교교육원 생활과 그 이후

선교교육원 수업은 저에게 크나큰 위기였고 계속 수업을 받아야

하느냐는 의문 앞에 밤잠을 설쳤습니다. 저는 모태신앙에 예장(고신파) 출신이었기에 교수님들의 강의는 놀라움과 부닥침의 연속이었었지요. 특히 서남동, 안병무 교수님의 강의는 '저 마귀 같은 신학자 강의를 과연 내가 계속 듣고 있어야 하는가, 이 학교를 계속 다녀야 한다는 말인가'라는 번민 때문에 긴 시간 두통에 시달려야 했었지요. 그러나 그런 고민은 얼마 가지 않아서 말끔히 해결되었고 '내가 그동안 얼마나 우물 안 개구리 신앙에 사로잡혀 있었는지'를 깨닫게 되었지요. 지금 돌이켜 보면 참 우스운 일이었어요.

신학 외에, 이를테면 국제정치학(양호민), 한국사(정창렬, 송건호), 한국사회(한완상), 한국경제(박현채) 등등의 강의에서 입체적이고 포괄적으로 우리 사회를 조명하는 데 길을 터 준 곳으로서의 의의 또한 지대하다고 할 것입니다.

두 번째 출옥 후 제일교회(박형규 목사 시무)의 '형제의 집'에서 김경남 선배 후임으로 간사 일을 맡기로 하였으나 심한 고문후유증으로 쓰러져 간사 일을 맡지 못하였습니다. 결국 건강을 최우선으로 생각하여 연고지인 마산으로 와서 마산YMCA에 몸담게 되었고 안정된 삶을 위해 가정도 가지게 되었지요.

1987년과 1992년, 김대중 대선후보, 노무현 의원의 요청에 의해 정치를 하게 되었고 창원에서 국회의원 세 차례 출마하기도 하였으나 평민당, 민주당 이름만으로도 '전라도놈', '빨갱이놈' 소리 듣던 때라 독립운동하는 기분으로 북풍한설 벌판에서 정치운동을 하였습니다. 그후 경남민주당 도당위원장, 중앙당무위원 등을 거쳤고 노무현 정부 때 공직(도로공사상임감사와 대통령자문역)을 맡기도 하였었습니다.

성균관대학교 대학원에서 사회복지학 석사과정과 한양대학에서 노인복지학을 가르쳤고 오래전 제가 설립한 사회복지법인가야 이사장직과 부설 노인요양원 새길동산 원장직을 현재 겸하고 있습니다.

지금은 주로 문학과 작곡 등 문화예술 활동에 많은 시간을 보내고 있으며, 그간 민주인사 추모곡, 양민학살 추모곡, 세월호 추모곡, 평화통일 관련곡, 찬양곡 등과 합창곡을 발표하였고, 내년에 작곡 발표회를 앞두고 있습니다.

### (3) 기타 증언

2004년 2월 제가 대구에서 혼인을 할 때 마귀같이 보였던 서남동 교수님께서는 제가 가장 존경하는 교수님이 되셔서 저의 주례를 서 주셨지요. 또 아내와 연세대 교수관으로 인사갔을 때 "교수님, 경관 좋고 언덕 높은 곳에 사택이 있으니 참 좋으시겠습니다"라고 하였더니, "높은 게 좋지 않아, 우리는 저 낮은 곳으로 내려가야 하지, 한국 교회도 다 그래야 할 텐데…"라는 말로서 우리 기독인들의 사명이 어떠해야 하는지를 교수님의 맑은 미소 속에서 읽게 하여 주셨어요. 지금도 그 말씀을 항상 마음에 되새기고 있습니다.

그 당시는 유신독재 권력의 사찰이 모든 대학에 다 있었기 때문에 아카데믹한 학내 분위기가 없을 때지요. 그래서 선교교육원을 부러워하는 학생들이 많았고 심지어 한신대생 중에 일부러 선교교육원으로 들어오는 경우도 있었고, 먼 지방(부산대, 전남대 등등)의 학생들도 이곳에서 공부를 하였으며 외국에서 유명한 신학자들이 한국에 올 때 타 대학엔 가지 않아도 선교교육원은 다녀가곤 하였지요. 각 대학에서 내로라하는 학생들과 평소 존경받는 유명한 학자들의 집결지였던 것이 유명세를 탄 이유였다고 봅니다. 기억하건대 선교교육원만큼 당시 아카데믹한 분위기를 향유한 대학은 아무데도 없 있다고 분명히 말씀드릴 수 있습니다.

선교교육원은 유신독재 시절에 독특하게 존재하였던 신학교로 서 군사문화에 젖은 교정과 교실 수업에서 벗어나 처음이자 마지막 으로 자유로운 대학 분위기를 향유하였던 곳이라 봅니다.

또 신학의 지평을 넓혀 삼각형 사각형 틀 속에 가둬 놓은 교리화 되고 규격화된 예수를 이 역사의 현장으로 나오게 하여 이 암울한 나라에서 크리스천으로서 어떻게 살아가야 하는가를 가르쳐준 곳입 니다.

교수진과 함께 한 야유회, 탁구, 기타 치며 놀던 교정, 목사고시 위해 밤새워 같이 공부했던 학우들이 그립습니다.

동기 분 중에 먼저 가신 민청학련 동지 김윤님, 황승주 선배님, 잠실 단칸방에서 자취하며 고락을 같이했던 송재회 목사님 그리고 여타 학우분들, 이 세상에 계시지 않은 양호민, 박현채, 송건호, 이우 정, 문익환, 문동환 교수님과 그 외 여러 교수님…. 모두 모두 그리운 얼굴들입니다.

# 23. 이원희(졸업 82)

## 이력

| | |
|---|---|
| 1952. | 출생 |
| | 배재고교 기독학생회 활동 |
| 1973. | 한국외국어대학교 중국어학과 입학, 외대 기독학생회 활동, 새문안교회 대학생회 활동, 한국기독학생회총연맹(KSCF) 활동 |
| 1973. 10-11. | 학생시위가 확산될 때 11월 27일 새문안교회 대학생회 주최의 횃불시위에서 실무 준비를 담당. 철사 줄, 솜, 휘발유를 구입하여 혼자 세검정 북한산 입구에서 횃불 실험을 했다. 가슴 두근두근하며, 횃불의 반역 상징에 긴장하며…. 광화문 네거리를 향한 횃불을 든 대학생 50여 명의 반유신 행진은 역사적 쾌거였다. 당시 나의 집은 기독학생운동의 빈번한 왕래처였다 |
| 1973. 가을.-74. | '민청학련사건'으로 구속되어 징역 7년 형을 선고 받음 |
| 1975. 2. | 형집행 정지로 석방. 석방 후 학교에서 제적. 교회대학생회 연합활동 |
| 1975-1978. | 4개(양평동, 시흥동, 가리봉동, 성남시)의 야학활동 |
| 1977-1979. | 기장 선교교육원에서 신학 공부 |

# 경력

| | |
|---|---|
| 1977. 9. | 선교교육원 입학. 기독교 사회선교 차원에서 목사안수를 받는 것을 주목적으로 하여 다님 |
| 1982. | 인천시 효성동에 새봄교회를 창립. 노동자선교, 주민선교 등 2004년까지 23년간 목회. 80년대에 무료진료, 공동체 모임, 전태일 연극, 일과 생활 교양강좌, 노래마당 등 노동자들의 인간적이고 공동체적인 경험들은 그들의 사회운동의 밑받침이 됨 |
| 1985-2004. | 민중교회 연대운동을 20년간 지속했다 |
| 1987. 7.-9. | 투쟁기와 그 후 1년여 동안 새봄교회로 찾아온 수많은 노동자들을 지원(쉼터로, 교육장으로, 모임 공간으로) |
| 1986. | 목회 중 신순철과 결혼 |
| 1997. | 인천민중교회연합 회장 |
| 1999-2001. | 외환위기 이후 발생한 수많은 실직자들을 실업 극복 인천본부 계양센터 대표와 빈곤 아동 공부방으로 섬김 |
| 2000-2002. | 인천계양자활지원센터 관장 |
| 2000-2004. | 인천녹색소비자연대 공동대표 |
| 2004-2009. | 녹색소비자연대 전국 이사로서 태양광, 풍력 등 신재생에너지 교육 홍보 캠페인을 3년간 전담했다. 이때 『시민과 함께하는 신재생에너지 가이드북 1, 2』(녹.소.연.)를 썼다 |
| 2013- | 사회적 영성 추구에 관심 |
| 2014- | 기독교사회운동가들의 사회적 영성 발굴(안중근, 이 |

승훈, 안창호, 최흥종, 전태일 등)에 집중했다

2017.          '민청학련운동 참여자 인명록' 편집에 몰두했다

2019.          한국기독교민주화운동역사(1968~1987) 편찬과 관련한 일에 봉사. 또한 한국YMCA전국연맹 이사로 재임

## 증언(인터뷰)

문: 선교교육원 입학은 몇 년도에 하셨어요?
답: 77년도 가을에 했습니다.

문: 선교교육원에 오시기 전에 외국어대학교 다니셨다고.
답: 네, 네. 제가 73년도에 외국어대학 중국어학과에 입학을 했고, 기독학생회총연맹에서 활동을 했죠. 그다음에 새문안교회 대학생회에서 활동을 하고, 그다음에 교회청년연합협의회라는 게 생겼어요. 이광일 목사님이 수고하신. 그렇게 세 군데에서 주로 활동을 했는데, 민청학련 사건 때 제가 구속이 됐죠. 74년 4월. 그래서 한 10개월 징역 살고 나왔죠. 나와서 그 이후에는 학생도 아니고 그저 기독학생운동에 종사하고 야학을 만들거나 수업을 한다든지 이것저것 했어요.

77년이 되니 선교원이 생겼다고 활동하던 사람들 사이에 다 알려지게 됐어요. 그래서 77년 가을에 입학을 했는데, 저 개인적으로는 신학 공부보다 거기에서 목사될 수 있는 자격, 안수를 주는 것 때문에 다닌 게 제일 핵심적이었죠. 누굴 만나고 대화하고 그런 건, 제가 활동을 하고 있으니까 별로 중요한 게 아니었고. 그래서 다녔어요.

공부하는 것 자체는 헐렁하게, 편안하게 공부하고 듣고. 선생님들도

열심히 준비해 오려고 그랬는데, 교수님들도 운동하느라 바빠서 나 그렇게 일일이 꼬박꼬박 준비하긴 어렵다, 솔직히 얘기하시더라고. 안병무 교수님도 너무 바빠서, 있는 거 가지고 하는 수밖에 없지, 뭘 타이트하게 준비하는 건 무리다. 우리도 무리고 거기도 무리고. (웃음) 다 그런대로 공부는 했지만. 하여튼 그렇게 공부하고 또 정세와 역사의 방향에 대한 얘기, 실천적 진로에 대한 얘기 많이 했어요. 농촌분과, 노동분과, 정치문화분과 이렇게 나눠서 여러 개 분과로 대화도 많이 하고 워크숍도 하고. 그런 기억 정도가 나고. 여기가 운동의 현장은 아니기 때문에, 그저 서로 편안하게 대화하고 쉼과 교류와 실천적 자기진로를 점검하는 중간과정, 그런 분위기였다고 할 수 있는 상황이었죠.

문: 그럼 목회자의 꿈은 언제부터 갖고 계셨어요?

답: 우리 집이 크리스천 집안은 아니고 내가 고등학교 2학년 때부터 믿음을 갖게 됐어요. 재수할 때나 대학 들어오고 나서도 신앙에 관심이 있어서 서점도 다니고 교회도 여러 군데 순방하고. 그래서 나는 민청학련 사건으로 제적되고 나서 쾌재를 불렀어요. 사실. 중국어는 문자 공부는 맘에 들었는데, 회화나 그런 건 내 스타일이 아니더라고. 그래서 힘들었는데, 신학을 공부할 수 있는 데가 있다고 해서 너무 반가웠어요. 스쳐 지나가는 생각으로 어디 신학대학이라도 편입할까 했는데, 구속되고 나서 오히려 좋았기도 하고. 그리고 선교교육원의 신학 공부도 좋은 점이 있었지만, 신학교 다니는 것과 다름없는 목사안수 과정이 된다고 해서 기뻤죠.

문: 선교교육원에 2년 다니셨나요?

답: 2년 반. 3년인가 2년 반. 근데 나는 77, 78, 79년을 했는데 중간에

한 학기를 휴학했어요. 그래서 한 학기가 모자라서 한신대 가서 1년 동안 청강을 하라 그러더라구요. 그때 박정희가 죽고 나서 학교가 없어졌거든요. 다 복직되고 복학됐으니까. 그래서 한신대 가서 한 학기 들으려고 했는데 가서 두 학기를 들었어요. 아주 고생을 (웃음) 했죠. 한신대가 스파르타식으로 공부를 열심히 시켜서 존경스럽더라고. 리포트 쓰느라 힘들긴 했는데, 공부 같은 공부는 거기서 많이 했어요. 근데 한신대는 B급, C급 학생이 A급 돼서 나가는 그런 느낌이 들었는데, 교육원은 그런 건 아니었어요. (웃음) 그거보다 민주화운동의 교제와 우애를 다지고 진로를 개척하는 그런 질적인 과정이 있었지, 공부를 스파르타식으로 시키기에는 교수님도 바쁘고 학생들도 바쁘고, 별로 그게 중요한 국면은 아니니까.

문: 새문안교회 활동을 하시고 외대에서 민청학련으로 제적당하시면서도 목회자의 꿈이 있었으니까 이런저런 신앙에 대한 책을 많이 읽으셨겠지만, 그래도 선교원에 와서 어떻게 보면 신학대 교수로부터 체계적인 수업을 쭉 들으니까 어떠셨어요?

답: 별로. 다 아는 거 또 듣는 것 같아서 재미없었어요. 그런 면에서 교수님이 열심히 준비해서 강의했으면 하고 기대해서 학우들이 질문을 했더니, 교수님이 "아 바빠서 어려워, 그건 곤란해!"하더라고. 그리고 우리도 타이트하게 공부할 수 있는 상황은 아니고. 일부 잘하는, 지적 역량이 탁월한 사람은 발표도 잘했을지 모르는데 뭐 하여튼 그런 실정이었어요. 그래서 거기에는 만족도가 높지 않았다, 저 개인적으로. 근데 다른 사람들도 아마 그랬을 거예요.

문: 만족이 안 됐던 부분이 한신대학교에서 1년간 청강하면서 충족

될 수 있으셨어요?

답: 그때는 그거와는 전혀 상관없고, 책을 읽고 리포트를 쓰는 과정을 철저하게 시키니까, 그런 면에서 너무 불편하기도 하고 또 어떤 면에서는 감사하기도 하고. 뭐 그런 거죠. 만족스러운 커리큘럼은 아니어도 그거 하나는 있었어요. 82년도에 교육원에서 졸업증이 없으면 안 된다고 해서 그래서 부랴부랴, 82년도에 늦게 졸업을 했죠. 난 당연히 됐는 줄 알았는데 행정처리를 해야 된데. 그래서 마무리 졸업하는 형식을 거쳤어요.

문: 77년도 가을부터 오셔서 2년 반 동안 수업하시면서 같이 공부했던, 기억나는 학생들과의 인연이나 에피소드나, 공부하면서 기억에 남는 학생 있으실까요?

답: 특별한 건 없는데…. 그때 수업시간에, 신대균 선배. 선배가 종잇조각에 글자 하나 써 놓고 졸고 있었어요. 그래서 봤더니 '대한민국'이라고 썼는데, 친구들이 다 웃었어요. 그랬더니 안병무 교수님이 그러더라고. "천재는 조는 법이야" 그거 하나 기억이 나요. (웃음) 그리고 저 개인적으로는 선교원에서 황승주 목사님, 같이 공부했던 선배. 그 양반 통해서 크리스천아카데미 노동조합 교육에 같이 참여하게 되고, 그래서 노동 선교 하는데 많은 자산을 얻었다는 거. 아카데미 교육이 아무나 받을 수 있는 것이 아닌데. 그리고 또 성남에 가서 야학할 수 있도록 그 형이 소개해주고. 에피소드같이 흘러간 이야기가 뭐가 있나 곰곰히 생각했더니 그 형이 교육원에서 만나서 그거 소개해 준 게 떠오르더라고.

신학 공부로는 여기서 특별하게 뭐가 있는 건 아니었고, 문익환 목사님 수업 중에 특이한 게 있었어요.

수업시간에 하나님 여호와, 정확한 번역은 야훼인데, 야훼는 야-하는 전쟁 신, 약자의 전쟁 신이라는 강의를 그때 했어요. 그래서 나중에 책 같은 데에서 나오긴 했지만, 그런 이야기를 듣고서 영감을 많이 얻었죠. 야훼 하나님 신앙의 기원이 미디언 땅 저기 어디야, 그쪽의 전쟁 신, 야-하고 전쟁하는 그 음성에서 야훼 하나님이 나왔다는 설도 있다는 얘길 하시더라고. 재밌고 유익했던 명강이었지. 그런 건 기억에 남아요. 안 박사님 좋은 얘기 많이 하시고 서남동 교수님도 그랬지만, 뭐 하여튼 문익환 목사님이 그런 얘기한 게 기억에 남아.

문: 서남동 목사님에 대한 기억은?

답: 서남동 목사님에 대한 기억은 제가…. (웃음) 제가 79년도에 자치학생회 회장을 했어요. 우리 세대에서는 제일 후배였거든. 그다음에 후배들이 79년에 몰려 들어오긴 했지만. 초기에 들어온 사람으로는 제가 막내였는데. 회장이 되서 원장님 수발도 들고 이것저것 했지. 그랬더니 저보고 아니 왜 이렇게 행정적인 일을 잘하냐고. 나는 그런 거 전혀 없거든? (웃음) 내가 행정 일을 잘하나? 뭐 일처리를 잘했다고 느꼈나봐, 비서같이. 그런 얘기가 나로서는 좀 인상적인 일이었고. 뭐 장학금 식으로 주더라고? 쉬운 말로 학우근로장학금 같은 건가 봐. 그래서 나는 공짜로 다닌 것도 황송한데, 그런 걸 줘서 놀랬어. 뭐 주니까, 미안하지만 받았지. 그랬더니 나중에 우리 친구 신대균이 자기 용돈이 필요하니까 좀 달라 그래서 좀 떼 줬어. (웃음)

문: 그 장학금이 공부 잘하는 학생한테 주는…?

답: 아니 그냥 근로장학금 같은 거야. 학생회 임원이면 주는. 일반대학에서 학생회 회장, 총무면 그런 거 주잖아. 그래서 주는 거였던 것 같애. 나는 한 번도 몰랐다가, 회장으로 일처리하느라 왔다 갔다 했더니

장로님이 갑자기 주시더라고. 비리는 아니니까 뭐 받았지. (웃음)

문: 어때요? 이원희 목사님 인생에서 선교교육원에 2년 반 동안 다녔던 시절을 회상하자면? 의미를 부여한다면?

답: 여기가 익사이팅한 실천현장은 아니고, 새로운 다양한 친구들을 편안히 만나서 교제하고, 진로를 모색하는 곳이어서 워크샵 같은 것은 참 많이 했어요. 분과별로도, 같이도. 그거는 나름대로 의미 있는 과정이었다고 할 수 있어요. 그리고 다른 일반적인 정치, 문화 파트 맡은 사람들은 교수님과의 관계가 상당히 유익한 그림으로 보이더라고. 근데 노동이나 농촌분과에 속한 나 같은 사람들은 여기가 뭐 특별한 꺼리는 없었기 때문에, 익사이팅 한 건 없었어. 뭐 하여튼 그 정도. 감사합니다.

# 24. 이종원(입학 80)

## 증언(자전적 글쓰기)

1953년 대구에서 태어나 서울에서 자랐다. 덕수초등학교, 경기중학교, 경기고교를 거쳐, 1972년 서울대학교 공대 금속공학과에 입학했다.

고교 친구의 권유로 공대 학생운동모임인 불암회에 참여해 한국사회에 대한 비판적 시각을 키웠다. 대학 2학년 때인 1973년 가을 각 대학에서 반정부 시위가 확산되고, 다음 해에 전국의 대학이 연합적인 시위를 전개하자는 계획에 서울공대도 참가해, 그 일환으로 공대 학생회장 선거에 출마하게 되었다. 이종원의 입후보에 대해 공대 당국이 승인을 거부하는 등의 방해가 있어 그에 대한 항의로 선거가 연기되어 민청학련 거사 예정일 전날인 4월 2일에야 시행되었다. 학생회장에는 압도적인 지지로 당선되었지만, 이미 민청학련 관련자가 잇달아 체포되기 시작했다. 4월 9일 오전 양태열, 백경진 등과 함께 공대 캠퍼스에서 시위를 시도했지만 살벌한 경계로 집회를 열지는 못하고 체포되었다. 집회는 실패했지만, 긴급조치공포 이후에 정면으로 이를 비판한 시위라는 의미가 있다. 5년 형을 선고받고 마산교도소에서 복역하다가, 1975년 2월형 집행정지로 석방되었다.

같이 복역한 장영달, 신대균 등 한국기독학생회총연맹(KSCF) 관련자들의 영향으로 석방 후에는 기독교 민주화운동에 참가하게 되었다. 1976년부터 KSCF 학생 간사로서, 전국의 기독학생회 활동을 확장하고 유신 철폐 민주화투쟁을 드높이는 일을 펼쳤으며, 이 과정에서 수차 연행되었고, 1978년에는 서울대 시위 배후로 지명수배되어 1년간 도피생활을 했다. 1979년부터 한국기독교사회문제연구원에서 일하면서, 국제정세와 민주화운동에 관련된 자료를 작성했다.

1982년 독일 에큐메니칼 교회 장학생으로 일본에 건너가 국제기독교대학(ICU) 학부에 편입해서 국제정치학을 전공하고, 도쿄대학 대학원에서 석사와 박사학위를 취득했다. 학업과 병행해서 당시 도쿄에 있었던 기독교운동 국제 네트워크인 한국기독교민주화동지회(ICNDK)의 자료센터 활동을 돕기도 했다.

1991년에 도호쿠대학 법학부 교수로, 1996년에는 릿교대학 법학부로 옮겨 국제정치를 강의하며 국제담당 부총장(2009~2011)으로 일했다. 2012년부터는 와세다대학 대학원 아시아태평양연구과 교수로 국제정치사, 현대한국연구(한국학연구소 소장) 등을 강의하고 있다. 그간 아사히신문 아시아네트워크 객원연구원, 동 논단위원, 미국 프린스턴대학 객원연구원 등을 역임했다.

동아시아와 한반도 정세가 격동을 거듭하고 한일관계가 요동치는 가운데, 한겨레신문 등 한국언론과 일본 미디어에서 동아시아의 바람직한 미래 모색에 자기 사명을 두고 있다.

# 25. 이춘섭(입학 83)

## 이력

| | |
|---|---|
| 1954. | 출생 |
| 1973. | 서울공업고등학교 졸업 |
| 1978. | 한국신학대학 입학 |
| 1980. 10. 8. | 광주영령들을 위한 추모기도회(한신대채플)로 구속 |
| 1982. 8. | 8·15특사로 형집행정지로 의정부교도소 출소 |
| 1982. 9. | 1983년 선교교육원에서 수학 |
| 1984. 3. | 한신대 복학 |
| 1985. 2. | 한신대학교 신학과 졸업 |
| 1996. 3 | 1998년 2월 한신대학교 신학대학원 수료 |
| 2000. 8. | 2002년 8월 가톨릭대학교 사회복지대학원 졸업 |

## 경력

| | |
|---|---|
| 1983. 1-1986. 11. | 성남주민교회 전도사 |
| 1986. 11. | 한국기독교장로회 경기노회에서 목사 안수 |
| 1986. 12-2001. 11. | 성수교회부임(한기장 산업선교위원회 총무) |
| 1987. 9. | 노동자들의 생존권과 쟁의행위 지지를 위한 전경연 |

회관 점거농성으로 구속수감

2001. 12-2004. 1.성동외국인근로자센터 관장

2004. 2-2005. 1. 성남주민교회 목사

2004-2006.　　　대통령자문 빈부격차차별시정위원회 전문위원

2006. 2-현재　　　부안종합사회복지관/부안장애인종합복지관 관장

　　　　　　　　　부안군 아리울오케스라 단장

　　　　　　　　　부안군 인재육성재단 이사

　　　　　　　　　전라북도 사회복지사협회장 역임

## 증언(자전적 글쓰기)

### (1) 입학과 수업 과정

1980년 광주민중항쟁 당시 시민군으로 활동하다 도청에서 사살된 한국신학대학생 류동운에 대한 소문은 사실로 확인되었고, 80년 여름이 지나고 2학기 개강을 한 수유리캠퍼스의 분위기는 적막강산, 스산했다. 80년 봄에 학교로 돌아왔던 수많은 복학생은 거의 수배상태로 잠적하거나 숨죽이며 정국을 관망하고 있었다. 광주에서 죽어간 수많은 영령과 류동운학우를 모른 채 외면하고 어찌 학업을 계속할 수 있단 말인가!

학내에서 여기저기 삼삼오오 그룹별로 숙의하고 고민을 하다가, 10월 8일 화요일 채플시간에 광주영령들을 위한 추모기도회를 개최하기로 하고, 총대를 내가 메기로 했고, 각자 역할분담을 했다. 〈피의 선언〉을 받아 유인물을 만들어 준비해놓고, 기도회를 숨죽이며 기다렸다. 학내에는 북부경찰서 정보과 형사들이 24시간 학내 동태

를 살피고 있던 터라 여간 조심스럽지 않았다.

당일은 4학년 졸업설교(김부곤)가 예정되어있던 채플시간에 뛰쳐나가 유인물을 돌려 읽고 광주영령을 위한 추모의 당위성을 역설하고, 채플실 밖으로 나가려는데, 교수들과 학생들간의 치열한 실랑이가 벌어졌다. "지금 나가면 다 죽어!" "예배실에서 기도회를 하자"고 막아서는 교수님들을 뚫고 현관으로 나갔다. 운동장을 나서서 식당 쪽으로 대오를 갖춰 침묵행진을 했다. 조용한 침묵이 찬송가로… "뜻 없이 무릎 꿇는 그 복종 아니요. 운명에 맡겨 사는 그 생활 아니라…" 찬송을 마치자 대오 가운데서 "살인마 전두환은 물러가라," "신현확은 사퇴하라"는 구호를 외치면서 교문으로 향했다. 교문 앞에서 대치하면서 농성을 했다.

교문밖에는 북부서 사복경찰들이 진을 치고 있었다. 한 시간여 농성을 마치고 채플실로 들어가려는데, 북부경찰서장의 지시로 학내에 있던 모든 학생은 북부서로 연행해서 조사를 받았는데, 그 수가 153명이었다. 1980년 10월 8일 광주영령을 위한 한국신학대학의 추모 기도회 사건으로 8명이 구속되었다. 한신대학의 종합화 일환으로 수원 병점일원으로 캠퍼스를 옮겼고, 이 사건으로 한신대는 2년간 신학과 학생을 모집하지 못하게 되었다.

1982년 8월 15일 형집행정지로 출소해서, 곧바로 가을학기에 선교교육원에 입학해서 83년 내내 선교교육원에서 수학하였다. 성남주민교회에서 활동하면서 서대문까지 오가면서 어울렸던 동기들과의 만남과 사귐, 전두환 정권의 폭압적인 통치 시절이라 시국에 대한 토론과 실천 활동을 공유했던 일들이 기억난다.

## (2) 졸업 이후의 삶

1984년 선교교육원을 마칠 즈음, 한신대학에 복학이 허락되어 1985년 2월에 한신대학 신학과를 졸업하고, 1986년 11월 11일에 경기노회에서 목사 안수를 받고, 그해 12월에 성수교회, 기장 산업선교위원회 총무로 부임했다. 성수동 지역 내에서 노동선교활동, 민중교회로서 성수교회 공동체를 형성하는 일에 매진했다. 1987년 박종철추모집회를 지역에서 개최하고, 지역 내 노동자 활동가들과 연대해서 서울 동부지역에 노동조합결성 지원하는 일, 야학 탁아소 공부방을 세우는 등 지역선교활동을 전개했다.

1987년 7~8월, 노동자대투쟁 이후에 노동 탄압이 심해지면서, 한국기독교교회협의회 인권위원회와 목협 민중교회 목회자들이 단식기도회를 하던 중 9·18 전경련회관 항의점거농성사건에 참여해서 구속되기도 했다.

2000년에 성동구청으로부터 위탁받은 성동외국인근로자센터 설립 준비해서 첫 번째 민관협력체로서 외국인 노동자지원활동을 펼쳤다(외국인노동자를 위한 한국어강좌, 노동문제 상담, 무료진료활동 등).

2006년 한기장복지법인에서 수탁받은 부안종합사회복지관, 장애인종합복지관 개관 멤버로서 참여해서 농어촌지역인 부안에서 통합형복지관의 모델을 만들어가고 있다. '하나님의 선교' 신학과 '복지선교' 신학 기반으로 농어촌지역인 사회적 약자와 소외된 노인과 장애인들을 섬기고 있다.

# 26. 장신규(입학 84)

## 이력

| | |
|---|---|
| 1977-1986. | 동대부고 졸업. 성균관대학교에서 철학 전공 |
| 1979. | 새문안교회 대학생회 회장 |
| 1980. | 성대 문과대학생회장, 계엄포고령 위반 구속, 제적, 강제징집 |
| 1983. | 선교교육원 입학, 수학 |

## 경력

| | |
|---|---|
| 1989-1995. | 경제정의실천시민연합(경실련) 창립, 초대 기획실장, 조직국장, 지방자치국장. 경실련 정농(正農)생활협동조합 초대 사무국장, 공명선거실천시민운동연합 초대 사무처장 |
| 1995. | 희망의 정치를 여는 <젊은연대> 창립, 공동대표 |
| 1995-1998. | (꼬마) 민주당 마포을 지구당위원장, 15대 총선 출마, 낙선 |
| 1998-1999. | 새정치국민회의 부대변인 |
| 2000-2006. | 벤처기업 창업 |

2010~2013.    마포문화재단 대표
2008-         현) 생명과 평화포럼 대표

# 27. 전병생(졸업 82)

## 이력

| | |
|---|---|
| 1949. | 출생 |
| | 한국신학대학 입학 |
| 1975 . | 한국 신학대학 침투 재일교포 유학생 간첩단 사건으 |
| | 로 투옥(4년 3개월 수감) 후 석방되어 한국신학대학 |
| | 에 복학 |
| 1980. | 5·18 김대중 내란음모사건으로 수배 |
| 1982. | 선교교육원 입학 |

## 경력

김제 제월교회 전도사

목사안수

전북 민주화운동협의회 상임대표.

한신대 졸업. 한신대 신학대학원 입학

서울 제삼교회 담임목사 취임,

한신대 신학대학원 수료(석사학위 논문: 민족분단과 통일에 관한 한
국 기독교의 입장 — 특히 해방 전후사를 중심으로)

익산단비교회 개척 시무

이리익신민주화운동협의회 공동대표, 전북기독교사회운동연합 공
동대표, 한국기독교사회운동연합 공동대표, 광주민주화운동 특별법
제정 익산 민주시민연석회의상임대표

한국기독교장로회총회 교회와 사회위원장

한국신학대학 침투 재일교포 유학생 간첩단 사건 재심으로 대법원에
서 무죄 확정 판결. 한신민주화동지회 회장.

## 증언(자전적 글쓰기)

### (1) 입학과 수업 과정

1975년에 반유신민주화운동으로 한국신학대학에서 제적되어
진안대평교회에서 전도사로 시무하던 중 한국신학대학 침투 재일교
포 유학생 간첩단 사건에 연루되어 투옥된 후, 10 · 26 사건으로 80
년 1월에 전주교도소에서 4년 3개월 만에 출옥하였다. 이후 한국신
학대학에 복학하였다가 5 · 18 김대중 내란음모사건으로 수배되어 1
년 6개월 정도 도피하다가 나와 선교교육원에 입학하였다. 82년 7월
에 김제 제월교회 전도사로 시무하였고, 선교교육원을 졸업하였다.

교육원에서 강의 시간이나 예배시간의 설교에서 서남동 원장님
은 전태일 열사나 김경숙 열사 등의 이야기를 하실 때 여공들의 월급
등을 구체적으로 이야기하시며, 생산비에도 훨씬 못 미치는 농민들
의 상황을 구체적인 숫자로 나열하시는 것을 들었다. 그럴 때는 '저
런 이야기가 어떻게 신학이 될 수 있을까?' 하는 의문도 품어보곤 하
였다. "한의 사제가 되어 한 많은 민중의 한을 풀어주는 사제가 되라"

는 말씀이 지금도 제 귀에 생생하다.

안병무 박사님께서 복음서의 단락들을 마당극 형식으로 각색시켜 오라는 숙제를 내주신 것이 기억난다. 그 메시지의 의미를 생생하게 묘사하게 하여 성서에 큰 흥미를 가지게 되었고, 큰 감동을 받았다.

유인호 교수님의 강의는 한국경제의 실상을 가르쳐주시어 우리 사회를 보다 잘 이해할 수가 있었다. 정장복 교수님의 설교학 강의도 목회에 큰 도움이 되었다.

한번은 안병무 교수님이 학기 말 종강을 하고, 밥을 사주시었는데, 술도 한 잔씩 한 것이 기억난다. 모 학우가 '야자타임'을 하자고 하여 안 박사님께 '야자'를 하여 너무 놀라 '야자타임'을 빨리 끝내게 한 일도 있었다. 그런 철없는 제자들을 끝까지 사랑하여 주시고 이해하여 주시고 안아주셨던 안 박사님께 더욱 깊이 머리가 숙여진다.

교육원의 분위기는 가정과 같이 아늑한 분위기였고, 모두가 군사독재에 저항하는 같은 정신으로 뭉친 끈끈한 동지애로 뭉쳐 있었다. 교육원 수업을 마치고 2부 수업 시간이 더 재미있었다. 흉금을 털어놓고 동지들끼리 한마음으로 예수 그리스도 안에서 우정을 나눈 그 시절이 그리워진다. 다가오는 하나님 나라의 꿈을 꾸는 참 행복했고 아름다운 젊은 시절이었다.

고맙습니다. 감사합니다.


(2) 졸업 이후의 삶

김제 제월교회에서 목회할 때는 농민들과 함께 살면서 농민선교에 힘썼다. 전라북도 민주화운동협의회 초대 상임대표를 하면서 전북 여러 민주민중운동 단체들의 구심체로서 광주민중항쟁의 진상규명과 책임자 처벌 등 지역민주운동을 이끌었다. 85년에 한신대를 15년 만에 졸업하고, 한신대 신학대학원을 졸업하였다.

서울 제삼교회로 옮겼다가 몇 년 만에 익산으로 내려가 단비교회를 개척 시무하였다.

지방에서 여러 민주 단체 대표로 민주화운동, 민중운동, 기독교 사회 운동을 하면서 자주, 민주, 통일에 기여하는 교회가 되도록 힘썼다. 분단극복과 평화협정 체결 운동에 적극 참여하였다.

총회 내의 교회와 사회위원장을 하면서 이명박근혜정권의 민주화와 민족통일에 대한 역주행을 막기 위해 우리 교단과 한국기독교회협의회와 연대하여 순교자적 정신으로 저항하였다. 그동안 지방에서 작은 밀알이 되어 민주화와 민족통일에 기여하고자 기도하며 몸부림쳤다.

# 28. 전점석(입학 81)

## 이력

| | |
|---|---|
| 1951. | 출생 |
| 1976. 2. | 인하대학교 졸업 |
| 3. | 한신대학원 MD 과정 입학 |
| 1976. 3. 24. | 학내 유신철폐 선언문 살포 |
| 4. 6. | 긴급조치9호위반 체포 |
| 1977. 4. 26. | 징역 1년 만기 출소 |
| 9. | 선교교육원 입학 |
| 10. | 신촌야학, 금호동 시정의 배움터 야학 활동 |

## 경력

부산, 진주, 창원YMCA 사무총장 역임

녹색창원21실천협의회 회장, 전국시민발전협동조합연합회 회장, 경남협동조합협의회 회장, 경남사회적경제협의회 상임대표, 문화공간 흑백운영협의회 회장 등 역임

진해근대문화유산보전협의회 고문(현), 마산역사문화보전협의회 운영위원(현), 경남작가회의 회원(현), 한국작가회의 회원(현), 경남

햇빛발전협동조합 이사장(현), 전국협동조합협의회 공동대표(현)

■ 저서

『진주에서 지역운동하기』(2002년, 진주신문사)

『창원에서 지역운동하기1. 2』(2011년, 푸른복지)

『친환경 건축이 지구를 살린다』(2012년, 나루북스)

『지속가능한 지역사회』(2015년, 나루북스)

『진해 근대문화유산의 재발견』(2018년, 진해문화원)

## 증언(자전적 글쓰기)

(1) 입학과 수업 과정

인하대학교 재학 중에 활동했던 대학신문사, KSCF, 인천도시산업선교회 등의 연장선상에서 졸업 이후의 삶을 생각하다가 한국신학대학 대학원 MD과정에 입학했다.

1976년 3월 대학원에서 공부를 하던 중에 일어난 3·1 민주구국선언 사건과 존경하는 교수님들의 구속에 자극을 받고 유신 철폐라는 같은 목소리를 내는 것이 필요하다고 판단하고, 선언문을 작성, 배포하였다. 이 사건으로 구속되어 1년을 복역하고 1977년에 출소하여 월간 진학사에 근무하면서 신촌 로터리의 성공회 검정야학, 금호동의 시정의 배움터 야학에 참여하면서 역사적 예수를 만나고 싶다는 생각을 하게 되어 선교교육원에 입학하였다.

'역사적 예수'를 찾는 과정에서 선교원 공부는 신선한 충격이었다. 안병무 교수님이 이스라엘은 성경에만 있는 것이 아니라 실제 세계지도 상에 있었다는 강의에서 역사 속의 기독교를 생각하게 되었고, 서남동 교수님의 강의에서는 아리랑의 한(恨)을 통하여 역사하시는 하나님을 알게 되면서 한국역사 속의 기독교를 생각하게 되었다. 박현채 교수님에게 민족자본과 외국 자본 종속의 현실을 배웠고, 정창렬 교수님의 한국근현대사 강의에서 민중의 역량이 중요하다는 생각을 하게 되었다.

선교교육원에는 세상을 보는 눈을 갖게 해주는 해직 교수님의 강의도 있었지만 보다 중요한 것은 학생들끼리 만나면서 공유하는 현재 진행 중인 운동에 관한 정보였다. 전날에 있었던 치열한 투쟁 현장의 상황이 생중계되고 있었다. 예를 들면 YH무역에서 일어나고 있는 일, 그 일을 지원하기 위해 도울 수 있는 방법 등에 대해 많은 이야기를 나누었다. 우리는 70년대 말의 극한적인 시대적 상황을 뚫기 위해 NCCK가 주관했던 목요기도회, 내가 졸업한 인천 인하대학교 학생운동권 후배들과의 만남, 노동 현장의 변화를 위한 교육적, 선교적 접근 등에 관한 폭넓은 대화를 나누었다.


(2) 졸업 이후의 삶


선교교육원을 다니다가 1978년 영등포도시산업선교회를 통하여 구미도시산업선교회 실무자가 되었다. 실무자 연수를 위해 서강대 산업문제연구원 공부, 대구 원대공단 선학알미늄의 노동체험활동을 하였다.

1979년 학생운동과 산업선교를 연계하려는 가공의 조직사건에 얽혀 반공법 위반으로 체포되었다. 박정희 대통령 죽음 후 무혐의로 나왔으나 더 이상 구미에서 산업선교활동을 할 수 없었다.

고향인 대구에 머물면서 대구지역 KSCF 활동과 함께 원대공단 메아리 야학, 이현공단 만남의 야학 활동을 하다가 1980년 5·18 시기에 연행되어 1개월간 구금되어 있다가 나와서부터 일상적인 감시대상이 되었다.

　한동안 대구YMCA 성서연구반 활동을 하다가 1981년 2월부터 부산YMCA 청년Y 담당간사로 시작하여 사회개발부장, 기획실장을 거쳐 진주YMCA 사무총장, 창원YMCA 사무총장을 하다가 2011년 퇴임하였다.

# 29. 정등룡(졸업 83)

1956년생. 고등학교 시절 출석하였던 광주무돌교회 고민영 목사님과 전남고등학교 국사 과목 김용근 선생님, 국어 과목 문병란 선생님의 영향을 받아서 전 국토의 70%를 차지하는 산을 계발하여 국가 발전에 이바지하고자 1974년 전남대학교 농학 계열에 입학하였다.

그해 4월 민청학련 사건이 발표되었고 같은 반에 있었던 최철 선배가 연루되어 있었다. 다음 해인 1975년 민청학련 선배들이 석방되었고 최철 선배와 재회하게 되었을 때 사회과학 공부를 함께 하기를 권유받아서 흔쾌히 수락하였고 '메시아'라는 이름으로 모임을 시작하게 되었다.

그리고 1975년 말이나 1976년에 한국기독학생회총연맹(KSCF) 호남지역 간사였던 나상기 선배를 만나서 광주지부를 결성하기로 하고 광주신광교회당(고 류연창 목사 재직)에서 활동을 시작하게 되었다. 그리하여 위에 등장한 두 개의 사회과학 서클이 민청학련사건으로 와해되고 단절될뻔하였던 학생운동조직을 재건하게 되었다

참고로 1974년 긴급조치 9호가 발령되고부터는 모든 대학교에는 중앙정보부와 경찰과 국군보안사 요원들과 그들의 정보원 등이 판을 치고 다니는 시기였고 모든 교수와 학생들은 정부의 통제하에 있게 되었고 요주의 인물은 명단을 만들어서 철저하게 일거수일투족을 감시하였다.

또 모든 서클은 등록제로 변경되어 지도교수의 지도를 받아야 했는데 이것은 학생운동을 방해하고 와해하려는 수단이었다.

이후로는 모든 대학은 상아탑이 아니고 무골탑이 되어버려서 헌법이 보장하는 모든 권리가 박탈당하였던 암울한 시기였었다.

이런 암울하고 억압적인 분위기에서 조직재건을 위하여 4년 동안을 활동하던 중, ① 1977년 초 조봉훈, 배호경 동지의 석방을 촉구하는 유인물을 작성 배포한 혐의와 ② 동년 4월 목포에 있던 안철, 김상곤, 정형근, 이상철, 이철우 동지들과 함께 그해 4월 광주중앙초등학교 운동장에서 개최되었던 부활절연합예배에서 "독재자 박정희를 타도하고 자유민주주의를 쟁취하자! 신앙의 자유를 쟁취하자! 구속자를 석방하라!" 등의 격문을 제작하여 배포함으로써 모든 기독인의 봉기를 호소하기로 한 사건으로 위에 기명한 동지들은 모두 구속되었고 주모자가 된 나는 지명수배자가 되었다.

③ 동년 4·19 혁명 기념일에 전북대학교 학생들의 총궐기를 계획한 최인규, 손인범, 최갑성, 박종훈 동지들의 구속으로 인하여 나는 1계급 특진과 현상금 200만 원의 현상 수배자로 바뀌게 되었다.

# 30. 정상시(졸업 83)

## 이력

## 경력

| | |
|---|---|
| 1985. 3. | 목마름교회(후에 제자교회) 개척(정호진 목사와 공동목회) |
| 1985. | 동지들과 함께 '기장 민중교회협의회' 결성, 민중교회운동 전개 |
| 1987. 5. | 박달교회(현 안민교회) 개척(공식 창립, 동년 10월) |
| 1988. 10. | 한국기독교장로회 경인노회에서 목사 안수 |
| 1990. 2. | 한국 민중교회운동연합 회장 |
| 1994. 2. | 기장 생명선교 연대 회장 |
| 1998. 3. | 한신대 대학원 입학, 2000년 2월 졸업(Th. M.) |
| 2004. 4. | 한국기독교장로회 경기중부노회 노회장 |
| 2005. 12. | 안민교회 담임목사 취임(현) |
| 2014. 11. | 한국기독교교회협의회(NCCK) 화해통일위원회 위원(현) |
| 2017. 1. | (사) 국제청소년21 이사장(현) |
| 2019. 2. | 6·15 공동선언 실천 남측위원회 경기중부본부 공동대표(현) |
| 2019. 6. | 경기중부기독교교회협의회 회장(현) |

## 증언(자전적 글쓰기)

### (1) 입학과 수업 과정

1978년 9월, 기장 선교교육원 위촉생 과정 입학, 1979년 가을학기까지 세 학기를 다녔다. 1979년 가을에는 부마항쟁, 10·26 사건, 명동 YWCA 위장결혼식 사건(선교교육원생들 다수 연루), 12·12 사건 등으로 숨 막히는 역사적 소용돌이 속에서 어수선하였고, 1980년 한신대 복학으로 선교교육원 학업은 중단되었다. 그러나 복교한 그해 가을 다시 제적되고 계엄포고령 위반으로 2차 투옥으로 22개월 법무부 대학(?) 생활을 거쳐 82년 8월 출소한 후, 1983년 2월 선교교육원을 졸업할 수 있었다.

선교교육원에서는 당시 시대적 특수 상황 등을 고려하여 일부 미이수 과목은 과제물 제출 등으로 졸업 자격을 주었고 나는 역사적 명문인, 선교교육원의 졸업생이 될 수 있었다. 기장 선교교육원 위촉생 과정은 군사 독재의 광풍으로 학교에서 쫓겨난 사람들 즉, 해직 교수와 제적 학생들로 이루어진 대안 신학교였다. 독일 나치시대 본회퍼의 핑겔발트 신학교의 한국판이었다. 신학 수업만이 아니라 다양한 사회과학 수업이 이루어졌다. 내가 다닐 당시 서남동 교수가 원장이셨고 문익환, 문동환, 안병무, 이문영, 박현채, 리영희, 이우정 등 귀한 분들이 강의를 해주셨다. 한신대 제적생만이 아니라 일반 대학 제적생 등 30~40명도 함께 공부를 했다.

선교교육원은 이들 교수와 학생들만의 단순한 교육과 학습 공동체가 아니었다. 재야인사, 민주화운동가들의 '마가의 다락방'이었고 민주화운동의 거점 아지트였다. 크고 작은 많은 모임이 안전한 환경에서 열릴 수 있었다. 여러 민주화 행동 대책들이 논의되었고 1층 등사실에서는 수많은 성명서가 수시로 생산되었다. 오래된 등사기에는 항상 기름 잉크 냄새가 진동하였다.

이런 환경을 만들어준 것은 당시 한국기독교장로회(기장) 총회의 특별 결의가 있었기에 가능하였다는 사실을 기억해야 한다. 동시에 독일 EMS(서남지구 선교회) 등의 연대와 후원이 있었다는 사실도 기억해야 할 것이다. 특히 당시 독일교회는 나치 시대, 독일 국가교회의 죄책을 고백하며 한국교회의 민주화운동에 적극적 관심을 가지고 있었다.

### (2) 졸업 이후의 삶

1980년 '광주' 이후, 대안적 교회공동체가 모색되었고 후에 '민중교회 운동'으로 구체화 된다. 그 중심에 선교교육원이 있었고 선교교육원 출신 목회자들이 있었다. 1985년 민중교회 협의회가 만들어지고 1987년에는 한국민중교회운동연합이 결성되었다. 기장, 예장, 감리교 등 100여 교회가 가입되어 활동했다.

나는 1985년 서울 신촌에 목마름교회를 개척하였는데 원래는 주점인 공간에서 주일 오전에 빈 시간을 이용하여 예배를 드렸다. (후에 아현동으로 이사, 제자교회로 개명) 이후 지금은 아파트 지역이지만 1987년 당시에는 공단지역이었던 경기도 안양 박달공단에 박달교회를 개척하였다. 또한 안양노동상담소(소장 정금채)를 창립하고 노동선교도 하였다. 1987년은 6월 항쟁과 7, 8월의 노동자 대투쟁 등 질풍노도의 시대였다. 노동상담소 외에도 야학, 무료진료소도 했다. 특히 전교조 안양군포의왕과천 지부나 만도노조 창립을 박달교회에서 했던 것이 기억에 남는다. 당시 경찰의 감시뿐 아니라 노회의 시선도 곱지 않았다.

1990년대 중반 이후, 상황과 선교 지형의 변화가 있었다. 박달교회도 노동선교 중심에서 마을 목회로 선교 방향이 바뀌었다. 교회 명칭도 안민교회로 바뀌어 오늘에 이르고 있다. 현재 지역아동센터, 어르신 쉼터, 5060 함께 부엌, 마을 도서관, 인문학 사랑방 까페, 영어 및 한국어 교실 등 다양한 선교 사업이 전개되고 있다. 그러면서 신앙공동체로서 정체성과 중심을 잘 견지하고 있다. 그 외 다양한 지역 시민 연대, 에큐메니칼 운동의 거점 교회 역할을 감당하고 있다. '마을형 선교교육원' 역할을 하고 있는 것일지도 모른다.

# 31. 주재석(입학 81)

## 이력 및 경력

| | |
|---|---|
| 1957. 11. 13. | 충남 천안군 동면 동산리 210 출생 |
| 1969. 4. | 경기도 평택으로 이사하여 한광중·고교 졸업 |
| 1975. 3. | 서울대학교 인문대학 입학(철학과) |
| 1978. 2. | 제적(긴급조치 관련) |
| 1978. 9. | 선교교육원 입학, 2학기 수료. |
| 1980. 3. | 서울대학교 철학과 복학 후 1981년 2월 졸업. |
| 1981. 3. | 창원 한국중공업 사내 직업훈련원 입소 후 한국중공업 취업 |
| 1985. 5. | 해고(노동조합 결성 관련) |
| 1990. 4. 1차 | 복직 합의 |
| 1990. 8. | 구속(노동조합 교육단체를 이적단체로 규정하여 국가보안법 위반) |
| 1991. 8. | 출소. |
| 1991. 11. | 재해고(2차) |
| 1994. 6. | 재복직 이후 노동조합 실무자, 현장 작업자 등으로 근무 |
| 2013. 9.- | 금속노조 경남지부 부지부장 등 노조 활동가로 근무. |

2017. 12. 31.       정년퇴직 이후 현재까지 밀양시 상동면에서 살고
있음

# 32. 최인규(졸업 86)

## 이력

| | |
|---|---|
| 1974. 3. | 전북대학교 기계공학과 입학, 1993. 8월 졸업 |
| 1982. 9. | 총회 선교교육원 입학, 1985년 2월 졸업 |
| 2010. 3. | 원광대학교 경제학과 대학원 입학, 2012년 8월 석사 학위 취득 |

## 경력

| | |
|---|---|
| 1974. | 전북대 입학 이후 전북대 기독학생회 가입 활동 |
| 1977. 4. | 대통령 긴급조치 9호 위반으로 투옥(1978년 12월 석방) |
| 1979. 1. | 병역문제대책위원회 활동중 6월 투옥 |
| 1980. 2. | 보석으로 석방 |
| 1980. | 5·18 전국계엄확대실시후 포고령 위반으로 투옥(11월 석방) |
| 1982. 9. | 총회 선교교육원 위촉생 과정 입학 |
| 1983. 3. | 한국기독교장로회 청년회전국연합회 상임총무 취임(86년 2월 퇴임) |

| 1985. | 한국기독청년협의회(EYC) 회장 역임 |
| 1986. 12. | 전주 팔복동에 '전주일터교회' 창립(2001년 폐교회) |
| 1988. 3. | 한국기독교장로회 전북노회 목사 안수 |
| 2002. 8. | 전주갈릴리교회 제2대 목사 취임(2005년 3월 사임) |
| 1999. 3. | 전북실업자종합지원센터 소장 취임, 2004년 이사장 취임하여 현재까지 유임(2012년 이후 사단법인 전북노동복지센터로 명칭 변경) |
| 1987.- | 한국기독교장로회 전북노회 교사위원 및 위원장 역임 |
| | 전북사회적경제연대회의 공동대표, 전주사회적경제네트워크 공동대표 등 역임 |

## 증언(자전적 글쓰기)

(1) 입학과 수업 과정

1980년 11월 석방 이후 고향인 익산 함열과 전주를 오가며 활동을 모색하였다. 1981년 9월 버스회사에 취업 활동하며 지내던 차에 1982년 봄 전주에서 나상기 선배와 황인성 선배 등과의 식사 자리에서 선교교육원을 권유받았다.

3번의 투옥과정에서 지역의 정보사찰대상자로 낙인찍혀 활동이 매우 부자유스러웠고 새로운 활로를 찾으려 하던 차에, 선교교육원 입학과 기독교청년협의회(EYC) 협동총무 제안이 있어 긍정적으로 검토하고 절차를 밟아 가기로 했다. 물론, 81년부터 청년활동 활성화를 위해 전북노회 청년연합회 총무를 맡아 활동하고 지내던 차에,

전국적 활동으로 확대하기 위한 근거와 기반을 마련할 필요성이 제기되던 때였고, 교육원에 입학하면 신학공부를 하면서 대내외적으로 활동하기 좋은 명분이 될 것으로 생각하였다.

당시 출석하던 익산시 함열교회 담임목사님(고 송상규 목사, 증경 총회장 역임)의 추천서를 받아 서남동 목사님 면담 후 9월부터 입학하였고, 85년 2월 졸업하였다.

1982년 9월 입학 후 교육원 학생들과 함께 다양한 세미나를 진행하며 활동하였으며 무엇보다 커리큘럼을 협의를 통해 정하고 월요일만 수업하는 특징이 있어 청년운동을 하는 데 부담 없이 공부할 수 있었다.

1983년부터 분과활동을 하기로 하고(노동, 빈민, 농촌 등), 나의 향후 목회 방향에 맞는 분과를 선택하여 활동하였으며, 본인은 도시지역 노동목회를 지향하였던 바, 노동분과에 소속되어 분과활동을 했음. 더군다나, 선교교육원과 내가 근무하던 기장 청년회전국연합회 사무실이 인접해 있어서 활동이 매우 용이하였다.

또 전국 기독청년 활동 및 제반 기독교운동 부문들과 연대활동을 지속할 수 있었고, 한국기독교사회운동연합, 민중민주운동연합, 민주주의민족통일전국연합 등의 활동에 연대하여, 청년대학생운동의 일익을 감당할 수 있었다. 더욱이 매년 여름 교단 청년연합회의 전국여름대회 개최 시 시국에 따른 다양한 세미나와 집회와 투쟁을 전개할 수 있어서, 교단청년연합활동의 위상제고에 기여할 수 있었음을 긍지로 생각하던 시기였다.

(2) 졸업 이후의 삶

1985년 2월 졸업 1년 후 전주에 내려와 신혼살림 집에서 노동교
회를 개척(전주일터교회)하였고, 지역의 학생운동출신 활동가들과
노동현장 활동가들과 협의하며 지역운동에 참여하였다. 87년 6월
항쟁시기에 지역과 목회자(전북목회자정의평화실천협의회, 전북인권
선교협의회) 및 기독교운동으로 전북기독교사회운동연합 등을 창립.
활동의 주도적 역할을 하였고, 타 부문운동과의 긴밀한 연대를 통해
다양한 활동을 전개하기도 하였다.

서남동 목사님을 자주 뵈었지만 내가 선교교육원 공부보다 기독
청년운동에 더 깊이 관여하고 있어서 개인적으로 깊게 인연을 맺지
는 못했다. 다만 그분의 강의와 토론과정에서, 무엇보다 신학하는 데
있어 열린 마음과 자세가 돋보였던 것으로 생각되며, 서적을 통해서
접했던 것보다 훨씬 인간적 면모를 갖춘 훈훈한 서당 아저씨 같았던
분위기를 엿볼 수 있었다.

또 교육원 세미나의 내용과 과정에 학생의 의사를 적극 반영하여
자율적으로 운영하도록 위임하는 교육과정이 신선했으며, 전 학생
장학금 지급과 분과위원회 활동비 지급 등으로 교육원생이 경제적
부담 없이 공부와 현장 활동에 전념하도록 하시는 배려가 더욱 감사
했다. 매 학기마다 커리큘럼을 스스로 결정하도록 위임하여 강사 섭
외 등을 학생들 자치적으로 추진하도록 하셨으며, 이러한 창발성에
기초한 교과과정이 곧 개방적이고 진보신학, 민중신학을 통한 현장
접목에 큰 도움이 되어, 많은 졸업생이 기존 교회보다는 현장(농민,
노동, 빈민, 환경, 사회단체 등)에 더 많이 투신할 수 있었다고 기억한다.

여전히, 지금도 그분의 자애로운 품성을 기억하고, 열린 자세로

신학 하는 태도와 열정, 현장의 목소리를 듣고 이를 반영하려는 노력 등은 그 누구도 따를 수 없는 탁월함이라고 생각되며, 오늘의 선교교육원 동문들의 활동 모습 또한 서남동 목사님의 영향을 받은 결과라고 생각된다.

# 33. 한기양(졸업 87)

## 이력

| | |
|---|---|
| 1956. | 경남 진주 출생, 1976년 경남 진주고 졸업 |
| 1976. | 국민대(경영학과) 입학 |
| 1977. 3.-1979. 10. | 현역 군복무(예비역 병장) |
| 1980. 6. | '광주시민 돕기 거리 모금'하다 종로경찰서에 연행 (훈방) |
| 1980. 10. | '광주항쟁' 실상을 알리는 성명서 배포(현상 수배) |
| 1980. 11. | 수배 중 을지로6가에서 체포, 계엄포고령 위반 구속 |
| 1981. 2. | 계엄포고령 위반 3년 형 선고 |
| 1981. 8. | 질병으로 인한 형 집행유예로 출소(9개월 수형 생활) |
| 1981. 10~ | 약 1년 넘게 부천의 공장에서 노동운동 위장취업 |
| 1983. 2. | 선교교육원(총회 위촉생 과정) 입학 |
| 1986. 2. | 선교교육원 졸업 |
| 2002-2014. | 대북협력사업(평화통일선교 차원) 관련 24차례 방북 |
| 2005-2007. | 실천신학대학원대학교 실천신학 석사학위(Th.M.) |
| 2008-2011. | 실천신학대학원대학교 실천신학/교회론 전공, 박사 학위(Th.D.) |

# 경력

| | |
|---|---|
| 1987. 5. | 기장 서울남노회(신명교회 소속) 준목 인허 |
| 1989. 1. 17. | 울산새생명교회(전 효성교회) 개척설립 및 담임목사(현) |
| 1989. 7.-1993. 6. | 울산공해추방운동연합 창립 및 의장 역임 |
| 1996. 6. | "푸른 울산21"(UN Local Agenda 21) 초안 및 울산광역시 제안 |
| 1993. 6.-1998. | 울산환경운동연합 창립 및 의장 역임 |
| 2005-2007. | 굿네이버스 교회협력본부장 역임, 현재 이사 |
| 2009-현재. | 실천신학콜로키움 원장(현) |
| 2003-2004. | 한국기독교장로회 부산노회 노회장 역임 |
| 2011-2015. | 한국기독교장로회 총회 평화통일위원장 역임 |
| 2019-현재. | 한국기독교장로회 평화공동체운동본부 공동대표(현) |

■ 저서

『울산수질환경지도 1, 2권』 및 『울산해양환경지도』 출간 1994, 1995

『환경과 생명』 편저, 도서출판 처용, 1995

『북한의 환경현황과 교류협력의 과제』 편, 겨레사랑, 2005

『시민사회 속의 기독교회』 공저, 예영커뮤니케이션, 2008

『한반도 통일과 기독교』, 열린출판사, 2011

## 증언(자전적 글쓰기)

### (1) 입학과 수업 과정

죽재 서남동 스승님을 처음 뵌 것은 1983년 2월 말 즈음이었다. '신학을 공부할 수 있는 길이 있다'는 풍문을 듣고 한국기독교장로회 선교교육원이란 곳을 찾아가 입학을 문의하기 위해서였다. 정말 입학할 수 있는지 직접 확인하고, 하고 있던 활동과 일을 그만두거나 조정이 필요했다.

1982년 12월 초순이었는지, 11월 말이었는지 나는 경기도 부천에서 1회용 주사기를 만드는 작은 공장에서 일하고 있었다. 학생운동하다 제적된 '빵잽이'들이 노동운동으로 이전하기 위한 이른바 '위장취업'의 흐름에 동참하고 있던 터여서 친구들이나 후배들과 어울릴 수 있는 여유가 거의 없었다. 하지만 감옥에 갇혀있을 때 '옥바라지'해 준 고마운 후배들이 특별한 만남을 준비해두고 만나자는데 거절할 수 없었다.

거기서 만난 사람이 정상시 목사(안민교회)였다. 그런데 그 역시 제적생이었지만 남은 공부를 계속하고 있다는 것이다. 당시 한신대에서 제적된 학생들은 선교교육원에서 남은 공부를 할 수 있도록 기장 교단이 배려하고 있었기 때문이었다. 그 자리에서 타 대학에서 제적된 학생이라도 뜻이 있다면, 거기서 함께 신학을 공부할 수 있다는 뜻밖의 사실을 듣게 되었다.

매우 보수적인 신앙(예장 고신)을 가진 부모님 슬하에서 자랐고 모태신앙이었던 나는 당시 신앙적 정체성을 확립하지 못한 채 교회에 출석하지 않는 이른바 '낙심자'였다. 1980년 광주항쟁을 바라보면서 이 땅의 교회가 그 참혹한 현실 앞에서 최소한 조종(弔鐘)마저 울리지 않고 학살자를 찬양하는 모습에 단호히 출석을 거부했다. 구체적으로 지금까지 내가 출석하던 교회, 아버지가 장로로 시무하는 교회에 도저히 함께 예배할 수가 없었다.

1981년 가을 즈음으로 기억되는데, 이미 그때부터 「기독교사상」, 「신학사상」 등을 서점에서 찾아 구독하면서 신앙적인 정체성을 찾으려고 혼자 학습하고 있었다. 서울구치소에서 만난 신학생들(김광훈, 이춘섭, 정상시 등)에 대한 의문과 함께 한국신학대학과 한국기독교장로회의 존재에 대한 궁금증이 나를 이끌어가고 있었다. 자각하지 못했을 뿐이지 실은 그때부터 김재준, 문익환, 안병무, 서남동, 박형규 등의 존함들로 연상되는 또 다른 한국교회가 나의 신앙적 좌표를 설정해주고 있었다.

괜히 마음이 바빠지면서 공장 활동을 서둘러 정리하고 선교교육원에 입학할 수 있는 길을 찾았다. 실은 아무나 갈 수 있는 곳이 아니었다. 엄혹한 시기여서 혹시 정보기관에서 '프락치'를 심지는 않을까 하는 현실적인 염려 때문에 신분이 확실해야 하는데, 이에 대한 보증은 확실한 인우보증이어야만 했다. 마침 장영달(전주우석대 총장) 선배와 박종원(김광훈 목사 사모) 선배의 보증으로 당시 위촉생 회장을 맡고 있던 서철용 선배와 연결되었다. 그러고나서 서남동 원장님을 찾아뵙고 입학 지원의 뜻을 확인받게 된 것이다.

그런데 문제가 생겼다. 선교교육원에서 당초 정원으로 5명 정도 선발할 예정이었는데, 무려 10명이 지원한 것이었다. 스승님께서 난색을 표하시며 "이들을 어떤 기준으로 선발할 것인가?", "학생자치회에서 자체적으로 선발하는 것이 좋겠다"고 하셨다는 것이다. 그런데 학생자치회에서도 "우리가 어떻게 이들을 판단하여 합격, 불합격을 말할 수 있겠는가?" 하면서 지원자 10명을 조그만 사무실에 가두다시피 하고, "스스로 5명을 뽑으라"는 것이었다.

잠시 황당해하던 우리 지원자 10명은 서로 눈치를 보면서 침묵했다. 조금 시간이 지난 뒤, 정해동(명지병원 원목)이 자진해서 "내가 포기할 테니 나에게 선발권을 달라"고 말해서 모두 동의했다. 그가 사회를 보면서 각자 자기소개와 지원동기를 말하도록 했다. 그리고는 먼저 조직에서 추천받아 온 사람들에게 우선권을 주자고 했다. 그때는 언제나 '조직'이 중요하게 여겨지던 때라 아무도 토를 달지 못했다. 그야말로 '신의 한 수'로 선발기준을 택한 것이었다. 마침 기청의 추천으로 온 사람이 대구 박종덕, 전주 김명희, 서울 김형기 이렇게 5명 중 3명이 선발되었다. 이제 단 2명을 뽑아야 할 상황에서 학번순으로 뽑게 됨으로써 나와 유종일(KAIST 교수), 이렇게 5명을 1시간여에 걸쳐 선발했다.

나중에 이 사실을 전해 들은 스승님께서 고맙고 미안하고 기특해서 우셨다고 한다. 그리고 그 이야기를 총회 총무님과 상의하시고 한 달 뒤 나머지 5명에게도 입학을 허가하여 결국 지원자 모두 합격하게 되었다. 이렇게 자율적이고 서로 존중하는 결정 과정을 통해 함께하게 된 이 에피소드로 인해 우리 스스로도 자긍심이 크게 고양되었다.

그렇게 시작된 선교교육원 신학수업은 또 다른 결정이 우리를 기다리고 있었다. 위촉생 과정의 커리큘럼은 이러했다. 한신대 제적생의 경우는 남은 학기를 채우면 되지만, 일반대학 제적생의 경우는 제적 이전에 일반학과에서 이수한 학점은 교양과정으로 인정하고 5학기를 이수해야 했다. 그러다 보니 위촉생마다 제각각 이수해야 할 필수과목이 달라서 졸업을 앞둔 학생의 경우 수강신청을 하면서 과목을 결정해야 함은 물론이고, 강의해 주실 교수님도 일일이 찾아다니며 강의청탁을 해야 할 형편이었다. 당시 해직되신 교수님들께서 기꺼이 재능기부 하시듯 기쁜 마음으로 가르쳐주셨기에 가능한 일이었다.

하지만 짐작하건대 원장님 입장에서는 쥐꼬리만 한 빠듯한 예산에 강의청탁을 하시기가 민망하고 미안했던 것 같았다. 가깝게 지내던 교수님들은 직접 청탁하셨지만 그렇지 않은 분들도 계셨다. 당시 석방된 지 얼마 되지 않았던 리영희 교수님께 강의 청탁하시기 곤란해 하셨다. 이에 내가 리 교수님을 뵙고 모셔보겠다고 자신 있게 나섰다. 리영희 교수님과의 인연이 남달랐기 때문에 그럴 수 있었다.

1980년 5월 초순, 나는 학보사 기자로서 리영희 선생님의 글을 받으려고 여러 번 갔었다. 그날도 두어 시간 대문 앞에서 농성하고 있는데, 아드님 되는 분이 "집에 안 계시고 근처 식당에서 친구분을 만나고 계시다"는 것을 알려주었다. 냉큼 그 식당을 찾아가 식탁 모서리에 앉아서 얌전히 기다렸다. 한참 지난 후 술잔을 건네시며 "원고는 쓸 수 없고 대담 형식으로 하면 되겠냐"고 타협안을 먼저 내놓으셨다. 끈질김에 항복했다는 거다. 실은 기특하게 여기신 거다. 물론 그 대담 원고는 이내 닥친 5·18 광주항쟁으로 인해 끝내 학보에 싣지 못하고 말았지만….

아무튼 그런 인연으로 만 3년이 지난 뒤 다시 청탁하러 간 셈이다. 단박에 알아보시고 빛의 속도로 수락하시고 강의를 맡아주셨다. 하여 1983년 1학기 강사진은 서남동, 진연섭, 김용복, 박현채, 한승헌, 리영희 교수님으로 확정되었다. 강의는 월요일과 화요일 각각 오전 10시부터 오후 8시까지 2시간씩 3교시로 진행되었고, 월요일 밤에는 '현장신학'이란 과목으로 월 1회 특강 강사를 초청하여 기숙사에서 1박 하면서 진행하는 커리큘럼이었다.

스승님은 우리 스스로 참여하여 운영할 수 있도록 함으로써, 진짜

'대학다운 대학'이라는 생각이 들게 했다. 그야말로 '자유대학'이었다.

그렇게 시작된 선교교육원에서의 신학 여정은 나에게는 너무 새롭고 생동감 넘치는 생활이었다. 또 다른 '주경야독'이랄까. 낮에는 겉으로 생업(월간 「마당」 지 기자)에 열중하는 한편 이면으로 사회운동에도 간여하면서, 주 2일은 공부하는 생활이었다. 1980년대 나의 이력서를 쓴다면, 세 종류로 쓸 수 있을 정도였다. 생업 중심으로 하는 이력, 사회운동에 관여한 이력 그리고 공부와 더불어 교회 섬김의 이력으로 나눠서 쓸 수 있었다. 이른바 '멀티 플레이어'였다.

그때 나는 이 땅에서 신학을 한다는 것은, 첫째로 성경과 교회에 대해 제대로 이해하는 것, 둘째로 먹고살기에 분주한 서민들의 삶을 객관적으로 이해하는 것, 셋째로 이 땅의 정치경제적 현실을 극복하기 위해 투쟁하는 사회운동에 동참하는 것이 핵심이라고 생각했던 것 같다. 그래야 정말 우리 시대의 신학도라 생각했다. 스승님께서도 '오늘의 신학'을 제대로 공부하려면 사회학, 정치경제학, 역사 등에 대한 올바른 이해를 바탕으로 성서를 읽어야 오늘 우리에게 주시는 말씀을 발견할 수 있다고 강조하셨다.

문자주의에 사로잡힌 채 성경만 열심히 읽어왔던 나는 스승님의 '십자가-부활의 현장화-구체화'라는 주제의 강의를 들으면서 신앙의 눈이 확 열리는 느낌이었다. 이미 사회과학 서적들을 탐독하고 노동운동 현장에서 이념적 이론에 익숙한 터여서 '민중신학' 강의는 정말로 '복음'이었던 것이다. 당시의 노트를 펼쳐보면 빼곡하게 기록해놓은 것을 새삼스레 스스로 기특해하며 읽을 수 있다.

저주받은 무화과나무 비유(막 11:12-14)로 강의는 시작된다. '성전숙청'의 길이었던 예루살렘으로 가던 길에 있었던 일이었다.

"잎만 무성하고 열매가 없는 무화과나무의 저주는 다름 아닌 예루살렘 성전에 대한 저주다. 열매가 없는 허식만의 종교, 민중을 착취하는 지배기구의 본산인 성전에 대한 저주다. 오늘날 우리들의 기독교 신앙과 기독교 신학도 열매는 없고 잎만 무성한 무화과나무와 같은 것은 아닐까?"[1]

"예수의 부활은 살해된 예수의 부활이다. 부활은 살해된 자의 항변이며 그 한풀이며 침해된 신의 공의의 회복이다. 한이란 억울하게 죽은(죽임을 당한) 자의 혼이며 그 호소다. 특히 불법적으로 살해되었는데도 그 죽음이 법적으로 정당한 것으로 가장되고, 반면에 진실과 사실의 정당한 해명과 항의가 금지 억압 묵살된 데서 생기는 억압된 감정이다. 그것이 한이다. 은폐된 진실, 억압된 정의, 살해된 생명이 한으로 남아서, ― 그 혼백이 성수(星宿)의 저 세상으로 가지 못하고 아직도 이 세상에 남아서 유령과 같이, 유언비어와 같이 관계된 자들 사이에 떠돌아다니는 것이 한이다. 죽임의 부정, 은폐된 사실의 나타남, 진리와 생명의 승리― 이것이 부활이다. 부활은 한풀이다."[2]

그리고 민중의 '들고일어남'이었던 4·19를 예수의 부활에 연결한다.

위대한 4·19를 우리가 기념합니다만, 오늘날 와가지고 4·19의 공헌과 실패를 늘 논합니다. 왜 실패했다고 보느냐? 그것은 민중의

---

1 서남동, "십자가―부활의 현장화―구체화", 민중신학 강의(1983.3.29.).
2 위와 같음.

운동입니다. 그런데 역사를 담당한 민중에 기반을 두고 새 역사의 정권이 서야 되는데, 민중에 뿌리를 박은 정권이 서서 지도를 해야 되는데, 군인한테 줘버렸거든. 번번이 민중세력이 일어나서 역사를 개혁하는 일을 일으켰는데, 그것이 역사의 새 장을, 그것이 주동이 되어서 새 역사를 열지 않으면 또 실패합니다. 어차피 우리가 성공한다고 그래서 천당 만든다는 얘기는 아닙니다. 한 발짝씩 한 발짝씩 민중이 주인이 되는 역사를 개척해 나가야됩니다. 그리고 정치하는 사람이 그 민중에 뿌리를 박고 그들을 대변하고 그들에 봉사하는 정치가가 나와야 됩니다. 다른 세력, 정당세력 말고 민중에 뿌리박고 민중에 호응하면서 민중을 섬기는 그런 지도자가 나와야 합니다. 그래야 진정으로 우리 역사의 한 발자국 전진이 있을 것이 아니겠습니까? 이렇게 민중에 대한 역사적인 과업이 지대하다고 하는 것을 말씀드립니다.[3]

강의 과목을 민중신학이라 명명하신 스승님은 또 중요하게 여기신 것이 '현장신학'이란 과목이었다. 월 1회 특강 형식으로 모두 1박 하면서 현장에서 목회하는 목사님을 강사로 모셨다. 민중신학은 반드시 현장신학이어야 한다는 것이었다.

내가 받은 새로운 충격을 '민중의 신학'으로 극단화(radicalize)하고 있다. 나는 이 신학의 미래를 남미신학이나 흑인신학에 못지않은 또 하나의 '현장의 신학'이 될 것이라고 내다본다. 그리고 내가 지금까지 추구했던 어떤 신학보다도 한국교회의 삶에 그 호흡과 음

---

3 서남동, "민중(씨올)은 누구인가"(1977), 『한국민중론』 (한국신학연구소, 1984), 554-555.

정이 맞는 것이라고 생각한다.[4]

당시 우리는 매우 분주했고 치열했다. 모두 다 각자의 일과 운동에 열심이었기 때문에 수업에만 집중할 수 없는 형편들이었다. 해서 출석률이 그다지 좋은 편이 아니었다. 재적 28명 중 평균 출석인원이 12~13명 정도였고, 어떤 때는 6~7명만 달랑 출석하는 경우도 있었다. 물론 자랑 같지만 나는 한 시간도 빠지지 않고 출석했다. 그 것도 매번 맨 앞자리에 앉아 있는 나를 스승님께서 빙긋이 웃으시며 꽤 기특히 여기셨던 것 같았다.

지금 생각해보면 스승님의 가르침이 내비게이션처럼 나의 목회 활동을 이끌어왔던 것 같다. 스승님께서는 1970년대에 이미 생태문제를 신학의 주제로 삼으셨다. 그때는 흘려들었는데 결국 울산에서 목회하면서 '환경선교' 1세대로 운동영역을 개척하는 배경이 되었던 것이었다.

지난 몇 해 동안, 그리고 지금도 지구, 인류의 생태학적 위기에 관해서 말해 왔다. 1980년대에 들어서면 세계적으로 인구문제, 식량문제, 천연자원 그 중에도 에너지 문제와 그리고 핵무기, 생명과학의 발전으로 인해서 지구에 묵시록적 종말이 더욱 역력하게 다가올 것이다. 인류의 생존을 위협하는 위기를 공동으로 타개해보자는 여러 가지의 국제적인 모임은 지금까지 성공하지 못했다. 정치적 경제적 국제정의가 선결되지 아니한다면, 십 년 후에 지구상에서 전 인류가 멸절한다고 하더라도 가난한 나라 눌린 나라들은 협력보다는 오히려 공동의 멸망을 취할 것이다. 이것이 비극적인 전망이다.[5]

---

4 서남동, 『전환시대의 신학』 (한국신학연구소. 1976), 9.

1984년 1학기 때였던 것 같다. 강의하시다가 문득 "지금 민중교회들을 개척하고 있는데, 특별한 교회로 생각하지 말고 평범한 개척교회처럼 시작하는 것이 좋을 것 같다"고 하면서 민중교회운동이 기구 중심의 기독교운동을 교회 중심으로 하고자 하는 시도는 좋지만, 프로그램 위주이거나 특수한 목회라는 생각은 옳지 않다는 거였다. 그런데 애석하게도 그때 강의를 듣고 있던 학생들이 10명도 채 되지 않았다.

그즈음 선생님께서는 손수 달동네를 찾으시면서 '빈민신학'을 말씀하셨다. 신학 논문에 무슨 통계표가 등장하고 생활보호대상자에 관한 자료들이 나열됐다. '빈곤의 사회학'과 '빈민의 신학'을 중요한 연구주제로 삼고 계셨다. 결국 그것이 스승님의 신학연구의 '오픈 엔드'(open end, 열려진 끝)였던 것이다.

오늘날 우리 사회의 '주변적 빈곤'을 보고 단지 시혜와 자선사업이라는 설정만으로는 필요한 연대와 치유의 길이 되지 못하고, 도리어 그것을 연장심화시킬 우려마저 있다. 새로운 처방이 요구된다. 새로운 방식의 연대가 있어야 하겠다. 어떤 사람은 '주변적 빈곤' 곧 '종속'을 극복하는 이데올로기로서 '자력갱생의 정치학'을 말하고 (오슬로대학교, 요한 칼퉁), 또 어떤 사람은 '존재의 혁명'을 말한다 (칠레대학교, 거스타보 라고스). 거의 같은 내용이 되겠지만 필자는 주변적 빈곤의 극복 이데올로기로서 성서적 상징인 '메시아 정치', '메시아 왕국'을 그려본다. 이것이 '성서의 가난한 사람들'의 희망이었다. 예수운동에 참여하는 현대인들은, 전통적인 시혜방식 뿐만 아니라, 나아가서 '메시아 정치'의 실현을 위한 이데올로기와

---

5 서남동, "예수 · 교회사 · 한국교회"(1975), 『한국역사 속의 기독교』(서울: NCCK, 1985). 69.

프락시스(실천)를 다짐해야 할 것이다.[6]

스승님은 내가 민중교회를 개척하면 제일 먼저 오셔서 축하해 주시기로 했었다. 결혼주례도 서 주시고 좋은 일 있을 때마다 모셔서 평가도 받고 싶었고, 힘들 때면 찾아뵙고 힘이 되는 위로와 격려도 받고 싶은 그런 스승님이셨다. 그런데 스승님은 선교교육원 졸업장에 원장님 존함마저 새기지 못하고 바삐 떠나셨다. 천애고아가 된 심정이었다. 실제로 목회하면서 고아와 같은 신세를 자주 느꼈었다. 아버지 같으신 스승님은 1984년 여름 세브란스병원 중환자실에 혼수상태로 누워계시는 모습이 마지막이었다.

고마우신 스승님에 대한 모습을 떠올리게 하는 가장 적합한 글을 인용하며 '신학의 현장화'를 다시금 되새겨본다.

장공 김재준 목사가 지어준 서남동 목사의 아호를 왜 '죽재'(竹齋)라고 했는지 말하고 있다. "그의 용모와 뜻이 맑고 깨끗하며, 그의 지조와 마음은 곧고 비어 있도다. 그의 학문은 넓고 사귀임은 공경할 만하도다. 고난을 당하되 태연하고 안정하여 학문에 힘쓰니 널리 그의 풍문이 들리도다. 이에 그의 덕을 기리어 84세 장공이 호를 지어 들어내노니 '竹齋'이라." 장공은 서남동 교수를 생각할 때마다 대나무가 늘 연상되어 죽재라고 했노라 말씀하셨다. 진실로 서남동 선생의 품격과 지조와 학문의 성격을 한마디의 말로 표현한 것이라 생각된다.[7]

---

6 서남동, "빈곤의 사회학과 빈민의 신학"(1983), 『한국 민중신학의 전개』(한국신학연구소), 228.
7 김경재, 『전환기의 민중신학 ― 죽재 서남동 목사 기념논문집』(한국신학연구소, 1992), 7.

(2) 졸업 이후의 삶

① 울산환경운동연합 창립 및 주도

효성교회(현, 울산새생명교회)는 개발 이데올로기가 마치 스모그처럼 뒤덮여 있는 한국 산업화의 상징적인 도시이자 '공해 1번지'인 울산지역에서 처음으로 조직적인 시민환경운동을 시작하였다. 민간차원의 환경운동의 깃발을 내세운 선구적인 역할을 했으며, 평범한 시민들의 환경의식을 조직적으로 한데 모아냄으로써 환경문제를 대중적인 관심으로 이끌어내는데 결정적인 역할을 했다.

효성교회의 탁월한 업적은, 1989년 당시로서는 관심을 끌기 쉽지 않았던 "공해공장의 입주를 시민들의 생존권 보호를 위해 절대로 허용할 수 없다"는 신념으로 앞장서서 싸움으로써 광범위한 대중적인 관심을 집중시키는 데 성공하여, 각 개인으로 흩어져 있던 시민들의 환경보전의식을 끌어 모으는 구심점이 되었다는 점이다.

환경운동의 구심점이 된 효성교회는 그 구심력을 놓치지 않고 각 계각층의 인사들을 규합하여, 시민들의 순수한 봉사정신에 의해 존재하는 민간환경단체인 '울산환경운동연합'을 조직함으로써, 한국 환경운동에 있어서 새로운 지평을 여는 성과를 남겼다.

특히 유엔에서 권고하고 있는 지속가능한 개발을 위한 Local Agenda 21을 울산지역에 가장 먼저 소개하고, 1995년 7월에 "울산 아젠다 21"(안)을 작성하여 울산시에 제출한 바 있다. 뿐만 아니라 「환경기본조례」 제정을 줄기차게 주창하여 마침내 시의회를 통해 1997년 1월에 제정되게 하는 데 크게 기여했다.

② 환경선교 활동

목회사인 필자는 그리스도인의 존재 자체가 하나님의 청지기로서 생명을 살리는 '창조질서의 보전'에 마땅히 동참하고 앞장서야 한다는 뚜렷한 성서적 관점을 교회와 기독교인들로 하여금 새롭게 인식하도록 역설했으며, "지금, 여기에서" 구체적으로 실천하는 신앙적 행동으로서 환경보호운동에 나서게 하는 데 선구적인 역할을 함으로써, 한국교회에 새로운 사명을 갖게 만든 커다란 획을 긋는 업적을 쌓았다.

또 필자는 '환경선교'라는 용어조차 없었던 활동 초기에 '창조질서보전운동' '생명운동' '환경목회' 등등의 용어를 굳이 찾아서 사용하면서 활동의 정체성을 잃지 않으려 애쓰며, 자신의 환경운동을 교회적 신앙적 사명으로 일반화시키는 데 크게 기여했다. 결국 필자가 시무하는 효성교회의 별명이 '환경교회'라는 점이 이를 잘 웅변해 주고 있는 것이다.

나아가 1995년 8월에는 필자의 활동이 종교의 벽을 넘어서 울산지역의 개신교, 가톨릭, 불교 등 종교계 성직자 100인의 환경선언을 주도하게 했고, [생명사랑성직자모임]을 주도적으로 이끌어가는 데까지 이르러 모든 신앙인로 하여금 환경보호운동에 나서게 하는 중요한 역할을 했다.

③ 민중교회운동 시기 에피소드 — 1990년 현대중공업 골리앗 투쟁 때 이야기

현대중공업 노동자들의 골리앗크레인 고공 농성투쟁 때, 각 정파의 많은 활동가들이 모두 울산으로 내려왔다. 그중에서도 사노맹 계열의 『노동해방문학』 활동가들은 우리 교회와 필자의 신혼 단칸방을

은신처로 삼아 활동했다. 취재를 겸한 활동은 해야 하고 여관방은 안전하지 않으니, 당시 개척교회를 목회하고 있는 필자의 신혼 단칸방으로 5~6명이 쳐들어 왔다(사실은 불러들였다). 아침에 나갔다가 저녁때 모여 회의와 토론장이 되기도 했다.

한편, 그때 골리앗 크레인에는 우리 교회 청년 2~3명을 포함해서 100여 명이 100여 미터 높이의 거대한 골리앗 크레인에 올라가서 파업을 강경 진압한 것(당시 울산시 동구지역 전역은 마치 전쟁터를 방불할 정도의 투석전이 연일 전개되는 심각한 상황이었다)을 항의하며 비장한 고공농성투쟁을 하고 있었다. 그때 골리앗 크레인 비상대책위원회 위원장으로 이갑용 씨(나중에 동구청장으로 선출되기도 했다)였는데, 당국에서는 불의의 사고가 날까봐 강경진압을 자제하고 있는 상황이었고, 누군가 비대위와 접촉하여 협상을 해야 하는 사정이었다. 그러나 골리앗 크레인 위에서는 아무도 못 올라오게 하는 상황이었다.

그 상황에서 비대위 측에서 한기양 목사(민중교회를 표방했던 '효성교회')가 올라온다면 만나주겠다는 희망의 메시지가 전해져 왔다. 이에 검찰, 안기부, 경찰, 회사 측 4자가 긴급대책회의를 소집하고 "한기양 목사만 올라가게 하면 그 역시 의심쩍으니 현대중공업에 근무하는 장로들이 섬기는 평강교회 L 목사와 함께 올려보내자"는 결정을 했다는 것이다.

필자는 식수와 비상식량을 올려주는 조건으로 협상을 걸어놓고, 자신은 "임수경을 끝까지 보호하기 위해 북한에 함께 넘어간 문규현 신부"처럼, 자신도 "골리앗 노동자들을 지키겠다"는 결의로 유인물을 준비하고, 함께 올라가는 L 목사에게 귀띔한 뒤 생수와 비상식량을 가지고 골리앗 크레인으로 올라갔다. 당시 골리앗 비대위의 조직 상황은 무척 어려운 상태였다. 얼떨결에 올라간 사람들과 아픈 사람들이 속출하고 있었다. 함께 투쟁할 상황이 아니었다. 하여 3시간 정도 함께 머무르다 몸이 불편한 20여 명의 노동자와 함께 내려왔다.

만약 보다 조직적이고 목적의식적인 투쟁이었다면, 함께 투쟁에 동참할 각오였지만, 자연발생적인 투쟁에 가까운 현실에서는 노동자들의 피해를 줄이는 데 기여해야 한다고 여겼기에 그 같은 결정을 그들과 함께 내릴 수밖에 없었다.

제2장 ┃ 집담회

# 총회 위촉 남학생 집담회

일    시: 2019년 10월 31일

장    소: 기장 선교교육원 회의실


참석자: 권진관 김현수 박남수 서용석 이광일

　　　　이대수 이원희

진    행: 이광일

영상 촬영, 녹취: 김균열 김명희 임승철

대담 정리: 송유진(이화여대 여성학과)

서용석: 두 번째 수학여행이 78년도. 78년도 수학여행에 황승주, 배경순, 김경남 등이 갔었지요.

이원희: 나는 수학여행 기억이 하나도 없어.

서용석: 안 갔구면. (웃음) 가서 내가 발을 삐었는데, 황승주가 침을 배워 가지고. 제적돼서 놀면서 침을 배웠더라고. 그래서 침을 놓아주고 그랬어요.

임승철: 그럼 목사님은 76년, 77년, 78년 삼 년 다니시고 목사 고시 보신 거예요?

서용석: 네, 네. 그리고 하나만 더. 인터뷰하고는 관계없을지 모르겠는데. 뒤에 보니까 뭐 동문회 얘기도 나오고 하던데. 이게 졸업하기 전부터 동문회가 있었어요. 78년도 김경남이 졸업하면서부터 동문회가 있었어요. 그래서 1회 동문회장이 김경남이었어요. 그리고 그다음 동

서용석 목사

문회 때 처음으로 황승주가 아마 발제를 했던 것 같애. 역시 머리 좋은 놈이라 다르다, 성경 보는 것도 다르다, 이렇게 생각을 했는데. 그때 동문회장은 계속 바꾸어 가면서 하지 않았을까? 동학사도 한 번 가고, 내 기억으로. 상익이네 집에 가서 한 번 했었는데, 마산인지 진주인지 기억이 잘 안나.

**서용석**: 마산에서 한 번 모였고. 또 전주에서도 한 번 모였고. 그게 내가 기억하는 우리 동문 퇴수회고. 또 하나 잊지 못할 퇴수회가 있었는데, 78년도였을까? 교수들도 참석하고 우리 학생들이 자기에 대해서, 자기가 살아온 얘기를 하는 퇴수회를 했어요. 그때 내가 마음이 많이 열려 있어서 그랬겠지만, 꽁꽁 숨겨져 있던 것을 엉엉 울면서 내 얘길 쭉 했었죠. 우리 아버지가 빨치산으로 죽은 거, 그 문제를 끄집어내서 이야기를 했었죠. 그랬더니 유상덕이 동질의식 때문인지, 아니면 불쌍하게 봐서 그랬는지 모르지만 같이 울었어요. 알고 보니 상덕이도 그런 처지였어요. 자기 아버지는 거창에서. 거창에서 그렇게 학살된 사람이 엄청 많았잖아요. 그중의 한 분이었어요. 나는 촌놈이고 해서 상당히 콤플렉스를 가지고 있었는데, 퇴수회가 그 콤플렉스를 극복하는 걸 많이 도와줬어요. 그 이후에 후배들도 했을는지?

**김명희**: 퇴수회는 계속됐던 걸로 알고 있어요.

**서용석**: 또 하나 이제 기억되는 것이, 교수님들에게 —유상덕이 재학생들 회장할 때였어— 우리 재학생들이 교수들 전부에게 세배를 갔었어. 김이곤 교수한테도 세배를 갔었는데, 사실은 김이곤 교수는 우리하고 몇 살 차이 안 나잖아. 근데 일반적인 상식으로는 세배를 하는 게 이해가 안 됐던 모양이야. 엄청 충격을 받으셨던지 한신 가서 자랑을 아주 많이 하셨어, 이 양반이. 교육원 애들이 세배까지 왔다고. 그때 한신 교수 아니라도 여기 강의 온 사람들 중 할 수 있는 사람들에게 다 세배를 했었죠.

**임승철**: 유니언 신학대학 공부하러 가시기 전 얘기죠?

**서용석**: 그렇죠. 그리고 뭐, 혹시 더 알고 싶은 거 있으면 말해. 서남동 선생님한테도 많이 갔었는데. 세배도 하고, 크리스마스에도 가고.

**서용석**: 나는 별로… 내가 어려운 줄을 알고, 서남동 교수님이 원고 교정을 나한테 맡기셨어요. 그래서 용돈도 좀 얻고. 78년도에 서너 개 정도 원고 교정을 했는데, 두 개는 「기독교사상」에 실렸을 거예요, 아마. 서남동 교수도 그렇게 정이 많으신 분이더만.

**이원희**: 인격자로는 최고지. 안 박사는 약간 조크 같은 걸로 퍽퍽 찌르지만, (웃음) 서남동 교수는 너무 인자한 스타일이고.

**서용석**: 근데 또 원장을 했었잖아요. 행정적으로 보면, 학장을 하신 양반이라 그런지 교육원 예산이 다 머릿속에 들어있더라고, 옆에서 보면. 그래서 무슨 숫자를 말하면 다 알아. 참 대단한 양반이다….

**이광일**: 자, 됐죠? 그럼 이어서, 우리 김현수 목사님.

**김현수**: 확실히 집담회가 참 필요하다는 생각이 드는데. 제가 얘기를 들으니까. 사실 전 오늘 아무 생각 없이 왔는데, 다시 다 생각이 나네요. 우리 75학번인데, 딱 학교 들어가자마자 시위하고 학원간첩단 사건 터지고. 그다음에 지금 얘기하는, 그때 4학년 학생회 선배들이 쫙 잘려나가고, 안병무, 문동환 박사 쫙 나가고, 그리고 선교교육원으로 온 거야 그 팀 얘긴 들었었는데. 그래서 어쨌든 1학년 땐 학교가 정신이 없더라고. 이거 우리가 왜 이 학교를 왔나? 고민도 하고. 1학년 때니까 신학적인 여러 고민도 하고. 그렇게 1년을 보내고, 76년도가 되면서 지금 한신대에 우리가 우상처럼 여기는 교수님들이랑 선배님들이 다 빠져나가는 거야. 그리고 그때 서로 의심하고 프락치가 누구니 그러면서. 정말 76년도는 한신대에서 어둠의 한 해였어. 서로 말조심하고 막, 그렇게 서로 모여서 얘기도 안 하고. 그리고 굉장히 자존감도 떨어져 있고. 패배의식 그런 것이.

그러면서 우리가 76년도 1년 동안 벼른 게, 우리가 3학년이 되면 한신대의 이런 (분위기를) 뒤집어야 된다. 우리끼리 사명감이 생긴 거야. 이대로 우리가 주저앉으면 안 된다, 우리가 3학년 때 이걸 뒤집어야 된다는 사명감이란 걸 굉장히 강하게 가지고 있었는데. 그래서 76년도 겨울방학 되면서 저는 동월교회 빈민선교프로그램에 들어가면서 이 준비를 한 거야. 77년도 긴급조치 상황에서 우리가 일격을 가하자, 타격을 줄 수 있는 어떤 사건을 하자. 그렇게 되면서 77년도에, 그땐 학생회도 없었고 다 학도호국단으로 바뀌어 있었는데. 이영재가 학도호국단 대대장이었어, 그게 학생회장인 거야. 그리고 내가 문예부장하고 뭐 그런 식으로. 우리가 정부의 어용조직에 들어갔지만 이걸 뒤집어엎는다해서 사건을 준비했고. 선언문은 김하범이 썼어요. 국가보위에 관한 특별법, 사회안전법, 평화통일에 관한 무슨 법 위반으로 우리가 연행돼서 조사받으면서 고생을 많이 했어요.

김현수 목사

난 사실 그런 걸 잘 몰랐어. (웃음) 그렇게 해서 우리가 4월 7일 고난선언하고 감옥에 들어갔는데, 우리한테 긴급조치 9호하고 반공법이 딱 붙은 거야. 우리한테 반공법이 붙으면서 재판이 역동적으로 됐어. 나중 가서는 반공법이 떨어졌지만, 어쨌든 그렇게 해서 우리가 맨 처음 들어간 게 서울구치소였고, 그 다음이 성동구치소였고, 그다음 확정이 되면서 나는 전주교도소로 갔죠.

전주교도소에 가니까 여기에 인혁당 선생님이 굉장히 많았어. 인혁당 선생님들하고 저쪽 남로당 간첩 선생님들도 있고. 전주교도소의 특징이 굉장히 아카데믹하다는 거였어. 인혁당 선생님들, 이 사람들이 다 혁신적인 사상을 갖고 있던 사람들이야. 공부하던 사람들이었던 거지. 전주교도소에서 나는 정말 한신대에서 1, 2학년 때 하지 못했던 공부를 실컷 할 수 있었어. 계속 토론이고 논쟁이야. 다 독방이었는데, 저녁 먹고는 다 쫙 나와. 나오면 세계경제론에 대해서, 주변부 자본주의라느니 박현채의 한국경제론 이런 토론을 일 년 내내 하는 거야. 서울 농대생도 있고, 사람들이 한마디로 이빨이 센 사람들이야. 나는 그걸 따라가려니까 충격을 받으면서, 거기서 막 경제원론이나 유물철학이라든지 유물역사관이라든지 그런 공부를 일 년간 아주 집중적으로 한 거야. 내가 그때는 사회경제구성체 그런 걸 달달 외우다시피 하면서 집중을 했어요. 그렇게 진주교도소에서 일 년을 있다가 광주교도소에 갔는데, 여기는 징역이 풀려서(지내기 쉬웠다는 뜻), 김병곤이니 서울대, 연대, 고대 하여튼 거기 다 모였어. 광주교도소에도 남로당 간첩들이 많았어. 남로당 분들도 그렇고, 다 그냥 노는 날라리 분위기야. (웃음) 맨날 운동시간에 찜뽕하고 술 만들어 먹고 그랬었거든. 그러긴 했지만 거기, 소위 말해서 지식인들. 리영희 선생님이라든지 그 남로당 선생님들 다 얼마나 공부 많이 한 사람들이야. 인혁당 선생님들도 그렇고. 나는 한신대에 가서는 정말 공부를 못했어. 내가 또 검정고시 출신이라 기초가 없는 데다가. 한신대 가니까 어려운 신학은 너무 어렵더라고. 근데 감옥에 들어가 들은 유물철학이나 유물사관은 너무 논리가 분명해. 논리가 분명하니 머리에 싹싹 들어오고. 그래서 세상이 아주 명확하게 내 관점으로 보이더라고.

그러다 79년도 7월 17일 제헌절 특사로 나온 거야. 각서 하나 써주고. 그래서 그때 영재랑 나랑 나오고 진철은 계속 거기 있었고. 내가 거기를 빨리 나가야 되겠다 생각했던 건, 아, 다른 건 없다, 역사의 발전이라는 건 결국은 계급투쟁이고 생산관계다. 이 생산력에 조응하는 투쟁을 하는 데는 결국은 기본계급운동을 해야 된다는 생각이 아주 단순하게 정리가 됐거든. 그리고 원론에 대해서는 굉장히 자신감을 가지고 나온 거야. 경제원론이라든지 생산양식에 대한 거라든지 사회경제구성체라든지 그런.

딱 나와서 선교교육원을 보니까, 그 감옥이라는 것이 학교랑 거의 비슷해. 차이가 없어. 여기도 그러한 대학 중 하나다, 우리가 역사인식을 갖고 여기에서 어떤 전략을 가질지에 대한 걸 배우는 데 있어서는 감옥이라는 학교나 선교교육원이나 거기서 거기다, 이런 생각이 든 거야. 그래서 79년도 7월 17일에 나와서 한 9월인가 여기 왔던 거 같아, 영재랑. 그런데 막상 마음이 안 잡히더라고. 신선한 게 없는 거야. (웃음)

그래서 10월에 공장에 취업을 했어요. 취업을 해서 10월, 11월, 12월. 그해 겨울, 일을 했는데, 그때 제적생들은 학교에 복학해야 된다는 김옥길 총장의 발표가 나온 거야. 그래서 한신대 복학을 하게 됐고. 그래서 80년⋯. 80년도 10·8 사건 때 같이 주도하고, 그때 난 잡혀가지는 않고 도망을 갔지만. 그러한 과정을 겪고, 83년에 결혼하는데, 주례를 누구에게 부탁하는 게 좋을까 고민을 했지. 내가 서남동 목사님한테 제대로 배우지는 않았어. 그런데 선교교육원장이 우리 교장선생님이다 이런 생각이 드는 거야. 그래서 서남동 교수님한테 주례 부탁을 했는데 서남동 교수님이 그때 와서 여성신학에 대한 강의를 40분간 한 것 같아. 주례사에서. 그래서 내 결혼사진을 보면 코가 빨개. 그리고 하객들은 다 식당으로 가 버렸어. (웃음)

내가 이 이야기를 오늘 하게 된 건, 그렇게 80년에 다시 복학을 해서 광주를 거치고 80년 가을에 10·8 한신대사건 거치고, 그러면서 80년대 그때 우리가 감옥에서 역사를 아는 세대를 만난 거죠. 뭐. 그때 내가 23세였는데 이십몇 년간 감옥에서 살았던 남로당 분들 만나면서 정말 역사를 만나게 됐죠. 내가 앞으로 사는 건 다 사치다, 이렇게 생각하면서 공장에 가서 일을 해 보기도 하고. 학교 복학을 했는데 한신대 복학생 하면 완전 날라리지 뭐. 지팡이 하나 질질 끌고 이렇게 다니고. 그러다가 82년도에 공장 다니는 거 힘드니까 농촌에 가자 해서 농사를 1년 지어봤는데 이것도 쉽지가 않더라고. (웃음) 그러니까 이게, 계급적인 관점 이런 건 명확히 섰는데, 막상 공장에 가서 일을 해 보고 농사를 지어 보니까, 내가 농사지으면서 허리가 나갔다니까. 그래서 신학연구소에서 출판, 제작 이런 것도 하다가 조태일 시인이 하던 출판사(시인)에서 일도 하고. 어떻게 보면 80년도에서 85년도까지, 꽹장히 방황을 한 거예요, 의식을 가지고 있으면서도. 그러면서 민중교회 이야기가 여기서 연결이 되는구나 생각이 났는데, 다 그러한 비슷한 인식을 가지고는 있지만 실제로 가서 계급운동을 하는 건 쉽지 않았어요.

그리고 막상 해 보니까 역시 우리가 배운 건, 배운 도둑질은 교회다, 이런 생각을 하게 되었어. 그럼 어떤 교회를 할 것인가 고민이 되는 거지. 그래서 빈민촌이나 노동자 속으로 들어가서 교회를 하자고 결론을 내리고 85년도에 새밭교회라는 기장교회에서 전도사 1년 6개월을 하고 86년 4월에 안산으로 가서 안산노동교회를 세웠죠. 교회를 할 바에는 이름을 아주 명확히 하자는 생각에 안산노동교회라고 계급적 입장을 분명히 했죠. 그랬더니 광명경찰서에서 딱 오더라고. 아니 교회 이름이 이게 뭐냐고 해서, 내가 목사도 여러 목사가 있다, 파란 목사도 있고 노란 목사도 있고 빨간 목사도 있는데 나는 빠아알간 목사다하고 아예 이야기를 했어. 그때 나도 안산에서 교회를 하기 전에 언더 쪽 조직을 하고 역할분담을 했지. 그때가 전두환 시대니까, 노동운동이 전부 비합법 시대니까, 나는 오픈 운동을 하는 게 좋겠다 해서 안산노동교회를 하게 됐지. 이런 걸 돌이켜보면서, 그때 민중교회 시작했던 사람들이 박정희 죽고 나서 광주 80년 5월부터 85년, 86년 대개 이 시기에 교회를 시작했는데, 그 기간에 뭘 했는지 추적을 하는 건 꽹장히 의미가 있을 것 같아요. 그런 것들을 집담회를 만들면 꽹장히 좋겠다는 생각을 하게 됐습니다.

이원희: 그럼 교육원은 한 달밖에 안 다닌 거예요?

김현수: 두 달 다닌 거야, 두 달. 그것도 자리에 앉아서 수업은 안 들

었다는 생각이 들어. 그러니까 9월, 10월을 다니고 공장에 취업을 했는데, 공장취업을 했을 때도 여기에 적은 두고 있었던 거지.

**임승철**: 그때 같이 들어온 학생들 기억나세요?

**김현수**: 그때 뭐 영재랑 들어왔지.

**이광일**: 자, 다음으로 말씀하실 분 계세요?

**서용석**: 한 가지만 더 말하고 싶어요. 교육원에서, 공식적인 건 아니지만 일을 했던 것 중 하나가 그때 EYC 간사였던 서경석 씨가 무슨 일이 있으니까 도와달라고 했어요. 그런 케이스였겠지만, 나한테 누가 영등포도시산업선교회에 가서 성경 공부 좀 가르쳐달라고. 그래서 4개월인가 가서 가르쳤는데, 여름성경학교도 해야 하고 끝나고 나면 시골에 가서 할 일이 있고 그래서 한 4개월만 하고 말았었죠.

**임승철**: 누구 대상으로요? 학생들이요, 노동자들이요?

**서용석**: 노동자들이지. 영등포산업선교회 오는 사람들 다 노동자들이니까.

**권진관**: 그럼 서용석 선배에 이어서 저도 한 말씀을 드려도 될까요? 저는 77년도 3월에 입학을 했네요. 기억에는 제가 입학을 하게 된 건 친구들이 먼저, 특히 김경남 선배였던 것 같아요. 나상기 선배가 그 당시 있었는지 모르겠네. 이광일 선배도 먼저 와 계셨던가요?

**이광일:** 그럼.

**권진관:** 먼저 가서 저보고 들어오라고 하더라고요. 근데 그 당시에 제가 뭘 하고 있었냐면, 76년도쯤에는 저도 공장에 가 있었습니다. 76년도에 영등포산업선교회에 인턴처럼. 고애신 전도사가 슈퍼바이저로 있는. 그 사람, 저랑 동갑이었어요. 그다음에 인명진. 조지송 목사가 총무님이었고. 인명진 목사님도 총무였고. 고애신 선생하고. 그때 가끔 영등포산선에 가서 차나 얻어먹으면서 고애신 씨 얘기 좀 듣고. 그 당시에 주로 문래동 주물공장에 가 있었는데 주물공장이 문을 닫게 돼서 끝났습니다. 그리고 다시 한신대학교 근처에 있는, 수유리 쪽에 박스공장, 철제박스공장에 프레스 돌리는 소규모 공장이 있었는데 거기서 또 일을 했어요. 거기가 프레스를 돌리기 때문에 손가락을 많이 다치더라고요. 어떤 애는 손가락이 몇 개가 없고 그랬는데. 거기 가서 나는 기술이 없기 때문에 주로 노력봉사를 하고, 어떤 친구들은 페인트를 칠하고, 나는 페인트한 걸 옮기고 했어요. 그러다가 쉬는 날 교육원에 친구들과 선배들이 모여 있다는 얘길 듣고 누구랑 놀러 왔든가 혼자 왔든가 해서 왔더니, "야 그러지 말고 여기서 공부해라"는 말을 들었어요. (웃음) 아마 김성재 선배도 있었고 해서 그냥 입학시켜버린 것 같아요. 그래서 노동을 스톱하고, 여길 왔습니다. 여기 와서 사실은 뭐 신학공부에 대해 깊은 관심은 별로 없었습니다. 근데 77년도만 해도 안병무 선생님이 원장이었어요. 하여간 안 선생님 강의 열심히 들었고. 그 당시에는 우리가 수업을 하면 선생님이 불러주면 우린 적는 게 수업이었어요. 요즘은 그런 거 아니지만. 노트가 최근까지 있었는데 지금 다 없어져서. 아깝게.

**임승철:** 그럼 그때 여기에 칠판이 있었어요? 백묵으로?

**권진관**: 그렇죠. 그리고 아까도 얘기했지만, 노동분과, 농촌분과 뭐 청년정치분과 이렇게 나뉘었는데. 나는 청년정치분과에 있었습니다. 문동환 박사님이 지도교수였고. 어쨌든 77년은 빠짐없이 공부를 했고, 78년, 79년도에 들어와서 거의 마쳐갈 때쯤 되어서—제가 거의 3년을 있었던 것 같아요— 11월에 YWCA 사건이 있었습니다. 79년 11월, 24일인가? 위장결혼식 사건. 그 건에 딸려 들어가면서 논문을 쓰지 못하고 졸업을 못했어요. 그리고 81년도에 출옥해서 논문을 쓰고 졸업을 했습니다.

**이광일**: 그럼 감옥에 두 번 가셨군요?

**권진관**: 두 번째 감옥에 간 거죠. YWCA 때가 더 길었고. 그 당시에 제가 EYC 간사였습니다. 79년도에 여기 과목을 거의 마친 상태에서 간사가 됐어요. 간사하면서 논문을 써서 제출을 해야 되는데, 못했죠. 감옥에 들어갔고. 나와서 EYC로 다시 복귀하면서, 그러면서 그때 우리 안에 이념논쟁이 있었습니다. 아이덴티티 논쟁 이후에, 81년도에 들어오면 굉장히 기독교 안에도 사회주의 조직이론들을 본격적으로 받아들여서. 나 같은 사람은 참 힘든 상황에서 청년운동이 바뀔 때였어요. 그때 저는 졸업논문을 마치고, EYC를 그만두게 됐습니다. 논쟁이 심했어요. 그리고 EYC 운동이 그 당시만 해도 약간 지도적인, 회장, 총무가 다 있음에도 불구하고 간사가 있었거든요. 간사 구조를 총무 구조로 바꾸면서 내가 사표를 내고, 나는 잠시 NCC에 URM(도시농촌선교) 간사를 하다가, 그 당시에 개인적인 얘기를 해서 죄송하지만, 81년도 내내 우리 안에 투쟁이 있었어요. 사상적인 오해도 좀 있는. 그러면서 82년도로 넘어갔어요. 제가 URM으로 잠시 넘어가고, 목요기도회 간사도 하

권진관 교수

고, 그런 상황에서 문동환 박사님이 제 지도교수였거든요. 그분이 유학을 권유했어요. 그래서 처음에는 우리 분위기에 맞지 않는다 해서 유학을 거부했었습니다. 그런데 또 문 박사님이 한국에 있는 것보다는 나와서 공부를 좀 하는 게 좋지 않냐고 (하셔서). 그 당시만 해도 저도 굉장히 피폐했었습니다. 우리 안에 논쟁도 있었고, 동시에 정보기관들이 하는 일은 인간 하나를 죽이는 그런 거였잖아요. 피신해야 되겠다, 나가고 싶다는 마음이 있었고. 그래서 83년도에 외국에 나가게 됐습니다.

어쨌든, 지금 생각해 보니까 교육원 기간이, 77~79년인데 그러면서 왔다 갔다 하는 상황이었고. 그러다 81년 초에 출옥을 한 후 졸업논문을 써서 82년 초에 졸업을 했습니다. 그러다 보니까 여기에 오래 관계를 했군요. 그다음 실제 공부의 질이랄까 이런 건, 송건호 선생님 강의가 기억나요. 송건호 선생님이 현대사, 특히 독립운동사를 많이 해 주셨고. 정창렬 선생님이 사회경제사를 (해주셨고).

**권진관:** 영미권 지식인이었던 김용복 박사가 우리에게 신선한 걸 많이 제공했습니다. 민중신학 등. 우리가 그 당시에 희랍어하고 히브리어를 공부했는데, 사실 그런 것도 큰 도움이 됐어요. 물론 그 당시에 열심히 공부를 안 했지만, 선생님들이 굉장히 열심히 시켜서 했고. 그게 나중에 큰 도움이 됐던 것으로 기억합니다.

**이원희**: 신학 교수님들에게 강의를 들은 노트가 별로 없고, 정창렬 교수님에게 강의 들은 노트가 많이 있었어. 보따리 싸가지고 와서 진짜 공부 열심히 가르쳐주셨어. 그 사람한테 강의 같은 강의를 많이 들었어. 내가 옛날에 다 필기해 놨었는데. 근데 권오성 목사랑 누구누구가 다 전수해 놨다며?

**권진관**: 한신대학교에서 그 조직신학 강의하던 사람 누구였지?

**임승철**: 박봉랑 선생님.

**권진관**: 박봉랑 교수가 우리에게 많은 것을 가르쳤습니다. 그리고 박 봉랑 교수가 우리를 굉장히 좋아했어. 여기 와야 강의할 재미가 있는 거야.

**이원희**: 그때가 77년 전반기 때인가 보다. 우리 땐 그 양반 강의 안 했어.

**서용석**: 재미있는 얘기 하나 할게요, 에피소드. 이 양반 아주 케케묵 은 노트 가지고 와서 그냥 읽는 거야. 그럼 (나는) 죽는 거야. 그래서 애들이 우리가 타이핑을 하게, 그 노트를 좀 주시면 안 되냐고 하니까, 얼굴이 빨개져서 뭐라 뭐라고 그러시더만.

**임승철**: 교권침해죠, 교권침해. (웃음)

**서용석**: 박봉랑 교수가 『하느님의 인간성』이라는 책을 강의했어요.

아주 좋았고. 우리 때 한신대 교수님이 와서 강의를 많이 했습니다. 다음에 문익환 목사님이 출옥을 했어요. 문익환 목사님이 아마 77년 하반기나 78년 초에 출옥을 해서 강의를 했습니다. 이분이 문학가래서 거의 노트 없이 강의를 했어요. 거의 외우다시피. 내가 생각하기로는 거의 백낙청 선생의 얘기를 반복하는 느낌이었습니다. 창조적인, 오리지널리티는 좀 없었지만, 그래도 감동이 있었어요. 그리고 특별히 기억나는 분이 또 누구 ….

이원희: 박현채 교수는 딱 이렇게 얘기하더라고. 성서를 유물론적으로 보면 초창기에 이스라엘이 출애굽할 때 완전히 원시공산사회였다 이런 식으로 해석하면서, 예수가 좋은 게 이게 프롤레타리아다 이거야. 출신성분부터 좋다 이런 식으로 얘기하더라고. (웃음)

권진관: 에피소드를 좀 얘기하면, 헬라어를 공부하는데 우리가 사실 바쁘니까 복습을 안 하잖아요. 복습 안 하면 못 따라가는 거지. 그때 김윤이 있었습니다, 김윤. 굉장히 공부를 열심히 했습니다. 그 사람은 항상 모든 일에 정성이 있어요. 모범생이고. 서강대 영문과 나오고. 버스 타면 나한테 물어보는 거야. 무슨 단어 딱 던지면서 그게 무슨 의민지 아냐 하고. 너 공부 안 했지? (웃음) 그리고 이종원은 굉장히 공부를 열심히 했어요.

이원희: 이종원 머리가 좋아서. 헬라어를 공부하는 신학 스타일이 아닌데, 이종원은. 어학 능력이 있어서. 신흥섭이나 이런 사람한테 배웠는데, 신대균 하고 서로 회화하듯이 유창하게 씨부렁대더라고. 이 선배들은 참 어휘력, 언어 감각이 좋았어.

**권진관**: 이종원은 와세다에 잘 있어.

**서용석**: 그전에는 강연도 하고 글도 나오고 하더니 이젠 안 나오데?

**권진관**: 지금은 후배들이 나오지.

**서용석**: 내가 질문하고 싶은 것이 있는데. 하나는 조심스러운 거고, 하나는 또 민중신학이라는 말이 몇 년도부터 보편적으로 쓰였지?

**권진관**: 1975년도부터.

**서용석**: 우리 다닐 때는 해방신학이니 뭐니 이런 식으로 말을 주로 했단 말이야.

**이원희**: 75년에 안 박사가 강연 때 어쨌다 저쨌다 하는데, 본격적으로는 79년에 글이 나오고 했지.

**서용석**: 내가 교육원 다닐 때만 해도 민중신학이라는 타이틀을 가지고 보편적으로 이야기되는 것은 아니었던 것 같아.

**이원희**: 아니었어. 75~77년까지만 해도 아니었어, 78년까지. 79년에 많이 썼지.

**임승철**: 김진호 목사와 최형묵 박사 글에 보면, 김찬국, 김동길 두 분이 민청학련으로 들어갔다가 나와서 새문안교회에서 출소환영대회가

있었대요. 그때 안병무 박사님이 발제를 하는데, '민중의 신학'이라는 용어를 썼대요. 그래서 그것을 기원으로 보더라고요.

**서용석**: 그렇구만. 혹시 아까 그 대화… '자기 아이덴티티나 신학에 대한 얘기를 할 때 갈등이 있었다' 그런 얘길 할 때, 나는 졸업하고 목회를 하면서 어떨 때 신대균네 하고의 관계가 매끄럽지 못한 것처럼 (이야기가) 들리더란 말이야. 그래서 혹시 그 부분에 포함되어 있는가?…

**권진관**: 신대균 부분은 IT(아이덴티티)논쟁이에요. 그건 우리하고 거의 무관해요.

**이원희**: 교육원과는 무관하고, 기독학생운동 내에서. 오세구가 여기도 다녔는데. 오세구가 신앙이나 신학에 대해서 이야기하는 게 너무 듣기 싫었어. 그래서 후배들 중에 광신적으로 이야기하는 것 싫다, 해서 공격을 해서 싸움이 나고 그게 비화돼가지고 나중엔 패거리 나눠지듯이 되었어. 5·18 이후에는 온건이니 급진이니 이런 거까지 연결시켜가지고 싸웠지, 기원은 거기에 있어요.

**임승철**: 그게 몇 년도예요?

**이원희**: 그게 79년도. 80년 전이에요. 학생운동 조직 확장 과정에서 서로 기질이 안 맞아서 생긴 사건이야.

**임승철**: 아까 권진관 박사님 말씀하실 때, 문동환 박사님 추천으로 해서 미국 가셨잖아요. 그때 미국으로 가신 대학이 무슨 대학이에요?

**권진관**: 처음엔 피츠버그입니다.

**임승철**: 피츠버그 가실 때, 아까 말씀에 의하면 선교교육원에 2년 반을 다니시고, 거의 3년 다니시고. 여기서 그럼 학사 인정을 받으신 거 아니에요? 그 부분에 대해 이야기를 해 주시죠. 그게 상식적으로 말이 안 되는데.

**권진관**: 제가 서울대는 못 마치고 선교교육원을 마치고 유학을 갔는데, 여기 졸업장을 인정해줬죠. 왜냐면 미국은 한국하고 달라서 교육부나 정부가 학위를 주는 게 아니고 학교가 인정을 하면 되는 거예요. 미국은 어소시에이션(association)하면 되는 거라. 석사과정을 들어갈 수 있었어요. 그래도 내가 드루대학에서 박사학위를 할 때, 장학금을 덜 줬어요. 내 선교교육원 학력이 좀 약하다는 이유로. 김준우 박사는 장학금을 다 받았는데 나는 다 못 받은 거죠. 그래서 물어봤더니 '김준우하고 비교할 때 너는 학력이 떨어진다. 왜냐면 김준우는 미국에서 대학원까지 나왔고, 미국에서 석사를 했다'는 거지. 합치니까 나보다 훨씬 높은 거야. 근데 나중에 성적은 내가 훨씬 좋아서 빨리 졸업했어. 어쨌든 그런 경우, 그러니까 서울대학교에 3년 다녔다는 게, 졸업은 못했다는 게 결국은 핸디캡이더라고, 미국에서도.

**김현수**: 그래도 선교교육원 학력 혜택을 제일 많이 받으신 분이야. (웃음)

**권진관**: 혜택을 많이 받았지. 근데 두 번째 대학에서는 그렇게 혜택은 받지 못하고. 박사학위 마쳤는데 귀국해서 교수를 못 했어요. 왜냐면

학사가 없기 때문에. 한 학기가 늦어진 거야. 그래서 내가 그동안에 학교에 복학해서 졸업장을 받았어. 그리고 졸업장 받자마자 곧 대학교 임용을 받았고요. 박사 받은 다음에 한 학기 후에, 일 년 후에 학사를 받은 거야. 거꾸로 된 거지. (일동 웃음)

**이광일:** 자, 그 정도 하고 한 분 더 (말씀하시죠). 이대수님.

**이대수:** 저는 서울에서 기독학생운동하고 교류를 해왔던 교회들을 다녔기 때문에 선교교육원에 빨리 익숙해졌어요. 그 당시 교회에서 서남동 교수님, 이런 분들이 저희 청년들을 대상으로 아라이 사사쿠의 『예수의 행태』 이런 책들을 번역해 가면서 소개해 주셨어요. 그때 민중의 신학 류의 얘길 하셨어요. 그게 신학, 하나의 theory(이론)로 정리가 되는 얘긴 아니었지만, 그런 식의 생각들을 가지고 계셨던 게 기억이 나고. 문동환 박사님 계셨고.

**임승철:** 몇 년도에 입학했죠? 교육원에.

**이대수:** 제 기억으로는 79년도 출소하고. 기독학생회와 KSCF 활동을 했기 때문에, 교육원 초기의 선배들하고는 자연히 만난 거죠. 자연스러웠죠. 그리고 직접 하지는 않았지만 기청 활동도 자연스러웠고. 학생 때는 KSCF 활동을 했기 때문에. 79년 감옥을 나오고 나서는 기청 활동을 했죠. 같이 있으니까 왔다 갔다 하게 되는 거죠. 그리고 80년에 선교교육원 다녔죠. 80년 중간에 복학했다, 재제적당하고, 이런 과정을 거쳤는데…. 저의 경우 계속 활동을 이어갔기 때문에 바빴고. 83년 가을 졸업으로 기억하거든요. 그러면서 80년대 제적된 친구들이 등장한 거

죠. 80년대 초반에는 한신대생들이 다 복학을 했고, 일반 대학생들이 다수인 거죠. 그 당시에 초기에는 한신대가 복학하기 전이니까 만났는데, 이제 복학을 했고. 그래서 80년대, 70년대 후반 학번들이 주로 같이 다녔던 거죠.

이대수 목사

하여간 우리는 재밌게 다녔어요. 해직 교수 제적생들이 모여서 '제외대학'이라고, 우리가 그렇게 이름 붙이고. 선배들 다음 세대니까. 그때 나름대로 여러 가지로 선각자 의식이랄까 그런 것들이 개인적으로는 있었기 때문에, 낯설지는 않았고. 히브리어, 헬라어 이런 건 도대체 취미가 없었어요. 내가 뭘 배웠는지 기억이 없어. (웃음) 활동을 계속했더니 이제 노동현장과 관련된 분들이 좀 있었고. 민중교회 중에서 초기에 노동현장과 관련된 교회들이 좀 있었고, 산업선교회 좀 관련이 있었고. 저 같은 경우는 청년운동하고 교회에서 후배 지도하고. 이런 역할을 했었기 때문에….

**임승철**: 그 당시 교수들 얘기 좀 해 주세요.

**이대수**: 해직 교수들이 좀 있었으니까. 이문영 교수, 안병무 교수, 서남동 교수도 계셨고. 연대 성래운 교수. 성래운 교수는 제가 교육학과 다녔기 때문에, 저 1학년 때 지도교수였어요. 과대표를 했기 때문에.

**서용석**: 이문영 교수가 여기 와서 가르친 과목이 뭐였던가 기억이 안 나네.

**이원희**: 기억이 안 나, 그분은. 이것저것 했는데, 잘 기억이….

**서용석**: 그분의 재미있는 이야기는, 구약에 나오는 둘째 아들에 대한 선호에 대해서 분명하게 이야기를 하시더라고. 난 충격적이었어. "하나님은 둘째 아들을 선호하시는 분이다"라는. (웃음)

**이대수**: 박현채 교수도 있었고. 그 당시에 기독교운동이 나름 활발했던 때예요. 아이덴티티 논쟁 같은 거. 그 당시 교회에서… 그렇게 사소한 거는 아니었어요. (운동을) 하는 과정에서 발생할 수 있는 일이기도 하고. 이게 너무 거칠게 처리된 부분이 있는 거고. 그걸 감정적으로 대하는 분도 있고. 그런 것들이 그 당시 기독청년운동의 선언문을 쓰고, 이런 과정 속에도 적용이 됐던 거죠. 제일 타격 있던 건, 서경석 목사였어요. 서 목사가 새문안교회 출신이시잖아요. 상대적으로 교회에 천착하면서 이렇게 하자, 하시는 분들이 대중적이니까 부드럽고 그런 건 당연한 거죠. 근데 서울제일교회라든지 이런 쪽은 교회 기반이 그렇게 대중적이지 않으니까 좀 자유롭게 치고 나갈 수 있는 여지를 가지고 있는 거죠. 기독교에 대해서. 저는 비교적 그걸 양쪽에서 다 보고 있는 입장이었지만, 액티브하게 나가야 된다고 생각을 했어요. 예수의 삶이 그랬으니까.

**이광일**: 그때 현상적으로는 서 목사님이 기사연에서 쫓겨났는데. 그 내부, IT논쟁이거나 아니면 권 교수님 말씀하신 그런 사투, 그런 것들이 관계가 있었던 건가요?

**이대수**: 청년운동 차원에서는, 종로 5가에서 우리 75학번들이 이 아

저씨(권진관을 가리키며)가 총무할 때, 간사할 때 많이 들이받았거든. (웃음) 우리는 좀 더 액티브하게 가기를 기대하는 거고, 상대적으로 조직은 유지해야 하고 이런 판단을 갖고 있는 분들과는 뭐 자연히 긴장이 있었죠. 그 긴장이 한 축에서는 IT논쟁과 연결되는 측면이 있고.

이광일 목사

**이광일**: 나는 소위 사상적 경향이 없는 운동은 별로 의미가 없는, 그러니까 창의적이지 않은 운동이라고 생각해요. 개인적으로 관심이 있는 것은 남들이 든 깃발에 그냥 따라가는 게 아니라 우리가 깃발을 올린 적이 있냐는 면에서 사실은 IT논쟁이나 그런 사투에요. 이 부분에 대한 건 숨길 일이 아니라, 정확히 정리하고 우리 내부에서 우리의 깃발을 위한 노력들이 있었다라는 점에서 나는 노출되어야 한다고 생각해.

**권진관**: 내가 얘기했던 우리 안에서의 갈등이나 논쟁은, 공개 운동에 대한 이해의 차이였어요. 내가 생각하기에는. 사실 논쟁의 발단은 내가 EYC 간사할 때 우리 집에서 한 번 기독청년운동 중심들, 75학번 중심으로 해서 모였어요. 그다음에 몇 사람들 모여서 토의를 하는데, 한 친구가 노골적으로 맑시스트적인 접근법으로 말을 했어. 그래서 나는 내가 EYC를 경험해 봤고, 민청학련을 경험해 본 나로서는, 그런 말을 우리가 여기서 안 하는 게 옳다. 이렇게 얘기한 게 싸움이 된 거예요.

**이원희**: 박현채 교수도 맨 그런 얘길 해서 다 알면서 뭘 또 하지 말라

는 말을 했어?

**권진관**: 아니, 우리가 제일 중심 멤버들이 모인 거야. 그러면 만약 한 사람이 잡혀 들어가면 그게 그대로 써지는 거거든. 그래서 나는 그것마저도 아주 단호하게 이야기를 했어. 그래서 거기에서 싸움이 난 거야.

**이광일**: 오케이. 나는 권 교수님이 기록을 해서, 실제로 IT논쟁 내지는 사투가 교육원 내에서 있었다는 걸….

**이원희, 권진관, 이대수**: (함께) 교육원은 중심이 아니야.

**권진관**: 그러니까 지금 다른 얘기 하다가 와서 그래.

**이원희**: EYC 내부 문제예요.

**이광일**: 학생 때가 아니어서 교육원 얘기가 아니다?

**이원희**: 그렇지. 한 2년 전에 나상기 선배한테 들으니까, 신보수 논쟁이라고 또 있었어요. IT하고 연결된 것처럼 되어있지만, 관계가 없어. IT논쟁은 79년부터 기독교 신앙 관련해서 이게 자긍심이냐, 반대로 너무 그걸로 치중하지 말자, 이 논쟁이었고. 신보수 논쟁은 정세론 비슷한 건데, 나상기 선배에 의하면 서경석 목사가 80년대 초에 신보수주의를 얘길 하더래. 그래서 그거에 대해 저항했던 느낌으로 얘기를 하는데, 그래서 나는 신보수라는 말이 어디서 생겼는지 전혀 몰랐는데, 서경석 목사의 신보수주의에 대해 종로 5가의 젊은 운동권들이 굉장히 저항하는

데 그걸 아이덴티티팀하고 인맥상 으로 연관이 있을 거다하고 추정을 해서, 그걸 갖다가 사람들이 연상을 했던 것 같아.

이원희 목사

이광일: 어쨌든, 결론은 서 목사님이 기사연에서 쫓겨나셨어. 그 결과는 내부의 갈등이 힘으로 분출된 건데. 그거는 혹시 어느 분이라도, 지금 세 번이 되는데. IT논쟁, 갈등 부분, 그다음 신보수 이게 다 다르다고 보는데, 혹시 기억이 나면 그걸 정리를 해 줄 수 있으면 좋겠는데. 누가 할 수 있을까?

이대수: 제가 기독청년운동사를 썼거든요. 그게 그 신보수 논쟁에 관해서.

권진관: 사실은 그거에 대해서 할 말이 많이 있어, 내가.

임승철: 진행 발언인데요, 지금까지는 아무래도 카메라가 있으니까 점잖게 얘기하셨는데, 자리를 옮겨서 막걸리 한 잔 하시죠. 찐하게 할 얘기도. (웃음)

권진관: 서경석 목사에 대한 얘기는 할 얘기가 좀 있어, 내가.

이광일: 이 목사님이 뭘 쓰셨다고?

**이대수**: 기독청년운동사에 대해 썼어요. 80년대… 논문이 아니라 당시에 자료집으로 냈어요. 그게 아마 EYC쪽에 남아 있을 거예요.

**이광일**: 그럼 자료가 있겠네. 그거 쓰면서 교청연을 넣었다고 했나?

**이대수**: 네, 그때 넣었고. 그 당시에 제가 실제로 활동을 하고 있었고, 원 자료들에 접근할 수 있었기 때문에 자료들이 있을 겁니다.

**권진관**: 우리가 그런데 교육원에 대한 얘기를 하려고 하다가, 너무 넘어가 버렸어. 그러지 말고 그 당시에 우리가 뭘 배웠는가. 그리고 어느 교수한테서 뭘 배웠는가가 조금 더 이야기가 나왔으면 좋겠어.

**이원희**: 우리 기억에 남는 게 그때 용석이 형이 얘기한 거. 현장신학이라는 걸 분과별로 나눠서 워크샵이나 자기 준비를 열심히 했던 거, 그게 실천적으로 기억에 많이 남아요. 그래서 자기진로 모색하는 데 나름대로 도움을 줬어요. 노동분과 농민분과 정치분과, 이렇게 했어.

**권진관**: 그거 아이디어는 좋았어요. 사실 내가 평가하기로는, 당시에 농촌은, 나상기 선배가 이미 농촌운동으로 들어가 있었는데 굉장히 계몽적이야. 황인성이 들어가 있었던 노동은 획기적이었고. 그런데 폼만 잡았지 내용적인 건 많이 없었어. 관련해서 얘기하자면, 그 당시에 서남동 선생님이 『민중신학의 탐구』란 책을 통해서 "빈곤의 사회학과 빈민의 신학"이라는 글을 냈어. 그걸 깨끗하게 프린트를 해서 돌렸어. 그리고 우리 수업에 내놓고 강의를 했어요. 이게 서남동 선생님의 마지막 글들 중 하나예요. 『민중신학의 탐구』에 나와. 근데 그 당시에 서남동

선생님이 너무 흥분했어. 그리고 또 "예수 그리스도, 세상의 생명"이라는 글을 썼는데 거기에 또 민중신학의 정의가 나와요. 우리한테 원고를 나눠주면서 강의를 했는데, 서남동 선생님이 너무 기분이 좋으신 거야. 당시에는 당신이 가장 크리스탈라이즈(cristalize, 결정화)한 거야, 자기 사상을. 그런데 우리는 너무 익사이팅하지 않았던 거지, 솔직히.

**이원희**: 그건 정창렬, 박현채한테 들은 거에 비하면, 너무 나이브한 거야.

**권진관**: 그래서 우리가 비판을 좀 했어. 그랬더니 선생님은 약간 뻥-쪄가지고. 어떡해. (웃음)

# 총회 위촉 여학생 집담회

일　시: 2019년 10월 31일

장　소: 기장 서울 여신도회 사무실

참석자: 김명희 박정진 조영숙 조인영

진　행: 김명희

영상 촬영 및 녹취: 김균열 임승철

대담 정리: 송유진

**임승철**: 아까는 김명희, 우리 죽재 서남동 기념사업회 사무총장님이 십니다. 먼저 학생운동 하시다가 제적당한 학생들과 닿으셨다고. 조영 숙 님은 학생운동 때 제적당했던 상황을 먼저 이야기해 주시죠.

**조영숙**: 저는 80학번이에요. 80년에 대학을 들어가자마자, 제 생각 에는 모든 대학의 분위기가 다 그랬을 것 같은데, 3월 지나고 5월 지나 고 따듯해지기 시작할 때 광주항쟁에 대한 이야기들이 루머처럼 막 밑 으로 돌아다녔어요. 그때의 전반적인 분위기는 신입생들이 오면 선배 들이 그런 문제들을 이야기하면서, 쭉 둘러보다가 몇 명 찍어서 일명 언더서클로 데려가죠. 소위 이야기하는 비합 서클에 연결시켜서 후배 를 만들어나가는 과정에 제가 찍혔던 거죠. 그리고 학교에 있는 언더서 클에서 학습, 소위 얘기하는 사회과학 학습을 하고….

**임승철**: 언더서클 이름이?

**조영숙**: 동학회라는 거였어요. 그때만 해도 『동학의 민중항쟁』, 『자

주적 근대화의 길』,『해방전후사의 인식』,『근대 동학혁명사』, 이런 것들이 쭉 돌던 시기니까. 그래서 공부를 하게 됐어요. 미 군정, 미국에 대한 새로운 이해, 우리 근대사에서의 민중. 민중이라는 소리를 그때 처음 들었던 거고. 저는 뭐 선배들이 시키는 대로 했죠, 저는 그야말로 1학년이었으니까. 놀라웠던 건 그때 저희가 종로에 광주사태 관련 시위를 하러 나갔을 때, 처음으로 본 탱크로 밀고 들어오는 군대와 경찰의 모습이었어요. 서울역 근처에서 ―소위 이야기하는 5월 서울역 이런 델 다녔으니까― 최루탄도 맞을 만큼 맞고. 쭉 그런 과정을 겪으면서, 저희는 5월 지나고 다 휴교령이 내려졌었죠, 80년대에. 사실은 학교생활을 몇 달 하지도 못했어요.

하지만 그때는 5월의 과정, 80년의 과정을 쭉 겪으면서 내가 하는 일이 맞다, 정당하다, 옳다 이런 생각을 하게 되었던 것 같아요. 그래서 휴교가 끝나고 다시 학교에 81년도에 2학년으로 다닐 때는 학교 수업도 잘 안 들어가고 서클에서 학습만 하고 그랬었는데 저희 서클이 걸렸어요. 81년도 5월에 동학회 사건이 나서, 그때 선배들 경찰에 끌려가고 저도 눈 가린 채 차에 실려서, 집에서 끌려가서 어딘지도 모르는 데 가서 일주일 조사받고. 그러고 있다가, 선배들은 다 구속되고, 저희는 정말 피라미니까. 한 게 있는 게 아니라 학습하는 수준이었으니까 풀려났어요. 저는 구속은 안 되고 학교는 제적되고. 그런 상태에서, 그때가 21살이었고. 문제는 학교에서 저희를 이끌어주던 선배들이 다 구속되고, 소위 얘기하는 도바리라고 하는, (웃음) 다 도망다니고.

선배들이 학습을 계속해야 된다는 말씀을 해 주셔서, 그래서 선교교육원과 연결하게 됐어요. 사실은 그때, 선배 중에서 제일교회에 다니던 선배가 계셨어요. 당시에 제일교회는 기장에서 가장 강력하고 래디컬한 선배님들과 돌아가신 박형규 목사님 이하 많은 분이 교회 안에서의 민주화, 교회가 앞장서서 민주화를 하셨던 곳이라서 교회로 연결을 해 주셨고, 교회 대학생회에서 사회과학 공부를 했었던 거죠. 교회 선배님들 중에서 제적되고 선교교육원에 이미 다니고 계셨던 선배님들이 계셔서, 그분들이 너는 아직 어리고 학교 선배 라인이 붕괴되었으니 선교교육원을 통해 다시 공부를 계속하

조영숙

면서 진로를 찾아가는 게 좋겠다고 말씀해주셨어요.

저희는 보통 공활을 한다, 공장을 간다, 농촌을 간다, 경로라고 하는 게 대체적으로 학교에서 소위 얘기하는 딜을 쳐서 제적당하고, 감옥갔다가 공장 노동자로 노동운동을 하거나 아니면 농촌에 가서 농민운동을 하거나 아니면 빈민운동을 하거나. 소위 얘기하는 하방, 현장화 이런 것들을 했었기 때문에, 그런 경로를 가기 위해서는 학습이 필요한데 학습의 과정을 선교교육원을 통해 보완해 가는 형태로. 제가 82년에 선교교육원을, 81년 여름인지 언젠지 기억은 잘 안 나요. 82, 3년 이렇게 다녔었던 것 같은데. 저희가 5학기제였기 때문에 2년 반을 거기 다녔던 건데, 제가 그러고 나서 인천으로 노동운동을 한다고 다시 현장으로 갔던 게 84년쯤 되었으니까, 아마 82, 83, 84 이 사이에 다녔던 것 같고. 저희가 졸업을 여름에 했었기 때문에. 다시 서류를 봐야겠네요. (웃음) 그렇게 해서 다니게 됐어요.

선교교육원에 들어오게 된 과정이 대단한 큰일을 거친 다음 온 게 아니라, 정말 피라미 시절에 선배들하고 서클에 문제가 있어서 2학년 1학기에 제적이 되고, 그때만 해도 선교교육원이 해직된 교수님들과 제적된 학생들이 만나서 가장 국가로부터 금지되었던 내용의 학습들을 할

수 있었던 공간이고 장이고 기회였기 때문에, 저는 뭣도 모르고 입학을 하게 됐고. 사실은 자신이 없었죠. 스물 한 두살짜리 때 제가 스스로 생각했다기보단 선배들이 학습을 지도해주는 것을 쭉 따라왔던 수준인데, 혼자서 뭔가를, 예를 들면 노동 현장에 간다든가 하기에는 저 자신의 신념체계라든가 저 자신의 방향에 대한 뚜렷함이 형성되지 못한 상황에서 공부를 더 하자고 선배들이 제안해 주셨을 때, 저로서도 그게 맞다는 생각이 들어서 그래서 선교교육원 생활이 시작되었어요. 학습을 하면서 굉장히 놀라웠어요.

**임승철**: 선교교육원 입학하시기 전에 선교교육원이 여기 있었다는 건 알고 계셨고요?

**조영숙**: 네, 네. 왜냐면 제가 제일교회를 다니면서 기청활동을 했어요. 그래서 기독교장로회 청년회에서 이래저래 하면서 교회활동과 선교교육원 활동을 하면서, 지금 여기 빌라가 됐지만 바로 옆에 있었던 기청 사무실, 2층짜리 빨간 건물로 아담하게 있었어요. 기장 선교교육원이 있었다는 것도 모르고, 제가 들어오게끔 선배들이 알선해 주신 거죠. 길을 뚫어 주시면서 아 그렇구나, 하고 알게 됐던 거고. 그렇게 시작이 됐던 거죠.

**임승철**: 선교교육원에서 2년 반 동안 공부를 하셨는데, 활동비는요?

**조영숙**: 활동비…. 그때는 무슨 활동을 하는 게 아니라 공부를 했다고 생각했기 때문에, 우리가 어떻게 먹고 살았더래요, 진짜?

임승철: 집안에서 뭐라고 했을 거 아니에요.

조영숙: 집안에서는…. 아, 제가 집안에서는 선교교육원을 통해서, 이게 대학교 비슷한 건데, 그때만 해도 대학교가 있었고 전문대학이 있었는데, 전문대학 같은 거라고 이야기를 하고 제가 학생인 척했던 것 같아요, 집에. 그러면서 저희는 거의 대대수가 아르바이트를 했는데, 그때 했었던 게 잘하지도 못하는 일본어 번역. 잘하지도 못하는 이러저러한 설문조사. 선배들이 아르바이트할 수 있게끔 해 준 것들을 했었던 것 같아요.

임승철: 선교교육원 입학하실 때 인터뷰 장면이 기억이 나십니까?

조영숙: 인터뷰를 했었던가요?

임승철: 거의 다 했었다는데요.

김명희: 교육원 들어왔을 때, 나같은 경우에도 그때 있었어요. 선배들이 누구의 소개로 들어왔어야지만 됐었고, 원장님, 서남동 목사님이….

조영숙: 저는 그게 기억이 안 나요. 아마 빵빵한 선배들이 소개를 해 주셨던 것 같고요. 제가 뭐 공부를 잘할 재목으로 보였다기보다는, 선배님들이 공부를 더 해야 한다고 알려주셨던 것 같아요.

임승철: 아까 말씀 중에 기청활동하시니까 자연스럽게 선교교육원 건물 자체가, 이 장소 자체가 낯설지는 않았음에도 불구하고 선교교육원 입학하고 수업은 이 앞 2층에서 하셨다면서요? 그때 수업의 분위기,

학생과 교수님과의 만남, 이런 이야기 좀 해주시죠.

**조영숙**: 학생들이…. 우리 한 20명? 20명인데 다 매일매일 참석한 건 아니었어요. 빠지는 사람들이 곧잘 있었고. 어쨌든 한 15에서 20명 정도 수업을 했었고. 수업을 하는 게 사실 한 축으로는 아주 엄격하게 한신대학의 커리큘럼에 입각해서 기독교에 관한 이해를 높이기 위한, 예를 들면 지금은 아무것도 기억나지 않지만 히브리어, 이런 것도 했었던 것 같아요. 제가 수업을 들었던 기억이 나요. 그리고 기독교의 교리에 관한, 성경에 관한 걸 하는데, 그 성경이 사실은 서남동 목사님이 말씀하시는, 기존의 보수적인 교단에서 설명해내는 자자구구 해석하는 그런 게 아니라 민중신학에 입각한 설명들을 해 주셨고.

예수에 대한 얘길 참 많이 해 주셨어요. 예수가 원래 가난한 자, 소외받는 자의 예수라고 하는 것들을 저희한테 끊임없이 얘기해 주시면서, 우리를 지식인으로 규정하시고 지식인들이 예수를 따라서 어떻게 가난한 자, 소외받는 자, 어려움에 처해 있는 사람들과 함께 해야 하는가. 누굴 위해서 우리가 시혜를 베푸는 게 아니라 그들과 어떻게 함께 해야 하는가를 배웠던 것 같아요. 그때는 그런 게 뭐가 다른지 잘 몰랐어요. 우리는 그들을 '위해서' 뭘 한다고 어쭙지 않게 생각을 했었지만, 목사님이나 여러 분들 말씀이 그들과 '함께' 한다고 하는 것들. 저희가 함께 하는 사람이 되도록 굉장히 많은 가이드를 해 주시지 않았나 하는 생각이 들고.

그다음에, 저희가 학습이라고 하는 것에 워낙 익숙해 있었기 때문에. 사회과학에서 발췌, 발제, 토론 이런 거 워낙 1학년 때부터 익숙했기 때문에. 다른 모든 분들이 마찬가지고. 수업에서의 방식도 물론 교수님들께서 쭉 얘기를 해 주시고 좋은 내용들을 전달해주시지만, 그와 동시에 토론적 방식으로 되면서, 토론도 열심히 했고. 또 배우는 사람들 사이의 토론도 굉장히 많이 해서, 지금으로 보면 토론식 교육 방식? 예전에 80년대 대학까지만 해도 한국의 제도교육 안에서 보지 못했던 모습들인 거죠. 그래서 아마 굉장히 신선했던 것 같아요. 예전에 고등학교 때까지는 선생님이 얘기하시면 우리는 받아적기만 했다면, 대학에 오면서부터 토론 방식으로 모든 걸 하면서 스스로 생각하게 하고, 격렬한 논쟁을 하도록 만들어 주신 거. 논쟁을 통해 서로가 어떤 것을 보는 관점, 각자의 관점, 그리고 각자의 관점이 다를 때 그것을 어떻게 설명하고 설득하고, 또 만약 차이가 있다면 그런 것들을 어떤 식으로 다루고 하는 방법을 배웠죠. 그때만 해도 노선도 굉장히 많아서 누구는 NL이고 누구는 PD고….

**임승철**: 82년도인데?

**조영숙**: 그때도 있었죠. 그럼요. NL, PD라는 용어는 나중에 나왔지만, 그건 네이밍이 나중에 되었다는 거지 파벌은 명백했죠. 그렇게 치면 북한을 바라보는 관점이라든가 아니면 어떤 걸 우선적으로 먼저 해야 하는지, 이를테면 노동 계급의 문제를 중심으로 놓고 볼 것인가, 민족이라는 것과 계급이라고 하는 것 사이에서 논쟁을 치열하게 했었던 거죠. 그게 이후에 놓고 보면 PD냐 NL이냐로 가지만. 민족적 특성, 민족의 중요성을 강조했던 분들도 계셨고. 그 논쟁이 여기 반영되는 거죠. 수업 시간 안에 이런 문제를 바라봤을 때 어떻게 볼 것인가 라는 논쟁이 첨예하게 각각 있었던.

**임승철**: 조금 더 구체적으로, 아까 인터뷰 시작하기 전에 박현채 리영희 두 분의 수업의 분위기, 아직도 기억나는 것에 대해 말씀해 주시죠.

조영숙: 그때 수업에서 주로 만나 뵙게 되었던 분 중에 여러 해직 교수님들이 계셨던 거죠. 재야의 고수들과 제도교육 안에서의 고수 교수님들. 이런 분들 중에서 두 분이 저는 기억이 나요. 재야의 고수라고 할 수 있는 경제학자 박현채 선생님, 그리고 한양대학교에서 사회학 가르치셨던 리영희 교수님.『전환시대의 논리』쓰신. 박현채 선생님은 아마『민족경제론』을 쓰신 분이에요. 두 책이 정말 30년 만에 기억이 나네요. (웃음) 박현채 선생님은 원래 수업이 끝나고 나면 항상 학생들이랑 뒷풀이를 하셨어요. 술자리에서 많은 얘기들을 하셨는데. 그분이 원래 술을 좋아하셨던 것 같고, 술자리도 많이 가졌어요. 그래서 수업시간보다는 술자리가 기억에 남는데, 저는 안타깝게도 술을 반 모금 이상을 못 마셔요. 체질상. 그렇지만 술자리에서 나누는 이야기가 너무 좋아서 술자리를 빠질 수가 없는 거예요.

임승철: 그 당시에 지리산 얘기도 해 주셨어요?

조영숙: 네. 지리산 얘기와 관련된 얘기예요. 본인의 아버님이, 본인이 지리산 소년 빨치산으로 잡혀서 내려왔을 때, 아버님이 자기 집에 있던 창고 한가득 돈을, 땅을 팔아 돈을 거기 잔뜩 집어넣고 아들을 빼낼려고. 그때 전라도 화순경찰서인가 그랬던 것 같은데. 경찰서에 돈을 넣어서 본인을 빼냈다, 사실은. 죽을 걸 죽지 않게 돈으로. 부모님께서. 본인은 살아남았다는 거예요, 빨치산의 그 많은 동료가 죽고. 살아남으시면서….

저도 친구들이 좀 생각나서요…. 당시에 끌려가서 죽은 친구들이 꽤 돼요. 80년대니까. 많은 친구가 강집돼서 죽기도 하고, 많이 죽었죠. 고문받아서 죽은 친구도 있고 그런데. 어쨌든 그러니까 아마 제가 박현채 선생님의 그 말씀이 살면서 계속 기억이 났던 것 같은데.

"아버님께서 본인을 살려낸 다음에 살아오면서, 아무리 두주불사로 본인이 밤에 술을 새벽까지 마셔도 여섯 시만 되면 일어난다. 여섯 시만 되면 일어나서 새 하루를 시작하고, 내가 여섯 시만 되면 뭔가를 하기 위해서 일어나는데, 그 이유는 죽어간 동료들의 삶을 내가 대신 산다고 생각하신다"고 얘기했어요. 너무 오랜만에 얘기하는 거고 뜬금없는 얘길 하는 건데, 그 생각이 나네요….

**임승철**: 조정래 선생이 태백산맥을 쓰시고 후일담에 나오는 책을 보면, 방금 말씀하셨던 그 내용이 나와요.

**조영숙**: 아, 그래요? 제가 읽지는 않았어요. 같은 얘기인 것 같아요. 그 말씀을 술자리에서 하시면서 그게 그렇게 박혔었어요. 왜냐면 이미 저도 그때 80년대 강제로 끌려간 친구들이 죽었단 소식을 듣고 있었던 상황이라서…. 박현채 선생님이 그 말씀을 하시니까 죽은 자와 산 자라고 하는 개념이 저한테 오게 된 거고. 살아 있는 사람이 그러면 어떻게 살아야 할 것인가, 라고 하는 점에서 내가 똑바로 제대로 열심히 살아야 되는구나, 라고 하는 생각을 박현채 선생님 말씀을 통해서, 내가 어떻게 살아야 할 것인가에 대한 가르침으로 들었죠. 그분이 아침에 일어나서부터 공부를 하신다고 말씀을 하셨어요. 그래서 그때 부지런히 변화하는 세상, 죽어간 사람들의 회한에 매몰되는 게 아니라 그 사람들과 함께 살기 위해서 지금 내가 어떻게 공부하고 이 세상을 살아야 되는지 가르침을 주신 게 선교교육원에서 남아 있는, 지금까지 제가 뚜렷하게 기억하면서 삶의 지침으로 삼고 있는 것 중에 하나고.

두 번째는 리영희 선생님인데. 리영희 선생님 수업시간이었어요. 그것도 잊지 못하는 것 중에 하난데. 수업시간에 리영희 선생님께 "선생님은 대체 몇 개 나라 말을 하세요?" 하고 물었어요. 그랬더니 선생님께서 말하고 쓸 수 있는 건 네 가지 언어고, 그 나머지 몇 가지를 더 하신다 그러셨어요. 근데 저는 굉장히 놀랐었어요.

80년대 당시의 분위기라고 하는 건, 책은 다 금서였기 때문에, 일본어로 읽고 영어로 읽으라고 하면서, 괜히 쓸데없이 옷에 영어 한 자 들어간 빤스조차 못 입게 했거든요, 선배들이. 지금 생각하면 좀 웃기는 일이지만. 우리가 지식이나 정보로는 그것들을 볼 수밖에 없으면서, 실제 우리 생활에서는 금지시키는. 예를 들면 미제에 물들지 않는 이런 형태로 했었던 지점인데. 그러다 보니까 저희도 뒤로 가면서 점차적으로 어느 순간엔가 그런 문화가 이상해져서 일종의 영어를 한마디라도 쓰면 잘못된 것처럼 이야기를 하는, 이렇게 되었는데.

어쨌든 리영희 선생님께서 그렇게 얘기하시면서 그때 몇 가지 자기가 매달 외국에서 공수받아서 보는 책을 이야기하셨어요. 그중에 기억나는 게 있어요. 미국에서는 「Foriegn Affairs」를 본다고 하셨어요. 국제사회의 외교정책 현황을 보려면 미국에서 그때만 해도 가장 권위 있는 잡지는 「Foriegn Affaris」였다고 얘기하시고. 일본에서는 「세카이」, 세계 경제(?)를 보신다고 얘기하셨고. 저희도 그때 청목서점 책들을 많이 봤었으니까. 그리고 프랑스의 「르몽드」 신문을 보신다고 얘기하셨어요. 그러니까 벌써 세 개 언어를 하시는 거고. 그다음에 중국인가 러시아에서 하나를 보신다고 하셨어요. 그다음에 독일도 뭘 하나 하신다고 했고. 리딩을 하신다고 하는 말씀을 하시면서, 모름지기 지식인이라고 하는 사람들은 시대 변화라고 하는 것들을 읽어나가는 것인데, 그러려면 언어가 굉장히 필수적이다. 언어를 하지 못하면 도그마에 갇히고, 우리 안에 있는 자기 생각에 빠질 수밖에 없다는 얘기를 해 주셨는데.

박현채 선생님에게 저는 일종의 사상적 지침을, 예를 들면 내가 살아가면서 삶과 사상적 지침을 얻었다면, 리영희 선생님에게는 굉장히 테크니컬한 지침을 얻은 거예요. 세계를 읽기 위해서 내가 어떤 기술과 도구를 확보해야 하는가.

아마 그래서 제가 지금 하고 있는 일이 국제연대 관련한 사업들을 지난 한 20년 동안 여성운동, 여성단체 영역에서 UN이나 OECD나 국제기구나 여러 관련한 활동을 하게 된 것도 (그래서이기 때문인 것 같아요). 그러면서 배웠던 '세상을 읽어야 된다' 그다음에 '부지런하게 이 시대하고 조우해야 된다' 그리고 '나를 위해서 그런 걸 쓰는 게 아니라 내가 살아가고 있는 게 나랑 같이 살아가는 사람이 있다'라고 하는 것들을 접하게 됐었던 두 선생님의 기억이 나고.

세 번째로 서남동 목사님. 마지막으로 기억이 나는 건, 선생님 여름만 되시면 그렇게 현장활동을 가셨어요. 현장활동이라고 가시기 전에, 방학 때가 다가오면 꼭 수염을 더부룩하게 기르고 계신 거예요, 갑자기. 그래서 왜 그러시냐 했더니 현장을 가야 하는데 자신이 너무 지식인처럼 생겼다고 그러시는 거예요. 너무 하얗고 지식인 같고. (웃음) 그래서 더부룩하게 만들려고, 변장하신다고 수염을 지저분하게 기르신 모습이 기억이 나요. 서남동 목사님이 지저분하게 수염을 기르신 모습? 이게 마지막으로 기억이 나서.

**임승철**: 권오성 목사님은 상당히 핸섬한 분으로 기억하시던데…?

**조영숙**: 네, 그렇죠. 그래서 빈민 지역에 가서 빈민 목회 관련된 일들을 현장에서 보고 싶은데, 사람들이 자기를 꺼려 할까 봐 그런 모습으로. 거기다 허름한 잠바떼기를 걸치고. 그래도 표가 왜 안 나겠어요? 그

김명희 목사

러나 어쨌든 그렇게 하고자 하는, 굉장히 어린애같이 순수하셨거든요. 선생님이 연로하시고, 제가 어렸을 때니까 그때만 해도 60대신가 그러셨던 것 같아요. 연로하시고, 점잖으신 분의 그런 개구지고 장난스러운 모습을 보면서 사람들에게 다가가려고 하는 태도? 그 태도를 제가 세 번째로 배웠던 것 같아요. 워낙에 제가 많이 선배들한테 덤비고 까불긴 했었지만, 굉장히 원래부터 되바라지고 까불고⋯. (웃음) 선배들이 저건 선배를 선배로 치는거야 아니야? 할 만큼. (웃음)

**임승철**: 아니 술을 반 잔밖에 못 하시는데 어느 정신으로 선배한테 개겼어요?

**조영숙**: 그냥 말도 잘 안 듣고, 고분고분하지도 않고, 시키는 대로 잘 안 하고 이런 거죠 뭐. 우리가 워낙에 반골기질들이 있었는데, 제가 좀 유난하게. 제일 막내였거든요. 아마 제가 졸업할 때까지도 막내였었죠.

**임승철**: 15명에서 20명 사이의 학생의 분위기나 뭐 기억나는 학우나, 없으세요?

**조영숙**: 인영 언니랑 명희 언니랑. 명희 언니는 근데 오래 같이 안 있었어요.

**김명희:** 내가 83년도인가 84년도에, 마지막 한 학기인가 하고.

**조영숙:** 그러니까. 한 학기 같이 다니고. 인영 언니랑은 입학, 졸업을 같이 했어요. 정진 언니도 같이.

**김명희:** 나보다 먼저 들어왔어, 정진이도.

**조인영:** 1년 같이 했어.

**김명희:** 나 들어왔을 때는 기양이 형, 종일이, 병규, 영란이도 있었을 거야. 그리고 현애, 연대에 있는 애.

**조인영:** 김광수 목사하고 한기양 목사님이 좀….

**조영숙:** 좀 많이 리드해 주시고, 분위기 잡아주시고 이렇게 했었죠.

**김명희:** 광수가 많이 했고, 얘(조영숙)는 너무 똑바라진 애라서 말을…. 선배들도 감히….

**조인영:** 영숙이는 그래도 여성주의가 강했기 때문에, 선배나 친구들이나 약간…. 가부장적인 그런 문화가 많았었거든. 그럼 영숙이가 딱 정확하게 지적을 하고. 음담패설도 하고, 술 마시고.

**김명희:** 음담패설 징그럽게 많이 했지.

**조인영**: 아까 서남동 교수님 핸섬? 이런 거 같아요. 권오성 목사님 때는, 80년대에 학교를 나니셨을 때는 그러셨고, 우리 때는 나도 기억이 나는 장면이, 목사님께서 수염을, 내가 82년, 83년, 84년 7월까지 다녔는데, 목사님이 83년도 즈음에 수염을 기르셨어요. 우리가 "왜 수염을 기르실까?" 그러면, 아까 말씀하셨듯이 너무 지식인 냄새가 나서 그렇다 하시면서 "난 현장에 들어갈 거다" 이렇게 얘길 하셨거든. 그때였던 것 같아.

**임승철**: 그러니까 나름대로 변장한다는 게 수염 기른 거구나. 여기 칼자국 하나 내시고 그 정도가 돼야 변장이지. (웃음) 남학생은 기억 안 나세요?

**조영숙**: 남학생…. 규상이와 같이 다녔고. 근데 어차피 뭐 친구라서. 친구니까 뭐. 남녀상열지사는 별로 없었어요.

**임승철**: 박현채, 리영희, 서남동 통해서 사상, 지식인의 행보, 태도 이런 거 말씀하셨는데. 지금 하시는 일 좀 소개해주시면서 그거와 선교교육원의 2년 반의 체험이랄까 경험하고 연결해서 얘기 좀 해 주시죠. 아까 말씀하셨는데.

**조영숙**: 선교교육원을 졸업하고 나서 저는 인천 지역의 노동현장을 갔어요. 봉제공장 노동자로 몇 년 있었죠. 인천 지역이 원래 동일방직 사건이 있었잖아요. 똥물 사건. 그래서 인천 지역에는 여성 노동조합의 경험을 갖고 있던 70년대의 선배들이 쭉 포진해 있었고, 저희가 80년대에 위장취업자로 노동현장에 들어간 학출들이었죠. 그분들은 소위 말하는 노출. 노출과 학출로 우리 지역에서 여성들이 만나게 됐고. 저도

현장에서 들어가서 보니까 어떤 문제의식이 느껴지냐면, 아마 인영언니 말씀하셨던 것처럼, 여성의 현실은 좀 다른 것 같다. 내가 선배들로부터 배웠던, 남녀를 구분하지 않고 배웠던 민중. 이를테면 성별로 나누어지지 않는 민중과 내가 만난 여성 노동자를 바라봤을 때, 민중에 대한 현장감이 좀 다르다는 느낌을 갖게 된 거예요. 예를 들면 미혼 여성들의 경우를 놓고 보면, 본인이 주체적으로 뭘 하겠다는 생각보다는 결혼을 통해서 뭘 구현해보고자 하는 태도. 그런데 그때 우리가 노동현장에 기혼 여성들이 있었어요. 기혼 여성들을 놓고 보면 그 여성들은 언제나 일을 하면서 끊임없이 아이들의 양육에 대해 고민하고, 집안일을 고민하고, 그러면서 노동을 하고 있어요. 그러니까 집에 들어가면 아이와 집안일을 본인들이 고스란히 감당하고 있을 거란 얘기죠. 그러니까 저희가 민중을 얘기하면, 그때 계급이나 이런 것들을 중심으로 얘기했었을 때 우리는, 일을 하고 독립적인 경제력을 갖고 있는 사람들이 해방되는 데 더 가까울 거라고 생각을 했는데, 여성들은 일을 하면 해방에 더 가까워지는 게 아니라 독박, 부담만 더 느끼는 거죠. 일과 가정의 밸런스 얘기하는 게 그때 당시 여성들은 하나도 해결되지 않고, 정말 직장에서의 일, 집안에서의 일, 아이를 돌보는 일, 그 다음에 시부모를 돌보는 일. 삼중사중으로 일이 늘어져 있는데 그 어떤 것도 모든 게 다 여성들만이 독박을 써야 되는 일로.

또 하나는, 남성 여성들이 같이 일을 하고 있는데 대다수 관리자는 다 남성이고 대부분의 밑에서 일하는 사람들은 다 여성인데, 보면 너무나 명명백백하게 관리자 남성들에 의한 여성의 성희롱이 너무 심각하고 성폭력까지 있어요. 여성들이 당하고 있는, 소위 민중으로서 선배들한테는 한 번도 가르침을 받아본 적도 없는, 여자이기 때문에 당하는 어려움, 폭력, 차별, 그러니까 여성만이 당하는 폭력과 차별을 현장에서 경험을 하게 된 거예요. 눈으로 직접 목격하게 되고, 유사하게 남자들이 하는 짓들을 겪게 되고. 이러면서 서서히 여성 노동자들을 위한 별도의 조직과 공간이 필요하다는 생각이 그때 형성됐어요. 80년대 초 중반에 거쳐서. 그건 저뿐만 아니라, 아마 이건 진화 법칙과 같은 것 같아요. 저 남미에 원숭이가 막대기를 들면 아프리카의 원숭이도 막대기를 든다고. 서로 직접적으로 소통을 하지 않더라도 그런 기운들이 동시에 한 시대를 형성하는 것처럼, 아마 많은 사람이 그러한 비슷한 생각을 동시에 했었던 것 같고. 그래서 제가 84년에 현장으로 내려갔던 86년도, 87년도 인천의 노동자대투쟁, 그다음 주안에서도 이런 것들이 86~88년도까지 벌어지면서 많은 사람이 현장에서 나오게 됐고 저도 그랬어요. 현장에서 나와서 본격적으로 노동조합 결성운동이 지역별로, 서울은 서울대로 인천은 인천대로, 특히 인천이 전국민주노총을 만들기 위한 움직임이 있었는데, 그 한 흐름 속에서 70년대 여성노동운동 했었던 분들이 모였죠.

동일방직 여성 노동자들이 모였는데 마침, 동일방직 여성 노동자들의 대모는 조화순 목사님이세요. 감신에 있는 조화순 목사님. 70년대 여성 노동자들이면 80년대는 이미 결혼했어요. 아기 엄마들이에요. 결혼한 여성들은 사라져요. 하지만 결혼하지 않고 그 지역에 계속 남아있는 분들이 몇 분 계셨어요. 안순혜 언니라든가, 조옥화 언니나 이런 분들이 있었어요. 이 언니들하고 학출로 쭉 있었던, 지금은 국회의원이 되신 남인순 언니랑 같이(제가 그 언니 직속 후배였기 때문에). 조화순 목사님이 노력하셔서 이러저러한 건들을 가지고 펀드도 여기저기서 따 오시고 같이 모여서, 여성들이 당하고 있는 어려움을 해결할 수 있는 공간을 만들자 했었죠.

센터라는 개념은(2000년 이후에 센터가 되었지만), 사실 인천에서

1980년대에 처음 만든 거예요. 첫 공간을. 그게 '일하는 여성의 나눔의 집'. 인천 지역의 일하는 여성을 위한 나눔의 집. 우리가 나누자고 해서 2층짜리 건물을 하나 사서 1층은 탁아소를 만들었어요. 2층은 미혼과 기혼을 통해서 경력단절이 된 여성을 위한 공간으로 만들었지요. 굉장히 선도적인 생각이었어요. 당사자들이 경험하고 갖고 있었던 어려움들을 모았기 때문에 가능했던 것 같은데요. 미혼 시절에 전자를 다녔더라도 —전자는 정말 미혼들만 다녀요— 여성 노동자가 기혼이 되면 일할 수 있는 건 봉제공장밖에 없어요. 봉제라는 기술이 A급 미싱사, B급, C급 이런 식으로 나누어지니까 기혼여성이 기술을 획득할 수 있어야 한다고 의견을 모은 거죠. 여성들이 남편을 의지하지 않고 본인이 경제력을 가지고 지속적인 밥벌이를 할 수 있게 하려면 본인만의 기술이 있어야 한다고. 당시 지역에 있는 공단에서 기술을 가지고 생계를 유지할 수 있는 것이 봉제기술이었거든요.

그런 이유로 미싱을 하나 놨고, 세탁기는 여성들이 집안일을 너무 힘들게 하고 있었잖아요? 그때만 해도 세탁기 있는 집이 정말 몇 집 없었어요. 그래서 여성 노동자들의 가사 노동을 완화시켜 줄 수 있는 세탁기 한 대와 기술을 습득할 수 있는 미싱 한 대를 놔서 2층을 사람들이 올 수 있는 공간으로 만들고 실질적으로 그들의 필요조건을 반영해서 뭔가 해 보자는 뜻이었어요. 그렇게 해서 '일하는 여성의 나눔의 집'을 1987년에 만들었어요.

**임승철**: 그 활동 이후에 지금 하는 일로? …

**조영숙**: 네. 그래서 1년 동안 그걸 하다가, 점차 민주노총, 노조 이렇게 갔잖아요. 그럼 우리도 여성노동에 대해서 논의를 (했죠). 그때 또

굉장한 사상 투쟁을 했어요. 우리가 하는 이 운동, 여성이라는 기치를 내걸있는데. 소위 NL, PD 논쟁처럼 노동 운동으로 귀결되느냐 여성운동으로 귀결되느냐? 우리가 하고자 하는 방향은 뭐냐? 라고 했을 때, 우린 왜 여성과 노동자를 합칠 수 없는가. 그래서 여성노동자 조직을 별도로 만들자고 해서, 민주노총은 인천 지역 민주노총 건립추진위원회를 만들 때 우리는 인천여성노동자회 준비위를 만들어서 '일하는 여성의 나눔의 집'을 인천여성노동자회로 만들자는 것을 '일하는 여성의 나눔의 집'을 하면서 1년간 논의를 한 거예요.

그 결과로 1988년에 '인천여성노동자회'를 건립하게 됐어요. 그래서 이 '일하는 여성의 나눔의 집'을 전환을 시킨 거죠. '인천여성노동자회'로. 이사나 참여하는 사람들 많고, 조직으로서 구성을 갖추기 위해 조직부, 홍보부, 이렇게 하면서 제가 조직부장을 맡고, 그리고 남인순 의원이 사무처장을 맡고, 대표를 안순혜 언니가 하고. 그때 김지선 언니, 노회찬 의원 부인이시죠. 김지선 언니하고. 이런 식으로 같이 만나서 그 사업을 쭉 몇 년 동안 같이 했어요. 그래서 제가 서남동 목사님의 모습을 따라서 노동자들하고 격의 없이 지내고. 그다음에 박현채 선생님이나 리영희 선생님 따라서 학습도 하고. 여성 노동자들 학습모임, 일종의 문화활동, 같이 밥해 먹는 거, 같이 뭐 하는 거, 다 소그룹이라고 그랬어요. 그때는.

소그룹 활동을 쭉 하다가, 제가 91년에 쓰러졌어요. 너무 몸이 나빠져서. 그래서 회의하다가, 앉아서 여기서부터 여기 반이, 반신에 약한 풍을 맞았어요. 이러고 있다가 이렇게 쓰러진 거예요. 여러 사람하고 같이 회의하다가. 그때가 서른 한 살? 그러고 나서 뭘 먹어도 온몸에 두드러기가 나는 거예요. 아마 너무 힘들었나 봐요, 체력적으로. 어린 시절에 나와서 나를 돌볼 시간 없이 계속 뭔가를 하고, 현장에서 있었던 집이, 기억해 보면 거기서 몸이 나갔던 것 같은데, 곰팡이가 막, 지하도 아니고 어떤 집의 뒷골방인데 하여튼 한여름에도 냉골이고 곰팡이 있고. 그런 식으로 오래 살면서 몸이 많이 골병이 들었던 것 같아요. 안 낫는 거예요. 그러면서 집에 가서 좀 쉬게 됐어요.

어머니한테 가서 쉬게 되면서 다시 고민하게 됐어요. 다시 이분들 생각이 났어요. 왜냐면, 제가 쓰러지게 된 배경도 아마 일에 대한 나의 회의? 왜냐면 그게 91년이었거든요. 80년대 후반에 사회주의 붕괴하면서 많은 사람이 전향서를 쓰기 시작하고. 그다음에 백기완 선대본. 인천 지역에서 워낙에 그게 세면서, 그때 NL PD, 민중당 이런 식의, 우리 안에서도 서로가 서로에 대해 노선 투쟁이 너무 심해지고. 사회주의는 붕괴했는데 우리끼리는 노선 투쟁을 하고 있고, 대선에서 분열돼서 그 기회를 놓치고. 이런 일련의 과정들이 지금 내가 뭘 하고 있는 건가, 어딜 향해 가고 있는가, 내가 서 있는 위치가 어딘가 이런 고민들을 하게 됐고, 그러면서 아마 몸도 같이 나빠지면서 나를 다시 (고민하게 됐죠). 왜냐면 사회주의 붕괴가 저한테 굉장히 충격이었어요. 내가 사회주의자였는지 잘 모르겠는데 사회주의 붕괴가 왜 그렇게 나한테 큰 충격이었는지. 뭘 향해 내가 가고 있는가? 뭘 향해 달려왔는가? 나의 판단 근거를 잃은 것 같았어요. 판단 근거를 다시 찾아야 되겠다, 안 그러면 내가 몸이 회복이 안 되겠다. 갈 길을 잃으니까 몸이 쓰러진 것 같고. 몸 반쪽에 풍이 온 게, 하려고 했던 방향을 잃었기 때문에 몸의 균형을 잃은 게 아닌가 하는 생각이 들면서, 다시 복학했어요.

92년에 복학서를 내놓고 1년을 학교에 안 다니고, 우리 시절만 해도 그런 게 통했답니다. 지금은 택도 없지만. 아, 93년에 복학했나? 2년은 제가 계속 아파서 헤매다가, 다시 김영삼 대통령 오고 나서 기회가 열려서. 그래서 93년에 복학을 해서 93년은 다니지 않고, 다른 이러저러한 일을 하다가, 94~95년 2년을 다녔어요. 그때는 학교에 안 나가면 안 되는 거였기 때문에 수업을 듣게 됐는데, 제가 80년에 입학했다가 81년 봄까지 학교에 다니고 94년에 다시 들어간 거니까 한 15년 만에 학교에 다시 갔는데, 격세지감이…. 88올림픽을 하고 나서, 대학에 94년에 들어가니까 그때 모든 아이가 영어학원에 다니고 있고, 컴퓨터 학원에 다니고 있고, 학교 다니면서 운전면허를 따고 있고, 마지막으로 언어 연수를 가더라구요. 여행 자유화가 이루어지면서 해외에. 그래서 제가 그걸 다 따라 했는데 운전면허만 안 땄어요. 컴퓨터, 영어. 왜 그걸 했냐면, 지식인들은 세상을 읽어야 한다고 배웠는데, 우리의 시민들이 사회주의 붕괴하는 걸 모르고 있었다는 게 저는 너무 배신감과 충격이 동시에 있었어요. 도대체 무슨 지식을 갖고 있었길래, 이렇게 세상이 변하는 것에 대해서 깜깜이로 있을 수 있었을까. 그런데 리영희 선생님 말씀을 다시 되새겨 보면, 언어를 알아야 내가 직접, 누군가 5년 10년 있다가 번역해 준 구태의연한 옛날얘기 말고, 지금 동시대 얘기를 찾으려면 언어를 해야 되는구나 해서 영어학원을 열심히 다녔어요. 그다음에, 우리 맨 처음이 생각나요. 가리방, 그다음이 타자고, 그리고 컴퓨터를 배우게 되면서 다시 도구와 기술과 방법론에 대한 고민들을 하면서 졸업을 96년도에. 사회에 나오게 된 거죠. 사회에 나올 때 쯤 해서 남인순 언니가 그때 인천여노를 그만두고 여연으로 옮겼었어요. 근데 제가 거기 가기 전에, 그때 여연에 지금 KOICA 이사장 하시는 이미경 씨, 그때는 그분이 총무로 일을 하셨는데. 그분하고 뭘 하게 됐냐면, 95년 쯤에 아르바이트로, 그때 여성단체연합이 굉장히 선도적이었어요. 지금 생각하면 여성 쪽이 많은 부분을 미리미리 고민했던 지점이 있는데, 그때 김대중 대통령 쪽 분위기가, 선거 이전이지만, 김영삼 대통령 이후에 민주화가 쭉 되고, 95년에 세계화추진위원회가 있었잖아요. 88 올림픽이 있었고 또 다른 분기점이, 시민사회 안에서는 90년대 초반에 신사회운동, 시민운동. 계급운동에서 시민운동으로의 이전. 광범위하게 많은 조직이 시민단체라는 이름으로 그때 막 나오게 됐던 거고. 여연은 그런데 이미 87년에 여성단체라는 시민적 성격을 가졌던 거죠. 그렇지만 자기 성격이 뭔지 모르고 있다가, 90년대 들어서면서부터 이게 시민사회적 성격이 있다, 시민사회 영역 안에서의 부문운동이라고 하는 것들로 이해를 하게 됐어요.

그런 활동을 하면서 뭘 고민하게 됐냐면 돌아가신 이우정 선생님 등 여러 선생님이 남북 여성 교류에 대한 고민을 하시게 된 거예요. 92년에 시작을 해서 93년, 94년까지 쭉 해오면서 남북관계가 대치되어 있을 때 여성들이 물꼬를 트는 것을 이미 하셨지만. 북한 여성들과 만났을 때 굉장히 많은 괴리감과 차이를 느끼시면서, 여성단체연합에서는 만약에 우리가 북한을 만났을 때 어떻게 만나야 될 것인가에 대한 고민을 했지요. 그래서 구 사회주의 국가였다가 자본주의 시장 경제로 변모한 중국이나 베트남의 여성들과 만나면, 우리가 이들과 어떤 랭귀지와 방법론으로 만나야 될 지를 간접적으로 경험할 수 있지 않겠냐 해서 한국, 중국, 베트남 교환 프로그램을 만들었죠. 평화를 모토로 하는 퀘이커교도에서 운영하는 해외원조사업 프로그램의 AFSC(American Freinds Service Committee)후원을 받았어요. 그런데 메일도 보내고 뭘 해야 하는데 영어로 소통할 수 있는 사람이 필요했던 거죠. 그러다 우연히 제가 학원에 다니는 것을 알게 되어서 "와서 알바 좀 해" 그렇게 된 거죠. (웃음) 그렇게 가서 한 두 달 알바를 했어요. 95년에 하반기 알바 업무로 메일도 보내고, 외국 손님들 오시면 에스코트해서 회의장으로 모시는 알바를 하면서, 여연에서 제가 잠깐 왔다갔다 하게 되었던 거죠. 그러다 보니 "졸업하고 와서 일해, 본격적으로." 그렇게 96년부터 여성단체연합에서 일을 하게 됐어요.

그때 이미, 제가 대학교를 다시 복학하면서 들었던 생각은, 기존의 방식과 사고라고 하는 것들이 더이상 변화에 조응하지 못한다. 그리고 저와 같은 생각들을 많은 과거의 계급운동이나 노동운동이나 사회운동, 진보 영역의 재야운동 하였던 분들이 하셨던 것 같고. 그때부터 사회 개발 내지는 환경, 사회복지. 그 이전엔 쓰이지 않았던 용어예요. 계급이나 민족이나 하는 용어를 썼다가, 랭귀지가 바뀐 거죠. 이슈라고 하는 것들이 바뀌면서, 사회, 복지, 개발, 환경 이런 식의 신사회운동적 아젠다라고 하는 것들을 새롭게 펼쳐야 하는 시점들. 그리고 저로서도 과거의 내가 했었던 계급이다, 민족이다, 여성 노동자다 하는 것들이 변화되는 것에 맞춰서 일을 할 수 있는 새로운 공간으로서의 여성단체연합이 기회가 되겠다 해서 96년도부터 일을 하게 됐고.

그때 제가 맨 처음에 사회개발부장으로 들어갔다가, 정책실장을 하다가, 국제협력실장 일을 하다가, 사무총장을 쭉 10여 년 동안 해서 96년서부터 2005년까지 일을 하고. 그리고 제가 2000년에 담당자였기 때문에 일을 하게 된 거였는데, 군산 대명동, 개복동에서 화재사건이 나서 성매매 여성들이 죽는 것들을 보면서 다시 울컥하게 된 거예요. 민중을 다시 만나게 된 거죠. 특히 소외 받는 여성들. 차별받고 낙인찍히고, 서남동 목사님 얘기하신 돌 맞는 마리아. 그들을 만나서 죽음의 현장을 보고 성매매방지법 만드는 것에 대한 리딩을 제 역할로 사오 년 동안 쭉 하게 됐어요. 여성단체연합이 법을 하나 만들면 한 사오 년 동안 현장을 가고, 사람들하고 만나서 토론하고, 법안을 만들고, 국회의원들을 설득하고, 캠페인을 하고 이런 일련의 과정이 쭉 펼쳐지기 때문에 마침 제가 그 사업을 이끌게 됐었던 거죠. 그 법을 2004년에 통과시키는 과정까지 제가 쭉 진두지휘를 해서 그 법을 만들고 났는데, 문제는 과거만 해도 매춘녀, 윤락녀였잖아요. 그런데 성매매 여성들이 권리를 박탈당하고 차별받고 폭력 피해당한 사람들이고 위안부 할머니와 같은 여성들이다라는 개념으로 바뀌었어요. 그래서 그들이 그동안 당했던 폭력과 피해를 복구하기 위한 다양한 서비스를 지원해줘야 한다는 방향으로 입법을 해야 하는데 아무도 그런 사고를 해본 적이 없었잖아요. 타락한 여성이니까, 불쌍하니까 도와준다는 생각이었죠. 권리를 침해당한 인권침해 피해자로 보지 않고 낙인을 찍는 방식으로의 서비스만 제공해줬던 거지요. 대상자의 개념이 바뀌니까 지원 방식 자체가 다 달라져야 하는 거예요. 소위 말하는 사회복지 전달체계에서 서비스 방식 자체가. 게다가 개념 전환과 서비스 방식 변환을 국가가 해야 하는데 공무원들 그 누구도 경험이나 전문성이 없었죠. 그래서 경험이 없던 저 또한 목사님이나 선생님 가르침 따라서 방법을 찾았죠. 성매매방지법에 대한 서구의 사례를 찾아보고 법적 문제와 정책적인 문제를 따지다 보니 제가 전문가가 되어버린 거죠. 원래는 전문가가 아니었어요.

전문가가 되어서 법을 만들고 나서 그 법을 집행하기 위한 중앙정부 산하의 기관을 만들었는데, 그것에 대해 총괄 지휘를 하는 일을 맡아달라고 해서 2005, 2006, 2008, 3년 반 동안 사무총장을 하다가, 여성인권중앙지원센터—지금은 한국여성인권진흥원이라고 해요— 여성부 산하 기관인데. 그때까지만 해도 기관이 아니라 NGO가 위탁을 받아서하는 방식으로 했어요. 왜냐면 정부 산하기관이 되면 독립성이 없으니 여가부와 NGO가 계약하고 NGO가 운영하는 방식으로. 지금은 얼토당토않지만 그때만 해도 노무현 정부 때였기 때문에 가능했어요.

그렇게 해서 저희가 바라보는 여성 인권이라는 관점으로 성매매 여성들을 지원하기 위해 먼저 시작한 것이 성매매 여성들을 지원하는 서비스 기관에 종사하는 사람들의 훈련이었어요. 서비스 기관 종사자나 경찰들의 생각이 바뀌지 않으면 과거 패턴대로 할 것이라는 판단이었어요. 그런 사업들을 2005년부터 2008년까지 했는데, 이명박 정부 들어서고 나서 저희가 다 쫓겨났죠. 그리고 다시 2009년에서부터 여성단체연합의 국제연대센터를 지금 십여 년째 하고 있는 거예요. 다시 왔다 갔다 하게 됐었던 거죠.

**임승철**: 선생님들과의 약속을 아직도 지키시고, 기억하시고….

**조영숙**: 그럼요. 너무 생생해요. 또 해외를 많이 돌아다니며 보니까, 한국의 여성들만 가난하고 소외받는 게 아니라 아시아, 아프리카, 남미 등 우리보다 훨씬 더 가난하고 소외받는 해외 여성들이 많이 있다는 것을 깨닫게 되었어요. 물론 한국도 빈부격차나 양극화 등 불평등이나 여성에 대한 극심한 차별이 있긴 하죠. 언제나 OECD 국가중 임금격차가 제일 높고, 국제의원연맹을 보면 거의 우리나라의 여성 국회의원 수의 비율이 전 세계에서 가장 낮지요. 즉 한국 사회는 차별이 경제에 가려 잘 안 보이는 지점에 있었지요. 그런데 다른 나라들은 이런 인프라가 없는 상황이었죠.

게다가 당시 십년 정도 일을 하다 보니까 국내에서는 모든 것이 정치적으로 줄 서기, 편 가르기를 하는 통에 좀 질린다고 할까? 노무현 정부 이후에 좀 질렸어요. 또다시 이렇게 쪼개지고 저렇게 쪼개지는 것에 질려서, 거리를 두고 싶다는 생각이 들고 그래서 제가 자꾸 해외를 다니게 된 거예요. 그러면서 거꾸로 해외에 있는 많은 여성과 함께하고 그들의 문제를 해결해 주는, 소위 얘기하는 ODA 해외 원조 관련된 사업들을 많이 만들어낸 거죠. 아프리카나 아시아나 남미나, 특히 분쟁 지역의 여성들. 우리 위안부 할머니들이 겪었던 동일한 것들을 겪고 있는 많은 지역에서, 우리는 우리가 잘해서가 아니라, 우리가 가지고 있는 비슷한 경험을 갖고 있는 사람들한테 우리가 어떻게 싸웠는지를, 그리고 어떻게 싸우고 있는지를 설명해줄 수 있겠더라고요. ODA를 한국이 잘한 걸 자랑하는 거라고 오해하는 분들이 많은데, 저는 우리가 문제를 해결해서 가서 도와주는 게 아니라, 우리가 가지고 있는 문제와 비슷한 문제를 갖고 있는 쪽에 가서 우리가 이 문제를 해결하기 위해 어떻게 싸워 왔는지, 싸움의 과정에서 뭘 성취하고 무슨 변화를 만들어냈는지, 아직 갈 길은 멀지만, 그런 우리의 교훈을 줄 수 있다고 생각해서. 그런 점에 대한 것들을 지금까지 하고, 또 제가 그렇게 생각할 수 있게 된 것에 가장 대표적으로 박현채 선생님, 리영희 선생님, 서남동 목사님 이런 분들이 주신 가르침이 저한테 여전히, 그런 것들을 할 수 있는…(지침이 됐어요). 약간 헷갈릴 때 다시 그리로 돌아가서, 그게 저의 초심일 수도 있고 하나의 출발점일 수도 있고 그런 것들로 다시 돌아가서, 나를 다시 곧추세울 수 있는. 그렇게 생각해보니까 선교교육원에서의 삶이 마치 저의 뿌리이자 자궁이자 영양소이자….

임승철: 세상으로 파송하기 전에 딱? …

조영숙: 맞아요. 딱 그런. (웃음) 이제 마무리해도 되겠지요?

임승철: 그럼요. 감사합니다. 70년대 외국어대학교 다닐 때 학교에서 제적당한 이야기 좀 먼저 해 주실래요?

조인영: 저는 학교에서 제적 안 당하고, 교회에서 제적당했어요. (웃음) 저는 78년도 3월에 한국외국어대학교 일본어과에 입학을 했어요.

청운의 푸른 꿈을 안고 대학은 입
학했시만, 제가 대학교 입학하자
마자 제 여동생의 전도로 한빛교
회에 나가게 됩니다. 거기에 가면
서부터 다른 세상을 만났어요. 제
가 전혀 몰랐던 세상인데. 목사님
부터 너무 달랐고요. 대학생부, 청
년부 선배들 하여튼 모든 사람들
이 다 제가 몰랐던 세상을 가르쳐
주는 선생님이셨어요. 그래서 목

조인영 목사

사님의 설교와 대학생부 세미나를 통해서 제가 의식화되어 갔어요. 그
리고 그 속에서 제가 새롭게 안 사실은, 예수님이 전에 알고 있었던 막
연한 개인의 구원자로서 예수님이 아니라, 철저히 이스라엘의 역사 속
에서 그 당시에 바리새주의자라든가 율법주의자들에게 박해당하여 하
나님의 구원의 계획이신 십자가에 처참한 형을 당하시고 부활 승리하
신, 민중과 함께한 구세주라는 것이죠. 그래서 민중과 친구이신 예수님
이라고 하는 사실을 한빛교회 다니면서 배우게 됐고요. 그리고 저도 점
점 주님의 뒤를 따라야 되겠다, 민중과 친구가 되어야겠다 이런 생각을
하게 됐죠. 그랬기 때문에 학교에 다니면서도 학교 생활에 점점 소극적
이 되고, 교회 생활에 더 많은 비중을 차지하게 됐어요.

그런데 제가 제적을 당하게 된 사건은, 80년도 5월인데, 교회에 갔는
데 그 날이 주일이었어요. 근데 그날 교회에 가자마자 포교령이 떨어지
고 모든 학교 학생들이 학교에 못 가게 되고, 오후쯤 광주 소식이 교회
를 통해 광주에 위험이 처해지는 상황 이런 것들이 보고가 되기 시작했
어요. 그때는 교회가 유일하게 전국 네트워크망이 있으니까. 저희들이

그 사실을 알고 나서 그 주에, 월요일도 모이고 화요일도 모이고 모일 수밖에 없었던 거죠. 정말 그때 떠도는 소식들은 굉장히 비참했어요. 계엄군이 총칼을 갖고 있었고, 지나가는 사람들을 무참히 찌르고, 임산부의 배를 찌르고 가슴을… 하여튼 이런 식의 이야기들이 막 들려오니까, 우리 대학생들이나 청년들이 가만히 있을 수가 없었어요. 근데 그때가 포교령이 내려지고, 가뜩이나 포교령이 아닌 상태에서도 한빛교회는 주시를 받고 있었는데, 포교령이 떨어지니까 (감시가) 깔렸죠. 그렇게 되니까 교회가 아닌 다른 장소에서 모일 수밖에 없었고, 그리고 우리는 아는 정보는 없었지만 너무 심한 정보를 듣게 되니까, 그리고 그때는 포교령이었기 때문에 뉴스나 TV가 철저히 통제받고 있었어요. 그렇게 되니까 청년부 임원진들인 우리는 진실을 알려야 되겠다고 결심을 하게 된 거죠. 여서일곱 명이 결심을 하고 원고를 쓰고, 가리방을 해서, 교회에서 할 수가 없으니까, 안전한 곳이 없으니까, 제가 교회 근처에 저희 고종사촌 언니, 평범한 민중이죠. 그 집을 제가 빌려서, 언니 오빠를 내쫓고. 거기서 가리방을 제작을 하고. 등사를 맡기고 다음 날 아침에 그걸 받아서 뿌리기로 했어요. 다음 날 대지극장 근처에 있는 제과점에서 만나기로 했는데, 그게 소위 말해서 감시를 받고 있었던 거죠. 가리방을 긁는 도중인지…. 어디선가 그쪽 그룹이 체포가 된 거고, 저희는 집에 와서 옷을 갈아 입고 약속장소인 대지극장 건너편 제과점으로 갔는데 하나씩 하나씩 종암경찰서로 잡혀갔어요. 6~7명 정도 잡혀들어가서 조서를 쓰게 됐죠. 회장, 부회장, 총무는 기본적으로 걸리는 거고, 나머지는 훈방 조치가 됐는데 특히 저는 부회장인데다가 집을 제공했고 여러 가지 정황상 종암서로 넘어갔어요.

**임승철**: 잡혀가신 게 6월?

**조인영**: 5월 23일이에요. 그때 경찰서에서 구속영장이 떨어져서, 종암서에 있다가 곧바로 서대문으로 넘어 갔구요. 서대문에 가서 76일인가 있었는데 그때 워낙 대학생협의회 회장들이 다 잡혀 오고 회장들의 경우는 독방에 넣게 되니까 저희와 같은 사건들은 군법 재판을 받도록 수경사로 보낸 거예요. 수경사에 갔는데 공소 취하로 처리했어요, 고소한 사실도 없다고. 그래서 저희는 76일 만에 나왔어요. 그런데 문제는 학교에서는 제적이 되어 있었던 거고, 저도 철저히 의식화가 돼서 벌인 일은 아니었지만 어찌 됐거나 그때는 가만히 있을 수는 없는 거였으니까 그랬지만 부모님 뵐 면목은 없었던 거죠. 그런데 마침 분위기가 공장에 간다, 민중과 함께 가까이 가야 한다는 분위기여서, 저도 그 분위기를 따라갔던 것 같아요.

그래서 공장에 가려고 그해 겨울에 준비를 하고 있었는데, 저희 교회 선배님—권오성 선배님이었던 것 같아요—으로부터 "선교교육원이란 게 있는데, 한 번 가서 민중신학이나 이런 교육을 받아보지 않을래, 등록금도 장학금으로 다 나오고, 해직 교수들로 이루어져 있다" 이런 얘기들을 듣게 됐어요. 그때 든 생각은 현장에 들어가기에 제가 아직 딱부러진 자기 결단이 약했기 때문에, 나만의 유예 시간을 벌기 위해서 선교교육원을 선택하지 않았나 싶고요. 선교교육원에 가서는, 제가 외대를 3학기 다니고 휴학을 한 상태에서 제적당한 거라서, 교육원에서 5학기를 채워야 됐어요. 그래서 82년 3월부터 84년 9월까지 다녔습니다.

그리고 선교교육원은 저한테는 새로운 학창 시절의 연장이었는데. 새로운 좋은 선배, 동료, 후배 이런 좋은 관계를 알게 되는, 저한테는 굉장히 소중한 시간이었고. 그리고 선배들의 주옥과 같은 말들, 후배들, 동료들 다 하나같이 진지했었고. 역사에 대해서도 늘 책임을 지려는 자세였고. 그리고 표시는 안 해도, 그 당시 우리 교육원에서 자주 못 보던 친구들이 있었는데, 나중에 지나고 보니 그 친구들이 그때는 언더 분위기였으니까, 학교에서 굉장히 중요한 일들을 맡았던 것 같아요. 근데 여기 와서는 잠시 쉬어가지만 언더 일이니까 논의할 수는 없는 거고. 그러니까 그런 친구들이 나중에 자기네 학교에서 큰일들을 했던 것 같아요.

하여튼 교육원에서 제가 기억에 남는 몇 가지, 제가 받았던 것은, 물론 예수님이, 일단 저는 "기독교 신앙이 역사 속에서 고백된 신앙이고 실천적 신앙이라는 것"을 알게 된 게 한빛교회에서 주어졌다면, 교육원에서는 저는 오히려 민중신학, 그러니까 서양의 틀로만 보던 기독교의 신앙이 우리 한국의 민족사와 역사 속에서 고백될 수 있다는 사실이 굉장히 감동적이었어요. 그리고 예를 들면, 한국사부터 시작해서 민속학과 연결되고, 예를 들면 우리 심청전 잘 알잖아요. 그러면 저희는 단순히 심청이가 아버님을 구하려고 제물이 되었다가 나중에 자신의 아버님의 눈을 뜨게 하는 거잖아. 근데 이게 나중에 민속학적으로 연결이 되면, 판소리를 통한 예수님의 구원의 신학 같은 것을 찾아내시고 이런 걸 보면, 판소리를 통해서 심청이는 자기 아버님을 위해서 자신을 바쳤지만, 나중에 그 아버님의 눈을 뜨게 하는 그 순간에 모든 그 시대의 장님들의 눈을 뜨게 하는 사건으로 이게 승화 발전이 되거든요. 그런 것들이 저한테는 굉장한 충격이었고, 구원론이나 그런 것이 얄팍한 서양식 개인주의적 구원과 부활의 신앙이 초점이기보다는 역사 속의 다양한 민중의 집단에게 집단적인 세례로 구원의 소리를 퍼붓는 것들로 다가오게 되니까, 굉장히 새로운 것이었고. 한마디로 말하면 예수님이, 구원자이신 예수님이기도 하지만 그 구원자가 해방자이신 예수님이라는 표현으로 저한테 다가온 거죠. 그래서 민중신학을 알게 된 거고. 그리고 또, 제가 한국외국어대학교 학생이었으니까 교수님의 영향력을 많이 못 받았었는데, 여기 와서 아까 조영숙 선생도 이야기했지만 박현채,

리영희 교수님 이런 분들 굉장히 생각나요. 박현채 선생님, 저는 경제사를 몰랐었는데, 박현채 교수님의 민족경제론, 자립 경제를 만들고 그러기 위해서 우리가 얼마나 대기업 수출 위주의 것을 벗어나고 민족경제를 만들어야 되는지 그런 걸 다 알려주신 거예요. 그리고 우리가 굉장히 우상에 눈이 멀었다는, 전환시대의 논리나 그런 것들을 통해서 시대를 바라보는 눈을 뜨게 해 준. 얼마나 베트남이나 이런 곳들도 왜곡되게 알았어요. 정말 진리가 우리를 자유케 한다는 그 말이, 얼마나 엄청난 무게감이 있는 것이며 그걸 만들어내면서 얼마나 많은 수고와 희생이 있어야 되는가를 알았어야 됨에도, 그때는 자유에 만끽해서 충분히 진리의 강물에 헌신하고 빠질 수 있다는 그런 낭만주의적인 생각을 많이 가졌던 것 같아요. 그 당시는 혁명이라는 단어도 많이 나왔고, 그런 것을 감당해내기 위해서는 얼마나 많은 치밀한 과학적인 논리부터 시작해서 조직화 등등이 있어야 하는데, 저는 그런 점에서는 조금 낭만적인 생각을 갖고 있었던 것 같아요. 그리고 지나고 나서 보면, 그 당시 저는 제가 NL이라고 그랬는데, 제가 취한 노선은 굉장히 PD적 노선이 많구요. 그런데 말은 내가 NL이야 그랬어요. 근데 한 행동은 PD적이에요. (웃음) 민중지향적인, 왜냐면 민중교회를 하고 민중을 끊임없이 외치고 그런 걸 봤을 때에는 PD적인데, 아까 (조영숙이) 말한 것처럼, 자기 노선도 분명치 않으면서 어느 노선을 잡고 그쪽 그룹하고 만나고 했던 것 같아요.

그래서 교육원은 나에게, 나약하고 희미했던 나의 인식적 체계를 더 분명하게 세워주고, 동료를 더 붙여 준 그런 곳이었어요, 저의 인생에. 제가 왜 생명선교연대나 민중교회나 이런 것을 제 인생에서 인간관계의 뿌리로 두느냐면, 이런 것들이 저를 지금까지 살게 한 것이라고 생각해요. 물론 나중에 복학하고 나서 외대 운동권과 만나게 되면서 거기 선후배 관계들도 만나고 지금도 저랑 튼튼한 관계이지만, 그렇지만 제가 주욱 살아오게 된 과정, 만약 저한테 외대 운동권이 더 강했으면 민중교회를 하지 않았을 것 같아요. 그런데 저는 아무래도 그쪽이 뿌리이다 보니 교회 안에서 씨름하고 작업하고 그렇게 해 왔던 것 같아요. 그래서 저는 그게 제 뿌리인 것 같고.

교육원을 마치고 나서는 본격적으로 사상 무장도 됐겠다, 해방신학 이런 게 무장이 되어 있고. 예수님의 본격적인 제자로 살아야 되겠다고 생각했죠. 아주 쉽게 공장 노동자로 뛰어들 수 있었어요. 그래서 저도 성수동에 잠깐 갔다가 인천으로 가게 됐죠. 왜냐면 그때 인천이 소위 말하는, 러시아 혁명에서 말하는 상트페테르부르크 같은 그런 곳이었어요. 구로와 인천. 인천이 더 대기업이 중심이 되어 있어서, 대기업과 경공업이 결합된 그런 곳이었죠. 그래서 대기업 공단으로 들어갔어요. 그리고 주민등록증도 위조해서 다른 이름으로 들어갔는데, 그때 행정 당국도 노조를 만드는 것을 굉장히 막으려고 하니까, 주기적으로 신원 조회를 했던 것 같아요. 근데 저는 고등학교 졸업자로 가기 때문에 뽑히진 않았는데, 어찌 됐거나 제가 공장에 들어가도 저도 알겠더라고요. 그때 그 공장이, 한 200명 정도 되는 중소기업 미싱 공장이었는지 그랬는데, 거기 제가 딱 봐도 알겠더라고요. (웃음) 두 명의 학출이 딱 눈에 보여. 다른 사람들은 모르죠. 그런데 우리는 자기네들끼리 아는 거죠. 맨날 언어를 순화시키려고 하고 뭐하고 그래도, 이게 보이는 거죠. 눈에 첫 번째로 띄는 게 뭐냐면, 학출들은 다른 사람에 관심이 많아요. 그러니까 적극적으로 여기저기 말 거는 거죠. 노동자들은 그렇지 않거든. 개인적이고, 친한 사람 한두 사람인데. 저도 제가 기억이 나요. 거기 가서 어떻게든지 노동자들하고 친하게 지내려고 하니까, 그때는 야유회를 조직하는 게 첫 번째 과제예요. 그럼 막 야유회 가자고 놀러 가자고 해서, 제가 세 명하고 놀러 갔는데 부르스타 두 개도 제가 가지고 가고,

뭐도 제가 가지고 가고, 제가 다 챙겼더라고요. (웃음) 그들을 수동적인 대상화시킨 기죠, 그런 식으로. 그리고 나중에 그 두 명이랑 밖에서 우리가 만났어요. 거기서 한 아이가 "네가 신분이 드러난 것 같다, 그래서 네가 뽑히든지 말든지 스트라이크를 해야 되겠다"고 말했어요.

그때는 스트라이크 제스처만 쓰면 잡아가서 바로 구속시키는 거니까. 그런 과정이 있었던 것 같고. 근데 제가 거기를 왜 그만뒀는지는 모르겠어요. 그런 과정에서 신분이 드러났다고 생각해서 나왔던 것 같고. 저는 그리고 나서는 외곽에서 노조를 지원해 주는 외곽 노동운동권이 있었어요. 소위 말하는, 지금은 변절했지만, 김문수 씨 중심으로 해서 서인노 그런 그룹이 있었는데. 거기 들어가서 일 년간 활동하고, 그러다가 제가 광명경찰서에 붙잡혔어요. 자세한 내용은 이야기 안 하겠습니다.

하여튼 활동하는 임무 중 하나가 어느 A라는 인물 집에 물건들을 다 빼는 거였어요. 감시자가 있을 줄 알고 없는 틈을 타서 그 집에 들어가려는데, 창문이 너무 높아서 의자를 놓고 들어갔죠. 물건을 막 챙기고 있는데, 경찰이 혼자 나타나더라고. "같이 가시죠" 하면서. 감시를 하고 있었어. 이 사람이 요주의 인물이니까 분명 어떤 행동이 있을 것이라고 생각하고 감시를 하고 있었던 거예요. 중요한 건 나를 찾은 게 아니라, 이 당사자를 찾은 거였던 것 같아. 당사자가 오기를 기다렸던 것 같은데, 당사자는 자기가 노출됐으니까 안 나타났던 거고, 나를 시켜서 한 거였는데 나는 그 사람이 없길래 들어가서 빨리 챙겨서 나오려고 하다가 갑자기 보니까 경찰이 있었던 거지. 그래서 들어가서, 그때는 항상 하는 말이 그거야. 성문밖 교회에 갔더니 어떤 사람이 뭘 부탁해서 거절할 수가 없어서 그걸 도왔다. 그랬는데 거기서 명단을 딱 뽑아서 사진을 보여줬어. 수배자 중에 한 사람이었어, 이 사람이. 얼굴이 있더라고. 근데 난 모른다, 하니까 말이 되냐고 그러지. 근데 왜 그 사람을 주시하고 있었냐면, 그때 보니까 서인노에서 파티를 만들고 있었어. 레볼루션 파티를 만들고 있었는데, 그 사람이 파티원 중에 한 사람이었던 거야. 그런데 이게 이쪽에서 그림은 그려져 있었고, 그 사람은 자기가 드러나니까 도망을 친 거고, 거기 여러 가지 비밀이 있을 테니까 하부니까 갖고 오라고 해서 내가 걸린 거지. 나는 뭐 모른다고 하니까, 이게 사안이 쉽게 나올 사안은 아닌 거지. 근데 또 전화가 집에 갔을 거 아니야. 우리 아버지는 내가 선교교육원, 선교교육원 뭔지도 모르셔. 그리고 해남에서 내가 전도사를 하고 있는 줄 알고 계셨어. 근데 갑자기 광명서에서 전화가 오니까 발칵 뒤집혔지. 아버님이 오시고 고위층에 있는 지인들을 움직인 덕분에 쉽지는 않았지만 나오게 됐지요. 그런데 나와서 조금 쉬다 보니 사람이 슬슬 마음에 여유가 생기면 양심도 찔리고 또 뭘 해야 하나 찾게 되잖아.

연결된 게 인천민중교회 활동하는 사람들이었어. 거기를 가서 보니까, 얼레? 나는 교회가 특별히 어떤 희망을 가지고 할 수 없을 거라고 생각해서 현장을 간 거였는데, 그런데 교회를 되게 신나게 열심히 하는 선후배들이 인천에 있었던 거야.

그래서 내가 그걸 보면서 오, 그럼 나도 민중교회를 해서 뭘 하고 싶다, 이런 희망을 갖게 된 거고, 거기 6~7개월 다니고, 그러던 사이에 외대 복학 조치가 났지. 그래서 외대 사람들하고 만나게 된 거야. 외대 사람들은 나는 이름도 모르고 잘 몰랐던, 운동권이 아니니까, 사람들을 만나게 되고 뭐하고 하는데, 거기도 복학할 사람 일부와 현장에 갈 사람 일부가 나누어지게 된 거야. 그래서 현장 갈 사람들하고 자꾸 만나게 되니까 이 친구들이 그러면 언니, 언니가 교회를 하세요, 저희가 언니를 도와주는 활동가가 될게요. 이렇게 서로가 맞아떨어진 거야. 그래서 내가 송현샘 교회를 개척하겠다, 그럼 여러분들하고 같이 하자, 해 가지고 우리 집에다 사기를 치고 내가 "결혼할 때 부모님한테 절대 돈을 달라고 안 할 테니 내신 오백만 원만 주세요 아버님" 했지. 내가 우리 아버님 굉장히 정이 많은 사람이거든. "그래" 그러면서 오백만 원을 또 주셨어. 그리고 내가 바자회를 해서 돈을 모으고 다른 사람한테 돈을 빌리고 해서 그때 당시에 1,700만 원 주고 가정집을 샀어요. 그 가정집을 사서 공부방을 시작한 거야. 그런데 6개월 만에 활동가들이 다 빠져나가. 88년도인데. 왜냐면, 나랑 같이 활동해 보니까 교회라는 것의 한계, 활동가들의 입장에서는 교회라는 한계가 느껴지는 거고, 또 지역에서 자기네들끼리 활동하면서 노동운동을 해야 하는 입장이니까, 교회는 아무래도 후방기지 같은 느낌인 거지. 어느 세월에 공부방을 통해 아이들을 키우고 이런 걸 하겠어. 그래서 사람이 싹 바뀌어. 그렇게 되면서 다시 나는 공부방을 같이 할 사람을 구하고. 그 다음에 나한테는 또 버팀목이 된 사람이, 예장 서울 장신 출신 언니가 나랑 교회 할 때 같이 있었거든. 그 언니랑 나랑 공부방 선생님이랑 다시 제 2의 출발을 하게 된 거지. 그래서 송현샘 교회를 하게 된 거고.

그래서 여하튼, 교육원을 마치고 공장생활을 통해서 어찌됐거나 질풍노도의 2년의 시간을 거친 다음에, 인천민중교회랑 만나게 된거죠. 그리고 저는 한동안 민중교회가 굉장히 신났어요. 7~8년 동안. 그때 당시의 민중교회는 교회를 개혁해야 되겠다는 생각. 너무 큰 교회 중심이고, 역사적 고백도 없고, 실천도 없는 그런 무기력한 교회를 개혁하자, 작은 교회들이. 그리고 세상은 독점과 독재와 이런 것들로 되어있으니까, 그런 세상을 개혁하자. 거기에 누룩으로서 민중교회가 함께 하자, 이런 생각으로 맨 처음에 저희가 한민련을 만들고 그런 역할을 하게 되죠. 그게 아마 97, 98년까지 한 것 같아요. 그때까지 민중교회는 굉장히 신났고. 제가 기억이 나는 게, 여러 가지 다양한 방법으로 했어요. 복음

성가도 왜 꼭 외국 노래여야 되냐, 민중복음성가로 하자 해서 국악도 나오고 하는 여러 시도가 그때 된 것이고. 그리고 성탄절 같은 때에도 고난받는 민중과 함께, 현장에 찾아가서 같이 연합예배 드리는 시도가 있었고. 그건 지금도 시도되고 있는 것 같아요.

그리고 지금에 있어서의 저는, 교회를 16년간 목회하고 나서 제가 좀 번 아웃이 됐어요. 그렇지만 교회는 내 것이 아니니까, 교회에 좋은 목회자를 청빙하고 저는 사임을 했어요. 사임하고 나서 사회복지사 자격증을 따고, 제가 제2의 목회를 하게 되면 이걸 써야지 생각을 하고. 그 와중에 어떻게 취업을 하게 됐어요. 군의문사진상규명위원회에 가서 2년 2개월 일을 하게 되고. 나중에 주민교회 10개월 부목사로 일하고. 날라리로 왔다리갔다리 하다가, 제 개인적인 터닝포인트, 아주 사적인 사건이 있으면서 49살 벼랑길에 독야청청 서 있으면서 절벽으로 미끄러질 것이냐 새로운 삶을 살 것이냐 기로에 서 있는 상태에서, 하나님의 콜링이죠.

'다시함께'라는 사회복지 센터에 제가 2년 2개월 일을 하게 되면서, 그때 처음으로 사회복지시설 시스템, 조영숙 선생이 심혈을 기울여서 만든 2004년 성매매방지법, 그 방지법이 제정되고 나서 서울시에서 시범적으로 돈을 들여서 만든 게 '다시함께' 센터거든. 저쪽에서 정성을 들여 법을 세우고, 그 실천 단위로 서울시에서 한 건데, 거기 운영되고 있는 곳에 제가 취직해서 들어간 거죠. 가서 현장을 보고, 시스템을 보고 배우게 되고.

그러던 찰나에, 거기서 2년 2개월 만에 그만두면서 지금의 복지관으로 이력서를 내게 되고, 진짜 있을 수 없는 기적인데, 사회복지관 경력도 없으면서 사회복지사 경력 2년 2개월밖에 안 되는 사람이 복지관 관장 되기는 쉽지 않습니다. 그때 또 3대 1의 경쟁률이 있었어요. 어찌

됐거나 제가 낙점이 돼서 이렇게 관장으로 들어갔죠. 그런데 제가 낙점이 된 계기 중에 하나가, 하니는 민중교회 16년간의 제 경력을 일단 높이 사준 거예요. 왜냐면 기장이니까, 기장 교회에서 운영하는 거니까 그거를 했다면 사회복지에 대한 마인드가 충분히 되어 있다고 본 거고. 왜냐면 거기 오신 두 분이 벌써 관장들이었어요, 사실은. 그럼 제가 당연히 떨어져야 되잖아요. 근데 저를 딱 뽑아주신 거예요. 그래서 이건 하나님의 선물이라 했고. 그러면서 지금까지 해 오고 있습니다.

그래서 저는 지금 복지관에서 일을 하는데, 복지관에서 일하는 것 자체는 크게 어렵지 않아요. 이미 민중교회에서 가난한 사람들을 너무 익히 봐 왔고, 오히려 지금 우리 동네의 주민들이 더 환경적으로 잘 사십니다. 그리고 더 잘 이해할 수 있고, 대화 소통은 어렵지가 않은데, 직원들하고 그들의 눈높이에서 소통을 해서 더 한 쪽을 바라보게 할 수 있는 리더쉽이 실제로 필요한 거고. 또 관장으로서 관장들끼리 같이 협업을 해서 사회 이슈 파이팅도 해야 되는데, 복지관이 제가 봤을 때는 굉장히 보수적이야. 그리고 저도, 예를 들면 경력이 8년밖에 안 되는 관장이잖아요. 관장들도 짬밥을 보고 저를 저울질하면서 신참, 잘 모르는 관장이라고 하는 거죠. 그런데 제가 사회적 경력이나 뭐나 경험을 굉장히 많이 해 왔잖아요. 그러니까 무시할 수도 없고, 나이는 또 꽉 찼지, 내가 의외로 좀 당당하지 하니까, 관장들도 굉장히 그런 거고. 또 저는 어쩌냐면 저는, 남이 안 하고 딱한 상황이 있을 때는 제가 나서는 형이에요. 저는 잘 안 나서요. 잘 나설 것 같지만 겸손하려고 하는 편인데, 제가 여성관장연구회라고 하는, 98개 서울시 복지관 관장들이 여성관장연구회 35 곳이 모여 있었어요. 근데 제가 복지관 관장도 2년 정도 지났는데, 여성관장연구회 회장을 아무도 안 하려고 하는 거예요. 그러면 누군가는 해야 하잖아요. 그래서 제가 했어요. 제가 2년을 하는 사이에 어떤 게 바뀐 줄 알아요? 제가 그걸 열심히 하면서, 여성 관장들을 다 친하게 알고 지내니까 이미 제가 복지관 사이에 진입을 하게 된 거예요. 그러면서 제가 서울복지관협회 이사로 들어가요. 저 그거 하려고 하는 게 아니에요. (웃음) 저는 아무런 의지와 의도가 없어요. 그런데 서관협에 회장 되신 분이 회장이 되면서, 저보다 젊은 사람이 회장이 됐죠. 그러면서 저한테 이사가 돼 달라고 하도 부탁하는 거예요. 왜냐면 자기들의 판이 필요하잖아요. 저랑 같이 체계가 맞았어요. 또 서지회는 동, 서, 남, 북 지회가 있어요. 28개씩 묶여 지는데. 거기서 회장으로 돼야 올라가는 거거든요. 그거 하라고 해서, 나는 하기 싫은데, 다들 귀찮고 성가시니까 안 하겠다고 그러고. 후보에 입후보가 됐는데 표가 나와서 또 하고. 이런 식이에요. 이게 권력을 안 가지려고 해도 권력이 맡겨지는, 그래서 내 책임을 다하는 거고.

하여튼 그래서 요즘에도 어떻게 살고 있느냐면, 지금은 모든 걸 다 정리를 해 나가는 입장인데요. 저는 솔직하게 고백하면 이렇게 생각해요. 저는 제가 왜 운동을 했을까? 운동을 안 했을 수도 있는데. 그런데 저는 이것 때문에 운동했던 것 같아요. 하나는 한빛교회를 갔기 때문에. 한빛교회라는 것이 저한테 준, 굉장한 가치관의… 목사님, 선후배 이런 것들이 제게 가치적으로 싹 들어왔고. 두 번째는 어떤 거냐면, 전 우리 집이 중산층이었기 때문에 운동을 했어요. 제가 우리 집이 찢어지게 가난했다? 찢어지게 가난한데도 운동을 하는 사람들이 있잖아요. 그렇지만 저는 안 했을 거예요. 저는 아마 취직을 해서 우리 집을 살리고 난 다음에 운동을 하려고 했을 거예요. 그런데 우리 집이 중산층인데다가 제가 어떤 생각을 했냐면, 우리 오빠들이 중산층으로 이미 다 진입을 할 수 있는 조건이었기 때문에 저 하나 운동을 해도 우리 엄마 아버지 굶어죽지 않는다, 이런 생각을 하니까 제가 가볍게 운동을 하게 될 수 있더라고. 세 번째는, 진짜 그거죠. 역사적 실체 때문에 그렇게 한 것 같아요. 어찌됐거나 니무 민중들의 삶이 처참하니까, 그것을 외면할 수가 없었어요. 지금은 나이가 들어서 이렇게 보면, 공부를 뽕 빠지게 해서 변호사가 되어서 운동을 할 수 있었을 텐데 왜 그때는 함께 해야 된다는 거기에⋯. (웃음) 그건 진짜 교육원의 영향이 큰 것 같애. 민중과 함께 살아야 된다. 그래서 수염 기르시고 공장 가고 이런 것들을 선배들이 보여줬기 때문에 저는 했던 것 같아요. 저는 주변의 동료들을 만나고, 한빛교회를 통해 가치관 무장이 되고⋯. 하여튼 역사의 산물인 것 같아요. 그래서 저는 하나님의 뜻이구나, 그런 생각이 듭니다. 그리고 앞으로도 무엇일지는 모르겠으나, 제가 받은 소명이니까, 제가 할 수 있는 것만큼 하려고 생각하고 있습니다. 아멘.

**박정진**: 저는 79학번이고요. 숙대 정외과. 81년도에 학내 시위를 주도해서 제적되고, 투옥돼서 1년 6개월 동안 감옥살이하고, 83년 5월에 만기출소를 했어요. 근데 제가 창현교회 다니고 있었거든요. 창현교회 선배들이 여기 "선교교육원 있으니까 다녀봐라" 해서 입학을 하게 됐고.

**임승철**: 선배 중에 기억나시는 이름은요?

**박정진**: 이종구 선배? 아마 추천을 해 줬던 것 같아요. 그리고 영숙이나 언니가 얘기한 것처럼 저도 선교교육원 졸업하고 나서 인천으로 가서 노동운동 좀 했어요. 봉제공장 미싱사도 하고, 전자공장에 가서 IC 칩도 박고. 그리고 동서식품 포스트 가서 밤새 근무도 하고. 그런데 저는 좀 힘들었어요. 노동 운동을 하기에 나는 맞지 않구나, 부족한 게 많구나 느꼈어요. 우선 하루 일과로 노동을 하면서 사는 생활 자체를 제가

견디기 힘들어했고, 물론 그 당시에 관계들이 있었는데, 아까 이념논쟁 이런 거 얘기했는데 저는 제헌의회 그룹 이쪽하고 연결이 되어 있었어요. 아무튼 내가 노동 현장에 있긴 어려운데, 내가 할 수 있는 일이 뭔지 고민하면서 89년도에 복학을 했어요. 그리고 90년에 졸업을 했고. 그리고 86년도에 결혼해서 아이도 낳

박정진

고, 아이를 기르면서 뭔가 할 수 있는 일을 모색을 했어요. 그래서 내가 노동운동, 혁명운동은 좀 버거운 것 같다, 나는 본성이 좀 여린 면이 있고, 드세게 그런 데 같이 연대해서 하기엔 너무 버겁다는 생각이 들어서, 저는 저한테 맞는 일을 찾으려고 애써서, 어린이도서연구회라는 시민운동 단체에 소속돼서 어린이 책을 읽기 시작했어요. 그러다 2009년도에는 숭실대 사회복지 대학원 상담 쪽 석사과정 밟아서 지금은 상담사로 일을 하고 있어요.

선교교육원의 의미가 뭘까? 생각을 해봤는데, 저는 초등학교 4학년 때 보수적인 예수교장로회 소속 교회에 쭉 다니고 있었어요, 대학 때까지. 사실 대학에 동아리 활동을 하게 된 것도 예장 합동 쪽이었어요. 그런데 그쪽에 다니다가, 동아리 통해서 한국기독교장로회 창현교회를 통해서 "아 내가 가지고 있던 신앙과는 다른 신앙이 있네?" 하고 느끼게 된거죠. 본 회퍼를 비롯해서 진보적인 정치관, 새로운 관점의 해방신학을 가진 기독교 신앙을 접하게 되자, 아무리 시국이 삼엄했었지만 하나님의 정의를 실현해야 한다고 생각하고 대학생 시위를 주도하는 용기를 가질 수 있었던 것 같아요. 제가 지금 돌아보니까, 인간이 쭉 성장해

나가는 데에는 누군가와 특히 자기 안에 있는 아버지상과 동일시하면서 삶을 살아가게 되는데, 그게 지한테는 신앙이었고 하나님의 정의가 아니었나 이런 생각이 들었던 거죠. 그런데 막상 감옥에서 나오고 나니 실의에 빠지게 되었어요. 원래 대학을 졸업한 후에 외교관이나 교사나 이런 직업을 갖고 싶었는데, 이제는 그런 쪽으로 진입을 할 수가 없게 된 거잖아요. 소외감도 생기고.

그런데 교육원을 다니면서는, 뭐라고 할까요? 어떤 집단 안에서, 사실 대학에 다니다가 쫓겨난 거잖아요. 그리고 기존에 제가 꿈꾸고 있던 삶으로부터 내쳐진 것이기 때문에 아웃사이더가 된 거죠. 그런데 선교교육원이라는 곳에서 저 같은 사람을 받아주고, 인사이더로서 소속 의식을 갖게 해주면서 제가 선택하고 용기를 가진 행동의 의미를 다시금 찾을 수 있도록 도와준 것이죠. 그래서 선교교육원 졸업하고 나서 노동운동으로 가게 된 것도, 제 안에는 제 친구들하고 조금 다르게 예수님의 가르침이 있었던 거죠. 그래서 가장 낮은 곳에서 가르침을 실천하겠다는 마음으로 가게 됐고. 지금은 가장 저의 본성과 성향과 맞는 일을 찾아서 오게 된 것 같아요.

요즈음 제가 신앙 공부를 하고 알게 된 건, 조금 전에 말씀드렸듯이, 내가 신앙 통해서 찾으려고 했던 것은 내 삶의 의미, 내 삶의 고통으로부터 어떤 의미를 찾고 그 안에서 지혜를 찾고자 하는 간절한 열망, 그것이 내게는 신앙이구나. 그리고 초등학교 때 만난 신의 사랑? 그런 것도 사실은 내가 내 삶의 고통으로부터 벗어나고자 하는 바람과 닿아 있구나. 내가 믿고 있는 신앙이 어떤 역사적인 사실에 근거한 성서의 가르침, 거기 국한되는 것이 아니라 어느 날 절망으로부터 나를 일으켜 세운 신의 사랑이구나 하는 것을 발견했어요. 그래서 신앙도 제 삶 속에서 예수님의 삶과 말씀을 역사적인 사실로 믿으려고 애쓰는 것이기보다는, 현실의 고통이 사라지는 소망의 실현이 신앙의 중심이 아니라 어떤 의미를 찾고, 좌절로 점철된 그간의 삶을 되돌아보고, 지금 견디고 있는 고통의 의미를 헤아리는 것이고요. 내 안에 계신 하나님을 찾는 일에 마음을 열어서 여행을 떠나는 길에서 만나는 순간순간의 신의 존재. 그것이 나한테 큰 의미구나. 그렇게 생각하게 됐어요.

**임승철**: 현재 출석하시는 교회는요?

**박정진**: 지금은…. 저희 친정 어머니가 가톨릭 신자였어요. 그래서 저는 한동안 교회를 안 다니고 있었고. 사실은 제가 창현교회를 다니고 싶었는데, 집이 멀고 그래서 저는 가톨릭 신자가 됐어요. 일반 가톨릭 신자로서 신앙생활을 하고 있어요.

**임승철**: 85년도에 선교교육원 졸업을 하시고 인천 노동현장을 가셨잖아요. 그 과정에 선교교육원의 동료, 선후배들하고 상의하고 가신 건가요?

**박정진**: 상의하고 간 건 아니고, 학교 운동권 친구들하고 같이 연계돼서 가게 됐어요.

**임승철**: 선교교육원에서 생활할 때, 교수나 수업 분위기나 그 당시 동료에 대해 기억나시는 거 있으세요?

**김명희**: 잠깐만요. 이만열 교수님이, 숙대 다녔던 여학생이 있었다고 말씀하시더라. 그러면서 너 지금 뭐하고 있는지, 연락처 있으면 연락처

달라고 그러셨는데. 그래서 "네 알겠습니다" 했는데. 너 만나니까 너한테 물어보고 그리고 나서 이만열 교수님한테 연락하려고 했었지.

박정진: 그렇구나. 그냥 뚜렷하게 기억나는 건 별로 없고요. 사실은 서로 어울렸던 것? 그런 게 제일 저한테 따뜻하게 기억이 나고. 제 결혼식 때 병식이가 노래도 불러 주고. (웃음) 소외됐다는 느낌을 덜어주고, 같이 함께하는 동지가 있다, 이런 동지애?

김명희: 그때는 결혼을 안 했어? 교육원 마치고 결혼했니?

박정진: 그땐 안 했죠. 86년도에 했으니까.

조인영: 내가 말하다 보니까 생각이 나는데, 우리 82년도, 84년도 다녔던 분위기가 대체로 다 현장을 갔네. 몇 사람 빼놓고는 다 현장을 갔어. 그리고 기억이 나. 그때 일본어로 된 러시아 혁명사인가 뭔가를 조각조각 내서 번역해 오라고 책을 나눠줬어. 그래서 번역을 해와서 읽고 그랬는데, 지금 다 분위기는 그렇지만 그때는 언더이기 때문에, 각자 현장을 들어가는 조직이 있을 거 아니야. 그러니까 얘도 인천을 갔으면서도 숙대 그룹으로 갔고, 영숙이도 자기네 학교 그룹으로 해서 갔고. 그래서 동인천 쪽으로 아마 갔나 봐. 난 또 나대로 외대 그룹으로 들어가고. 그래서 서로가 암묵적으로는 현장 지향이고 이런 얘길 주고받지만, 들어가는 건 다 이야기를 안 하고 가는 거야. 그냥 얘가 뭐 지향한다 이런 것만 아는 거지.

박정진: 지금도 저는 창현교회 멤버들 모임에 나가고 있어요. 나름대

로 저로서는 저의 정체성을, 내가 과거에 어떤 일을 했었고 지금 내 삶에 어떤 의미가 있다 하는 것을 창현교회 모임에서 확인하고 그러죠. 두 달에 한 번씩, 대여섯 사람. 또래, 후배도 있고. 종구 형도 있는데 종구 형 가끔 나오고. 이원희 선배.

**이광일**: 82학번도 나와요? 82학번이 굉장히 많았어. 그중에 이종구가 있었어.

**박정진**: 82학번요? 82학번들 잘 안 나오고요. 종구 형은 더 윗선배라서.

**조인영**: 근데 우리도 한빛교회 모임을 20~30명씩 했거든. 근데 요즘은 진짜 결혼식 외에는 안 모여. 누구 결혼식이다 하면 그 때 6~7명 모이는 정도야.

**박정진**: 근데 저희는 경총모임을 해서, 독서모임처럼 해 가고 있어요. 같은 책 읽고 공부하고. 최근에 그 모임에서 읽었던 책 중에, 『번역전쟁』이라는 책이 참 좋더라고요. 국제정치에 대한 식견을 넓힐 수 있더라고요.

# 민중교회 목회자 집담회

일   시: 2019년 11월 8일

장   소: 기장 선교교육원


참석자: 김창규 김현수 박종렬 오용식 이광일 이대수 이영재

　　　　이원희 정상시 조인영 최인규 한기양

진   행: 김현수

영상 촬영 및 녹취: 김균열 임승철

대담 정리: 송유진

김창규: 저는 1985년 11월 13일 청주에서 빛고을교회를 창립했어요. 11월 13일은 전태일 기념일입니다. 그때 우암동에 있는 반지하에 사십 평짜리 방을 얻어서 교회를 처음 하게 되었는데. 창립 예배에 강희남 목사님이 설교를 하고, 지역에 뜻이 있는 청년 대학생, 노동자들이 모이게 됐어요.

교회를 세우기 전에 저는 선교교육원을 졸업하고, 청주에서 갈 데가 없었어요. 결국, 강희남 목사님의 주선으로 조용술 목사님이 계시는 군산복음교회로 가게 돼요. 군산복음교회 가서 1년을 교육전도사로 있었습니다. 거기서 오룡동 천주교회 박창진 신부를 알게 되었어요.

복음교회 청년들을 교육하고 성서를 가르치고 강령 탈춤을 가르치고, 가끔 청년 대학생들 데리고 전주나 익산 가서 집회, 시위 참석도 하고. 그러면서 군산에서 재미있게 전도사로 활동을 했어요.

그런데 85년 봄에 조용술 목사님이 다른 지방교회로 설교하러 가면서, 저녁 설교를 저한테 맡겼어요. 그 교회에서 주일 저녁 설교를 했는데, 교육전도사가 설교한다고 하니까 참 많이 왔어요. 그런데 설교 시간에 전두환 살인마, 노태우 살인마 깡패라고 얘기했어요. 설교를 마치고

김창규 목사

난 다음에 막 술렁술렁거리고, 장로들이 앞에 나와서 걱정된다는 발언을 하고 그랬어요. 거기는 경찰서, 안기부에서 나와서 다 듣고. 빼도박도 못하게 설교 녹음 다 되었기 때문에. 그런데 조용술 목사님은 그 사실을 알고도 한마디도 거기에 대해서 잘못했다고 안 하셨어요. 등을 두드려주면서 오히려 격려를 해주시고, 장차 이 교회를 했으면 좋겠다 하시며 거기서 시험을 보라고 했어요. 복음교단이 우리하고는 다르잖아요.

그런데 문익환 목사님이 오룡동 천주교회로 강연을 오셨어요. 강연을 오셔서 "김창규 너 여기 웬일이냐, 지금 뭐하러 여기 왔느냐"고 물었어요. 교육전도사로 있다고 하니까, 문익환 목사님이 "여기는 여기 사람들한테 맡기고, 당신은 고향으로 돌아가서 교회를 하든지 뭘 하든지 하는 게 좋겠다." 충격을 받았어요. 설교 때문에 교회에 문제가 됐고 문익환 목사님조차 그렇게 말씀하시니 조용술 목사님께 피해주지 않기 위해 내가 떠나야 되겠구나라는 결단을 했어요. 제가 떠나온 게 85년도 8월일 거예요. 근데 제가 이삿짐을 차에 싣는데, 교인들이 와서 차를 앞에서도 막고 뒤에서도 막고. 조용술 목사님 교회 교인들이 가지 말라고 붙들었어요. 그 광경이 아직도 눈에 선해요. 저는 여기서 배운 대로, 성미가 모아져 저에게 오면 그 성미 쌀자루를 메고 선양동, 해방동 가난한 사람들한테 가져다 주고, ─그때 라면이 비쌌어요─ 라면도 사서 가난한 사람들한테 나눠줬어요. 그때 뭐 전도사 월급이 뻔하죠.

그렇게 하다가 청주로 와서 개척한 민중교회가 빛고을교회였어요. 14년 하는 동안 두 번 큰 상처를 입었습니다. 1988년 노동자대투쟁때

보안대, 경찰서 이런 데에서 다 공문을 내서 우리 교회 나오는 학생들, 학생회장들 다 조사했거든요. 그 학생들이 저한테 와서, 제가 지금 고등학교 3학년인데 학교에서 이 교회를 나오면 대학 가는 데 문제가 된답니다. 그래서 결국은 제가 학생들 교회를 못 나오게 했지요. 그렇게 해서 교회가 한 번 부서졌어요. 그다음에 노동자들이 노동자연맹을 만들어서 저희 청년들 다섯 명이 모두 다 감옥에 갔습니다. 그때가 분신정국이었는데요. 그래서 두 번 그런 과정을 거치면서 빛고을교회를 14년 했어요.

14년간 계속 경찰이 교회 앞에 서 있는 등 탄압을 받았어요. 도저히 안 되어서 교회를 네 번을 옮겼지요. 집주인들이 나가라고 해서 나가고. 하다하다 안 되니까 우리 아버지가 집 옥상에 조립식으로 한 20평 지을 수 있다고 해서 아버지 집 옥상에다 교회를 지었어요. 밖에서 올라가게 철 계단을 만들어서 지금의 교회가 만들어지게 됐는데, 그 건물은 제 건물이죠. 거기서 지금까지 서남동 목사님과 안병무 교수님의 가르침대로 목회를 했습니다. 우리 자료에도 다 나오겠지만, 서남동 목사님이 원장실로 불러서, 상담을 하면서 앞으로 어떤 조건에서 뭘 할 거며, 어떤 마음가짐으로 공부를 할 거냐는 걸 다 물어봤어요. 거기서 '한의 사제'가 되라는 말을 처음 들었어요. 다른 분들도 다 그런 증언을 할 거예요. 거기서 '한의 사제'가 무언지 알게 됐죠. 그게 뭐냐면, 민중신학의 민담을 기초로 한 장일담이라든지 은진미륵 신화라든지, 망이 망소이의 난이라든지, 홍경래, 장길산, 이런 민중의 지도자들 이야기를 많이 하시면서, 민중교회를 할 때는 교회가 이러이러해야 한다, 말씀을 서남동 목사님이 하셨어요.

**임승철**: 여기 오셔서 한의 사제, 민중신학 이런 얘기 많이 들으셨잖아요. 민중교회라는 용어의 개념? 그건 여기서 듣고 배운 거예요?

**김창규**: 여기서 듣고 생각한 거지. 우리가 정상시, 김현수, 또 여기 신배들과 한 달에 한 번씩 교육원 빙에서 라이프스토리를 계속 나누었어요. 서른 명이면 서른 명, 이십 명이면 이십 명. 분과모임은 70년대부터 계속 했어요. 나는 농촌선교 분과였어요.

**한기양**: 커리큘럼에 현장신학이라는게 정식으로 있었어요. 서 목사님이 활동비도 줬어요.

**임승철**: 그때는 민중교회론의 형태가 없었잖아요.

**한기양**: 우리가 막연하게 생각하고 있는데, 사실 구로의 신명교회를 우리는 모델로 생각하면서 또 구로의 사랑교회도 보고 배웠고.

**김창규**: 그러니까 민중교회의 기초는 신명교회를 하면서, 사실은 그 앞 선배들, 박종렬 목사님이 했던 것이 모델이 됐지. 산업선교회가 민중교회의 최초의 모델이라고 하기는 좀 그렇고, 산업선교는 노동자와 농민과 도시빈민을 위한 목표를 갖고 센터를 중심으로 선교를 한 거지. 우리가 결론내린 게 뭐냐면, 교회란 신명교회도 마찬가지겠지만 교회는 공동체가 중요한 거지. 교회공동체. 소위 말하면 기독교 원시 공동체, 초대 교회. 이런 얘길 하면서 우리가 사회주의 교회는 아니더라도, 민중교회가 피플, 정말 민(民)을 위한 교회가 되어야 한다는 건 있었지.

**임승철**: 85년, 빛고을 교회를 창립하셨을 때, 기장 민교가 있었나요?

**김창규**: 있었죠.

정상시: 기장 민교가, 1984년에 민중교회협의회가 있었죠. 그때 교회가 된 곳도 있고 준비하는 곳도 있고 수시로 모였습니다.

김창규: 84년도에 졸업하고 이 모임에서 계속 스터디를 했죠. 그때 정상시 목사가 했던 교회가 박달교회지?

정상시: 그때 민중교회협의회를 하기 전에 있었던 교회가 신명하고 새봄. 이원희 목사님 하신 새봄 교회가 82년도.

임승철: 그럼 이원희 목사님 새봄교회 개척할 때 민중교회라는 용어를 썼어요?

이원희: 별로 관심 없었지, 그때는. 노동자 선교 교회라는 컨셉이었고.

김창규: 그래서 내가 1985년 11월 13일 전태일 기념일에 교회를 세운 건, 서남동 목사님의 의지가 강했어요. 서남동 목사님은 전태일을 한국의 예수라고 불렀어요. 70년대에는 그런 말을 안 했지. 70년대에는 그런 말을 할 수 있는 분위기가 아니었어. 근데 여기 들은 사람이 있어요. 그래서 서남동 목사님은 한국의 예수가 전태일이라고 얘기했어요. 그다음에 또 뭐라고 얘기했냐면, 그때 장일담의 얘기를, 저 계룡산에서 도를 닦은 사람이 민중들을 이끌고 한강 다리를 건너가 종로 3가에 가서 창녀들과 함께 있는데 창녀의 썩은 몸에서 새 생명이 탄생하는 것을 보고 "아 이거야말로!" 이런 말씀 하시면서, "교회가 바로 민중의 삶의 곁으로 가야 된다"고 하셨어.

그리고 제가 민중교회를 하게 된 연유도, 돌아가신 박현채 교수님이 한 얘기, 우리 대한민국의 역사 속에서 분단의 상처를 지울 수는 없지만, 열여섯 살 때 소년 빨치산으로 가서 남원·지리산 간 기차를 세우고 보급품을 털었단 얘기 들었죠? 그런 얘길 들으면서, 세상을 어떻게 바꿔야 되는가. 말하자면 그 전쟁이 동족상잔의 전쟁이다. 보따리 싸가지고 자러 오는 리영희 교수도 그랬고. 정창렬 교수도 그렇게 하셨는지 모르겠지만 그분한테는 안 배웠고. 제가 배웠을 당시는 서인석 교수. 서인석 교수의 성서 속 가난한 사람들. 그리고 구티에레스의 해방신학. 구체적으로 이런 걸 그분이 하셨습니다.

이런 증언을 제가 아마 처음 할 거예요. 다른 사람들도 기억을 못 해서 그렇지 여기 다른 사람들도 다 들었어요. 그래서 저는 서인석 교수가 얘기하는 것이 바로 서남동 목사가 얘기하는 것과 똑같더라고. 민중에 대한 개념이, 성서 속 가난한 사람들이 구체적으로 어떤 사람들인지 다 나오잖아요. 여성, 고아, 과부, 땅을 빼앗긴 사람들. 이런 사람들 이야기가 다 나오면서, 정말 민중신학이야말로 위대한 신학이다, 나는 이대로 살겠다 해서 이대로 살고 있어요. (웃음)

**김현수**: 저는 민중교회의 역사적인 배경이라든지 역사적인 역할, 전개 과정, 이런 걸 다 얘기할 시간은 없다고 생각해요. 초점을 왜 민중교회를 하게 됐는지에 맞추죠.

저 같은 경우는 79년도에 이영재랑 선교교육원에 와서 한 학기 보내고, 그리고 한신대 다시 가서 졸업을 했는데, 82년도죠. 하여튼 제가 안산 노동교회를 창립한 게 86년이에요. 그러니까 한 사오 년 간의 텀이 있는 거죠. 그 기간동안 여러 시도도 하고 그런 과정이 있었거든요. 저는 출판사도 다녔고 공장에도 들어가 봤고, 농촌 가서 일 년간 농민운동 한다고도 했고. 그리고 안산에 갈 때 민중교회 개척하러 간다고 해놓고 공장에 들어가서 생활하다가 노동운동권하고 연결이 되었어요. 그때 전두환 때니까 오픈된 합법 공간에서 뭘 하라고 해서 다시 안산노동교회 창립하게 된 과정이 있는데. 저는 그런 이야기를 오늘 하면 좋겠다는 생각이 들어요.

어떻게 민중교회를 하게 됐는지에 집중해서 되도록 두 시간 안에 이 숙제를 끝내고 다른 이야기 합시다.

**임승철**: 말씀하신 것 중에, 안산교회가 86년에 개척되잖아요? 그럼 그 전에, 교회 개척 당시에 경기노련 그룹 중에서 노동운동 측하고 연결되다가 거기서 나름대로 역할분담을 해서 안산노동교회를 만드는 과정이잖아요? 그건 형님의 활동 과정인데, 그때 기장 민교하고는 어떤 관계를 유지하셨는지?

**김현수**: 제가 방금 이야기한 건 내 얘길 하자는 게 아니라, 하나의 제안인데. 다 과정이 있을 거라는 거야. 난 이원희 목사님 82년도에 개척했다고 해서 굉장히 새롭게 느껴지는데. 대개 85년 86년, 85년도면 사실 빠르거든요. 특히 86년이 되면서 교회 개척이 가장 많이 됐거든. 그럼 다들 그 사이에 텀이 있는 거야. 그때 이야기를 하면 재밌겠다는 생각이 들더라고. 어떤 과정을 통해서 왜. 저만 해도 민중교회 목회 안 하려고 했었거든요? 안 하려고 했는데 해야 되겠다고 결심하게 된 거는 노동운동 하면서 같이 노동운동 하는 친구들이 당신같이 신학교 나온 사람은 목사가 될 수 있으니까 교회를 하는 게 좋겠다고 이야기하면서 하게 됐는데. 다 스토리들이 있을 테니까, 그런 이야기들을 해 줬으면 좋겠습니다.

**임승철**: 그럼 한 포인트는 여기. 그리고 여기 다닐 때, 아까 선배님

증언한 거 보면 현장신학 하면서 자연스럽게 민중교회의 필요성을 얘기 했었단 말이에요. 그래서 민중교회로 간 사람이 있고, 방금 얘기한 것처럼 딴 데 하다가 어쨌든 민중교회로 합류를 하잖아요. 그 얘기를 오늘 이 자리에서 담아내면 어떨까.

조인영: 그런데 선교교육원과 관련된 역사를 기술하는데, 선교교육원이 학생들에게 뭘 해주었는가를 찾기 위해 민교를 왜 했는가를 묻는 거예요? 맥락을 알아야 이야기를 하지.

김현수: 선교교육원에서 우리가 받은 교육이나 훈련이 민교를 하게 된 베이스로 보고 그다음 이야기를 하자는 거지.

김창규: 이만열 교수님 교회사에 보면, 전덕기 목사 얘기가 있어요. 전덕기 목사는 어떤 인물이냐면, 그 사람은 성문 밖의 행려병자들과 굶어 죽어가는 사람들에게 먹을 것을 나눠줬대요. 그리고 전덕기 목사는 교회에서 독립운동가들을 만들어냈대요. 전덕기 목사가 죽었을때, 그 죽음을 애달파해서 따라온 성문 밖 가난한 민중의 상가 행렬이 십 리를 이뤘대요. 이만열 교수가 우리에게 두어 시간을 통해 그 얘기를 해줬을 때, 바로 이게 민중교회다. 그분이 섬겼던 교회가 상동교회. 그 교회 청년들에게 독립운동을 해야 되는 당위성을 성서를 통해 증언했다는 거예요. 그게 뭐냐면 마가복음의 이야기예요. 그런 얘길 통해서 난 일찍 철이 들었고. 나는 한신 다닐 때 또 76년에 제적을 당하고 나서, KSCF 성서 다락방 할 때 서남동 목사의 마가복음을 배웠어요. 그리고 이만열 교수가 지금도 퇴직한 교수로서 집회 현장에 나오시는 모습을 보면 참 대단한 분이다 싶죠.

**이원희:** 김창규 목사님 얘기한 거에 약간 덧칠하면, 전덕기 목사님 라이프스토리를 내가 읽었거든요? 기독교역사연구소에서 나온 겨레사랑 있잖아. 거기 전덕기 목사 라이프스토리가 있는데, 놀란 건 진짜 민중적인 목회 활동을 했어. 근데 충격이, 교인이 오백 명, 천 명이야. 급성장했어. 우리처럼 예를 들면 50명 급이 아니야. 그건 희한하데. 그래서 "이야, 어떻게 이 양반은 나라사랑의 애국심과 민중사랑이 철저하면서도 어떻게 오백 명, 천 명 넘어가는 교회를 했을까?" 이게 별세계같애. 전덕기 목사님 교회에 김구 선생이든 주시경이든 다 있어.

**정상시:** 상동학파라고 이상설, 이준 열사 다 있는 그룹이었어. 전덕기 목사가 파송을 하는 것이고.

**이원희:** 그 그룹이 시조야.

**정상시:** 상동과 승동. 여운형 선생이 사 년간 승동교회 전도사였잖아.

**이원희:** 승동교회가 백정교회거든.

**김창규:** 맞아. 전덕기 목사님도 훌륭했지만, 나는 지난 주에 서울제일교회에 갔었는데, 중부경찰서 앞에서 예배드리던 생각이 났어요. 박형규 목사님이 교회에서 예배를 못 드리고, 경찰들이 목사님 교회에 나가지 못하게 해서. 중부경찰서 바닥에서 몇 년을 예배를 드렸어요. 6년을. 그때 제가 예배에 참석한 적이 있습니다. 그리고 경동교회에서 민교인가 뭐 모아놓고 남산이 보이는 경동교회 어디에서, 우리들에게 박형규 목사님이 자기가 민주화운동을 하게 된 이야기를 전해줬어요. 자기

가 구국선언 한 거, 남산 야외음악당 부활절 사건 등. 그게 75년도인가?

**김현수:** 초점을 자기 얘기에, 내가 어떻게 민중교회를 하게 됐는지 그 과정에 맞춰주시면 좋겠어요. 전덕기 목사님 얘기는 선교교육원에서 이만열 교수의 영향을 받았다는 차원에서 한 거고.

**한기양:** 그때 특징이, 월화 수업을 했잖아요. 월요일 아침 10시부터 저녁까지 하고, 저녁 시간에 바깥에 활동하던 사람들은, 특히 한신대 나온 사람들은 신학을 잘 안다고 수업 잘 안 들어왔어요. 진짜 출석률 제일 낮은 게 한신대 출신들이야. (웃음) 그래서 오후 내내 안 나타나다가 저녁 먹을 때 식당으로 다 몰려와요. 저녁 먹고는 기숙사에 다 모여요. 그게 수업이야. 현장신학이라고 커리큘럼에 들어있어요, 정규 교과 과정으로. 서남동 원장님이 현장신학 굉장히 중요하다고 해서. 그래서 분과를 나눠라. 노동분과, 농촌분과, 사회문화분과 이렇게 했어요. 세 가지 나눠서 여기 강사를 부릅니다. 강사를 한 달에 한 번씩 불렀던가? 하여튼 매주 부르지는 않았어요. 우리는 모여서 워크샵 비슷하게 하고. 보면 모여서 개인적인 얘기 막 중구난방으로 하고. 정리도 제대로 안 했어요. 제대로 하려면 서기를 둬서 기록을 해야 되는데, 전부 다 통제가 안돼. 다 각 분야의 대장들이야. (웃음) 예를 들어 농촌분과면 농촌분과 정확히 앉아 있어야 하는데 친한 놈이 사회문화분과 있으면 그리로 가 버리고. 그리고 강사가 이쪽에 좋은 강사 왔다고 하면 다 우르르 몰려가 버리고. 강사가 당시 현장에 계시던 분 중에, 정해지지 않고 그때그때 초빙을 했어요. 임흥기 목사님도 한 번씩 불려오고, 나상기 준목님도 같이 오고. 오면 질문도 하고, 경험 얘기하시고, 그걸 세미나하듯이 한 게 아니고, 쭉 둘러앉아서 기대고 막걸리 한 잔씩 하면서 그렇게 했어요.

한기양 목사

그걸 원장님은 자유스럽게 내버려 뒀어요. 그렇게 1박을 하고, 그 다음 날 다시 오전 오후 수업이 있었어요. 오전에 두 시간, 오후에 두 시간, 두 시간 이렇게 세 타임이 있었어요. 화요일 오후 되면 거의 다 가 버리고 없어. 그런 식으로 출석률이 굉장히 저 조했지만 그 당시 원장님도 그다지 괘념하고 독려하고 그러지 않았어요. 왜냐면 지금 이 사람들이 활동하고 있는 게 너무 중요하고, 그게 또 공부라고 생각을 하셨어요. 테스트를 한다거나 그러지도 않았어요. 학기 말에 리포트 하나 받고 끝났거든요.

저는 그때 굉장히 충격이었어요. 처음에 공부하러 왔을 때, 나는 신학을 안 했기 때문에 마음먹고 현장 활동 하는 거 다 접고 공부할 마음으로, 술 담배도 다 끊고 왔어요. 왔는데 사람이 없는 거예요. 처음에 면접할 때는 와글와글해서 내 기록에 써 놨어요. 우리 그때 다섯 명 뽑아야 하는데 열 명이 온 거예요. 그래서 학생자치회가 뽑아라 하다가 자율적으로 다섯 명을 뽑아 원장님한테 그 결과를 보고하니까, 원장님이 자율적으로 잘 정해온 것에 감격해서 우셨대요. 그리고 그 얘길 총회 가서 김상근 총무님한테 얘길 한 거예요. 우리가 지금 다섯 명 떨어뜨릴 참이냐, 한 사람이 중요한데, 다 받자. 그래서 한 달 뒤에 다섯 명 다시 다 들어왔어요. 그런 과정에서 나는 뽑혔잖아요. 그래서 마음을 가다듬고 왔는데, 아무도 안 나와 있는 거야. 누가 제일 출석이 좋았냐면 비한신 출신들. 김광수, 한기양, 조영숙, 윤규상. 이 사람들은 항상 와 있었어요. 저는 항상 앞자리에 앉아 있었는데. 처음부터 가만히 보면, 점심 때 되면 박몽구가 쑥 와. 샘터사에 있으니까 출근하고 도장 찍고 점심먹고 싹 빠져나온 거야. 그리고 몇 사람이 들어와요. 한신 다녔던 분들은 그때 졸업하셨고. 윤인중 있었지 그때 기의 안 왔고. 저녁때 되면 다 나타나요. 저녁 먹고 현장신학 듣고 여기 와서 잠 한숨 자고 가는 거지. 다음날이면 출근한다고 다 빠져나가 버려요. 그때 재적 인원이 삼십 명까지 됐어요. 그런데 출석하는 인원은 열 명에서 열두 명, 열다섯 명. 열다섯 명 나오면 출석률 굉장히 좋다 그러는 상황이었어요. 그런데 원장님께서 출석률에 대해 말씀을 안 하셨습니다. 우리가 신학적 지식이나 성경도 잘 알아야 되지만 사회과학 지식, 무엇보다도 우리의 역사를 잘 알아야 하고. 그리고 우리 현실에 대한 사회과학적 분석을 할 줄 알아야 이 시대에 진짜배기 목사가 될 수 있다고 하셨거든요. 제가 노트를 보니까. 지금도 노트 그대로 다 있더라고요.

**정상시**: 나는 78년도에 폐쇄공포증이 있어서 굉장히 안 좋았어요. 내가 77년도 4월에 감옥에 들어갔는데 78년 8·15에 특사, 형집행정지로 나와서 9월에 바로 교육원에 입학을 했습니다. 그래서 나는 꽤 길게 다닌 편입니다. 7학기를 다녔어요. 양관수, 권오성, 김윤, 다음에 지금 정치학 교수하는 사람 이종원. 권오성이 항상 필기하고. 나상기하고도 같이 다녔고. 나도 상기 형하고 농촌분과 자주 모였다. 황승주, 진창덕, 유상덕. 그렇게 다녔어. 근데 그분들이 나보다 한 학기 먼저 다닌 사람도 있고, 그때 용석이 형도 있었다. 내가 기억나는 것은, 권오성이 제일 필기를 정성껏 해서, 필기를 주로 그 사람한테 빌려서 시험을 봤지. (웃음) 나중에 79년도 되면 YWCA 사건, 79년 되니까 사람들이 자리에 앉아 있질 않아. 그때는 사방에 다 뛰어다니고. 그런데 78년도, 79년도 첫 학기까지는 굉장히 열심히 다녔던 기억이 나요. 그때 기억나는 게 야유회? 이문영 교수님 이런 분들 오셨던 기억이 나고. 그때 꽤 열심히

했는데, 하나 생각나는 건 지하
방입니다. 수시로 가장 활성화
된 방이 그 방이야. 그 당시 가
리방, 성명서가 쉴 새 없이 생성
되던 데가 거기야. 들어가면 잉
크 냄새가 진동하고. 그런 기억
이 나요. 그런 와중에서도 가끔
잔디밭에서 노래도 같이 불렀
던 기억이 나고.

정상시 목사

　내가 나중에 한신 복학해서 토우회라는 걸 조직합니다. 토우회가 농촌을 가기도 했는데, 전두환이 나와서 나는 노선이 농촌이 아니라 감옥으로 갔어요. 계엄포고령이 이어지면서 전체 상황들이 조금 바꿔죠. 그길로 농촌교회로 내려갔다가, 나중에 노동선교 쪽으로 갔죠. 복학된 게 80년. 봄 학기에 복학이 되는데 전두환 들어오고 그런 상황에서 80년 10월 8일, 그걸 10·8 사건이라고 하는데, 10월 8일 날 제가 배후조종 겸 성명서를 작성했어요. '피의 선언'이라는. 류동운이라고 하는 한신 후배가 도청에서 사살을 당한 사건이 있었어요. 우리 사회과학회 내에서 관계했던 후배가 그렇게 돼서 충격을 받아서 우리가 추모제 형태로 했어요. 전교생이 이백 명도 안 됐는데, 전교생이 전부 총출동해서 했어요. 그 과정에서 생활이 안정이 안 되고, 몸도 안 좋고 이런 상황에서 계속 모이고 술 먹고 담배 피우고 밥 먹고 이런 것들을, 자주 모색하는 과정이 있었던 것 같고. 민중교회에 대한 이야기는 그런 과정 속에서도 끊임없이 나왔어요. 물론 민중신학에 대한 강좌도 많았고, 그 당시에는 신학, 예언자들에 대한 우리 어른들의 인기가 굉장히 높아서 참여를 굉장히 많이 했고. 열기가 대단했던 기억이 나고요. 그런 데서 간간이 안병무 선생님 같은 경우도 민중의 교회에 대한 이야기를 많이 합니다.

제가 볼 때 크게 두 가지가 있는데, 70년 경기도 광주, 그리고 80년 전라도 광주가 민중교회를 만들었다고 봅니다. 70년 광주에서 예를 들면 성남 주민교회라든지, 청계천에 박형규 목사님이 그 중심에 있는 수도권 특수지역선교위원회가 있었고. 거기서 권호경 목사님, 실로암교회 이규상, 동원교회 허병섭 목사. 그리고 주민교회. 교회를 개척하는 과정에서도 그 뭐 논쟁이 많았더라고요. 우리가 나중에 논쟁을 했잖아요. 나는 그 영향이 선교교육원에 미쳤다고 봅니다. 교회를 하거나 안 그러면 사회운동가로 완전히 가거나. 그런 분위기였어요. 그런데 교회로 가야 한다는 게 그래도 성경이나 신학에 대해 들은 게 있었기 때문이고, 자꾸 풍월로 들었던 민중교회 이런 것들이 남아 있어서 그렇게 됐지 않았나. 그게 하나 있고. 그다음에 다른 사람들에게 다 일반화시키기는 어려운데, 뭐 오라는 데가 없었어요. (웃음) 전도사로 써주는 데가 없어.

**정상시**: 교회를 개척하는 당시에 굉장히 용기가 있었던 것 같아요. 저 같은 경우는 결혼이 늦어서, 87년도에 결혼을 하고 결혼하기 전에 5월부터 개척 준비 단계에 김현수 목사 대타를 뜁니다. 김현수 목사가 안산에 나보다 1년 먼저 왔는데. 방병규랑 같이 김현수가 구속이 돼요. 김현수가 감옥에 들어가서 나는 안산에서 교회 개척 준비하는 와중에, 굉장히 중요한 일정을 비우면서 거기 가서 준비를 했는데, 교회 신도들이 김현수 목사님은 찬송가를 많이 안 부르는데 정 목사님은 찬송가 잘 한다 이런 소리가 있었어. 또 하나는 노회에서 어른들이 왔는데 내가 땜빵을 하고 있는 중에 왔어요. 오셔서 꾸지람을 많이 들은 기억이 있어. 거기 예수님 사진이 없고 전태일 사진을 걸어두니까 이게 뭐하는 거냐고. (웃음)

그런 식으로 제가 87년도에 개척을 해서 질풍노도의 시기에, 6월 항쟁, 노동자대투쟁의 와중에 우리 교회가 세워졌고. 지금 32년, 33년 이어져 오는 와중에 처음에 박달교회라고 했다가 이름도 바꾸고 이렇게 왔고요. 지금 와서 보면, 역시 그래도 그때 우리가 서로 사상투쟁도 하면서 민중교회 얘길 했던 게 나로서는 좋은 선택을 했다고 생각이 들어요. 그렇게 해서 지금 건강 회복하고 잘 지내고 있습니다

**임승철**: 정상시 목사님은 외피론 이런 거 아니죠?

**정상시**: 그런 거 아니고. 나는 말씀대로. 우리 교회가 안양노동상담소, 정금채 씨하고 송운학 씨하고 같이 우리 지역에 처음 노동상담소부터 했습니다. 왜냐면 노동상담소하고 나도 그때 기타 교실도 하고 했는데, 주일날은 나하고 마누라하고 세 명 네 명 밖에 안 나오는데 평일 날은 엄청 많이 나오는 거야. 바글바글해. 그 당시에 반월공단 이런 데서 프레스에 잘린 사람들 줄 서서 상담하고 그랬어요. 지금으로서는 그때 내가 문을 다 개방해 준 거지. 그리고 우리가 프로그램을 많이 했습니다. 노동자 기타교실도 하고. 그거 하면 엄청나게 모여요. 무료 진료도 했지. 안 한 게 없습니다.

그랬는데 교회는 오질 않아. (웃음) 저한테 뭐 다른 재주는 없고, 오래 버티는 거. 끈질기게 앉아 있는 건 내가 자신이 있다. 내가 큰 산 밑에 살았거든. 지리산이나 덕유산이나. 근데 뭐 황당하죠. 교회에 아무도 오지 않으니까. 그런데 그 와중에 와서 구속되는 사람도 많고, 뒤치닥거리도 많이 하고. 그러다 92년도에 교회의 정체성을 위해 교회 이름을 바꾸고, 교회를 한 번 옮깁니다. 그런 과정에서 박달교회가, 박달나무가 너무 단단하다, 교회를 안양 2동으로 옮기면서 안민교회로 하니까,

안민교회 이름이 부드럽고 좋잖아요. 근데 우리 어머님이 하필이면 안 믿는 교회라고…. (웃음)

**임승철**: 말씀 중에 사상 투쟁 속에서 민중교회 쪽으로 왔다는데, 그 사투 내용이 뭐예요?

**한기양**: 교회가 사회개혁 공동체냐 아니면 신앙 공동체냐. 그런 거지. 사회운동체냐 아니냐.

**김현수**: 그런 얘긴 계속 연결이 될 거예요. 계속 고민했던 것이기 때문에, 지금 이런 이야기들 계속해 주시면 좋을 것 같아요.

**박종렬**: 제가 먼저 이야기할게요. 제가 85년 12월 8일 개척을 했으니까. 저는 사실 78년 8월 15일 날 석방되어서 바로 KSCF 학생부장으로 일하기 시작했어요. 그래서 김대중 녹음해서 집회하고 이렇게 하면서 명동 위장결혼 사건 때 사실 난 계엄령 하에 집회하는 걸 반대했어. 나한테 청년회가 들어왔는데, 그때는 정치가 두 사람이 뭘 한다길래, 이게 아마 옛날 62년도에 박정희가 쿠데타하고 난 후에 민정으로 이양 안 할 때 위장 집회하면서 그걸 한 적이 있대요. 나는 정치는 잘 모른다, 나는 시민으로서 통일주체국민회의에서 뽑는 건 문제가 있다고 생각한다. 그건 내가 할 수 있다. 그래서 함석헌 씨를 대표로 세우고 기독교가 참여하는 식으로 됐던 거죠. 그리고 김정택을, 그때 EYC 회장이었으니까, 앞장세우고 했는데. 나는 사실은 그때 안 들어가려고 했어. 다방에서 구경하고 있다가 차후에 수습을 하려고 했는데, 하도 궁금해서 들어갔다가 잡혀 가지고. 기독교인들은 보안대에서 두드려 맞으면서 내가

불면 한 사람씩 불려 나오는 거야. 하여튼, 그래서 그때 엄청나게 두드려 맞고 기절까지 하고. 기절 제일 안 한 사람이 누구냐면 김정택이랑 최열. 아무리 두드려 패도 기절을 안 하는 거야.

하여튼 그때 내가 KSCF 하면서 한양대 인류학과가 생겨서 전임강사로 오라고 해서 이력서를 냈는데, 정보부에서 커트를 당했어. 그러니까 이제 갈 데가 없는 거야. 교수 되려고 몸을 사렸는데, 안되니까…. 거기서 문성근하고 친구인 교수 한 사람을 만났어. 그래서 자문을 하는데, 이후에 내가 신학을 해야겠다고 생각을 했지. 선교교육원 보면 밤낮 운동한다고 돌아다니면서 공부도 안 하고 해서, 신학을 하려면 제대로 신학을 해야겠다. 그래서 유학을 갔어요. 유학 갔는데 아버님이 교회에서 깡패들한테 당하고 있으니까, 내가 삼 년하고 와야 하는데 2년 반 만에 왔다니까. 공부를 굉장히 열심히 하고 왔어.

돌아와서 임흥기가 있는 뚝섬에, 그때 성수교회 있었잖아. 거기서 훈련을 받았어. 공장에 1년씩 집어넣고 책을 읽으라고 하고, 일기 쓰라 그러고. 그 체크를 기길동이라는 친구가 하고. 그래서 내가 공장에 들어가서 1년을 살았어. 84년에. 그때 공장 노동자 생활하면서 노동자 꼬셔서 조직 만들고 등산도 가고 그랬는데. 사실은 내가 인류학을 하면서, 인류학이 왜냐면 다른 문화를 접촉하고 다른 문화를 이해하는 거 아냐. 나는 사실 그거랑 비슷하다고 생각을 했어. 그 사람들하고 라포를 형성하고 라포 형성하는 과정에서 그 사람들과 활동을 하고. 나는 민중교회를 할 때 그런 식으로 선교 운동을 하겠다고 생각했어.

그래서 인천도 가고 부천도 가서 할 때, 빈민지역을 찾아가서 활동을 했지. 그때 고기 잡을 때 입는 뚱뚱한 거 입고 동네 돌아다니면서 거기 있는 무당도 만나러 가고 했어. 나는 사실 빈민운동만 하려고 했어, 초기에는. 그래서 공부방하고 탁아소하고. 아 그런데 노동운동 하는 놈들이 와서 빽 좋은(아버지가 박형규 목사) 목사 하는데, 교회 좀 활용하게 해줘야 하지 않냐고 하더라고. 한 놈이 노동문화 모임을 했어. 그러면서 노동자들 활동도 굉장히 활발하게 되어서. 거기에 군산에 있던 조규춘 있지? 한신대 민중신학회 뭐라고 하면서… 조규춘이 와서 빈민운동 하

박종렬 목사

는데 365일 중에 363일을 술을 먹었어. 이 친구가 진짜 다른 사람하고 만나면 말을 잘해. 그래서 노가다꾼들의 오거나이저가 됐어.

하여튼 인천에서 민중교회를, 성서공부한다고 기장 김창락 교수를 불러와서 예장 감리교 한 대여섯명 해서 공부하면서 민중교회를 조직했지. 지금도 있어. 그런데 그렇게 하다가, 87년이 될 때 우리 교인들, 목사들이 앞장서서 했는데, 그때는 감리교 큰 교회들도 참여를 많이 했어. 기독교 인권위원회가 있어서 같이 결합이 됐었는데. 내가 하고 싶은 얘기가 뭐냐면, 우리가 매포수양관에서 노동자대회를 준비했는데, 한 사백명이 왔었어. 근데 워낙 날씨가 좋고, 그때가 노동자들이 8월 말 휴가를 받으면 전부 노동운동계에서 데려와서 준비를 하는데, 몇 명이 물에 빠져 죽은 거야. 그 바람에 완전히 논란이 벌어졌지. 장례식도 열리고. 나 그때 유가족한테 얼마나 많이 두드려 맞았는지 몰라. 두드려 맞으면서 빌면서, 그때 보상을 안 하고 해결했던 게 굉장히 다행인 셈이었어.

그리고 난 다음에 내가 민중교육연구소를 인천에 만들었는데. 그때 보니까 우리 교회가 NL PD였다가, 우리 교회 안에서 NL과 PD가 나뉘어졌더라고. 나는 몰랐는데. 자기가 말은 안하는데 누구는 NL인데, PD 쪽에 있는 애들이 민중교육연구소를 만드는 팀이었어. 교육시키는 것

도 스타일이 다르더라고. 자아 비판도 시키고. 하여튼 그때 박일성이 총무였거든. 박일성이 형님, 나하고 한 판 하실 거예요? 하더라고. 나는 사실 앞으로 노동 운동이 박사도 필요하고 여러 연구도 필요하다, 교육도 필요하다는 의미에서 한 건데, 나는 완전히 PD인거야. 나도 모르게. 그래서 감리교는 인천이고, 기장은 뚝섬이고, 영등포는 예장인데 왜 내가 와서 설치냐 이거야. 그리고 나도 쭉 보니까, 그때 민중교육연구소 하면서 모금을 할 때 장명국한테도 백만 원 받고, 정치가에게도 받고 하면서 모금을 했는데, 어느 날 장명국이 이사에서 짤렸어. 내가 소장인데 허락도 없이 자른 거야. 얼마나 미안해. 그래서 내가 사랑이 안 통하는 거야. 난 사랑으로 노동운동을 했지 이념으로 한 게 아닌데. 더군다나 경희대 가서 뭐 하니까 경희대에서 나는 완전히 PD가 되어 가지고, 그다음에 교회도 다 NL이야. 그래서 나를 다 가시같이 쳐다봐. 그런 상황에서 내가 민중교육연구소를 그만두게 됐어. 그때 남은 천만 원으로 민중교회 모여서 같이 했었는데, 그게 지금 남아있을지 모르겠네.

**이대수**: 저는 79년도에 석방되어서 가을학기 잠깐 다녔어요. 교회권에서 학생청년운동을 좀 했고. 서대문에 기장 청년회가 있으니까 왔다 갔다 하고. 기장 예장 청년들 교회연합회가 있었으니까. 이걸 바탕으로 KSCF 활동을 했고. 교육원을 왔다갔다 하니까 선배들을 많이 보게 된 거죠. 그때는 다들 격동하던 시절이었으니까, 차분하게 공부할 틈은 별로 없었던 것 같고. 79년 9월, 가을 학기를 다녔는데 80년에 또 복학을 했죠. 복학했다가 다시 짤리고, 다시 교육원이 문을 열면서 다시 들어왔죠. 그래서 83년 봄학기까지 아마 다녔을 거예요.

저는 그 당시 기장 청년회 활동을 하고 있었으니까, 늘 여기 왔다갔다 하고 수업도 왔다갔다하는 반경 내에서 활동했으니까. 80년에는 좀 다양했어요. 여러 대학이 다양하게 들어왔던 거죠. 그래서 재밌기도 재밌고, 저는 학교 다닐 때 진보적인 의식이나 해방신학 이런 깃들을 일찌감치 학생 때 세례를 겪어서 별로 새로운 건 아닌데 책으로 보던 양반들을 직접 만나는 재미가 있었고. 여러 학교 학생들 만나는 것도 좋았고.

그리고 80년에 복학을 했을 때 잠시 서남동 교수님 강의를 들었죠. 봄학기 때 잠깐 강의를 하셨고, 나도 그 틈에 잠깐 강의를 들어갔고. 그때 테야르 드 샤르뎅 강의를 하셨어요. 학교에서 80년에. 그런 기억이 있었고. 학점은 잘 주셨어. 그다음에 복교해서 다니면서 계속 청년활동을 하고 있었으니까, 급진적인 사회과학적 정체성이나 기독교의 진보적 정체성이 저한테는 아무 충돌이 없었으니까.

내가 원래 교회 출발이, 기독교 신앙의 뿌리의 중요한 근거가 문동환 박사의 『자아확립』이라는 책을 보고 기독교 입문을 했어요. 좀 리버럴하고 자유로운 거죠. 보수의 뿌리가 없어요. 제 한계이기도 하겠지만은. 그렇기에 교육원은 그렇게 다녔고. 또 졸업하고 수도교회에 조금 있다가 85년에, 6개월 공장 다니다가 그 당시에 어디로 갈까 모색을 하다가, 군포로 갔어요. 당시 인천 지역이 복잡한 걸 알고 있고, 특별히 내가 수도권에 연고가 없죠. 그래서 이것저것 따지다가 찾게 된 거죠. 그 당시에 선구적으로 했던 교회들이 있었잖아요. 인천 쪽에서도 있었고. 성남에 주민교회도 있었고. 다녀보면서 어떤 스타일이 좋을 것인가를 나 나름대로 비교해 보면서 다녔고. 그 당시에 구로동에 사랑교회 있었고. 사랑방 교회도 마찬가지로. 그때 많지 않았으니까 다 돌아봤죠. 그리고 83년도에 갔을 때 이미 WCC 신학적 흐름들은 벌써 그런 논의를 다 뛰어넘는 시대였기 때문에, 별로 나한테 그게 중요하게 느껴지지도 않았어요. 교회에서 그런 식으로 왔다갔다 하는데 저는 어느 쪽도 상관이 없었어요. 제가 85년도에 개척할 때, 그때는 한창 그런 논쟁들이 깔려있죠.

그래서 저한테 좋은 건 공단 지역의 주민들이 참여하는 형태, 노동자들의 형태가 좋겠다는 생각을 했고. 그래서 어린이집도 하고 야학도 하고. 조직과의 조직적 관계는 저는 안 했어요. 조금 힘들기도 했지만 스스로 갔던 길이지, 뭐 NL하는 친구들 붙잡고 하고 그러지 못했고, 할 생각도 없었고. 보니까 그 당시의 상황 속에서 교회에 참여하는 사람들이 적었어요. 행사나 프로그램할 때는 많이 오는데 예배 땐 허전한 거지. 끊임없이 그런 고민들이 있었던 거고. 저도 그렇고, 제 처도 예장 보수 교회를 다녔기 때문에 저보다는 뿌리가 좀 더 있었던 거고.

저는 진보적 신앙이어서 목회를 하는 데에 한계가 있다는 거를 시간이 지나면서 느껴요. 교회를 바꾸고 개혁하는 것까지는 맞다고 봐요. 근데 모여 있어야 개혁을 하지. 최소한 모임이 있어야 개혁을 이야기할 수 있는데, 우리는 아무 그루터기가 없는데 개혁을 이야기해 봐야 안 되죠. 그 당시 시대 상황 때문에 진보적인 목소리에 감화된 사람들이 모이긴 하지만, 신앙의 뿌리를 같이 공유하는 공동체가 없는 속에서는 한계가 있었어요. 그런 점에서 목회 소양도 부족한데다가, 바깥으로 돌아다니는 걸 많이 하다 보니까 이게 안 되는 거예요. 어느 순간 보니까 시민단체 활동은 열심히 잘하는데, 교회공동체의 바탕에서 하는 건 안 되는 거예요. 그게 한계이고. 그나마 어린이집이나 그런 걸 하고 청년회 모임까지는 가는 거예요. 그래서 모양은 갖춰지는데, 내가 온 정신을 쏟아서 교인을 채워야 한다는 그 마음이 모자랐다는 생각이 들어요. 목회 소양이 부족한 거지. 민중교회에서 반성했던 건 그런 게 있고. 그런 것들이 민중교회 입장에서 볼 때는, 제 개인적인 한계였고 시대적인 한계를 반영했던 게 아닐까. 그리고 그 당시에 또 보았던 건, 남미의 기초공동체 운동에 대해 관심 있게 봤어요. 그런데 사실 그것도 남미의 오랜 가톨릭 전통이 있고, 민중의 절박한 현실이 있고 그래서 발화가 된 거기 때문에, 기독교 전통과 만나지 않던 속에서 급진적 흐름만 가지고서는 안된다. 그런 한계가 있었어요.

조인영: 제가 먼저 할게요. 권오성 목사님이 한빛교회 선배였기 때문에 권오성 목사님 소개로 선교교육원에 오게 됐는데. 그때 뭐라고 얘기했냐면, 선교교육원이 한신대생 말고도 여타의 많은 제적생들이 있는데, 이런 친구들은 사회에 헌신적이잖아요. 이런 친구들을 우리 기장 교단에서 신학 교육을 시켜서 목사로 만들면 좋은 목사가 되지 않겠느냐, 그래서 안병무 박사님이랑 서남동 교수님이 선교교육원을 하게 된걸로 들었거든요. 그런 맥락에서 보면, 저는 선교교육원의 교육이 한신 출신만이 아니라 여타의 많은 출신이 기독교 베이스가 있든 없든 간에 교육원을 통해서, 여길 통해서 많은 민중교회가 나왔기 때문에 교육이 분명 성공을 했다는 생각이 들어요.

저는 왜 민중교회를 하게 됐냐면, 지난번 녹화에서도 말씀을 드렸는데, 제가 운동을 하게 된 건, 제가 한빛을 다니지 않았다면, 또 우리 집이 중산층이라 먹고 살 만하니까. 저는 오빠들이 있어서 부모님을 보양할 필요가 없었어요. 형제들 넷 중에서 저 하나가 사회에 헌신해도 우리 집은 아무 지장이 없다고 생각했기 때문이죠. 한빛교회와 중산층이라는 내 가정과, 동료들이죠. 선교교육원 동료들. 그리고 제가 나중에 외대 운동권이랑 만났는데 그쪽 동료들이 있어서 운동을 하게 된 거 아닐까 싶거든요?

제가 우스갯소리로 얘기했는데, 저는 제가 운동노선에 있어서 NL인 줄 알았어요. 근데 저는 실은 PD였어요. 왜냐면 민중을 계속 주장하고, 민중과 같이 해야 하고 그런 것이 계속 저의 뼈대였기 때문에 그렇게 따지면 PD 쪽인데, 그렇지만 NL인 줄 알고 운동을 했던 것 같아요. 제가 왜 민중교회를 하게 됐나 생각을 하면, 저는 학교를 대학 와서 1학기 다니고 교회에서 1년을 보내고, 어이없이 제적을 당하니까 인식도 없었던 상태죠. 그런데 그때 분위기가 현장을 가는 분위기여서 저도 노동 쪽을 준비하고 있었어요. 근데 막상 공활을 하고 나서 보니까 현장에 있는 소녀들이 너무 비참한 거죠. 그래서 양심은 찔리는데, 그렇다고 과학적 이론으로 무장되어 있는 건 아니었다가 이런 프러포즈를 받으니까 여기 오게 된 거죠.

여기 와서 제가 어떤 도움을 받았느냐. 저는 일단 여기를 통해서 내가 신학에 대해 잘 몰랐던 것과 민중신학에 대해 알게 됐어요. 그리고 저는 기독교 하면 약간 외세적 문화로 많이 해석했는데, 민중신학을 배우면서 한국의 역사와 민담 속에서 예수님의 형상을 포개서 볼 수 있게 돼서 신났어요. 그리고 정치, 우리나라가 독재국가가 된 것 그리고 여러 가지 것들을 배우고. 그리고 우리나라 경제 구조를 배우면서 민족경제론을 해야 하는 필요, 국제정치경제학을 배우게 된 것 같아요. 일반적으로 미국이 굉장히 좋은 나라 정도로 생각했다가, 여기 와서 미국의 환상이 깨지고 중국에 대한, 그때 저희가 읽은 책들이 『러시아혁명사』, 『중국의 붉은 별』, 『돌베개』 다 이런 것들이잖아요. 그러면서 시야가 우리나라에 갇혀있다가 넓어지고, 저 스스로 그때 예수님을 잘 몰랐었는데, 제 성격은 온정주의 성격이니까, 그때 민중들이 진짜로 어려웠거든요. 주변이 너무 어려워서 거기를 안 갈 수는 없었어요. 무장이 안 되어 있어도 안 갈 수가 없었고. 그리고 또 하나는, 아마 저는…. 정리하겠습니다. 이 선교교육원을 통해서, 동료를 만나고 제가 사상적으로 단단하게 무장이 되면서 민중신학적 관점을 가진 우리나라의 혁명을 하고 싶었던 것 같아요. 그런데 그 혁명에 대한 논리와 전략은 아무것도 없이, 그냥 민중이 너무 비참하기 때문에 어떻게든 뒤집어야 한다. 그런데 그 방법은 노동자 쪽으로 갔던 것 같고. 근데 노동자 쪽에도 생산 사업장 중심으로 가는 사람이 있었고, 노동자들 살고 있는 삶의 근거지 쪽으로 가는 사람도 있었거든요. 그런데 지나고 보면, 삶의 근거지 쪽으로 가려면 저 같은 사람이 가면 안 되고, 결혼도 해서 일반적으로 사는 모습도 보이면서 아이도 낳고 이러면서 운동을 했어야 되는데, 저는 싱글로 갔잖아요. 그만큼 이론과 실천 간에 괴리가 굉장히 존재했던 것 같아요. 하여간 그런 좌충우돌을 겪으면서도 제가 목회를 통해서 현장을 안 떠났던 이유는, 제가 목회를 하면서 신앙이 더 생긴 거예요. 92년도, 93년도에 러시아가 무너지고 그러면서 사람들이 복귀하고 그랬는데, 저는 현장에 어려운 사람들이 이렇게 많은데 어떻게 복귀를 하나 싶었죠. 이제 운명적인 거예요. 그래서 예수님하고 해 봐야 한다고 하는 그런 마음이 있었던 거고.

제가 지금 마지막으로 정리를 해보면서, 물론 이 모든 게 다 선교교육원 만나고 한빛교회 만나고 사람을 통해 영향을 받았지만, 저는 제가 이런 과정을 거치게 된 건 결과적으로 보면 선교교육원 안 나왔으면 제가 교회운동을 하지 않았겠죠. 그런 점에서는 선교교육원과 한빛교회가 분명 큰 영향이고. 하지만 저는 그 두 가지가 있었다고 해서 이렇게 살지는 않았고, 그 당시의 너무 처참하고 비참한 민중들이 많이 있어서, 안 갈 수가 없었던 것 같아요.

그런데 2000년을 넘기고 보니까, 우리나라가 비약적으로 문제가 바뀐 게 88년도라고 하더라고요. 2000년도가 지난 지금 저는 진짜 가난한 민중이 되어 있고 민중인 아이들이 나아졌어요. 실제적인 예로 제가 공부방을 해서 애들을 키웠잖아요. 그런데 고등학교를 졸업하고 받는 아이들의 월급이 제가 목회할 때 제 월급보다 많았거든요. 저는 그런

역전의 현상도 보면서, 지금은 제가 다른 대답을 할 수 있는데, 그때는 그만큼 빠졌던 것 같아요. 그 말도 안 되는, 혁명도 하고 싶고 그런 것들을, 그게 바로 선교교육원을 통해 얻어진 것 같아요.

이영재: 저는 75학번인데요. 학교 들어와서 인혁당 사건 얘길 듣고 충격을 받고, 그때는 경상도에서 자라서 함석헌 선생님이나 문익환 목사님의 주석서 이런 거 보고 예장 놈이 기장을 왔어요. 그리고 성남교회를 어머니가 나가라고 해서, 우리 어머니는 서남동 목사님 세례를 받은 분인데. 대구 동문이라서. 어머니가 성남교회 김기수, 옛날에 전도부인회라고 있는데, 동문교회 전도부인이 성남교회에 가 있다고 거기 가라고 해서 다녔는데, 민청학련 선배들이 와서 야학을, 사회과학 공부를 했어요. 이해찬, 장상환, 이동기. 일본어를 가르치고. 조금 하더니 그래서 선교교육원 여기에서 『예수의 행태』 아라이 사사쿠 책을 공부하고 그랬습니다. 그래서 기청 조직을 하고. 이런 것들 하면서 신학교 1, 2학년이 혹 지나갔는데, 그리고 용산 지국소년학교에서 야학을 1년 하고, 검정고시 야학은 안 되겠다 생각하고 있었죠. 박형규 목사님이 서울 야연(야학연합회)을 조직하라고 해서, 근데 그걸 폼 나게 조직하고 그러진 못하고. 76년도에.

이광일: 76년도에 야학연합회가 있었나. 박형규 목사님이 그쪽에도 관심을 가지셨구나.

이영재: 그러던 중에 현수가 자꾸 빵에 들어가자고 계속 그랬어. 나하고 제일 친했는데, 나는 돌격대로 무조건 들어간다, 따라와라. 같이 합숙도 하고. 그래서 현수를 좀 멀리하려고 했는데, 결국은 같이 끌려 들어갔

지. (웃음) 그리고 오용식 선배도 같이 잡혀가고. 당시 학생회 임원도 같이 끌려가고. 그게 깜빵 들어간 계기인데. 나와서 보니까 공부한다고 해서 우리 선교교육원에 들어왔지. 그러다가 병대위(병역문제대책위원회) 하자고 해 놓고 박정희 타도하려고 했지. 목숨을 걸고 뛰다가 박정희가 죽었거든. YWCA 민청 선배들 동원하고 해산했어요. 그게 전두환 등장할 때지. 그리고 방학을 지나고 이제 학교 복학이 돼서 조금 다니다가, 우리 상시하고 현수가 학교 권력을 딱 잡아서 끌고 이렇게 하는데, 나는 기운이 빠져서 학교를 쉬고 살짝 부천 어느 공장에 들어가서 조용하게 노동자들의 세계 속에서 가능성을 모색해 보려고 하고 있었어.

그런데 5·18 사건이 터지고 김부겸을 병대위할 때 대구 조직책으로 삼았어요. 항공권 데스크에 여동생이 근무했기 때문에 내려가서 여동생한테 문서를 줬지. 그러면 부겸이가 찾아가고, 그런데 정분이 난지 나는 몰랐지. 김광훈, 김부겸 이렇게 김대중 내란 사건에 수배가 되는 바람에 대구 안기부에서 서울 서초동에 여관을 빌려놓고 날 잡으러 왔어. 왜냐면 부겸이랑 여동생 관계에서 내가 중간에 있기에 그것까지 다 들통이 나서. 그래서 큰형이, 지금 유명한 이영훈 교수고(어! 뭐라고! 소란), 서울대 규장각에서 일하고 있었는데, 그때 우리 큰형은 위수령 때 같이 제적도 당하고, 새문안교회 서경석 그룹에서 기독교운동하고 그랬었어요. 그땐 우리 편이었죠. 큰형이 나 좀 보자고 해서 들어갔더니 안기부에서 지금 부겸이를 잡으려고 너를 찾는데, 너가 행방불명이 되어서 잠깐 좀 나왔다 들어가라고. 잠깐 나온다는 게 그 여관에 삼사일 잡혀서 곤욕을 치르고. 낮에는 동기들 집을 나를 앞세워서 가더라고. 땡동 하면 부겸이 왔는지 안 왔는지 물어보고. 그런 식으로 간첩 짓을. 그러다가 부겸이 자수해서 잡히고. 나는 무슨 짓 했는지 다 드러나고 해서 안 되겠다, 노동운동 포기를 하고.

이영재 목사

81, 82년에 교문사라는 데 취직을 해서 돈 벌면서 2년 동안 조직에 돈 대주는 자금책으로. 돈을 잘 벌어가지고. (웃음) 기본이 헬라어를 하는 사람이니까. 그러다 학교 졸업하라고 해서 한신대 졸업하고, 바로 농촌교회로 83년에 가서 전도사 3년 하고. 여기는 한 학기도 못 다녔지. 한 몇 달 다니고 그다음에 일 때문에 쫓아다니느라고. 교문사 다니면서 서남동 선생하고 안병무 선생하고 주말마다 박재순 선배랑 민중신학 2세대를 키우겠다고 하셔서 연구소에 모여서 세미나를 했어요. 그때 대화를 많이 했습니다. 많이 배우고. 두 분이 논쟁할 때쯤 되면 안병무 선생이 '우리는 지금 논쟁을 할 때가 아니다' 딱 이렇게 뒤로 미루고. 지금은 빌드업 해야 할 때니까 논쟁하지 말자. 홍길동 이런 얘기 나오면 안 박사는 딱 스톱시키고. 안 박사는 동의를 안하는 거야. 두 분이 그게 조금 안 맞았지.

재순이 형하고 공부 좀 같이 하다가 이론을 할래, 실천을 할래 이렇게 물으시더라고. 그래서 이론보다는 교회 실천 쪽 가고 싶다고 해서 경상도, 박정희 고향 농촌교회로 가서 전도사가 됐어. 그래서 성내교회에서 3년, 경남 울산에 가서 노동자교회하고. 그때 민중교회 한창 할 때 저도 84년 겨울에 울산으로 가서 지역에서 민중교회를 했어요.

조인영: 교회 이름이 뭐예요?

이영재: 형제교회. 임흥기 목사가 개척한 교회인데, 김영수하고. 거

기서 벽령이라는 곳에 집을 정하고, 한 해 동안 열심히 했는데. 온산공단 문제로 우리 청년들이 뛰다가 시진전, 폭로전 하다가 경찰한테 걸려서 온 교회가 공격을 받았어. 하루는 수요일에 전경이 들이닥쳐 가지고, 그때 청년 노동자들 학생들 백 명 정도 됐어요. 교회가 일 년 만에 백 명이 됐어요. 폭발적으로.

**이원희**: 형제교회는 몇 년에 생긴 거예요?

**이영재**: 김영수가 82년도에 개척했다가….

**한기양**: 이게 87년도에 문을 닫아요. 이어지는 얘기인데, 나는 모르고 갔어요. 제가 후임자예요. 형제교회는 폭탄 떨어진 곳이었어. 나를 부른 놈들이 누구냐면, 이런 교회가 있어야 우리가 비빌 언덕이 생기는 데 좀 와 췄으면 좋겠다는 거야. 그래서 나는 "뭔 소리냐, 인천에서 준비 다 했는데 뭔 소리냐?" 했다. 얘기 듣고, 그때 치악산 기도원에 가서 20일 금식기도하고 그렇게 하기로 했어요. 제 케이스가 희한한 케이스입니다. 왜냐면 운동을 하다가 다시 목회로 돌아가서 교회를 해야겠다고 맘을 먹은 사람이어요. 그러면서 운동권의 요구들을 다 수용을 해서 활용을 당해줘야 한다는 입장이었어요. 그러면서도 교회는 지켜야 한다. 그런데 갔더니 아 사람들이 신앙인이 아니야. 그 사람들이 책임도 못 지면서 나더러 오라는 거였죠. 근데 기꺼이 갔습니다, 제가. 가 보니까 노회에서 나를 잡아먹을 듯이 쳐다봐요. 저 마귀새끼 또 왔다는 거야. 보수적 신앙에서 보면 형제교회 뒤에는 마귀가 씌어 있소 하는거야. 그래서 뭐지 하고 물어보니까 그런 교회가 있었다는 거야. (웃음) 이 분 (이영재)을 88년 가을에 만난 거예요. 사수를 만난 거지. 얘기 다 들었

어, 이전 이야기를. 내가 아무것도 몰랐으니까. 그때 비로소 울산의 상황을 알았고, 왜 임홍기 목사님이 나를 그렇게 혼내고. 너 누구 허락받고 가냐고 하더라고. 저 위엣분(손가락으로 하늘을 가리킴) 허락받고 간다고 하니까 되게 뭐라고 하더라고. 왜 이 분이 나한테 이러나 했더니 그런 역사가 있었던 거예요. 그런 이중의 어려움을 갖고 시작을 했죠. 또 개척 해놓고 보니까 그놈들 다 아무도 안 나와. 상황이 확 바뀌었으니까.

**임승철**: 영재 형님이 그거 하시고 다음에 대구 가신 거예요?

**이영재**: 그다음에 대구 공장에 4년 다녔지. 3년 반.

**임승철**: 왜 이렇게 오래 다니셨어요?

**이영재**: 다시 또 시작을 해 보려고. 대구에 대동교회라고 개척해서 시작을 했어요. 프레스 좀 밟다가 포장작업에 들어갔는데 너무 힘들어서 허리를 다쳐가지고.

**김창규**: 대구에 누가 개척을 했다고 그러는데, 대동교회라고 하더라고. 근데 저 친구들은 모르고, 나는 대구를 자주 내려갔잖아. 83년도부터. 그랬는데 대구에 유명한 친구가 있다는 거야, 대동교회라고. 그게 저 친구였네. 그리고 김영수 목사가 부산에서 청주까지 올라와서 나를 꼬시려고 하는 거야. 나는 여기 청주 도시와 연결되어 있다, 나를 어떻게 쓰려고 하느냐 그랬더니 가라는 데 가라고 하더라고. 그래서 내가 간 데가 어디냐면 마산 한 교회에 갔는데, 나를 면접을 보더라고, 평신도들이. 이력서를 딱 보더니 안된다고 하더라고. 당신은 여기 오면 데모할 거고,

이러이러한 걸로 안된다고 해서 마산은 포기했어. 그랬더니 얼마 전에
죽은 유성열이가 뭐라고 하냐면, 기기 안되면 거창으로 와라. 그래서 선
교교육원을 졸업하고 나서 갈 데를 모색하는데, 거기 누구야 정성헌 교장
인가? 갔는데 면접을 보는데, 교장실로 오라고 하지도 않고 화단에서 돌
아가신 유 목사님하고 셋이 있는데 딱 나를 보고 이력서를 보더니, 선교
교육원 졸업하고 과거 뭐 보더니 안된다는 거야, 거기서도. 이제 두 군데
가 안 되니까 갈 데가 없잖아. 그래서 군산으로 가게 된 거야.

**임승철**: 아까 말씀하셨듯이 여러 교회를 개척하던 과정에 민중교회
라는 개념 자체는 계속 있었던 거죠?

**이영재**: 대구에서 민중교회운동연합을 만들었죠. 제가 처음에 83년도
에 가서는 목협을 만들었어요. 그리고 대구에 기청을 재건하고 했는데,
다시 올라와서 대동교회 열 때는 민중교회운동연합을 예장 쪽에서 만들
었죠. 88년. 그때 민중교회운동연합을, 이웃교회라고, 우리 대동교회하
고 달구벌교회하고 그렇게 예장 쪽하고 같이 재밌게 했습니다. 또 병섭이
형한테 말해서 독일에 편지를 보냈더니 천팔백만 원을 보내줘가지고, 공
단에 "일꾼의 집"이라는 노동자 상담소를 열어서 했어요. 거기에 나중에
봤더니 이상한 사람들이 다 들어와서, 제대로 안 됐어요. (웃음)

**김현수**: 88년도 되면 그때는 민중교회가 많았고, 한국민중교회운동
연합이 조직적으로 전국적으로 있었어요. 거기에 각 지역의 조직들이
산하로 들어간 거고.

**박종열**: 당시 오세구가 조직을 울산, 부산, 엄청난 조직을 만들려고

했어요. 근데 재정적 지원 프로젝트를 냈는데, 일부 사람이 반대를 했어.

**이영재**: 그랬습니다. 대구에 민중교회, 노동자들 그룹하고 학교 선생들, 지식인 그룹 두 개를 했어요. 한쪽은 성경 공부 그룹을 하다가, 학교에서 공부하러 올라오라고 해서 제가 공부를 해야 되겠다 해서 한신으로 올라왔습니다. 그래서 한신대 와서 박사학위 들어갔는데, 선생들이 좀 배우기가 싫어요. 그래서 포기를 하고 스코틀랜드에 편지를 썼더니 오라고 해서, 그래서 나갔죠. 거기서 독일 1년까지 딱 6년 있다가 왔습니다. 지금까지 계속 구약성경에 있어서 민중신학 쪽으로 표는 안 내지만 계속 쓰고 있습니다.

**정상시**: 그런데 우리가 그 당시에 민중교회 숫자가, 한민련에 데이터가 남아있을 텐데, 125개인가 그래요. 기장이 물론 제일 많고, 88년도 성문밖 교회에서 우리가 한민연 창립을 했잖아요.

**이원희**: 민중교회운동사라든지, 그런 게 없어.

**박종열**: 그거 민중교회연합을 만들면서 깽판 났잖아. 깽판 난 사연 알아? 한민연 만들면서, 사실 처음엔 감리교가 회장을 하기로 했거든. 누가 반대했냐면 김정택이. 그래서 할 수 없이 이춘섭이 하게 됐는데, 그러고 나서 김달성이 이 개새끼들 뭐 사기꾼들 이러면서 나하고 막 온갖 사람들한테 편지 쓰고….

**정상시**: 김광훈이 회장이고 김달성이 총무를 했어요. 그다음에 2대 때 김달성이 회장 하기로 했는데, 그게 여러 가지 감리교가 그 정도 여건

이 안 된다고 판단한 게 김정택이나 뭐 몇 명 있어서 그렇게 된 거예요.

**한기양**: 김정택 선배님이, 목사 안수를 받았으면 그 양반이 그냥 되는 건데, 애매한 부분이 있었어요.

**김현수**: 지금 우리 얘기하고 있는 게, 민중교회를 하게 된 과정들.

**정상시**: 선교교육원과 나와 민중교회.

**이원희**: 현장신학에서 노동분과였지만, 사실 민중교회 또 민중목회라는 컨셉보다 '노동자 선교'로 내가 목사 안수를 받은 거고. 내가 거부감 없이 해야 했으니까. 신앙적으로서야 받아들이니까. 그래서 나중에 그렇게 하게 됐지. 그리고 새봄교회는 내가, 78년 79년 이때 노동선교 관심으로 준비하다가 82년 즈음에 개척을 한 거지. 그래서 82년 3월부터 준비해서 12월에 했어요.

김상근 목사님 찾아갔더니, 내가 형식적으로 수도교회 소속이었거든. 그랬더니 나더러 좀 황당하대. 나중에 개척 다 해서 건물 마련해서 한다 했더니 그때는 또 수도교회 장로님들하고 와서 좀 지원해주겠다고 하더라고. 그래서 겨우 됐어요. 박춘노 목사님하고, 유종일 교수 부인 박윤애, 유승희 국회의원 등등 해서 했지. 안태용 등등. 그때는 내가 나중에 85년 86년과 달리 이쁨을 많이 받았어. 나중에는 너무 많아서 다반사가 됐지만, 그때는 운동권이래도 경계한다기보다 젊은 친구가 교회 목회하러 왔다고.

그때는 조심스럽게 했지. 상황도 83년 아직 이럴 때니까. 쁘락치도 교회에 많이 왔어요. 그런데 걸릴 것 같기도 하고 아닐 것 같기도 하고 애매했어. 교회 활동은 우리 기독학생회 출신 후배들이 많이 했지. 여기는 외피론자들은 워낙 없고. 그래서 했는데, 나중에 프락치가 경찰들고 왔다 갔지만, 운동권에서도 많이들 왔다 갔어요. 왔다가 정파별로 요놈 저놈 하면서…. (웃음)

조인영: 그때 교인 수는 얼마나 됐어요?

이원희: 그때 한 30여 명. 수련회 가면 60명도 오고 그랬어. 내가 다른 것보다, 대우에 노조 사무국장 한 친구가 우리 교회 다니다가 나중에 됐어요. 그 친구가 지나가는 말로 자기가 여기서 좋았던 얘길 슬쩍 하더라고. 나도 글에도 썼지만, 참 좋아요. 그룹 모임을 연령 별로 세 개를 했어. 20대 후반 한 팀, 20대 중반, 20대 초반. 이렇게 모임을 했는데, 자기가 제일 위에 나이니까 했는데, 다른 것보다 교회 모임에서 공동체적인 만남과 훈련을 한 게 아주 좋았다고 얘길 하더라고. 인간적이고 공동체적인 경험이 사회운동의 큰 밑바탕이 됐다 이거야. 그런 면에서 보람이 있달까 그런 거지.

조인영: 성공회대 교수님도…. 이영환?

이원희: 이영환 교수 집사 했지. 후배니까. 인천 살았고. 이영환도 잠깐 여기 교육원 학생으로 있었지. 그러다 복학했지. 장신규도 여기 다니고. 유종성도 그렇고. 그때 그냥 너무 많이 왔는데, 내가 웬만하면 다 받아줬어. 너무 많아서 말도 많았어. 너무 인텔리, 학생운동 하는 애들 많이 오지 않냐고. 그때는 노동현장으로 직접 가지 않는 사람은 노동자들 주변에 같이 있고 싶었거든. 그럼 노동교회 가는 게 딱 좋은거야. 그

러니까 후배들이, 내가 부르지도 않았는데 얘들이 서로 막 오겠대. 83년, 84년, 85년 이때. 노동교회, 민중교회 별로 없을 때야. 그러니까 서로 오겠다고 인사 와서 저 여기 다녀도 돼요? 하면 그래 알았어 하고 한마디만 하면 돼.

내가 기독교민주화운동 쪽에서, 기독교 사회운동 역사편찬하는 실무적인 역할을 하는데, 거기 민중교회 정리한 파트가 있어요. 그래서 내년이나 내후년에 본격적으로 한 번 집담회를 하기로 되어 있었어. 그때, 그건 기장만이 아니라 예장도 있겠지. 모임을 하나로 할지 둘로 할지 그건 나중 문제고. 하여튼 나중 기회에 본격적으로 할 수 있는 기회가 있을 거예요.

**오용식**: 다른 사람들 얘기도 들어봤으면 좋을 뻔했는데. 난 사실 선교교육원하고 아무 상관이 없어요. (웃음) 교육원 다닌 적이 없어요. 우리는 전혀⋯. 왜냐면, 내가 77년에 징역 가서 78년 12월 27일에 나왔거든요? 1월 10일 정도에, 시골에 갔는데 근질근질하잖아. 그래서 1월 10일 즈음에 나오려고 하니까 그때 벌써 영장이 나왔어. 4월 10일부로 군대 가라고. 그래서 딱 시골에서 뛰쳐 올라와서 바로 병대위 그룹들하고 도망다니기 시작한 거지. 보통 77년, 78년에는 대부분 다 징역 살았어요. 그러고 79년 봄학기서부터 교육원 열고 이랬을 텐데, 그러니까 가본 적이 없다니까. (웃음) 문동환 교수하고 안병무 교수도 내가 74학번인데 1학년, 2학년은 그 양반들한테 배울 기회가 없어. 3학년, 4학년, 대학원 되어야 커리큘럼이 되지. 1학년, 2학년은 맨날 황상규 교수나 박광호 교수나 김이곤 교수 이런 사람들이 다 가르치지. 이제 배울 만하니까 3.1 사건 터져서 싹 들어가 버리고. 전혀 관계가 안 됐어. 그리고 76년도, 얼마 전에 박남수, 최갑성, 전점석 세 명이 이상한 사건 치고

들어가서 뒤치다꺼리하느라고 되게 힘들었거든, 그때. 그게 탁 치고 탁 들어가서 구속이 됐으면 아무 문제가 없었을텐데, 하도 쪼아대니까 찌라시 뿌리고서 날라버렸단 말이야.

그러니까 학교 분위기가…. 종잡을 수 없으니까. 어느 그룹의 누가 했나. 쁘락치들이 한 거 아닌가, 학교 뒤집어놓으려고. 그래서 처음에는 쁘락치라고 하는 것이 학교 분위기를 많이 혼란스럽게 만들었어. 왜 그러냐면 나중에 알고 보니까 남수 형이 주류에 있던 사람도 아니고, 갑성이 형도 왔다갔다 하다가 그렇게 됐고. 전점석 씨는 인하대 쪽에서 운동하다가 와서 뭐가 똥인지 된장인지 알지도 못하고 그냥…. (웃음) 셋이 어떻게 죽이 맞아서 사건 치고 도망치고. 그러니까 75년도 병생이 형 사건 터져서 학교 난리난 데다가 그 사건이 터지니까 학교가 그냥…. 그래도 뭔가 중심을 잡으려고 했던 쪽에서 더 이상하게 되어버리고. 그래서 76년도, 3학년 때 굉장히 힘들었어요. 그리고 나는 운동을 이상하게 한 사람이에요. 아니 나는 농촌 목회하려고 왔다니까. 그래서 나는 1학년, 2학년 때 안희국 교수한테 맨날 양 키우는 거…. 농촌에 가려고. 그다음에 복숭아, 사과, 전지 배우는 거 맨날 봄에 가면 리어카 끌고 다니면서…. 그 일 열심히 배웠어, 하여튼. 선택 과목이었거든. 그러면서 열심히 배우는데, 수도권하고 연결된 게 그게 이상하게 연결된 거야. 우린 들어가자마자 바로 민청학련 사건 터졌지, 김영준 학장 머리 빡빡 밀 때 그게 74년도 아냐. 그때 임원들 다 제적되고 구속되고 막 그랬지.

그런데 75년도 2학년 때 고대가 휴교령 떨어지고 우리는 휴업령 떨어졌잖아. 그래서 4월 10일인가? 하여튼 갑자기 학교 문닫고 기숙사도 다 폐쇄시켜 버리고. 다 가라고 쫓아낼 때인데. 쫓겨나니까 집엘 가야 되나 뭐, 언제 개교가 될지 모르잖아. 서울에 있을 데도 없고 그런데 그 전에 학교 게시판에 선교훈련실습생들 모집한다는 것이 조그맣게 붙었

댔어. 누가 붙였는진 잘 모르겠는데. 그러고서 저거 실습 좀 가자고 말을 하고 있었는데 그것을 보고 몇 명이 와서 하자 하자, 해서 같이 하기로 했어. 했는데 나중에 가서 보니까 나만 혼자 와 있더라고. 그 당시가 수도권 특수지역 선교위원회가 이문동에 사무실이 있을 때였어.

오용식 목사

난 아무것도 몰랐어. 근데 어디 접선하듯이, 여섯 시에 을지로 옛날 서울극장 1층 다방이 있었거든? 다방 거기 가면 된다고, 꺼떡꺼떡 왔더니 그때 이규상 목사님이 나왔더라고. 거기 여섯 시에 만나서 중랑천에 들어가서 허 목사님 집에서 한 삼 개월 가까이? 2개월 반? 거기서 훈련 받고. 그러면서 75년도에 양평동에서, 그때 양평동에 누가 있었냐면 제정구 형이 있었어. 거기 방 하나 얻어서 인태선, 나, 노승권, 창수도 있었던가? 그리고 한두 명 더 있는데, 누군지 잘 모르겠어. 하여튼 거기에서 삼 개월 가까이 동계대학이라고 현장 실습을 했지. 주로 양평동은 그때 공장 들어가려는 선배. 나는 한 삼 개월 정도 공장 생활했고. 다른 사람들도 다 뿔뿔이 흩어져서 하고. 태선이는 공장 안 하고 이 새끼는 연애도 하고 하느라고…. 밥이나 해 주고. (웃음) 그런 것 끝내고 그나마 현장 중심적으로 운동을 하려고 애를 썼던 것이 3학년 때였어요.

그리고 아까 얘기한 대로 75년도 제일 큰 사건이 인혁당 사건이잖아요. 나는 그 당시에 어떻게 이야기를 들었는지, 4월 8일날 재판나고 4월 9일날인가? 그 소식을 듣는데 하늘이 노랬어요. 그때 채플실 앞에 있었는데, 잿빛 하늘의 느낌이 확…. 엄청난 충격이었어요. 바로 처형되다니…. 그래서 이리 뛰고 저리 뛰고. 그때 아마 병생이 형도 정신이 반쯤 나갔었던 것 같고. 그렇게 하고 하계대학도 하고, 76년도 겨울에 동월교회가 12월 12일날 개척하거든. 그때 동월교회를 중심으로 다시 동계대학 하는데, 현수, 하범이도 했나? 상시도 하고, 영재도 하고. 이렇게 해서 거기서 호떡도 팔고, 호빵도 팔고. 그때는 빈민 현장 선교활동을, 실습들을 쭉 한 거예요. 거기에서 대략 76년도 한신의 스산한 분위기들을 누르고, 77년은 제대로 학교 운동을 해보자고 해서, 사실은 1차 2차 3차 이렇게 만들었거든. 그런데 1차 하고 2차는 내가 하고 3차는 광훈이가 하기로 했어요. 그런데 내가 충격을 먹었는데, 내가 2층에서 뛰어내리지 말았어야 했는데. 채플 2층에서 뛰어내렸거든. 그때까지 형사들이 바깥에서는 다녔어도, 채플실 안에 들어와서 데모를 못하게 하거나 사람을 연행한 적은 없었어요. 강의실이라든지 이런 데는 오고, 복도 다니고 학생과에 맨날 한 놈 와서 서 있고, 수위실에도 한 놈 있고 이렇게는 했어도, 채플실에는 없었어.

그렇게 하고 아무튼 징역 갔다가 나오고, 80년도에는 남대문 사건들을 일으키고. 그때도 한 두 달 동안 잠수함 타고 나오고. 그렇게 하고 사회선교협의회 빈민분과, 노동분과, 농민분과, 청년학생분과 이쪽 중심으로 쭉 훈련받고 활동을 했어요. 주로 노동, 농민, 빈민 이쪽의 핵심적인 학자들 거기서 다 만났어요.

81년도 9월 한 달 동안 집중적인 학습 훈련을 했었고. 그다음에 82년 9월 또 한 달 동안 성남 주민교회에서 하고. 그때는 탄압이 정말 심할 때니까 숨어서 하고. 그다음에 나는 교회 하기보다는, 졸업하고 나서 현장으로 바로 가서 철거민 운동을 쭉 했었고. 그래서 거기 조직하고 교육하고 투쟁하고 이 삶을 쭉 하다가 동월교회에서 원래는 삼양동에다 세 번째, 두 번째가 늘샘교회고 세 번째가 또 하나 개척하기로 했는데, 그게 뭔가 잘못 풀려서 못하게 되고 나중에 영은교회로 가게 되는.

그게 87년도 7월 달, 8월 달. 오세남 목사라고, 거기 천막교회를 하다가 못하고 나간 데를 내가 들어가기로 했지. 거의 예배 안 드리고 있을 때 한 번 가 보라고 해서 서울 북로에서 가서 보니까, 다 쓰러진 천막만 있더라고.

거기 가서 민중교회 했고. 민중교회의 생각은 다른 사람하고 조금 달랐어요. 그때 너무 사람들이 의식적으로 팽팽해서 노동자 교회 이런 얘기 하고 했어요. 내가 세상에 노동자 교회는 없다, 노동자 중심을 지향하는 교회는 있을 수 있어도. 할머니 만나면 교회 나오지 말라고 할 거냐. 애들 오면 어떡할 거냐. 나는 그래서 그런 걸 가리지는 않았어요. 할머니들, 할아버지들 애들도 많이 오고. 우리는 버글버글했으니까. 프로그램들도 다양한 거 하고. 그게 87년도 8월 23일날 창립예배를 했을 거야. 내가 조금 늦었지. 삼양동으로 가면 아마 86년도나 85년도 정도에 했을 거야

우리 집사람도 조산원 훈련을 하기 위해서 부산 가서 일신병원에서 일 년 동안 훈련받고 자격증 따 가지고 바로 들어가려고 생각하고 있었거든요. 그게 다 망가져 버렸지. 그래서 영은교회 가고 민중교회는 조금 늦게 시작을 했고. 교회 하면서도 철거민 운동은 계속 했고. 하여튼 민중교회는 빈민교회 중심으로 많이 했었죠. 그렇게 하면서 점차 민중교회운동연합 이런 데 같이 참석을 했었고. 지금도 교회중심적이라기보다는 현장중심적이고 노동 빈민, 청년 학생, 농민 이런 데에는 쉽게 이해가 되고 결합을 하고 그런 부분들은 좀 쉬워요. 그렇게 하다가 철거되고 나서 무주로 가게 된 거예요. 그게 2002년도.

**최인규**: 저는 74학번인데. 77년도에 교도소를 들어가서 꼬박 20개월을 살고 나와서 병대위로 돌아다니다 또 들어가고, 80년도 2월달에

나와서 또 포고령 나서 또 도망다니고. 뭐 어떻게 할 도리가 없었어요. 세 번을 다녀와서. 들어왔다 나갔다 계속 5년을 그랬으니까. 우리 동네가 시골이라 맨날 우리가 주요 인물이라. 그래서 80년도 11월에 나와서 전주에서 이광철 의원 등등이랑 방석장사도 해 보고 그랬는데, 하다가 망하기도 하고. 전주에 있으려고. 왜냐면 시골이니까, 생활해야 하니까 하다가 잘 안되던 판에 누가 소개를 해 줘서 버스회사를 다니다가, 조용해졌을 때 기청연합회를 다시 재건하는 활동을 했어요. 전주에 있으니까. 그 전에 기청도 하고 해서 조직 네트워크가 다 있어서. 기청 하고 EYC 활동을 하는 중에 나상기 선배가 농촌개발원 간사로 있었고, 황주석 선배는 그때 K(KSCF) 총무였나? 놀러 와서 전주에서 같이 술을 먹다가, 야 그러지말고 선교교육원에나 들어가라고 그러더라고. 82년도 봄에. 근데 내가 목사 할 생각이 별로 없어 가지고 가서 뭐하나 하다가 오갈 데가 없으니까 오케이, 일단 뭘 따야 하니까.

그래서 와서 우리 교회가 기장이라서 송 목사한테 추천서를 받고 제출을 해서 서울 와서 EYC를 가 보니까 그때 김철기가 EYC 총무할 때일 거야. 겨울엔가 오면 협동총무 비슷한 걸 하면 활동비를 준다고 하더라고. 내가 아무것도 없으니까. 생으로 다닐 수는 없잖아. 그래서 전주에서는 80년도 9월 달에 입학을 해서 회사 다니면서 4개월 다녔고. 그다음에 1월달부터 서울 와서 선교교육원 다니고, 기청 사태가 나서 이대수 총무 짤리고 하여튼. (웃음) 그래서 선배들이 야 너라도 해라 해서 갑자기 총무가 된 거야. 아유 그래서 총무를 3년을 했다는 거 아냐. 우리도 정통적으로 보면 기독교 운동, 학생운동, 청년운동 쭉 해 왔기 때문에, 네트워크가 있었어. 전북 쪽에 우리가 거의 선배 그룹이고. 우리 위에 목사나 이런 분들 다 관계를 하니까 거기 적합하다고 생각을 해서 선배들이 하라고 했을 거야.

공부는 뭐…. 밤에 놀러 왔다 갔다 하고, 결국은 히브리어 빵꾸 맞았이. 점수를 안 주더라고. 수업을 잘 안 들어갔거든. 뭔 말인가 모르겠어. (웃음) 헬라어는 이우정 선생이 점수를 줬어. 그것도 잘 안 들어갔거든. 그런 판에 전국적으로 임흥기 목사가 기장산업선교회, 광주에는 무등교회, 부산에는 형제교회 등등을 할 때, 임흥기 목사한테 전주 나랑 하

최인규 목사

자, 돈도 있고 하니까, 했는데 안 해주더라고. 권희경 목사가 그땐 아마 돈이 없었던가 봐. 막판이라. 85년도였으니까. 내가 교회를 할까 센터를 할까 하다가 센터는 못하고 노동자교회를 86년 말에 개척을 했지. 86년 2월에 내려가서 일척교회를 개척을 하고. 한 10년 하고 문 닫았는데, 그래도 그렇게 하면서 호남지역 민중교회연합 만들었어. 호남 민중교회연합이 상당히 잘 됐어. 광주, 여수 등등 해서. 87년, 88년 돼서 우리끼리 5·18 연합예배도 했어.

지리산 종주도 하고. 활동 많이 했어, 그때. 한 놈은 교통사고로 죽기도 하고 막…. 그렇게 해서 자연스럽게 민중교회로 갔지. 그때 논쟁이 많이 있었으니까. 센터로 갈까, 그걸 할까 하다가 센터는 그때 예산도 없고 해서 바뀌게 됐지.

**조인영**: 근데 어린이집도 하고, 노동교회가 아니라 약간은 지역교회 형태였던 것 같은데 왜 운전을 하셨어요?

**최인규**: 먹고살 게 없으니까 운전을 했지. 아니 왜냐면 우리의 월급

을 후원을 받았는데, 고등학교 졸업하고 공장 다니면 월급이 9만 원이야. 86년 말에 9만 원 받으니 어떻게 먹고 사냐고. 우리 같이 YMCA에 있다가 뭘 하다가 우리 교회 와서 놀이방을 했는데, 놀이방에서 돈이 얼마나 나오냐고. 다 후원받고 친척들한테 받고 하면서 버티다가, 한 일이년 버텼는데 이제 안되니까, 우리 교인 하나가 택시 기사가 있었어. "아 목사님 그러지 말고 택시 기사나 합시다" 하더라고. 그래서 택시 기사 한 일년 반 했나?

그러다 국회의원 나왔다가 떨어졌지. 처음에 올라갔다가 바로 나가리 됐어. 한 번도 성공을 못 해보고. 경선도 못 해봤다니까. 예비 경선에서 짤렸다고. 왜냐면 그 당시에 팔복동 이쪽에 지역 국회의원으로 얘기가 되려던 중에 근데 어떤 사람이 돈 들고 왔던가 봐. 얄짤 없이 딱 짤라버리네? 이걸 무소속으로 뛰어? 하다가 인생 망가지기 싫어서 안 했지.

**김현수**: 저는 지난번에 집담회 한 번 참석하고 이번에 참석하면서 느낀 점은, 우리가 이렇게 이야기하면서 앞으로 얘기할 줄기의 감을 잡았다는 느낌이 들어요. 그런데 민교 이쪽은 우리가 집담회를 하고 파면 팔수록 굉장히 많은 게 나올 수 있다는 생각이 들어요.

저 같은 경우는 새밭교회에서 전도사 하다가 85년도에 몇 명이 모여서 신천리에서 한국민중선교협의회를 결성을 했어. 그게 기장민교의 시작이야. 아까 오용식 목사가 이야기한 대로, 우리가 뭘 기치로 내걸었냐 하면 민교도 갈래가 많아. 얘길 하다 보면 다 연결이 되는데, 우리는 종로 오가랑 선을 긋는다고 했어. 왜냐면 외국에서 오는 돈? 거부한다. 또 하나는 산업선교 쪽과 선을 긋는다. 왜냐면 산업선교 쪽은 결국은 민중을 대상으로 만든다. 그래서 정말 민중이 주체가 되는 커뮤니티를 하자는 게 대의였어. 대의여서 그 이야기가 계속 강조됐어. 교조적으로.

하지만 그건 누구도 거부할 수 없는 것이었고. 이런 이야기를 굉장히 강조한 사람들이 기존의 교회운동이나 산업신교랑 거리가 먼 사람들이야. 우리도 맨 처음에 들어갈 구멍이 있나? 했는데 없어. (웃음) 지금은 이런 얘길 할 수 있다는 거야.

난 최인규 목사가 오갈 데 없었다는 그런 얘기 있잖아. 우리가 대의를 얘기하다 보면 그런 얘길 하기 어려워. 그런데 이제는 솔직히 사람이 산다는 것 있잖아. 시대적인 이념이라든지 분위기 이런 게 있기 때문에 대의를 명분을 얘기하는데, 이제 세월이 지나 보면 목구멍이 포도청이라든지 그런 게 있잖아. 나는 내가 목회는 안 하겠다, 내가 먼저 사회과학 세례를 받아서 노동현장 가 보고 농민현장 가보니까 버티기 어렵더라고. 그래서 내가 출판사에 취업을 했었어. 여기 시인사에. 그래 보니까 여기는 빵에 나온 서울대 친구들이 다 잡고 있는 거야. 노동현장도 가 보면 서울대 이 친구들이 다…! (웃음)

여러 가지 얘기를 할 수 있지만, 신학을 공부하는 사람들이 어디로 가야 할 것인가. 민중이라는 큰 방향은 정했는데, 이러한 것들이 우리를 몰아간 것이 많다. 우리가 이런 이야기들을 다 털어놓고 하면, 굉장히 풀 얘기가 많아. 그러면 오늘에 있어서, 이제는 옛날처럼 단순히 명분만이 아니라 우리 후배들이라든지 이런 데에 어떻게 우리가 사회선교 길을 열어줄 거냐, 이런 아주 현실적인 과정을 겪은 선배로서 이런 부분을 어떻게 풀어갈지. 단순히 지나간 얘기를 하자는 게 아니라, 기장 후배들의 사회선교사 쪽이라든지, 이런 부분들을 어떻게 우리가 만들어갈지. 이런 걸 다 겪은 우리로서. 이런 이야기를 진지하게 시간을 가지고 해야 할 것 같고. 밥 먹으면서 앞으로 이런 이야기를 어떻게 풀어갈지 의논해 보자고.

제3장 ㅣ 기억하고 싶은 친구들

# 기억하고 싶은 친구,
# 김경남

김경남은 해방 후인 1949년 9월 전라남도 완도에서 태어나 박정희 유신독재 치하에서 10대와 20대를 보냈다. 광주일고 졸업 후 1970년 서울대 법대에 입학, 서울대 후진국사회문제연구회(후사연) 멤버로 저항운동에 첫발을 내딛었다.

1974년 한신대에 편입한 그는, 그해 4월 3일 "자유민주주의체제를 확립하라! 우리는 이러한 우리의 결의가 이루어질 때까지 죽음을 각오하고 외칠 것을 다짐한다"는 내용의 한신대 시위 결의문 초안을 작성하는 등 전국민주청년학생총연맹(민청학련) 활동에 적극 가담했다. 결국 긴급조치 위반 내란음모로 징역 12년(비상보통군법회의)을 받았으며, 이듬해 12월 제적당했다.

김경남은 그러나 저항을 멈추지 않았다. 그는 1979년 11월 24일 '명동 YWCA 위장 결혼식' 사건 관계자로 다시 구속돼 징역 3년 집행유예 5년을 선고받았다. YWCA 위장 결혼식 사건은 박정희가 암살된 10.26 후 들불처럼 번졌던 대통령 직선제 요구 시위 중 하나다. 당시 재야인사들은 계엄령이 발동된 상황에서 군부와 경찰을 자극

할 것을 우려해 결혼식을 가장해 민주화 요구 선언문을 낭독했다. 이 사건으로 현장에 있던 140명이 불구속 입건되었으며, 윤보선, 함석헌 등 주동 인물 14명은 보안사령부로 끌려가 고문을 당했다.

1982년 한국기독교장로회 총회 선교교육원을 마치고 기장에서 목사 안수를 받아 본격적인 종교인의 길을 걸어 서울제일교회 부목사로 시무한다. 이후 한국교회사회선교협의회 총무, 한국기독교교회협의회 인권·사회국장, 민주화운동기념사업회 사료관장 및 사업본부장, 한국기독교사회문제연구원 원장 등을 역임했다.

독일에 선교사로도 파송되었으며 이후 일본 도쿄자료센터 소장으로 1986년부터 1992년 3월까지 4년 반을 해외에 한국 민주화운동을 전 세계에 알리는 일을 한다.

민주화 이후 도시빈민·산업선교 활동과 인권운동을 이어가던 고인은 1998년 전라북도 무주에 대안학교인 푸른꿈나무고등학교를 설립, 미래세대를 위한 사회적 책무 역시 기꺼이 떠안았다.

2005년에 김경남 목사는 한국기독교사회문제연구원(기사연·이사장 유경재 목사) 제9대 원장에 취임했다. 그는 "기사연은 단순한 교회 연구원의 하나가 아니라, 한국 교회의 사회적 책임을 다하기 위한 싱크탱크로서 설립됐다"고 의미를 부여하면서 기독교가 민주 사회 건설을 위한 초석을 쌓는 데 큰 역할을 했다.

김경남 목사는 한국교회사회선교협의회 총무와 민주화운동기념사업회 기념사업본부장 등을 거쳐 NCCK 인권사회국장 등을 역임했다.

2008년에 전북 무주로 두 번째 귀농을 했다가 과로로 인한 허리통증 치료 도중 2013년 2월 심혈관질환으로 갑자기 쓰러졌다. 스텐트 응급시술을 4곳이나 받은 끝에 기사회생한 그는 병상에서 지난 삶을 되돌아보다 "나의 삶은 주변의 많은 분의 은혜가 가져다준 기적이었다"는 것을 절감하고 그들에 대한 기록을 남기기 시작했다. 그 기록들을 모아서 2015년 책『당신들이 계셔서 행복했습니다』를 펴냈다.

"나는 한국의 민주화와 인권을 위해 애써주신 국내외 모든 분들에게 이 '보은기'(報恩記)를 바치고 싶다." "40여 년간 내 삶을 움직여온 내 신앙의 아버지 박형규 목사"와 권호경, 김관석, 김재준 목사, 안병무 교수와의 인연, 나병식 씨 등 학교 동기들과 제일교회 후배들, 후사연과 민청학련 동지들, 도시빈민 산업 선교활동가들, 일본 체류시 오재식 간사와 여러 사람의 도움으로 한국의 현실을 세계에 알렸던 일" 등을 기록하고 있다. 한국민주화운동사와 한국교회 에큐메니컬 운동사의 귀중한 자료라는 평가를 받고 있다.

한국 민중운동에서의 한(恨)의 역학을 담은 책『열사의 탄생』(마나베 유코 지음, 민속원 펴냄)을 번역했다. 그 외 번역서로『당신의 손이 아직 따뜻할 때』(에토 준 지음, 랜덤하우스코리아 펴냄)가 있다.

고인은 올해 봄 전국민주화운동동지회 창립준비위 제9차 전국회의에서 공동대표를 맡는 등 민주화운동에 헌신한 이들에 대한 '보은'을 마지막까지 수행했다.

그리고 올해(2019년) 지병이 악화되어 인천지역에 입원한 후 의식이 희미해지기 시작하였다. 김경남 목사의 노후에는 일본에서 활동하던 이지영 전도사의 돌봄을 받아왔다. 유족으로 부인 이지영씨와 동생 경숙(미국 거주) · 경미씨, 아들 지수(대학생)씨 등이 있다. 2005년 5 · 18 유공자로 인정받아 광주에 묻혔다.

글 정리: 박몽구

# 목사이자 의사로서 헌신해 온
# 황승주

가난하고 어려운 환경에서 자랐다. 황승주는 6·25 전쟁이 한창 중이었던 1950년 12월 3일 황해도 연안에서 7남매 중 막내로 태어났다. 태어난 지 열흘 만에 엄마 등에 업혀서 인천 앞 무의도로 피난한 기구한 운명. 아버지는 월남해서 바로 돌아가셨고 홀어머니 밑에서 자랐다. 막내라 형제들의 도움을 받아 학교를 다녔고 고등학교 1학년 때부터 아르바이트를 했다. 공부를 잘해서 1969년 서울의대에 입학했다. 대학도 아르바이트를 하고 장학금을 받으면서 다녔다. 사회적 문제에 부딪치면서 많은 갈등을 겪었다.

당시는 박정희 군사독재정권이 장기집권을 향해 치달을 때였고 이에 반대하는 인사에 대해서는 가차 없는 인권유린과 폭압을 행사할 때였다. 그에 따라 학원가와 재야와 정치권에서 민주화를 외치는 목소리도 높아지고 있었다.

오랫동안 학생운동의 무풍지대였던 서울의대에서도 우리나라 최초의 보건의료운동이라고 부를 수 있는 사회의학연구회가 1970년 9월 결성되었고, 황승주는 이 단체의 회원이 된다.

황승주는 어렵게 살아온 만큼 훌륭한 의학자가 되고 싶어 본과 1, 2학년 계속 서울의대 수석을 할 만큼 열심히 공부를 했다. 공부에 열심이던 이 의학도는 1971년도 10월 위수령이 나면서 도서관에서 공부하다가 총을 든 군인들에 의해 쫓겨나게 된다. 이때 "사회와 역사가 엉망이 되어가고 있는데, 내가 의학자가 된다 해서 그것이 바르게 사는 것일까?" 하는 고민이 시작되었다. 이 세상에 한 번 태어나서 기왕이면 보람 있고 올바른 길을 가다가 죽어야 되겠다고 생각해서 사회운동에 뛰어들었다. 본과 2학년이 되면서 무의촌 진료와 지역사회 의료활동을 했다. 반독재 학생운동에도 가담했다. 공부는 뒷전이었다. 지금의 아내 김화순도 그때 캠퍼스 커플로 만났다. 간호학사. 후에 근무했던 신천연합병원 원장인 양요환도 그때 만났다

박 정권이 1972년 10월 유신을 통해 영구집권을 꾀하며 이에 저항하는 인사들을 억압하기 위해 긴급조치를 발동하자, 본과 3학년이었던 황승주는 긴급조치 해제를 외치는 서울의대 시험거부사건을 주도했고 수배를 당하고 잠적생활을 하게 된다. 이 시위는 긴급조치에 반대하는 대학가 최초의 학생시위였다고 알려져 있다.

1974년 봄이 되자 민청학련이 결성되었고 4월 3일 전국적인 시위가 계획되었을 때, 중랑천변 판잣집에 숨어 살던 황승주는 서울의대 시위를 주동하기 위해 눈에 안대를 대고 환자로 위장해 택시를 타고 의대로 진입했고, 실제 시위까지 이루어졌다. 민청학련의 서울의대 책임자로 지목된 황승주는 다시 도망을 다녀야 했다. 그러나 형사들이 황승주를 잡기 위해 어머니와 형을 괴롭히는 모습을 보고 자수를 결심했다. 하지만 자수를 하는 것이 저들에게 굴복하는 것이 아니라는 것을 후배들에게 알리기 위해 네 번째 손가락 한 마디를 잘라 혈서를 써서 당시 도피 중이던 동지 양길승을 만나 건넸고, 두 사람

은 그 자리에서 부둥켜안고 울었다고 한다. 황승주는 기소유예로 풀려나긴 했으나 학교에서는 이미 제적당한 상태였다.

그러나 이것으로 끝이 아니었다. 75년 11월 중앙정보부는 '서울의대 간첩단 사건'을 터뜨렸다. 서울의대 본과 2년생 재일교포 유학생 강종헌을 간첩으로 지목하여 이와 접촉한 학생 70여 명을 대거 연행하고 그중 16명을 구속했는데, 황승주는 다시 중앙정보부에 잡혀들어가 혹독한 구타와 고문을 받았다(간첩이라던 강종헌도 결국 2013년 서울고법 재심에서 무죄판결을 받았으며, 황승주도 훗날 재심에서 무죄로 판결남).

고문과 구타로 육신과 정신이 만신창이가 된 황승주는 억울하게 간첩으로 몰려서 인생이 끝나 버리는 상황이 실제로 닥치니까 너무 분하고 절망스럽고 도저히 살아갈 용기가 나지 않았다. 빨리 죽거나 미치면 좋겠다는 생각에 사로잡혔다. 의자에서 일어나 자살을 하려고 시도했지만 실패했다.

그때 이상한 체험을 한다. '하나님이 살아 계신다면 얼마나 좋을까' 하는 생각이 들었다. 희망을 가지고 살아본다면 얼마나 좋겠나 하는 생각이 들었다. 너무나 절망적인 상황에서 아무것도 할 수 없었던 감옥에서 한 줄기 빛처럼 다가온 생각이었다. 용감무쌍한 투사였지만 절망에 빠진 그에게 하나님은 그렇게 그를 찾아왔다.

출소를 하고 신학공부를 했다. 서울대 의대에서 제적된 상태에서 기장 총회에서 개설한 선교교육원에 77년 들어가 3년간 신학과 베풂이 무언지를 배웠다.

그러면서도 한편으로는 사회활동을 계속했다. 그러나 너무 무리를 한 탓에 병이 들었다. 병원에 가도 병명을 밝혀내지 못했다. 뼈와 가죽만 남을 정도로 말랐다. 그렇게 3년을 고생하다 보니 인생이 너무 비참했다. 그때 환자의 외롭고 비참한 심정을 뼈저리게 체험했다. 세상은 건강한 자들의 세상일뿐 환자는 모든 것으로부터 소외된 자라는 것을 알았다. 그때의 경험이 환자를 이해하고 환자의 고통과 함께하는 의사로서의 삶을 사는 데 큰 역할을 했다.

어려움과 고난 가운데서 진심으로 하나님을 믿고 의지하면서 단순하고 소박하게 살고자 하는 마음이 들었고, 그런 마음이 연결되어서 80년 9월 시골에 가서 요양을 하다가 목사가 되고 싶은 마음이 불같이 일어났다. 81년 3월에 용인의 한 시골교회에 전도사로 가서 목회활동을 시작한다. 농촌에 직접 들어가서 몇 년을 살아보니 학생 때 본 농촌과는 또 판이하게 달랐다. 교회를 중심으로 해서 농촌생활을 9년간 했다. 84년에 목사가 되었다. 농촌에서 목회를 계속했다. 그러나 농촌에서의 목회가 결코 쉬운 것은 아니었다. 몸과 마음이 너무 지치고 가족들도 병이 생겨 더이상 감당할 수가 없었다. 그러다가 89년 8월에 농촌을 떠나 서울로 올라왔다.

몇 년 동안 어려운 생활을 하다가 94년 제적생 복학 허가로 다시 의사의 길로 들어섰다.『주위의 권유로 복학하지 않겠다던 생각이 바뀌더군요. 헐벗은 자를 돕는데 의술이 보태진다면 금상첨화일 거라고 생각했죠』. 20년 만에 다시 시작한 의학공부. 하지만 첫 강의에서 의학용어를 전혀 알아듣지 못했다. 공부를 따라가려면 4시간 넘게 자고는 불가능했다. 서울대 병원사상 최고령 인턴. 그때도 가장으로서 가족의 생계를 해결하지 못해 무척 힘들어했다.

서울대학교병원에서 레지던트 과정을 밟을 때 나이가 거의 50이 되어 육체적으로 힘든 상황이었다. 그러나 둘째 딸이 고1이었는데, 미술을 전공하고 싶었는데 학원비가 없었다. 황승주는 "학원비 대기가 힘드니 공부로 대학을 갈 수 없겠냐"고 물었다. 딸은 "제가 신문배

달을 해서라도 미술학원을 가겠다" 하자 하는 수 없이 낮에 레지던트 근무하고, 밤에 다른 병원에서 야간당직을 해서 학원비를 벌어야 했다. 96년 졸업. 가정의학과 수련의 과정을 4년 거치고 2000년 6년 만에 가정의학과 전문의가 되었다.

무의촌 진료 봉사활동 때 인연을 맺은 시흥의 신천연합병원에서 일하게 된다. 병원을 증축하면서 문을 연 원목실에서 일해 달라는 원장의 요청을 받고 99년부터 원목일을 시작했다. 병원목사가 된 것이다. 그러다가 2000년 3월에 가정의학과 과장으로 부임한다. 그때부터 목사이자 의사로서 길을 걷게 되었다. 목사이면서 의사이다 보니 사람들에게 생기는 육신의 병만 접하는 것이 아니고 마음의 병과 영적인 문제를 함께 다룰 수 있어서 좋아했지만 두 가지를 병행하다보니 항상 시간이 부족했다.

한 알의 밀이 떨어져 죽으면 많은 열매를 맺는다는 말대로 되었으면 좋겠습니다. 제자신이 어려운 과정을 겪으면서 살아왔기 때문에 힘들고 어려운 사람들의 입장을 누구보다도 잘 이해하고 있습니다. 아무리 처해 있는 현실이 어렵더라도 좌절하거나 절망하지 말고 열심히 길을 찾으면 반드시 길이 열리고 보람있는 인생을 살수 있다는 희망을 가졌으면 좋겠습니다.

하루는 말기 위암 환자가 '자기가 어렵게 힘들게 살다가 이제 살만하니까 말기 암으로 죽어가는 현실 앞에서' 절망하는 모습을 보고, 육신도 중요하지만, 영적인 치유가 중요하다는 점을 깨닫고, 호스피스 진료에 사명감을 가지게 되었다.

2004년에는 말기암 환자들을 위한 '새오름 호스피스'라는 비영

리단체를 만들고, 지역사회 중심의 완화의료기관 설립에 나섰고, 2014년 새오름가정의원을 열었다. 이후 말기 암 환자들의 질병과 영혼을 치유하는 일에 나섰다.

"죽음에 가까이 닿아 있는 환자들을 마주하는 일이 쉽지는 않습니다. 개인적으로 고등학교 때부터 인생의 의미가 무엇인가라는 고민을 했습니다. 대학에 들어가서는 인생의 의미가 무엇인지는 확실히 알고 살아야겠다고 다짐했죠. 뜻있는 삶을 살아야겠다고 말입니다. 그러던 중 74년에 학교에서 제적을 당했습니다. 학생운동이 많았던 시기라 거기에 관여하면서 혼란과 고초를 많이 겪었습니다. 그 후에는 죽음의 고비를 거칠만큼 몸이 많이 아팠습니다. 원래는 신앙이 없었는데 예수님을 믿게 되고 하나님의 자녀가 되었습니다. 그래서 농촌지역에서 9년 정도 목회자의 길을 걸었습니다. 그러다가 20년만인 94년에 의대에 복학했습니다. 6년 공부를 다 마치고 나니 2000년이 되었습니다. 제가 목사이면서도 의사인 것을 소명이라고 생각합니다. 스스로 겪었던 아픈 경험이 환자들을 볼 때 도움이 됩니다. 의사로서 환자가 신체적 고통을 덜 받도록 도울 수 있고, 목사로서 심리(정신)적 고통을 덜어줄 수 있다는 사실에 행복합니다."(2016.12 지누소식 인터뷰)

의사이자 목사로 말기암 환자의 호스피스 완화의료에 헌신하며 지역기반의 호스피스 완화의료 센터 건립에 애썼던 황승주는 2019년 5월 21일 69세의 나이에 지병으로 별세했다.

글 정리: 염태정

# 유상덕 선생님이 살아온 길

저는 유상덕 선생님의 거창고등학교 후배이면서 교육운동의 후배요 마음공부의 동지이기도 한 사람입니다. 그리움과 감사의 마음으로 선생님의 살아온 길을 돌아보고자 합니다. 선생님이 걸어오신 길은 여러 동지와 함께하였기에 관련 동지 여러분의 활동도 소개하면 좋겠는데 그럴 수 없어 아쉬운 마음입니다. 양해 바랍니다.

선생님은 1949년 여름 빨치산과 군경 토벌대의 전투가 벌어지던 경남 함양군 안의면 덕유산 자락 용추사 계곡 연촌부락에서 태어났습니다(부: 유태문, 모: 조봉달).

그러나 태어난 지 약 한 달 후 마을 이장을 지낸 아버지는 낮에 들일을 하다가 군경에 끌려가 함양읍 근처 당그래산 아래에서 학살됩니다. 집단학살의 구덩이에서 아버지 시신 수습도 하지 못합니다. 이 사건이 국군 5연대의 함양 양민학살 사건입니다. 그 후 어머니마저 이별하고 할머니 손에 맡겨져 삼촌 댁에서 자라게 됩니다. 배운 사람 명대로 못산다고 할머니가 선생님을 학교에 보내지 않는 바람에 일만 하다가 우여곡절 끝에 친구들보다 1년 늦게 초등학교에 입학하고 안의중을 나와 고학으로 거창고를 다닙니다. 거창고등학교 전영창 교장 선생님의 진리와 정의를 현실에서 구현하고자 한 교육 사상과 철학을 흠모하였고 교장 선생님으로부터 각별한 사랑을 받았습니다. 그뿐 아니라 국회의원 원혜영 의원의 부친인 원경선 거창 고등학교 이사장님도 선생님을 사랑하여 수배 중 선생님을 돌보기도 하였습니다.

1969년 첩첩산골 거창에서 서울대 사대 지리과에 입학한 후 '경암회'에 가입, 농민 운동에 관심 가지게 되고 3학년 때 경암회 회장도 역임합니다. 1학년 때부터 도시 빈민과 노동자들을 대상으로 야학 활동도 합니다.

1971년까지 서울대 사대 학생운동의 중심에서 활동하다가 그해 10월 박정희 정권이 위수령을 선포했을 때 '전국 대의원 학생회'를 구성하고 명동에서 시위를 계획하다가 이 일로 구속된 후 강제 징집됩니다.

1974년 만기 제대 후 복학하여 채광석, 박부권 등과 '야학문제연구회'를 만든 후 서울 지역의 고대, 연대 등의 야학교사들과 야학문제 써클 연합체를 조직합니다

1975년 김상진 열사 추모제 사건(이른바 오둘둘 사건)에 연루되어 긴급조치 9호 위반으로 6개월의 수배생활 끝에 구속, 1년 6개월의 실형을 살면서 옥중 단식투쟁으로 고문을 당하고 대학에서는 제적됩니다.

1977년 여름 출소 후 한국기독교장로회 선교교육원에서 민중신학을 공부하면서 동시에 야학운동, 기독교 청년운동을 통하여 반유신투쟁을 전개합니다. 허병섭 목사가 설립한 민중교육연구소에서 근무하면서 야학에 대한 체계적 연구를 하고 교재도 개발합니다.

1979년 '10 · 26 사태' 이후 복권, 복학하여 1979년 교회운동권

에서 만난 김덕자 님과 결혼하여 아들 민준을 낳게 됩니다.

1980년 9월에는 11년 만에 서울사대를 졸업, 1980년 9월 서울 신일고 전임강사로 교단에 서게 됩니다. 신일고에서 정교사 발령 제의를 하나 사양하고 교사 조직을 위해 신분보장이 되는 공립 발령을 신청하여 1981년 서울 서초중으로 발령을 받은 수 후 경기고, 성동고에 근무합니다.

1981년 여름부터 교육운동의 시발점이라 할 수 있는 한국YMCA 중등교육자협의회 결성을 주도하면서, 그 후 5년 동안 주말이면 전국으로 교육운동의 동지를 규합하려 다닙니다. 선생님을 잘 아는 이의 표현에 의하면 교사 조직하는 일에 거의 미쳐 있었다고 할 정도였습니다.

1983년 겨울, 경기고 재직 당시에 기독교사회문제연구원이 주관한 교과서의 통일정책 분석 작업을 중심적으로 참여한 것이 '교과서 분석사건'(이른바 상록회사건)으로 남영동 서울시경 대공분실에서 고문 수사를 당합니다. 무리한 꿰맞추기 수사에 사건이 유야무야되자 구속은 면하지만 이듬해인 1984년에는 경기고에서 서울 성동고로 강제 전출당합니다.

1984년 겨울, 무크지 『민중교육』 기획에 참여하고 1985년 '민중교육지 사건'이 터져 구류와 파면된 후 해직동지들과 함께 교육출판기획실 설립을 주도하고 이 해에 후쿠야마 마사미츠가 쓴 『교사와 권리』 역서를 펴냅니다

이해에 딸 시원이가 태어납니다.

1986년 5월에는 '민주교육실천협의회' 결성을 주도하여 사무국장 역임. 책 『교육노동운동』을 공저로 펴내고 막심 고리끼의 『어머니』 번역서를 펴냅니다.

이와 같이 교육 운동의 중심에 서 있는 선생님의 활동을 제압하기 위해 군사정권은 선생님을 7월 15일 안기부로 불법 연행하여 온갖 고문 끝에 이른바 '이병설 교수 간첩단 사건'에 얽어 넣습니다.

안기부는 유상덕 선생님의 그간의 활동 전부를 '간첩 이병설'의 지시를 받아 한 것으로 발표하게 되고 실형 2년 자격정지 2년을 선고합니다.

1987년 6월 민주항쟁과 전교협 출범 등을 맞이하면서 옥중에서 저간의 교사운동을 정리, 평가하고 학교 현장에서 교사운동이 가져야 할 교육자의 윤리적 실천목표를 정하여 출소하는 후배를 통해 바깥으로 전달하기도 합니다.

"첫째, 아부하지 말자. 둘째, 돈 받지 말자. 셋째, 때리지 말자. 넷째 공부(연구) 좀 하자. 다섯째, 통일에 대해 이야기하자"였습니다.

1988년 8월 대전교도소에서 만기 출소 후 민교협 공동대표, 전민련 결성에 참여하면서 『끝내지 못한 마지막 수업』을 펴냅니다

그 후로도 전교조 결성 배후로 지목되어 2년간의 수배 생활을 합니다.

1989년 3월, 한국교육연구소 설립 준비위원장 역할을 하며 연구소 설립을 주도하고 이후 부소장, 소장 등을 역임합니다.

1989년 전교조 결성관계로 조직이 고난을 당할 때 전교조 대외사업국장으로 전교조를 지켜내는데 큰 역할을 합니다

1990년 연대사업위원장, 민자당 해체 국민연합 집행위원

1991년 전교조 정책실장 역할을 하면서 강경대 열사 치사 사건 범국민대책회의 정책실장으로 파견되어 일하던 중 구속됩니다.

1993년 정해숙 전 전교조위원장과 함께 수석부위원장으로 출마하여 전교조 수석부위원장으로 일합니다.

1995년 전교조 부위원장 역할 중 미국 코넬대학교 초빙연구원으로 1년간 연구 활동을 합니다. 이 해에『교육개혁과 교육운동의 전망』을 펴냅니다.

1997년 전교조 위원장 선거 출마를 준비했으나, 사정이 여의치 않자 그동안 그야말로 전심전력, 사력을 다해서 일구고 지켜온 전교조 활동의 일선에서 물러납니다.

이후 용타 스님 문하에서 진정한 자유와 평화를 일구기 위한 마음 공부를 하게 됩니다. 내적으로 진리를 치열하게 추구하면서 기회가 주어지는 대로 교육발전을 위해 활동하게 됩니다.

1998~2001년 대통령 자문 새교육공동체위원회 위원 역할을 하는 중 2000년 3월, 민중교육지 사건으로 파면된 후 15년 만에 서울 면목고로 복직합니다.

2003~2005년 참여정부시절 대통령 자문 교육혁신위원회 수석 전문위원으로 활동하면서 2004년 교육학 박사 학위를 취득합니다.

2009년 책『한국교육의 난제, 그 해법을 묻는다』를 공저로 펴냅니다.

2010년 책『세계의 명문학교를 가다』를 펴냅니다.

2011년 서울 경일고 교사(전교조 평조합원), 동국대학교 겸임교수, 한국교육연구소 이사장을 지내다가 2010년 5월 담낭암을 발견, 병을 다스리는 중에 동지인 이우경 선생님의 간청으로 결혼을 하게 됩니다.

8월 15일 정한수 한 그릇 떠놓고 식을 올리고 이것을 안 동지들이 10월 9일 조촐한 잔치 자리를 마련하여 두 분을 격려합니다.

사랑하는 신부와 아들 딸 그리고 아들의 연인을 생각하면서 웃으면서 말씀하시더군요. "더이상 생에 미련도 없었는데 아들 민준이 여자친구를 보니 결혼하여 손자도 한번 보고 싶은 욕심이 생기는구나"
하더라고요. 그 소박한 꿈도 이루지 못하고 2011년 7월 12일 오후
2시 50분 가족들과 선생님의 친구인 녹색병원 양길승 원장님의 극
진한 돌봄 속에서 서울 면목동 녹색병원에서 생을 마무리하였습니
다. 담낭도 간도 훼손되고 폐까지 망가진 상태에서 숨쉬기가 힘들었
답니다.

그러나 마취제를 맞지 않고 끝까지 고통과 숨길을 지켜보는 가장
위대한 내적 투쟁을 전개하였답니다, 그 와중에도 평정을 잃지 않고
가족과 이 세상의 인연을 정리하면서 가족에게 슬픔을 넘어선 인생
승리자로서의 자존감을 갖게 해주었습니다.

이렇게 이 세상에서 승리자로의 역할을 다 할 수 있게 도움을 준
가족과 특히 선생님의 아름답고 찬란한 신부인 이우경 선생님에게
유상덕 선생님을 사랑하는 모든 이들을 대신하여 감사와 존경의 마
음을 보냅니다.

글: 김남선

# 민청학련 홍일점에서 여성 농민운동가로,
# 김윤

## 1. 이력 · 경력

| | |
|---|---|
| 1953. | 서울 출생. |
| 1971. 2. | 경기여자고등학교 졸업 |
| 1971. 3. | 서강대 문리대 영문학과 입학. 교내 영자신문사 편집 장을 역임하고 신협운동 등을 벌임. 서강대학교 재학 중 시국사건 관련으로 중퇴 |
| 1974. 3. | 유신체제반대, 긴급조치 철폐를 요구하며 시위, 민 청학련사건에 연루되 군사법정에서 1심 7년, 2심 5 년을 선고받고 상고포기. 구속 수감 |
| 1975. 2. 15. | 형집행정지로 석방 |
| 1976. | 유신체제에 맞서 지하신문 자유서강 발행하다 긴급 조치위반으로 구속 징역 1년형 선고 수감 |
| 1980. | 강기종 씨와 결혼 익산 여산에 거주 |
| 1981. 12. | 전북 순창군 팔덕면 덕천리에서 농사 시작 |
| 1980. 5. | 엠네스티 한국지부 간사로 활동중 광주항쟁 배후 조 |

|              | 종협의로 계엄사 지명수배 |
| ------------ | ---------------------- |
| 1985-1988.   | 전북지역 소몰이 시위, 삼양사 수작투쟁, 임실군 고추 제값받기투쟁, 부안군 수세 폐지투쟁, 부안군 하서면 노곡리 여성농민투쟁에 적극 활동. 계간지 "녹두벌의 함성" 편집 |
| 1988.        | 정읍 정우면 우산리로 이주, 전북여성농민회 준비위원회 참여 정읍 태인에 '샘골책마을' 농촌무료도서관 개관 |
| 1989.        | 전여농위 창립 준비위원장으로 12월 전국여성농민위원회가 창립될때까지 활동. |
| 1990.        | 여성농민 학습교재 `위대한 어머니` 출간에 내용과 편집을 맡음. |
| 1992.        | 거창 샛별초등학교 등에서 교사로 활동 |
| 1997. 11.    | 뇌경색으로 쓰러져 전북대병원, 익산 동그라미요양원 등에서 요양 |
| 2004. 2. 21. | 전주시 평화동 자택에서 운명 |

## 2. 민주화운동가로서의 삶

김윤의 어머니 김한림 선생은 1946년 시인이자 수필가인 김소운 (81년 작고) 선생과 결혼해 2녀 1남을 뒀다. 25년 가까운 교단생활에서 은퇴한 그가 환갑의 나이에 민주화투쟁의 현장에 뛰어드는 계기가 됐던 둘째 딸 김윤은 '민청학련의 홍일점'이었다.

1953년 서울에서 태어난 김윤은 이 땅의 민주화와 뗄 수 없는 삶을 살았다. 71년 서강대 영문학과에 입학, 영자신문사 편집장으로 활동하며 독재에 저항하고 인권 보호에 앞장섰다.

김윤은 서강대 영문학과 4학년 때인 74년 3월 28일 '유신헌법과 대통령 긴급조치 철폐를 위한 서강대 성토대회'에서 결의문을 낭독했다. 이후 4월에 있었던 민청학련 사건과 연루돼 가장 먼저 구속됐다가 75년 2월 17일 풀려났다.

그때 서대문구치소에서는 지학순 주교, 김찬국 교수, 강신옥 변호사, 서울대생 이철 그리고 유일한 여학생인 그가 마지막으로 나왔다. 그때 김윤은 머리를 한 갈래로 땋아 내리고 구속자가족협의회의 어머니들이 장만해준 연분홍 저고리에 빨간 치마를 예쁘게 입고 나와 세간의 화제가 되었다.

김윤은 어려서 심장판막증을 앓아 1년이면 40일씩 학교에 결석할 만큼 병약했다. 대학 동창이자 절친이었던 장영희(2009년 작고) 교수는 생전에 「샘터」에 기고한 글에서 "심장이 약했던 윤이와 나는 입학 때 나란히 신체검사에 불합격해 몇 번의 재검을 받으며 친해졌고 대학 1학년 내내 함께 다녔다"며 "걸핏하면 휴교령이 내려지고 탱크가 학교 정문을 지키고 있던 시절, 그는 우리 시대의 잔다르크처럼 민주주의를 위해 싸우기 시작했고, 중앙정보부에 요주의 인물로 찍혀 걸핏하면 체포되어 옥살이를 했다"고 추억했다.

민청학련 사건으로 긴급조치 1호 위반 옥살이를 하다 지병을 얻고 풀려났지만, 거기서 멈추지 않고 75년 9월 독재의 실태를 규탄하는 등의 내용을 담은 지하신문 '자유서강'을 발행했다. 이 일로 또다시 긴급조치 9호 위반으로 징역 1년을 선고받아 1년여 동안 수형생활을 했다.

79년 한국앰네스티위원회 간사를 맡아 민주화 투쟁 선봉에 섰던 그에게 광주 5·18은 비껴갈 수 없는 운명이었다. 학살의 현장인 광주에 머물지는 못했지만, 1980년 5·18의 배후조종자로 몰리면서도 신군부의 진실 왜곡과 언론통제에 맞서 '국민에게 드리는 글' 등 유인물을 제작해 광주의 실상을 알리려 했다. 타임지를 번역해 국내에 광주를 알리는 활동도 했다.

김윤은 여성이 주체가 되어 농촌사회의 봉건적 악습과 빈곤을 극복하기 위해 1977년 창립된 가톨릭여성농민회(가여농)과 관계를 맺고 농촌문제에 깊은 관심을 갖게 된다. 1979년에 가여농 자료 제1집, FAO의 참여하는 발전을 위한 교육보고서인 '장벽을 깨뜨리고'를 번역했다.

81년 5월 가톨릭농민회 활동을 하던 강기종(전 전국농민회총연맹 사무총장)과 결혼해 전북 익산시 여산면에서 농민운동에 투신했다.

이후 81년 전북 순창에 터를 잡고 지병으로 운명할 때까지 농사를 지으며 여성농민운동가로 활동했다. 고추 제값 받기 투쟁, 여성농민 학습 교재 제작 등 농민의 권리 보장과 의식 변화에 주력했다.

전북 농민의 조직화와 투쟁을 지원하기 위해 전주시로 이사한 후 1985년 전북지역 소몰이 시위(완주군, 진안군, 부안군), 1987년 삼양사 수작투쟁에서 고창군 여성농민 조직, 1988년 임실군의 고추 제값 받기 투쟁, 1988년 부안군의 수세폐지투쟁과 부안군 하서면 노곡리의 여성농민투쟁에 적극 가담했다.

또 여성농민운동이 전국적 여성농민조직으로 가기 위한 전단계 조직인 조활위에 전북 대표로 참여했으며, 전여농위 창립 준비위원장으로 1989년 12월 전국여성농민위원회가 창립될 때까지 활동했다. 전북 여성농민 조직화에 앞장선 데 이어 전국여성농민회의 조직에도 큰 역할을 맡았다.

김윤은 활동가들을 키우기 위한 교재개발과 같은 일에도 열심이었다. 각 군의 여성농민활동가들을 대상으로 한 강사개발 훈련을 주관했으며, 어려운 여건 속에서 출간된 여성농민 학습교재 '위대한 어머니'의 내용과 편집에서 큰 역할을 했다. 그리고 농촌 어린이들의 교육과 문화적인 환경을 조성하는 일에도 관심을 가졌다. 88년부터는 전북 정읍군 태인면 태홍리에서 농촌의 어린이와 청소년들이 좋은 책을 읽을 수 있도록 해주는 '샘골 책마을'의 문을 열었다.

어머니 김한림 선생도 86년부터 김윤이 사는 시골마을로 내려와 살며 손녀를 돌보고 샘골 책마을 간사를 맡았다. 그 보답으로 91년 3월 전북여성농민회 준비위원회는 김 선생에게 감사패를 전하기도 했다.

"여성농민 만세, 김한림 어머님, 거치른 바람 안고/ 박토에 씨를 넣고/ 지심매며 거름주어/ 새 세상을 키우는/ 땅의 사람 여성농민/ 그 갈쿠리 손 따뜻이 잡아/ 새 세상을 만들라고 북돋아 주신/ 어머니들의 어머니!/ 그 깊은 마음을 간직하고 싶습니다." 이것이 김 선생이 생전에 받은 유일한 상이었다.

김윤은 투쟁할 때는 강한 투사였지만 평소에는 부드러운 미소와 항상 남을 먼저 배려하는 성품이었으며, 조용한 목소리지만 재치 있는 말로 사람들을 웃기기도 했다. 여성 농민이 알아듣기 쉽고 재미있는 표현으로 강의를 했던 그녀를 많은 사람이 좋아했으며 지금도 기억하고 있다.

그러나 그 무렵부터 모녀는 병마와 싸워야 했다. 일찍이 67년 자궁암 3기에서 기적처럼 완치됐던 김 선생은 92년 위암 말기 진단을 받고 1년 6개월 만인 이듬해 8월 79간의 생을 마쳤다. 90년 말 인공판막 수술을 한 김윤은 한동안 요양한 뒤 92년 외동딸(하니)이 다니던 거창 샛별초등학교 등에서 보조교사로 일하다 97년 말 뇌일혈로 또다시 쓰러졌다. 고문 후유증이라고 했다. 전신마비의 고통 속에서도 "방송통신대에서 법학을 공부해 사법시험에 합격하면 장애인들을 돕겠다"는 꿈을 키우던 그는 2004년 2월 전주 평화동 자택에서 쉰한 살로 운명했다. 주기철 목사의 은사였던 김 선생의 부친(김인식)도 3·1 독립만세 운동에 참여했다가 고문 후유증으로 나이 서른셋에 세상을 떠났으니 3대에 걸친 수난사인 셈이다.

15년이 지난 2019년 2월, 군부 독재에 맞선 민주투사이자 농민운동의 선구자였던 김윤은 광주 망월동 민주열사묘역으로 이장되었다.

김순애 전국여성농민회총연합 회장은 "고인의 15주기를 맞아 5·18 민족민주열사묘역에 이장하게 된 것이 기쁘다"며 "함께 활동했던 동지들의 머리가 희끗해지고 점차 사람들의 기억에서 사라지는 것 같아 아쉽다"고 말했다.

글 정리: 박몽구

# '맑은 영혼' 홍성엽

민주화운동가. 서울에서 태어나 혜화초등학교와 보성중고교를 거쳐, 1973년 연세대학교 사학과에 입학하였고 학내 서클 동곳회에 가입하였다.

1974년 2학년 때 '민청학련사건'으로 연세대생들이 김찬국·김동길 교수와 함께 구속되자 조형식(사학과 1학년)과 이를 규탄하는 선언문을 벽에 붙이다가 발각, 구속되었다. 징역 5년 형을 선고받고, 1975년 2월 석방되었다. 그해 9월 제적당했다.

석방 후 복교가 안 되었지만 매일 등교하여 강의를 듣고, 도서관에서 책도 읽었다. 그의 행동은 더욱 굳건해졌고, 그의 언어는 더욱 신중해졌다. '이슬만으로 길러낸 사람인가 통 말없는 사람' 홍성엽이었다(고은 시집 「만인보」 11권). 1978년 청년들의 투쟁구심체로 결성되는 민주청년협의회에 참여, 활동하였다.

1979년 11월 24일 '통일주체대의원에 의한 대통령선거 저지대회'(명동YWCA 위장결혼식사건)의 주인공이 된다. 계엄령 하에서 결혼식으로 위장하여 가짜신랑을 맡았고 주례 함석헌, 사회 김정택이었다. 신랑 입장과 동시에 결혼식이 500여 명의 국민대회로 바뀌었다. 곧 수백 명의 보안대원이 들이닥쳐 참석자들을 폭력적으로 진압 연행하였다. 그는 도피했으나 며칠 뒤 우연히 타게 된 택시의 합승손 님이 공교롭게도 담당 정보과 형사여서 체포되었다. 보안사에서 엄 청난 고문을 받고 구속되어 징역 5년을 선고받고 1981년 3월 석방 되었다.

1983년 민주화운동청년연합 재정부장, 1985년 민주통일민중운 동연합 홍보부장 등 민주화운동에 매진하였다. 당시 민주화운동가 들 사이에서 꽃미남으로 불릴 정도로 외모가 준수했던 그는 결혼을 하지 않고 민주화운동에 헌신하여 '민주주의와 결혼한 남자'로 불리 었다. 1986년 복학하여 15년만인 1988년 졸업하였다.

1989년부터 천도교에 입문하여 수련과 연구 활동에 정진하였다. 동학에 대한 이해가 깊어, 동학을 쉽고 정확하게 설명하고 있다는 평 가를 받는다.

80년대에 동지들에게 건강을 지키라며 단전호흡과 기공수련을 가 르쳤는데, 본인은 정작 1997년에 백혈병에 걸리고 말았다. 8년을 투 병하다가 2005년 10월에 '맑은 영혼' 홍성엽, 그가 우리 곁을 떠났다.

저서로 그의 일기와 동학자료 등이 모아진 『맑은 영혼』(학민사. 2005)과 『경전으로 본 세계종교: 동학편』(전통문화연구회. 2001)이 있다.

글 정리: 염태정

# 순박하고 우직한 발걸음,
# 강구철

## 이력 · 경력

| | |
|---|---|
| 1954. 5. 25. | 충북 옥천 출생 |
| 1973. | 첫 10월 유신반대시위로 구속 |
| 1974. | 민청학련사건 주범으로 구속, 징역 15년 언도 |
| 1978. | EYC 창립 주도 |
| 1979. | YWCA 위장결혼식 사건으로 구속 |
| 1982. | 한국기독교교회협의회 인권위원회 간사 |
| 1984. | 민청련 광주학살진상규명위원장, 광주학살주범 처단시위조로 구금 |
| 1985. | 충남민주청년운동연합 창립주도, 지도위원 취임. 충남민주운동청년협의회 창립, 사무국장(민통련 중앙위원) 취임 |
| 1986. | 직선제개헌 쟁취 국민대회 주도 구속 |
| 1988. | 한국기독교장로회 민중교회(현 새밭교회)에서 장로 |

| | |
|---|---|
| | 임직 |
| 1989. | 중앙농촌선교개발원 총무, 한살림운동 전개 |
| 1990. | 민중기본권쟁취와 공안통치 분쇄를 위한 국민연합 집행위원장(전민련중앙위원) |
| 1991. | 강경대열사 살인만행 규탄투쟁으로 수배, 구속 |
| 1992. | 민주개혁정치모임 이사로 개혁정치 실현에 앞장 섬, 대전민주시민회 창립 회장, 통합민주당 대전 동을 지구당 위원장 |
| 1995. | 23년 만에 서울대 정치외교학과 졸업 |
| 1996. | 15대 국회의원선거 입후보 |
| 2002. 3. | 대덕구청장 입후보 준비 중 괴한으로부터 피습, 왼쪽 눈 실명 |
| 2002. 8. 3. | 오후 8시 15분 운명 |

## 민주화운동가로서의 삶

충북 옥천에서 2남 2녀 중 장남으로 태어났다. 대전으로 이사해 가양초등, 대전중, 대전고교를 졸업하고 1972년 서울대 정치학과에 입학했다. 1973년 10월 서울대 문리대 유신반대시위로 구속되었으나 한 달 만에 풀려났다. 1974년 '민청학련사건' 주동자로 지명수배되어 이철, 유인태와 함께 전국에 수배 전단이 붙었는데 강구철 현상금이 무려 200만 원이었다(현재 1억 정도. 간첩 경우 30만 원). 구속되어 징역 15년 형을 선고받고 복역하다가 1975년 2월 석방되었다.

석방 후 대전 BBS 야학교사로 참여하였고 1978년 대전 기독청년협의회(EYC) 창립을 주도했다. 1979년 10 · 26사건 이후 '명동

YWCA 위장결혼식사건'으로 세 번째 구속되었다. 1981년 야학 동료교사였던 이인복과 결혼하여 딸(보연)과 아들(경모)를 얻었다.

1982년 서울로 이사하여 한국기독교교회협의회(NCC) 인권위원회 간사로 활동하였고, 1984년 민주화운동청년연합(민청련) 광주학살 진상규명위원회 위원장으로 분투하였다. 1985년 대전으로 이사하여 충남 민주운동청년협의회를 창립하고 사무국장으로 활동하였다. 1986년 직선제개헌 쟁취 국민대회 주도로 네 번째 구속되었다. 1987년 석방 후 민주헌법쟁취 국민운동 충남본부 사무처장을 맡아 활동하였다.

1988년 한국기독교장로회 민중교회에서 장로로 임직되었고, 1989년 중앙농촌선교개발원 총무로 농민을 위해 힘쓰며 한살림운동을 전개했다. 1990년 민중기본권쟁취와 공안통치 분쇄를 위한 국민연합 집행위원장을 맡았고, 1991년 강경대열사 살인만행규탄 투쟁으로 수배, 다섯 번째 구속되었다.

1992년 민주개혁 정치모임 이사로 개혁정치 실현에 앞장섰고, 대전 민주시민회 창립 회장을 역임했다. 1995년 23년 만에 서울대 정치외교학과를 졸업했다.

2002년 3월에 대덕구청장 입후보 준비 중, 괴한의 습격으로 왼쪽 눈이 실명되었다. 2002년 4월 간암 진단을 받고 투병 중 그해 8월, 강구철은 우리 곁을 떠났다. 49세. 대학시절 "나는 밥을 먹어도 대한의 독립을 위해, 잠을 자도…"라는 안창호 선생의 말씀을 좋아했는데, 강구철의 일생은 진정 '민주화를 위한 순박하고 우직한 발걸음'이었다.

글 정리: 염태정

# 제4장 | 기장 선교교육원 교수들의 증언

# 민중신학의 산실

일　시: 2019년 10월 25일(금) 12시~3시

장　소: 광화문 설가온


참석자: 김성재 김용복 서광선 이만열 한완상(이상 당시 교수)

　　　　권진관 김명희 이광일(이상 당시 학생 및 실무자)

진　행: 권진관

영상 촬영 및 녹취: 김균열 임승철

대담 정리: 송유진

　　**권진관**: 이 모임은 선교교육원 역사편찬을 위한 교수진들 간담회입니다. 선교교육원의 위촉생을 위한 교육을 76년부터 85년도까지 거의 10년 가까이 했거든요. 그때 선생님들께서 시기가 조금씩 다르지만 강의를 해주셨는데, 우리가 그 당시 강의에 대해 여쭤보고 당시의 상황과 교육원에 참여하신 교수님들 그리고 학생들에 관한 이야기들을 듣고자 모시게 되었습니다. 역사편찬을 위한 책을 내는 걸, 다행히 서울시가 받아들여 줘서 시행하게 되었습니다. 그래서 지금은 역사편찬을 하기 위한 대화모임입니다. 여기에 나온 내용은 그대로 풀어서 역사자료집에 넣으려고 합니다. 그야말로 역사적인 회의가 되겠습니다. 식사를 하시고 천천히 대화를 시작하는 게 좋을 것 같아요.

　　**한완상**: 연도는 기억이 잘 안 나고. 그때 무슨 민중사회학을 강의한다고 했는데.

　　**권진관**: 제가 어제 한 박사님의 궤적을 들여다보니까, 75년도에 해

직을 당하시고 그다음에 교육원에 언제 오셨는지…?

**김성재:** 76년부터 오셨지. 그때 민중사회학 강의하시고.

**권진관:** 그런데, 한완상 선생님께서 그때 학기 강의를 하셨나요, 특강만 하셨나요?

**김성재:** 학기를 하셨지. 한 학기를 하시고, 오래는 안 하시고. 그다음엔 미국 가셨어.

**권진관:** 미국 가신 게, 1980년 김대중 사건으로 감옥 갔다가 그다음에 가셨어요. 그리고 84년도에 복직이 되셨고.

**권진관:** 식사하시면서 잠시 말씀드리면, 민청학련 사건으로 들어갔다 나온 사람들 중심으로 하고, 학교에서 쫓겨난 사람들을 교육원에서 모아서 교육시킨 건 다 잘 아시잖아요. 그게 위촉생 교육 프로그램입니다. 그때 안병무 선생님이 주도하셔서, 초대 원장이 되셨지요. 안병무 선생님은 한 1년간 하시다가 한신대 교수로 복직되어 가셔서, 연세대에서 해직당하고 계신 서남동 선생님이 2대 원장을 하셔서 돌아가실 때까지 쭉 하셨어요. 8, 9년을 원장으로 일하셨습니다. 그리고 위촉생 교육이 거의 10년 동안 진행되었는데, 시작은 1976년입니다. 공부한 사람들 중에 목사, 신학자, 학자, 활동가들이 많이 배출되고, 민중교회운동, 민중운동 이런 데에 다 진출을 해 가지고. 그 사람들이 다시 모여서 선교교육원 위촉생 동문회를 만들었습니다.

**한완상:** 그 졸업장을 인정해줬습니까, 교파들이?

**권진관:** 기장만 인정을 해줬습니다. 그래서 저 같은 경우가 목사가 된 거예요. 여기 있는 분들이 대부분 다 그렇게 됐습니다.

**김성재:** 기장 총회 위촉생으로.

## 선교교육원에 빵잽이들이 모이기 시작

**권진관:** 처음에는 한신대에서 제적당한 빵잽이 학생들을 위해서 만들었다가, 이걸 안병무 선생님이 확장시켜서, 민청학련 학생들을 포함하여 일반대에서 제적된 학생들을 수용한 것이 획기적인 사건이 된 거죠. 근데 여기 졸업하고 나온 사람 중에 NCC 총무가 된 권오성 목사 그리고 신학교 교수가 된 사람도 있고. 그리고 이종원은 지금 일본 와세다에서 교수 생활하고 있고. 그다음 황인성도 여기를 졸업했고, 최근에 돌아가신 김경남 목사도 여기 졸업했고. 황승주라고 아주 신화적인, 서울 의대 수석을 한 사람이 있어요. 나중에 목사가 됐습니다. 목사가 돼서 의료하다가 결국 목회까지도 하시고, 그러고 최근에 돌아가셨어요.

**김성재:** 황승주가 인도주의실천의사협의회, 인의협을 만드는 데 주역을 했지요.

**권진관:** 네, 승주 형이 그렇게 돌아가셨고. 김윤이라고, 아주 유망한 여학생은 서강대 영문과 나왔는데 졸업하고 활동하다가 일찍 갔습니다. 그 후에 저희 후배들도 몇 사람이 세상 떠난 사람들 있고. 유상덕

선배가 전교조 만든 원조인데, 일찍 돌아가셨고요. 교육원 동문들이 열심히 모였습니다. 모여서 뭘 만들었냐 하면, 우리 서광선 교수님이 초대 이사장을 하셨는데, "죽재서남동목사기념사업회"를 만들었습니다. 지금은 김용복 선생님이 2대 이사장으로 계시고 있습니다. 제가 대신 일을 꾸려가고 있는데, 최근에 이 기념사업회의 이름으로 프로젝트를 내서 활동을 많이 하고 있습니다. 이번에 서울시에서 받은 건 최근 거고, 그 전에도 죽재 탄생 100주년 기념행사도 했고, 책도 많이 냈고, 교육원 벽화 작업은 올해 마무리될 것입니다. 선생님들 얼굴이 벽화에 나올 겁니다. 선생님들, 학생들 캐리커처로 해서 그리는데, 초안이 지금 나왔어요. 나중에 모셔서 잔치를 한 번 할 것 같습니다. (웃음)

그래서 이번에 책을 굉장히 두껍게 내려고 하는데요. 왜냐면 이게 걸러지지 않는 저술로, 자료집처럼 해서. 이렇게 좌담회도 나오고, 또 누구 개인 스토리도 나오고. 그리고 약간 연구 소논문 같은 것도 모두 쓰고 모아서 자료집으로 내서 수십 권 복사하여 서울시에 제출하고 보관하면서, 나중에 그걸 기초로 해서 내년 즈음에는 역사저술서가 하나 나오면 어떻겠나, 이런 생각을 하고 있습니다. 그러니까 올해 예산 2천만 원을 받았는데, 요것 가지고는 자료집으로만 나와요. 한 몇십 권 혹은 백여 권이나 나올까, 그렇게 될 겁니다.

우리 이광일 목사님께서 편찬 위원장으로 계시고. 우리 박철 목사가 옆에서 연구와 도움을 주고 있는데, 지금 한국학중앙연구원 박사과정에 있습니다. 석사 논문으로는 구로지역 민중교회를 썼고, 지금 박사과정은 어떤 주제로…?

**박철**: 80년대 기독교 노동운동 사회참여 관련해서…. 최근에는 한국기독노동자총연맹이라고, 85년도에 설립된 게 있는데 그거 연구하고

있어요.

**권진관**: 네. 김명희 선생은 우리 죽재기념사업회 총무 하고 있습니다. 아주 제일 열심히 일하고 있어요. 이 양반 없이는 모임이 돌아가지 않습니다. (웃음) 또 사진 작업, 동영상을 찍는 분은 김균열 감독인데 우리 선교교육원 부원장을 지내신 김성환 목사님의 아드님입니다.

**이광일**: 오늘 교수님들 모신 목적, 그 말씀을 짧게 말씀드릴게요. 학생들이 있었고, 교수님들이 와서 강의를 하셨는데, 교수님들이 그때 강의하실 때 교육원에서 느끼셨던 것들, 그 당시를 기억하면서 하시고 싶은 말씀. 그런 것들을 모아서 자료로 만들려고 이 자리에 모셨습니다. 다 모실 수는 없고, 몇 분 얘기를 오늘 모아보려고 합니다. 선교교육원 과정을 했다는 것의 의의, 그때 기억나는 말씀들. 교수님들 모임이 기독자교수협의회, 또 해직교수협의회가 있었고. 사실은 그런 흐름 속에서 서대문 선교교육원에 오셔서 강의를 하게 되셨던 것이 아닌가 합니다. 기억이 나시는 대로 말씀을 해주십사 해서 모셨습니다. 사회는 우리 권 교수께서 진행하겠습니다.

**한완상**: 해직자교수협의회 멤버들도 여기 다녔겠구먼.

**권진관**: 그렇죠. 그 멤버들이 오버랩이 됐죠.

**한완상**: 그분들은 신학자들도 아니고, 일반 학자들인데 여기 와서….

**권진관**: 저도 잘 몰랐는데, 교육 원칙이 주로 민중신학적 신학을 2로

하고, 사회과학이나 인접 학문을 1 그리고 실천 1 해서 2:1:1로 배합을 했다고 하더라고요. 서남동 교수님의 아이디어였는지도 모르지만.

## 선교교육원이 만들어지는 배경과 과정

**김성재:** 선교교육원이 만들어지게 된 계기가 두 가지였어요. 75년에 문동환 안병무 선생님이 퇴직당하시는 분위기가 되고, 동시에 한신에서 학생들을 제적하게 됩니다. 근데 제적을 안 하려고 학장이셨던 김정준 박사가 버텼는데, 학교를 폐쇄시킨다고 이사회를 압박하니까 결국은 1975년 5월에 문동환, 안병무 선생님들이 해직당하고 동시에 학생들이 제적을 당합니다. 그리고 문동환 박사님이 WCC의 프로젝트를, 새로운 신학 연구, 그러니까 현장중심의 신학을 연구해서 74년부터 한신대 부설로 선교신학대학원을 만듭니다. 그때에는 신학 교수뿐만 아니고 각 일반 영역의 교수들도 전부 선교신학대학원의 교수단이었어요. 그때 정치는 연세대학의 이극찬 교수, 경제는 변형윤 교수, 법은 지방법원 판사셨는데 이름이 기억이 안 나요. 행정에 이문영, 문화는 서남동, 사회학은 이효재. 이렇게 해서 선교현장의 문제를 이분들이 같이 와서 신학자들하고 대화하는 것이 선교신학대학원의 과정이었어요.

근데 정부가 '한신대 부설 선교신학대학원이 불법이다' 그래서 폐쇄 명령을 내렸어요. 그러니까 그해 9월에 기장 총회에서 해직된 교수, 제적된 학생들 그리고 폐쇄된 선교신학대학원의 교육을 우리 교단이 인정하는 걸로 하자. 그래서 선교교육원을 만드는 것을 9월 총회가 결의를 합니다. 그래서 총회 결의를 하고 장소는 지금 선교교육원이 어원 선교사가 쓰던 캐나다 선교부 자리예요. 그걸 캐나다 선교부하고 협의를 해서 기장에서 인수해서 그걸 교육원 자리로 하기로 하고, 모든 프로

김성재 교수

그램의 비용은 안병무 박사님이 독일 EMS하고 연락을 해서 독일 선교부가 교육 프로그램 비용과 해직 교수들 연구비까지 포함해 지원해 주는 걸로 했어요. 그래서 선교교육원이 탄생이 된 겁니다.

그렇게 해서 선교교육원이 됐기 때문에, 일단은 76년 3월부터 한신 제적 학생들이 와서 공부를 했어요. 이후 한신 제적 학생뿐만 아니라 일반 대학 제적 학생들도 교육을 시키자 했지요. 여기서 신학을 공부한 사람들에게는 목사 자격을 줄 수 있도록, 목사 시험을 볼 수 있는 자격을 주자, 이렇게 총회가 결의를 한 겁니다. 그래서 그때 76년에 와서 강의를 하신 분들이, 아까 얘기했지만 한완상 박사님이 오셔서 민중사회학을 했고, 민중경제는 서울대 안병직 교수하고 박현채 선생이 와서 했어요. 민중 문학은 백낙청 교수님이 하셨고. 여성문제는 이우정 선생님하고 이효재 선생님이 강의를 하셨고. 역사는 강만길 선생하고 김석기 교수님이 하셨고, 한양대의 정창열 선생님이 오셨고. 제 기억이 이렇습니다. 다른 선생님들이 참여하신 직접경험을 이야기하시면, 제가 나중에 혹시 보충할 게 있으면 그때 보충하겠습니다.

그래서 76년부터 선교교육원이 새로운 민중학문의 메카처럼 됐어요. 민중사회학, 민중경제학, 민중사학, 민중신학. 모든 민중운동의 메카가 선교교육원이 됐고. 그래서 운동하던 학생들이 감옥 갔다가 나오면 선교교육원에 먼저 나와서 모임을 갖기도 하고, 그리고 종로 5가에 가서 기도회 하고.

권진관: 교수님들을 많이 언급해 주셨어요, 김성재 선생님께서. 저는 기억하기로는 송건호 선생님도 오셨고, 그분은 근현대사를 가르치셨죠.

김성재: 그때 한국신학연구소에서 송건호 선생님한테 연구비를 드려서, 『한국현대사』라는 책을 내셨어요. 그래서 송건호 선생님이 오셔서 한국현대사에 대한 강의를 하셨어요.

권진관: 그리고 김용복 선생님도 강의를 하셨고, 문익환 목사님도 출소하고 나서 강의하시고. 78년, 79년. 그러면 식사하시면서 말씀하시죠. 김성재 선생님부터 말씀하실까요?

김성재: 그때 민중사회학이 아주 화두가 됐어요. 왜냐면 민중신학만 있었는데 민중사회학을 하니까. 그다음에 박현채 선생님 경제학, 안병직 선생은 지금은 다른 입장이 됐지만, 그때는 민중경제학 쪽으로 와서 농민경제학을 했으니까.

권진관: 한완상 박사님께서 76년도부터 강의를 하셨으니까 먼저 말씀하시는 게 좋겠어요. 기억이 나시는 만큼만 말씀하시죠.

## 민중신학 태동 시기 이야기

한완상: 선교교육원 나온 학생들이 목사 시험 치고 목회자 되고 신학자 되고 해외에 가서 학위도 받은 건 놀라운 일이구요. 그게 가능했던 건 기독자교수협의회가 있었고, 또 해직 교수협의회도 있었는데, 두 조직이 서로 연관된 계기가 있었던 것을 말씀드리고 싶어요. 정확하게 언

제인지는 모르겠는데, 기독자교수협의회 간부들이 대충 한 달에 한 번 정도 집을 순회하며 저녁을 먹으면서 정보교환하는 모임이 있었어요. 일종의 카타콤 같은 느낌의 모임이었는데, 흩어져 있다가 모이면 그간에 있었던 다양한 정보를 교환하기 때문에. 거기 오시는 분들은 보통 기독자교수협의회 중앙위원들 중심으로 해서 모인 것입니다.

우리 집에서 한 게 75년인가? 그날 엉뚱한 일이 하나 생겼어요. 김찬국 목사님이 반 비밀 모임 성격이라는 걸 모르고, 어떤 사람을 데려왔어. 우리가 놀란 거야. 문을 열어보니까 성래운 선생을 김찬국 목사가 모시고 왔더라고. 그래서 우리는 긴장됐죠. 성래운 선생도 아주 예민하신 분이니까 그 분위기를 알았을 거 아닙니까. 근데 김찬국 선생은 그런 센스가 부족해서 데리고 온 거예요. 우리 집에서 그 날 저녁을 먹고 나서, 성래운 선생이 그러시더라고. 오늘 내가 따끈따끈한 문익환 목사의 시, 감옥에서 나온 게 전달된 게 있다고. 자기가 이걸 보니까 너무 감동적이어서 오늘 밥값으로 시를 소개하겠다며 탁 앉아서 눈을 감고 외우는데, 성래운 선생님 시 읽는 걸 내가 처음 들어봤는데, 도사더라고요. 감동이 엄청나요. 〈꿈을 비는 마음.〉 그 시가 감옥에서 나와서 알려지기 전인데, 따끈따끈한 시를 읊조리는데 너무 연출 실력도 좋고. 전부 다 은혜를 받았어요.

그래서 터진 거야, 서로 의심하고 한 것들이 터지고. 그걸로 통하게 되어서 기독교교수협의회 밖에 있는 일반 교수들 가운데 쫓겨난 사람들도 모임이 있다는 걸 알았어요. 그 후에 따로 그분들하고 모인 적이 있어요. 그래서 공동으로 서로 도와 가면서 하자고. 그런 게 하나가 있고요.

그다음에 나 같은 사람은 이문영 선생과 마찬가지로 사회과학 하는 사람인데요, 기독자교수협의회 회장은 서울기독자교수협의회를 역임한 사람이 올라가게 되어 있는데, 그러니까 조요한 선생 차례가 된 거예요. 그때 우리가 크리스천아카데미에서 총회할 때인데. 조요한 선생이 긴급동의를 한 거예요. 우리 신학하고 철학하는 사람들, 이런 사람들한테 기독자교수협의회의 리더십을 맡기지 말고, 날마다 감시당하고 그러니까, 고려대 이문영 박사나 서울대 교수처럼 사회과학하는 사람들은 현실을 아니까 피할 줄도 알고 하니까 리더십을 저리로 옮기자 했어. 그래서 나는 신상발언을 했어요. '나는 서울대학 교수 맞는데, 서울대학 교수는 공무원이다. 공무원을 반국가단체 비슷한 데서 일을 시켜버리면 어떻게 하냐. 나더러 학교 그만두라는 소리나 마찬가지다.' 근데 분위기가 "아, 좋다"고 박수치고 이랬어요.

그래서 내가 못하겠다고 하니까 이문영 박사가 둘이 이야기 좀 하자고 데리고 나가더니 "한 박사, 합시다!" 그러는 거야. 내가 감당할 수 있겠어요? 하니까 "감당해야지" 하더라고. 그때 이 박사가 『겁 많은 자의 용기』라는 책을 썼지만 겁이 없었다고. 그래서 내가 아이고 나는 참 겁이 난다 하니까 "아이 괜찮아, 둘이 합시다!" 하더라고. 코가 낀 거는, 이문영 박사 때문에 그렇게 된 거야.

거기 들어감으로써 처음 부딪친 게 김찬국, 김동길 교수가 석방되어 그 환영회를 하는 일이었지. 3.1절 너무 가까이 하면 다 잡혀가니까 한 2월 23~24일에 하자고 해서 안병무 박사 집에 모여서 모의를 한 거예요. 성명서 쓰는 거는 총무니까 내가 맡을 수밖에 없고, 읽는 것도 나더러 읽으라고 하니까 읽는 수밖에 없었고. 그때 서남동 목사는 기도하시고, 안병무 박사가 주제를 '민족과 교회' 이런 제목으로 했어요.

우리가 그렇게 정했는데, 이문영 박사하고 나하고 맨날 만나다시피 하니까, "'민족과 교회'면 민중이 없네" 싶은 거야. 동아일보 백지 광고에 실어서 알리기 위해 갔는데, 버스 타고 가면서 "이거 빠진 거 하나 집어넣읍시다, 민중이 빠졌네" 했지. 그래서 '민족 민중 교회'라는 제목으로 바뀐 거야. 그게 백지 광고에 나니까, 안병무 박사가 그러더라고. "신문 보니까 우리 집에서 모의할 땐 '민족과 교회'였는데 민중이 들어갔다"고 물어서 그렇게 된 것을 이야기를 한 거야. 참 희한한 계기로 '민중'이 들어가게 됐어. 기독자교수협의회, 2월 24일인가 새문안교회 본당을 못 빌려서 교

한완상 교수

육관에서 했는데, 교육관이 아주 꽉 차고 그랬어요. 그날 기도는 서남동 목사가 하시고 강의는 안 박사가 했는데, 신문 보고 제목을 민중에 대해 다시 정리를 해서 민족, 민중, 교회에 대한 이야기가 나온 거예요. 민중신학의 효시라고 말할 수는 없지만, 하나의 사건에 돌을 던지는 역할을 한 거죠.

그랬는데 그날 제가 집에 못 갔어요. 집에 들어가면 잡히니까. 국립대학 교수가 성명을 낭독하면 됩니까? 제1항이 뭐냐면, 서울대학 법대 교수가 잡혀가서 중앙정보부에서 죽었어요, 최종진 교수. 우리 서울대학 교수들은 다 알았죠. 근데 쉬쉬하면서 목소리 낮춰서 얘길 했는데, 그거 1항이 "서울대학 법대 최종진 교수의 사인을 규명하라" 이게 탁 나왔단 말이에요. 그리고 3항인가? 광주의 어느 여자고등학교 국어선생 양성우 시인이 〈겨울 공화국〉이란 시를 발표했는데, 그것 때문에 쫓겨났잖아요. 그러니까 양성우 시인 복직시켜라. 그리고 유신 철폐하라 이런 것들이 있었단 말이에요. 당국에서 보고 이게 서울대학교 교수가 고약하다고 생각할 테니, 나더러 집에 들어가지 말라고 했죠. 2층에서 선언하고 내려오는데, 앞에 있는 젊은 사람들이 모여서 "이 다음 차례는

한완상, 감옥 가라" 하고 외치는데, 누가 하는가 보니까 한명숙하고 신인령이야. 아카데미에서 노동운동하던 사람들인데 나보고 그다음에 감옥가라 이거야. 그건 애교라고 생각하고, 좋게 받았어요.

그러고 나서 신학문제를 우리 어른들하고, 중앙위원들하고, 그 사람들 모여서 자기들끼리 공부를 했어요. 현영학 선생님 그때 관심 갖고 있던 게 탈춤과 예수 당시의 체제를 비꼬는 해학적 측면을 연구하셨고. 서남동 목사님은 세계 돌아가는 신학 동향을 항상 그 안테나에 잡아서 제자들에게 가르치고 그러셨는데, 신학적인 안테나 노릇 그만두시고 이제 주제를 잡으신 것 같았어요. 민중 예수의 관점으로 신학연구를 하실 때예요. 내가 그 모임에 한두 번 갔는데, 아 열심히 공부하시더라고. 그분들이 나이가 40대, 50대, 60대일 텐데. 나도 하나님 나라라는 것을 사회학적으로 어떻게 해석할 수 있는지, 한 번 부름을 받아서 발표한 적이 있고요.

그래서 나도 신학에 대해 관심을 안 가질 수가 없게 되어서, 1973년 〈창작과비평〉에, "서민 예수와 그 상황", 그때 민중이라는 말을 쓰기가 두려워서, 이런 제목으로 긴 글을 쓴 거예요. 근데 여러분 아시는 대로 그 당시 70년대 즈음 한국 신학계는 해방신학이나 흑인신학 이야기는 더러 나와도, 민중신학 이야기는 없을 때예요. 해방신학도 본격적으로 이야기하기 어렵고, 민중이라는 말을 쓰기도 그렇고. 안 박사가, 우리 강연할 때, 백지 광고 보고서 '아, 민중이 들어갔네' 그래서 민중에 관심 갖기 시작한 거예요. 그래서 민중신학을 시작하는 데 하나의 촉발 요인이 되지 않았나 생각합니다. 그리고 나서 이제 해직 교수하고 같이 연합해서 성명도 내고 하는 가운데에서 그분들이 선교교육원에 들어오는, 감옥 갔다 온 젊은 사람들을 가르쳤다니까, 교수진으로서는 한국에서 최고였지요. 그때 배웠던 권 박사 등은 좋은 교수들의 강의를 공짜로 많이 들을 수 있어서 오늘이 있게 되었다고 생각합니다.

근데 서남동 말씀 들으니까 내가 두 가지만 이야기하고 싶어요. 서남동 목사님은, 창비에 쓴 서민 예수 그 글을 읽고 나한테 뭐라고 했냐면, "한 박사 우리 신학하는 사람들은 역사적 예수에 관심을 안 가지고 있는데, 아니 사회학하면서 이런 얘기를 하니까 좀 놀랍다" 이렇게 말씀을 하시면서, 앤솔로지(anthology, 하나의 주제에 여러 작가의 작품을 모은 것)를 하나 만들자, 역사와 예수 이런 것, 역사적 예수에 관한 것을 신학적으로 본격적으로 쓰는 앤솔로지를 하나 만듭시다, 그랬는데 이게 잘 안됐고요.

그다음 서 목사님이 돌아가신 것과 관련되는 이야기인데, 1980년 김대중 내란음모 사건 때 중앙정보부 지하실에서 한 달 동안 갇혀 있을 때, 그때 혹독하게 당했거든. 나는 혹독한 줄 몰랐어요. 처음으로 심하게 당했으니까 비교할 게 없단 말이야. 그 전에 여기저기 일주일, 열흘 동안 갇혀서 조사는 받았지만, 그 괴로움하고 비교할 수 없게 힘든데, 거기서 남산 지하 2층에서 서남동 목사를 봤어요, 복도에서. 근데 보시고 얼굴을 피하시더라고. 그래서 나를 모를 이유가 없는데 왜 그러시나 했는데. 완전히 기가 다 빠졌어. 나랑 형 집행정지로 같은 날 나왔지. 그 이전(1976년)에 서 목사님이 민주선언, 구국선언 해서 가톨릭 사람들하고 같이 소위 명동사건으로 감옥생활 한 건 지금 생각하면 굉장히 편했던 거였죠. 자기는 감옥에서 나가라 그러니까 안 나가려고 했대요. 왜냐면 너무 공부하기에 최적의 분위기였대요, 교도소가. 간섭도 안 하고 존중하고 하니까.

"아이고 난 여기 더 있을 수 없나" 그런 생각을 가졌었는데, 전두환 들어와서 이 사건에 말려서 감옥에서 고생할 때, 공산주의자로 몰았던 것 같아요. 그래서 너무 심하게 당해서…, 혼이 좀 나가신 것 같았죠.

그래서 나중에 나하고 같은 날 석방됐고 미국에서도 만났죠. 나랑 스토니포인트에서 만났는데, 그때 빌써 암에 걸렸어요. 전두환하고 박정희로부터 얻은 병이었죠. 그때 아픈 고통의 정도를 따져 보면 이건 비교가 안 된다는 거예요. 그 말씀을 하시더라고요. 그때 만났을 때 다른 데 캐나다, 일본 돌아서 들어가신다고 했는데, 그게 아마 서남동 목사님의 마지막이 아닌가….

서남동 목사님의 민중신학은 주로 한국의 작가들이 밑바닥 인생에 대해 쓴 글에서 굉장히 은혜를 받아가지고, 그걸 텍스트같이 생각을 하신 거예요. 이를테면 여기도 나오지만, 나쁜 짓 한 놈이나 부자나 권력자와 밑바닥 사람들 다 같이 죄인으로 취급하는 거 이거 말도 안 된다, 그리고 잘 살고 권력 가진 놈들이 주기도문을 외울 수가 없지 않느냐, 이런 이야기를 하셨어요. 일종의 아포리즘(aphorism: 금언, 격언, 경구) 같은, 감동적인 임팩트가 있었어요. 안 박사는 논리적으로 성서신학을 하니까 논리적으로 풀었겠지만, 서남동 목사는 아주 아포리즘적인, 경고적인 충격을 주는 말씀을 많이 했어요. 한의 사제라든지, 죄라든지. 근데 메시지는 그렇게 아주 감동적으로 울림이 있었는데, 본인은 그렇게 겸손했어요. 인간적인 향기를 많이 느꼈어요. 안 박사는 불트만주의자로서 실존주의에 심취했었지요. 사회학과 우리 선배라서 만난 적 있었는데 내가 그렇게 들었어요. 서울대학교 출신 기독교학생회는 되게 보수적인 사람이 많았어요. 이상하게 서울대학 출신들 가운데 목사님과 신학하는 사람들이 그렇게 보수적인 사람이 많았어요. 아마 나는 이건 서울대 종교학과 교수였던 신사훈 박사의 영향이 아닌가 하는 생각이 들지만, 여하튼 안 박사도 실존주의자로서 불트만에 매혹됐을 때는 빈부의 격차, 권력의 억압성, 식민지 착취 이런 거에 대해서 별로 관심이 없었는데, 불트만을 넘어서 민중신학하면서 오클로스(성서의 민중)를 찾으면서 그 어른이 변한 것이죠. 그런데 그런 경험을 통해서 나는 여기 와서 한 번 강의를 한 것 같은데, 저는 그때 외로운 게 사회학 쪽에서는 민중이라는 말을 쓰는 사람이 없었어요. 쓸 수도 없었고. 그래서 나도 겁이 나서 서민이라고 했잖아요. 창비에 쓸 때는 서민 예수라고. 근데 그 후에 기독자교수협의회에 있으면서 『민중사회학 서설』을 썼고, 이것을 조금 보완해서 논문 같은 형식으로 『민중사회학』이라는 책을 썼습니다. 그때 내가 선교신학원 왔을 때, 학생들이 진짜 고생했기 때문에, 역사적인 예수를 우리의 상황에서 다들 만난 것 같았습니다. 그런데 이종원을 언제 동경에서 만났는데, '선생님, 저도 선교교육원 나왔습니다'고 해서 깜짝 놀랐어요. 나는 이종원이 기억이 없는데, 참 좋은 학생들이 있어서 선생보다 좋은 학생들이 많이 나왔구나 생각했습니다. 권 박사도 서울대학교 내 제자지만, 권 박사는, 여러분은 잘 모를 겁니다만, 미국에서 신학박사를 했는데, BA(Bachelor of Arts, 문학 학사 학위)가 없어. 그럼 한국에서 교수 되기가 어렵지요. BA가 없는 경력이 어떻게 교수가 됩니까. 그래서 내가 복직됐을 때 와서 선생님 강의 하나 듣고, 사회학개론 듣고 학점을 따야지 서울대를 졸업할 수 있다고 그러더라고. 그래서 박사를 한 사람이 다시 와서 학점을 따서 졸업하고, 교수가 되었지요. 하여튼 기적적으로 먼저 박사 하고, 서울대학 학사는 돌아와서 가르치면서 딴 거예요.

## 민중신학으로의 전향

**김성재:** 한 박사님 말씀에 조금 더 보충을 해서 정리를 할게요. 두 가지. 하나는, 아까 말씀하신 현영학 교수님하고 기독자 교수들이 만나고 했던 건 교육원 이전에, 73년에 남산 부활절 사건이 그때 있었고, 박형

규 목사님이 세운 수도권 특수지역 선교위원회의 실무자들이 거기 청계천으로 신학자들을 초청한 거에요. 안병무, 문동환, 현영학 이런 분들. 현영학 선생이 거기 참여하면서 새로운 예수, 민중, 탈춤 이렇게 해서 그 모임에서 아까같이 말을 하셨다는 게 하나 있고.

그다음에는 서남동 교수님하고 했던 것. 김찬국 교수님하고 김동길 교수님이 민청학련의 배후라고 해서 두 분이 잡혀 들어 갔다가 75년에 석방이 되죠. 그래서 그분들 석방된 기념으로 기독자교수협의회에서 강연회를 한 게 아까 말씀하신 그거에요. 그래서 그 말씀 속에서 새문안 교회에서 (이야기가 시작이) 되고. 그 후에 서남동 교수님은 아프리카에서 개최된 WCC 모임에 참석했는데 외국인들이 김지하를 아냐고 물어보니까 모르고 있었던 거예요. 그때 일본을 거쳐서 한국으로 오는데, 일본에서 김지하를 공부하게 된 거지요. 김지하의 시 중에 〈육혈포〉라는 시를 본 거지. 육혈포에서 육혈포를 쏘니까, 맞은 사람의 피가 흘러서 쏜 사람까지 전부 적셔가지고 그런 내용이야. 이걸 새로운 기독교의 부활의 역사다, 이게 십자가의 부활의 새로운 역사로구나 하고 감동하신 거죠. 당시 일본에서 일하던 오재식 선생에게 김지하 시를 전부 구해 달라고 하셨어. 김지하의 〈장일담〉이라고 있어요. 그게 민중의 사회사에서 장일담을 중심으로 두 이야기가 합류해서 장일담과 성서 이야기를 엮어서, "두 이야기의 합류"라고 하는 신학 논문을 쓰신 거죠. 민중의 사회사죠. 그러면서 서남동 교수님이 민중이 텍스트라는 거예요. 성서가 콘텍스트다. 그러니까 안 박사님은 성서학자니까, 성서가 텍스트고 민중이 콘텍스트다라고 봤지. 두 분이 논쟁을 했어요. 근데 끝내 타협을 안 하시고, 서남동 목사님은 거기서부터 더 래디컬하게 나가신 거지. 완전히 래디컬해서 민중이 텍스트고, 성서가 콘텍스트로 읽혀야 된다고. 아까 말씀하신 것에 이것저것 보충해드렸어요.

**김용복**: 지금 선교교육원에서 활동을 한 맥락이, 크게는 한국민주화운동의 맥락인데, 구체적으로는 기독교 지식인 공동체, 기독교 지식인 공동체라고 하면 기독자교수협의회, 해직 교수들 모임, 여러 학자의 모임이 한국신학연구소를 중심으로 해서 모이고, 선교교육원을 중심으로 해서 모였죠. 구체적으로 두 가지 말씀을 드리고 싶은데, 하나는 우리가 국제적인 연대모임을 말해야 합니다. 72년에서부터 미국에서 기독학자협의회를 여기 한완상 박사님과 서광선 박사님도 그때 계셨는데, 그런 맥락이 있고, 다른 하나는 CCA(아시아기독교협의회)에 신학위원회가 있었는데, 그때 프레만 나일스(Preman Niles)가 중심이 되어서 서남동 목사님하고 깊은 관계를 맺게 되었습니다. 그때 한국에는 NCC 안에 신학위원회가 있었습니다. 김정준 박사님이 신학위원회 회장을 하셨고, 김정준 박사님도 민중이란 단어를 썼었어요. 그리고 그때가 78년입니다만 제가 서기를 했었어요. 서남동 목사님의 민중이라고 하는, 민중신학에 대해 매료가 언제 되었냐면, 김지하 시인의 시를 접하게 됐는데 그걸 한국에서 접한 게 아니고 아프리카에서 했어요. WCC의 '신앙과 직제'(Faith and Order)라고 하는 위원회가 아프리카 캐머룬에서 모였는데, WCC의 스탭이 성서공부를 인도하는데 김지하의 시를 인용했어요.

**한완상**: 내가 그때 캐머룬에 있었어요.

**김용복**: 아, 그때 계셨었구나. 그 성서연구 인도자가 김지하 시에 대해서 해석을 했는데, 서 목사님은 그때까지 김지하를 몰랐단 말이야. (웃음) 그래서 그분이 동경을 지나가면서 일주일 동안, 동경 YMCA에서 문을 딱 닫고 공부를 했지. 김지하 시인의 시가 일본말로 번역이 됐기 때문

에, 그걸 다 찾아서 읽으신 거예요. 그게 서 목사님이 민중신학으로 몰입하게 되는 계기가 되었습니다. 그거 하나를 말씀드리고 싶어요.

또 하나는 우리 한완상 교수님이 말씀하셨는데, 우리가 알 수 없는 부분이 하나 있어요. 서남동 교수님의 생애에 관한 건데. 해남에서 서남동 목사님이 젊었을 때, 그게 한국전쟁 당시입니다. 이 경험에 대해서는 서 목사님이 자술한 기록이나 본인의 말에는 없는 것인데, 이런 코멘트가 있어요. 서 목사님이 한국전쟁 당시에 가족이 그렇게 많이 당했는데, 지금 현실적으로 말하면 일종의 공산주의에 대한 반감을 가질 수 있었는데, 그걸 어떻게 극복을 했던 것인가? 그게 제가 가지고 있는 질문 중의 하나입니다. 좀 거리가 있는 이야기지만, 홍동근 목사님이 해외에 계시다가, 북쪽에 김일성대학에 가서 철학과에서 강의를 하셨는데, 서 목사님의 민중신학을 교과서로 사용했다고 들었습니다. 그래서 실질적으로 그것을 LA를 통해서 그 사실 자체를 규명하고 있는데, 왜냐면 그것이 앞으로 주체사상과 민중신학 간의 대화라고 할까? 그런 당위를 볼 때, 홍동근 목사님이 하는 신학 강의 내용이 서남동 교수님을 초점으로 해서 주어졌다고 하는 것이 상당히 중요한 역사적인 것이기 때문에. 물론 그거는 앞으로 어떻게 전개해야 할지 고민해야 하는 부분이기도 합니다.

## 신학의 새로운 실험실

마지막으로 제가 프레임 자체를 볼 때, 지금 선교교육원을 통해서 교육을 받은 피교육자, 말하자면 교육을 받은, 새로운 신학교육의 틀 안에서 공동체가 형성됐잖아요. 나는 이것이 엄청나게 중요하다고 생각해요. 전통적인 신학교육하고는 너무 다른. 그래서 김성재 교수님이 본래

선교신학대학원으로 출발했다고 했을 적에, 얼른 드는 생각이 '선교교육원(총회 위촉생 과정)은 대학원이다!' 새로운 차원의 대학원이라고 하는, 그런 교육 공동체라고 하는 인식이 우리에게 필요하지 않겠는가. 그렇다면 실질적으로 한국 기독교 지식인 공동체가, 체제는 갖추지 않았지만 선교교육원이 그 역할을 한 거야. 그것이 어떤 의미를 가지는가? 비공식적으로 이루어졌지만, 또 그것이 선교교육원이라는 테두리 안에서만 이루어진 게 아니라 널리 이루어졌으니까. 그러면 선배 기독자교수들의 역사적인 활동 자체가 교육이었고, 피교육이었고, 또 후배-선교교육원을 매개로 해서 새로 만들어진 공동체가 새로운 공동체를 형성했고. 더 나아가서는, 선교교육원의 경험이 미래 한국 기독교나 세계 기독교의 교육이랄까 신학 공동체에 주는 의미가 크며, 그 의미가 뭔지 질문을 던질 수 있다고 생각해요. 오히려 지금 현재 한국의 신학체제나 세계의 신학 체제를 보면, 한마디로 정리하면 신학에 대한 기본적인 교육은 어느 정도 되고 있지만, 그러나 역사 안에 깊이 들어가서 하는 교육은 미흡하단 말이죠. 그러면 선교교육원(총회 위촉생 과정)의 신학 경험이, 교육경험이 미래를 여는, 미래의 신학 교육의 공동체의 창출을 위한 하나의 인큐베이터라고나 할까? 미래지향적으로 선교교육원(총회 위촉생 과정)의 사례를 볼 필요가 있다고 봅니다. 사실 저는 이 프로젝트가 끝난 다음에, 선교교육원이 열려 있는 대학원으로서, 대안적인 대안으로서 새로운 것을 창출해낼 수 있는 기반을 형성해야 한다고 생각해요. 결론이 너무 빨리 나온 것 같지만, 그런 프레임 안에서 이야기를 하고 싶습니다.

**김성재**: 좋은 말씀에 하나만 더하면, 그러니까 기독자교수협의회하고, 해직 교수 중에는 기독자 교수도 있지만 일반대학 교수도 있는데,

이 둘이 교육현장에서 만난 게 선교교육원이에요. 그리고 신학교 제적 학생과 일반대학 제적 학생이 함께 만난 데도 선교교육원이에요. 그래서 새로운 신학교육이 이루어졌고, 여기에는 해직 언론인들도 왔어요. 그리고 한승헌 변호사를 비롯해 홍성우 변호사 등 인권 변론을 맡았던 변호사들도 나중에 참여했어요.

**권진관**: 오늘 말씀 많이 나오셨는데, 이만열 선생님이 조금 말씀을 하시죠. 조금 먼저 나가셔야 한다고 아까 말씀을 하셔서…. 역사학자로서 역사적인 의의가 무엇이라고 보시나요?

**이만열**: 제가 선교교육원에 관여한 게, 정확하게 기록으로 남아 있는 건 84년 3월부터 5월 말까지. 6월 초에 아마 종강을 한 것 같고.

**김명희**: 제가 배웠어요.

**이만열**: 아 그래요? (웃음) 그때 누구한테 섭외 받았는지는 잘 모르겠고. 서남동 목사님과는 그전부터 자주 만나서 이야기를 나누었습니다. 그분은 뭐 우리나라 역사에 관해서 계속 질문하시고. 그리고 그 전에 안병무 박사님도 용두동 신학연구소에서 좌담할 적에 오라고 하시고. 민중신학에 관해서 역사적 뒷받침이 필요할 적에는 그랬죠. 그런 게 인연이 되어가지고, 아마 84년 그때 저를 강사로 초청한 게 아닌가 생각합니다.
　근데 사실은, 지금 선교교육원의 백그라운드인 기장하고 내 교단적인 배경하고는 전혀 관련이 없거든요. 아마 두 분과의 인연이 있는데다가, 당시에 제가 해직상태에 있었기 때문에 초청을 한 게 아닌가 하는

생각이 듭니다만. 그 학기 말
고 다른 학기에도, 한 학기 동
안 아예 특강을 한두 번 한 것
같은데, 그건 기억이 전혀 없
어요. 하여튼 한 학기 풀로 강
의한 건, 처음 가니까 3월 12
일인가 그랬는데, 그때 한신
대학원에 졸업식이 있다고 하
면서 ―이쪽 졸업식인지 저쪽

이만열 교수

졸업식인지는 모르겠습니다― 선교교육원 졸업식인지 아닌지, 한 30분
늦게 강의가 시작이 됐습니다. 근데 좀 특이하다고 생각되는 건, 그런
예상을 하고 갔지만은, 나이가 든 사람들도 있고. 그다음에 역사 강의여
서 그런지 관심이 별로 없어, 처음에. 나중엔 한국 교회사 중에서도 민
족운동과 관련된 부분을 얘기할 적엔 조금 관심을 갖는 것 같습디다.
대체적으로는 한 학기 동안 별로 재미를 못 봤다는 느낌이 있어요. 내
일기에도 보면, 필기도 안 하고 그냥 앉아 있는 사람들이 많았어요. 대
체 왜 필기도 안 하고 저러는가? 그다음에 나중에 시험을 치고 학점을
내야 되는데, 시험을 안 칠 테니까 필기한 거라도 좀 내놔라 했는데 그
것도 안 내는 사람들이 있었어. (웃음) 그래서 나는 별로, 선교교육원에
대해서 내 전통적인 생각을 가지고 보면, 별로 재미가 없었어요. 학생들
하고. (웃음) 거기 가서 제적된 학생들 만나고 또, 나도 격려를 할 수
있지만 해직 상태에 있었기 때문에 격려를 받을 수도 있었고. 첫날 가니
까 여학생 한 사람이 와서 인사를 하는데 자기가 숙대 출신이라 그래요.
이름도 지금 기억을 제대로 못하는데.

**김명희**: 박정진.

**이만열**: 박정진. 지금도 여기 있습니까?

**김명희**: 지금은 일산에서 살아요.

**이만열**: 나한테 와서 말을 했습니다. 그리고 내가 교회사를 강의하면서도 신학적인 것 이런 것 하지 않고, 주로 한국교회와 민족운동과의 관계를 얘길 쭉 했으니까 흥미를 가질 수가 있는데, 왜 흥미를 갖지 않을까? 좀 의아하게 생각을 했습니다.

제가 안병무 박사랑 서남동 선생님하고 가까이하게 된 건, 73년에 서울대학교 국사학과에서 나온 「한국사론」이라고 하는 잡지 1호에 "한말 기독교인의 민족의식 형성과정"이라고 하는 논문을 썼습니다. 그 논문이 그 전까지는 한국교회사가 그냥 교회사, 그냥 흘러온 것으로, 얘기 중심으로 있었는데, 그때 와서 기독교인들이 항일의식을 깊게 가지고, 한말의 봉건사회를 어떻게 개혁할 것인가 이런 문제들을 주로 한말부터 시작해서 1910년까지를 다루었습니다. 그때 조사를 해 보니까 놀랍게도 한말, 특히 1905년부터 시작해서 10년 사이에 항일 중에서도 뭐라고 할까, 무력을 가지고 친일분자들을 처단하려고 하는 사람들이 다 기독교 청년들이에요. 저도 그때 아주 놀랐습니다. 그 논문이 어떻게 간행되고 난 뒤에, 보수 쪽에서는 읽히지도 않고, 주로 진보 쪽에서 읽히기 시작했는데, 김상근 목사가 그때 수도교회 목사였는데, 와서 강의해 달라는 거예요. 그다음에 YMCA 강문규 총무가 그걸 읽고서는 당신 Y 여름대회가 있는데 강연을 해 달라고. 현영학 선생이 보고 또 그런 이야기를 하고. 그 뒤에 아마 미국에서 나오신 지 얼마 안 될 건데, 김용복 박사님이 제 연구실에 두어 번 왔어요. 그 논문 취지에 따라서 한국교회사, 그때 아마 기사연 부원장으로 계실 때인데. 같이 프로젝트를 하자고 해서 이야기가 좀 됐습니다. 이런 게 계기가 돼서 진보 측하고 관계를 맺게 되고, 가서 강연도 하고 하는 동안에 서남동 교수님이나 안병무 박사님도 기회가 있으면 와서 같이 토론도 하고 그렇게 했습니다. 그 뒤에 안병무 박사님은 자주 만났는데, 해직 교수들 복직할 적에 나보고, 농담 삼아 항상 "저 꼴통 보수, 저 꼴통 보수" 이랬거든요. 나보고 복직할 적에 당신 숙대 가지 말고 한신대로 와라, 그런 말씀까지도 한 게 기억이 납니다. 하여튼 그런 분들과의 인연을 통해서 선교교육원에 갔지만, 내 기록상으로는 그래요. 학생들이 질 좋은 학생들은 아니었다. (웃음) 필기라도 좀 하고 그래야 하는데, 왜 자력으로 하지 않고 어떨 때는 그냥 멍하니 자기 생각 속에 있어요.

**한완상**: 역사 속에서 먼 데를 가 버렸구먼. (웃음)

**이만열**: 이런 말들은 쓰지 말고. (웃음) 서로를 격려하고 격려를 받은, 그건 나도 아주 좋은 시간이었다. 나도 가서 격려를 받으니까, 굉장히 훌륭한 시간이었다.

**김명희**: 교수님, 변명을 하자면…. 그때 저도 배웠으니까. (웃음) 교수님 말씀이 굉장히 어려웠어요, 솔직히 말하면, 멍한 것도 있지만, 각자의 현장 속에서 있다가 와서 공부하게 된 동기들이 많이 있었잖아요. 그래서 다른 영역에 속해 있다가. 어떻게 보면 이만열 교수님을 학생들이 원했었어요. 한 번 역사에 대해서 우리가 배우고 싶다, 여러 가지 것들을. 그래서 학생 커리큘럼 짤 때 교수님들을 추천하는 시간이 있었거

든요. 그때 교수님을 추천한 적이 있었죠. 근데 막상 들으니까, 되게 어려웠고. 되게 깐깐하셨고. 그리고 출석체크 꼭 하셨고. (웃음) 여러 가지 것들이 같이 겹쳤었어요.

**이만열**: 그러면서도 그걸 하기 위해서, 초청해서 강의 듣는 거하고, 그다음에 한 학기 동안 강의한 거 하고, 그렇게 해서 하여튼 한 학기 강의한 거 외에도 제가 한 두어 번 갔는데, 본 기억이 안 나서…. 말씀을 해 주어서 고마워요.

**이광일**: 교수님 선택을 학생들이 했어요?

**김성재**: 교수 선택을 학생들에게 올리라고 했어요. 선교교육원의 원칙이 그랬어요. 처음부터. 선교신학대학원도 커리큘럼을 짜는 것도 학생들이 짜고, 교수 선택도 거기에 맞춰서 원하는 사람을 선택하고 그렇게 시작했어요. 우리가 짠 거에 학생이 들어온 게 아니고, 학생들이 짰어요.

**김용복**: 제가 교수님 말씀하실 때, 지금 현재 한국에 있는 신학대학은 기초는 오케이. 근데 새롭게 하나 만들어야 하는데 이걸 만듭시다. (웃음)

**김성재**: 잠깐 이만열 선생님 말씀에서 굉장히 중요한 것을 다시 일깨워주셨는데, 교수님 논문 쓰신 게 기독교 쪽에는 굉장히 큰 충격으로 다가왔어요. 왜냐면 그동안 교회사는 전부 교회가 어떻게 세워졌고, 교회가 몇 개이고, 교인이 얼마 만큼 됐고, 교리가 어떻고 하는 교회 안의 이야기였어요. 그랬는데 이만열 선생님의 그 논문은, 한국 역사와 사회

속에서 기독교가 무슨 일을 했나, 역사와 사회 속의 기독교는 무슨 역할을 했나를 위주로 해서 굉장히 충격이었어요. 그래서 이걸 연구하자 해서 교회사의 패러다임이 완전히 바뀐 겁니다. 이게 신학적으로 보면 교회사에서 구원사로 패러다임이 바뀌었다, 이렇게 얘기를 했어요. 하나님의 구원사가, 교회 안의 성장·발전·교회의 역사·신학의 발전이 아니라, 이 역사에서 기독교가 뭘 했나. 그래서 교회사를 연구할 때 교회사가 아니라 하나님의 구원사의 입장에서 연구를 하자. 기독교사의 패러다임을 바꾼 겁니다. 그게 이만열 선생님의 그 논문이었어요.

**이만열**: 그렇게까지는 내가 생각도 못한 거고. 유신이 72년에 법석을 떨고 그랬는데, 그때 역사를 공부하는 사람으로서 할 이야기가 하나도 없습디다. 원래 제가 신학을 공부하려고 했는데 못 했거든요. 신학을 공부했으면 이런 때 정말 뭔가 얘기를 할 수 있지 않겠느냐 생각했는데. 그럼 크리스천들이 역사 속에서 어떤 활동을 했느냐를 한 번 추적을 해 보면, 이런 시대에 조응할 수 있는 결과가 나올 수 있겠다. 그래서 한 6개월 동안 제가 그걸 고민해서 써서 그 이듬해에 논문이 나오게 되었거든요. 그렇게 평가를 해 주시니까 저는 그 평가에 대해 고맙게 생각하겠습니다만, 여하튼 그걸로 인해서 우리 기독교사학계에서도 조금 변화가 있었습니다. 그전에는 신학 하시는 분만 거의 기독교사를 했습니다. 민경배 선생까지만 하더라도. 그러니까 자연히 한계가 좀 보였는데, 아마 일반 역사를 공부하는 사람으로서 한국교회사를 하게 된 건 제가 최초가 아닐까 합니다. 그 뒤에 신학 해서 교회사 하는 사람보다는, 역사 해서 교회사 하는 사람들이 수적으로 많아졌고, 그다음에 일반 대학에서도 한국교회사, 지금 100년밖에 안 되는데, 한국교회사 가지고 학위 하는 사람들이 굉장히 많이 나왔습니다. 이런 건 재미난 현상이라고

볼 수 있습니다.

## 전두환 시절 죽재의 고난

**한완상**: 죽재(竹齋) 선생과 관련해서, 죽재가 민주구국선언 때보다도 전두환 때 혹독하게 당한 이유를 나도 생각해봤는데 아직 잘 모르겠어요. 신비로 남아 있는데. 그때 어떤 일이 있었냐면, 내 경우엔『민중과 지식인』이 마르크시즘의 교본이다 판단하고, 따로 두어 시간 조사를 받은 적이 있어요. 조사받고 나니까 그 사람이 뭐라고 하냐면, 여기 들어오면 전부 겁쟁이가 되어서 바깥에선 용기 있게 비판하던 사람이 여기 들어와서 당신 공산주의자 아니냐? 마르크시스트 아니냐? 그러면 전부 아니라고 오리발을 내미는데. 또 그 사람하고 몇 시간 이야기를 하고 나서 당신들이 나보고 사회주의자라고 하고 공산주의자라고 몰때 내가 이렇게 이야기했어요.『민중과 지식인』의 즉자 대자 이게 다 맑스의 개념에서 온 건 사실이다. 아니 예수가 마르크스보다 1900년 전에 태어난 사람인데 어떻게 예수가 마르크시스트가 되겠느냐, 나는 예수님의 이야기를 한 거다. 그러니까 당신이 마르크시스트로 색출하려면 해라 그건 당신들 자유고, 나는 양심상 이렇게 말한다. 하니까 그 사람이 뭐라 그러는 줄 아세요? 여기 잡혀 온 기독자 교수들 가운데 맑시스트라고 낙인 찍으려면 찍어라, 한 사람이 딱 한 사람 더 있대요. 누군지 나중에 알았어요. 문동환 박사예요. 그런데 내가 문제제기한 것은, 문동환 박사하고 우리는 다 낙인이 찍혀서 고생했지만, 서 목사는 우리같이 덜 고생한 사람 아니에요. 지독하게 당했어요. 그러니까 과거에 있었던 거 나는 모르니까, 정보부에서 그걸 다 캤는지 하여튼 넋이 완전히 나갔어요. 죽재 연구하시는 분이 그걸 한 번 조사를 하세요. 왜 같은

진보적인 기독교 신학자들이나 지식인들이 가서 그렇게 (죽재의) 혼이 빠질 정도로, 정말 전두환과 박정희의 차이가 이렇게 심한가 말씀을 하셨거든. 이렇게 다른가. 박정희 밑에서는 감옥을 호텔같이 생각하고 연구실같이 생각했는데, 전두환 밑에서는 잔인하기 짝이 없는 공포가 있었어요. 그게 뭔지 한 번 찾아보시고요. 또 하나는 안병무 박사에 관한 것인데, 카메룬 갔다가 제네바에 들렀단 말이에요. 제네바의 호숫가에 시계, 꽃 시계 있잖아요. 거기 걷고 있는데, 어떤 사람이 와서 당신 한국에서 온 사람이요, 일본에서 온 사람이요? 해서 한국이라고 하니까 안병무를 아세요?! 하더라고요. 잘 알다마다요, 아주 형님 같고 가깝죠! 왜 그런 질문 하냐고 하니까 안박사가 독일에서 강연을 했는데, 오클로스 이야기하면서 갈릴리 세력과 예루살렘 세력 간의 권력 다툼에 대한 이야기를 했는데 자기도 라틴 아메리카에서 온 신학자지만 그런 프레임으로 이야기하는 걸 처음 들었다는 거야. 아니 한국에 그렇게 훌륭한 신학자가 있다는 걸 처음 들어서 당신 한국에서 왔다니까 안병무를 아냐고 묻는거야. 그게 속으로 굉장히 흐뭇했어요. 그러니까 여러분들이 공부를 멋진 사람들 밑에서 제대로 한 거야. 한 사람은 텍스트인 역사적 현실에서 예수처럼 쭉 살다 혼이 다 나간 사람에게 배웠고, 또 한 사람은 제삼세계 진보 신학을 뛰어넘는 민중신학을 독일 가서 이야기해서 감동을 갖게 할 한 사람, 당시 질문한 그 사람도 자기가 WCC 신학위원이래요. 자기는 한국신학 몰랐다 그러더라고. 한국의 신학이 이렇게 수준이 높은가. 그 높은 신학에서 배운 사람들이니까, 자부심을 가지라고.

**김용복**: 한 박사님 하신 얘기에 하나만 더할게요. 서 목사님하고 저하고 같이 조사를 받았어요.

**한완상**: 서 목사하고? 언제?

**김용복**: 명동 때.

**권진관**: 아 명동 YWCA 사건 때? 79년?

**김용복**: 네, 네. 전두환 때. 그때 질문이 이거였습니다. 조총련과의 관계. 그게 어떻게 된 거냐면, 주재용 선생에게 내가 가지고 있는 자료 중에 북한에서 쓴 3·1 운동에 대한 자료가 있었어요. 그걸 빌려줬는데, 그걸 서남동 목사님이 읽은 거에요. 근데 가택수색에서 그게 나온 겁니다. 그러니까 북쪽과의 관계를 취조받으셨는데 —한 박사님이 전두환 때 고통에 대한 이야기를 하시니까— 그 양반이 치안본부에서 수사를 받는데 대질심문을 했어요. 저는 당연히 고문 많이 받았고. 근데 대질심문을 받는데, 저는 너무 고문을 많이 받아서 쭈뼛쭈뼛했다구요. 쭈뼛거리면서 대답을 제대로 안했어요. 그런데 서남동 목사님이 나보고 "김 박사, 미쳤어?!" 하고 큰 소리를 지르더라고요. 마치 부친 관계처럼. 그때 그 이야기를 지금 연상을 해 보니까, 서 목사님은 집에서 책을 보실 때 해방신학이니 맑스주의니 다 보신거야. 근데 그런 데에서부터 받는 위압감 같은 게 있지 않았나 생각합니다.

**한완상**: 북한과의 관계에서. 그게…. 우리하고 북한과의 관계는 없단 말야. 문동환 박사하고 북한과의 관계를 연결시킬 수도 없는 거고. 근데 그게 스파이 문제라든지 그런 걸 해서 굉장히 옥죈 것 같아요. 감당할 수 없을 정도로 압박을 한 거야.

**김용복**: 그게 프레임 자체가, 이북과의 관계인 거지.

**김용복**: 막간에 자료에 관한 이야기를 했었는데요. 지금 우리 자료 중에서 정보부가 갖고 있는 자료가 많이 있어요. 서 목사님의 강연은 필시 전부 녹음되었을 겁니다. 녹음되고 그걸 풀었어요. 테이프로 있지 않아요. 그러니까 그걸 확보하면 좋습니다. 저는 제 설교가 녹음된 게 있고, 내 담당 서울 본실 직원이 이해할 수 없어서 전화가 와서 무슨 뜻인지 모르겠다고 한 일이 있어요. 내가 새문안교회에서 설교를 하면 그게 녹음이 돼요. 그걸 풀어서 보고를 해야 돼. 이 기록이 —나는 서울 본실부터 시작해서, 우리나라의 정보기구 다섯 개가 있었어요— 거기 다 있습니다. 기독교방송이 전부 녹음돼서 다 풀려요.

그러니까 우리가 이거 하면서 서 목사님 기록 하나 뚫어 보세요. 서 목사님에 관한 정보부의 자료. 특히 서울 본실, 보안사. 전두환 처음에 보안사. 그리고 김대중 내란음모 사건의 조서, 재판 기록. 그런 것들이 좋은 자료가 될 거예요. 지금 알 권리를 가지고 요청할 수 있으니까, 변호사가 요청을 하면 되고. 그리고 이 정보들이 미국으로 건너간 게 있어요. 한국의 인권선언에 대한 보고서가 보고가 되어서 미국으로 갑니다. 미국의 아카이브에 알 권리로 요청을 하면 자료가 릴리즈(공개)가 됩니다. 이 부분을 민주화기념사업회에서 나서서 해줘야 되는데, 아무것도 모르고 있어요. 그래서 전 목사님하고 특별히 이야기해서 하나만 뚫으면 다 열리니까.

그리고 굉장히 위험한 것이 하나 있습니다. 그렇게 위험한 것은 아닌데, 정보부원들이 이간질을 해서 목사들로 하여금 목사들을 욕하게 만드는 게 있어요. 정보부에서 정보를 수집하는 것을, 친구를 통해서 수집을 해요. 친한 친구를 통해서. 이게 잘못 오해되면 큰일나잖아요. 이게

김용복 교수

언제까지냐 하면 한국전쟁 당시에 인민군에 대한 환영회를 NCC가 했어요. 거기 참여한 사람들의 명단이 있어요. 내가 이 명단을 확보를 했는데, 이걸 발표를 하느냐 안 하느냐 하다가 안 하기로 결정을 했어요. 왜냐면 야단법석일 거예요. 한국 에큐메니컬 운동이 인민군대가 서울 진입을 했는데 환영회를 해? 사람들 이름도 다 나오죠.

권진관: 그때 거의 강압적으로 했던 거 아닌가요?

김용복: 강압도 있고, 그때 NCC가 공문을 내서 다 오라고 해서 온 거예요. (웃음) 그걸 저쪽에서 역이용해서 인민군하고 협력했다 해서 역으로 활용할 수도 있으니까.

권진관: 김 박사님 아주 좋은 아이디어 많이 주시니까, 나중에 조금 더 말씀해주시고. 서광선 교수님 말씀하시죠.

서광선: 다 나온 이야기를 되풀이하게 될지도 모르지만, 간단하게 몇 마디 할게요. 첫째, 여기 오면서 '40년 전 내일, 박정희가 김재규 총에 맞아서 죽은 날이구나' 기억을 하다가, '아 그렇지!' 그때 1979년 10월 CCA 모임을 크리스천아카데미에서 하면서 처음으로 프레만 나일스랑 동남아시아 다른 여러 나라에서 온 신학자들 앞에서 민중신학자들이 발표를 한 일이 있었어요.

한 주일 동안. 한 주일 끝나고서 이 양반들이 나가기 시작하는데, 총소리가 들린 거예요. '아, 확실히 민중신학이! 그때 박정희를 죽였구나!' 영어로 하는 민중신학회를 처음 했는데 그거 끝나자마자 박정희가 죽었잖아. 그런 생각을 하면서 왔습니다. (웃음) 그래서 오늘 굉장히 역사적인 날!

**권진관**: CCA 민중신학 컨퍼런스가 10월에 박정희 죽을 때 했나요?

**서광선**: 바로 그날. 우리가 끝난 다음 날. 그러니까 오늘 끝나면 내일 죽었어요.

**권진관**: 그다음 날 죽었어요?

**서광선**: 그렇지. 그래서 어떤 사람들은 공항에서 나가면서 소식을 듣고.

**김용복**: 제가 출국 정지를 (당해서), YMCA에서 좀 머물다 갔어요.

## 한국의 본회퍼 스쿨로서의 교육원

**서광선**: 그래서 첫 번째 CCA 민중신학 모임을 잊어버릴 수가 없어. 박정희 죽은 날하고 연결이 되니까. 그거 하나.

나는 선교교육원에 대해서, 서남동 목사님이 나를 관여시키면서 하신 말씀이 아직도 기억나. "이게 한국의 본회퍼 스쿨이에요." 그래서 선교교육원의 역사, 유래, 이런 것들이 많겠지만, 내가 생각하기에 선교교육원의 가장 중요한 역사적 정신, 신학적 정신은 확실히 본회퍼의 한국 학교야. 아주 분명하게. '한국의 본회퍼 스쿨입니다!' 그랬던 게 기억

나. 나는 서남동 목사님이 선교교육원을 하신 그 정신이 딱 거기에 있다고 생각해.

그리고 둘째로 얘기하고 싶은 것은, ─이거하고 연결해 가지고─ '김영삼 정권, 김대중 정권이 시작될 때, 운동권이 이제는 권력을 잡을 것이다, 운동권이 정치를 하게 될 것이다!' 근데 운동권이 정치권에 들어가서 하는 걸 보면 아마추어라는 말을 들었어. 준비가 안 된 사람들이 소리만 지르다가 정권을 잡으니까 할 줄을 모르는 거야. 그러니까 구태의연한 공무원들의 손에 놀아나는. 그런 걸 벌써 몇십 년 동안 보면서, 운동권 사람들이, 젊은이들이 자기네들이 권력을 잡았을 때 할 수 있는 능력을 기르는 교육을 받질 않았어. 또 공부할 생각을 안 하고. 그래서 자리를 잡으면 그 자리에만 연연해서. 왜 자기가 공무원이 됐는지, 왜 고급공무원이 됐는지, 왜 국회의원이 됐는지 알지도 못하고 무식한. 운동권식으로만 자리를 유지하려고 하는 그런 문제가 있지 않냐. 이건 한국의 문제뿐만 아니라 온 세계적으로 결국은 문제가 됐는데. 4·19 이후 유신시대까지 정권을 잡기 위해서. 4·19 이후에 민주당이 그야말로 1, 2년 후에 몰락한 이유가 바로 그 준비가 안 되어 있었던 데에 있었다고 생각하는 거지.

그런데 박정희 정권에서도 운동권 학생들이 정열로 공부한 데는 기독교 기관, 선교교육원밖에 없다. 나는 이걸 부각을 시켜야 한다고 생각해. 근데 그게 신학생들만 한 게 아니라, 신학이 뭔지도 모르는 일반 대학생들이 정열로 데모를 하다가 와서 공부를 하면서 하나님 나라와 연결을 시켜서 정치신학이라는 걸 처음 듣고. 정치라는 걸 어떻게 해야 된다는, 그래도 정치학 공부를 한, 미래의 정권을 잡았을 때 우리가 어떻게 해야 되겠다는 것을 의식하면서 공부한, 그 기관. 그 학생들 숫자가 얼마나 되는지는 모르겠지만, (그런 경우는) 우리밖에 없지 않았나.

서광선 교수

에큐메니칼 한국 기독교 교육기관. '본회퍼 스쿨'이라는 것과 '운동권 준비학교'로 봐요. 나는 그런 의미에서 역사적 사실도 중요하지만, 선교교육원의 정신이 뭐였냐, 도대체 뭐 때문에 사람들이 모여서 공부를 하고 친교를 하고 공동체를 만들었느냐. 그 기본 정신이 어디 있었냐. 그래서 결과적으로 보면 그때 민주

정권을 위해서 일할 수 있는 전문가, 정치가들이 거기에서 나왔지 않나 하는. 한 사람이라도 거기서 나왔으면 그건 굉장한 결과라고. 한두 사람이 없어서, 열 사람이 모자라서 소돔과 고모라가 망했지만, 바로 이 선교교육원이 그 준비를 하는 본회퍼 스쿨이었다고 생각합니다.

그리고 저는 그때 해직이 되어서 김용복 박사가 문희섭 박사하고 장신대에서 외국인 선교교육원, 학교를 하고 있어서 거기 거의 전임강사로 재능기부가 아니라 재능착취를 당했어. (웃음) 그때 몰트만이 와서 학생들하고 함께 경주도 가고. 몰트만이 그때 장신대학교를 통해서 한국의 정치를 알게 되고 그리고 외국인 학생들이 와서 공부하면서 민주주의 정치, 교육을 받아가서 지금 동남아시아 지역에 가게 되면, "제가 그때 강의를 들었습니다" 하는 사람이 아직도 있는 거 보면, 독재정권 하에서 내일을 위한 선교교육, 신학교육, 정치교육이라는 것을 그때 한 것이 아닌가 생각해요.

그리고 제가 CCA를 통해 그렇게 시작이 됐기 때문에, CCA로 여러 나라 다니면서 민중신학을 영어로 강의하고. 그리고 YMCA를 통해서, YMCA 간사 학교가 홍콩에 있고 쿠알라룸푸르에 있어서, 다니면서 강의하느라고 바빴고. 더해서 WCC 신학교육위원회 실행위원이 되면서 YMCA, CCA, WCC 일 때문에 외국에 많이 다녔지요. 해직이 되어서 예장 목사가 됐는데, 현대교회에서 주일마다 설교를 하는데, 여행이 많으니까 설교를 자주 못하잖아. 차선각, 지금 목사지만 그때는 신학생이었어요. '차선각 전도사가 우리 목사님이시고, 서광선 목사는 서광선 교수님으로 통합니다' 그럴 정도로. 그렇게 돌아다니니 서남동 목사님이 "제발 좀 자주 나와서 강의를 해 달라!" 그런데 여행 스케줄 가운데 자주는 교육원에 못 갔어요. 근데 적어도 한 학기에 한 번 정도는 내가 특강으로 갔지. 가서 현대신학의 역사를 강의했던 것 같애. 본회퍼에서부터 시작해서 죽음의 신학, 해방신학, 여성신학, 민중신학 등등. 그렇게 했는데 제가 접근 방법을 철학적 신학으로 했기 때문에 그러는지, 청중들이 많지 않았어요. 정말 몇 사람 안 되는, 많아야 열 사람 왔나? 굉장히 힘들어하더라고요.

**권진관**: 몇 년도였습니까, 그때가?

**서광선**: 그게 80년에서부터 84년까지. 그래서 내가 여기 와서 얘기는 하지만, 정말 미안할 정도로 내가 자주 오지 못했어. 서남동 목사님이 원하시는 것만큼. 근데 신학생들은 그래도 한두 번 들은 얘기한다 그러지만, 신학교 다니지 않던 양반들은 굉장히 힘들어하더라고. 무슨 소린지, 떠도는 얘기. 철학에다가 신학에다가 이러쿵저러쿵 하니까. 그래서 나는 굉장히 열강을 했다고 생각하지만, 반응은 어려워했던 것 같애요. 그렇지만 열심히는 들었어요, 그런 일이 있었고. 그래도 초청을 받아서 와서 운동권 위험인물들하고 교류를 했다는 게 자랑스럽고 그렇습니다. 이상입니다.

## 민중신학연구소를 꿈꾸다

　권진관: 감사합니다. 김용복 박사님도 강의를 하셨는데, 오늘 서광선 교수님 말씀에는 민중신학으로 파고 들어가기보다는 본회퍼, 여성, 그 당시의 정치신학, 이렇게 쭉 하다가 민중신학까지 연결해서 강의를 하셨다고 했는데. 김용복 박사님도 그 당시에 민중신학을 강의를 하신 건지, 그렇지 않으면 다른 걸 강의하셨는지? … 그때 강의 내용이 어떤 거였나요?

　김용복: 기억이 안 나는데요. 나는 서남동 목사님 영어로 나온 논문 —그 논문을 79년에 서 목사님이 크리스천아카데미에서 한글로 발표를 하셨어요. 실을 때 영문으로 번역이 됐는데— 그것을 프레만 나일스와 나하고 연구실에서 편집을 한 겁니다.

　권진관: 〈두 이야기의 합류〉?

　김용복: 네. 그게 클래식한 텍스트였어요. 그리고 그것하고 비슷한 차원의 논문이, 안 박사님의 오클로스에 관한 논문이고. 그다음에 중요한 논문이 마스크 댄스의 신학으로서의 현영학 선생님의 논문. 이 논문들이 다 연대해서 같이 연구된 거였거든요. 그때는 사실 민중신학회 비슷한 것이 조직이 됐었는데, 거기에는 민중신학자만 들어온 게 아니고 가톨릭 쪽에서 들어온 분이 서인석 신부. 서인석 신부가 『성서의 가난한 사람들』이라는 책을 냈잖아요? 그리고 고은 선생이 표일표라는 익명으로 「문학과 지성」에 "민중불교론"이라는 글을 내셨어요. 거기에 미륵도 나오고 다 나와요. 그리고 거기에 박현채 선생이, 박현채 선생은

나중에 책으로 냈어요. 이게 서남동 목사님이 초청을 해서 강의를 한 거예요. 박헌채 선생이 늘 불평을 했어요. 경제학이면 경제학이지 왜 민중경제학이냐. 그런데 책을 낸 걸 보니까 『민중경제론』이라고 책을 내셨어요. 그러니까 그것이 이 그룹에 의해서 지적 진화가 생긴 거예요. 그리고 불교에서는 민중이라고 하는 단어가 아니고 중생이잖아요. 근데 민중불교론 이렇게 나온 거거든요. 그리고 고려대학교 옆에 불교신학대 비슷한 게 있었어요. 동국대학교 아니고, 고려대학교 옆에 절이 있어요. 거기가 민중불교 아성. 서 목사님하고 한 번 방문한 일 있죠, 거기. 그리고 서 목사님이 좌장을 사실 하신 거거든요.

민중신학, 민중불교. 민중이라는 단어가, 단어의 시작은 제가 생각하기에는, 이 시작에 대해서 논문을 누가 썼냐면 이종원이 썼어요. 선교교육원에서. 논문 쓴 게 있을 겁니다. 그리고 제가 보니까 잘 쓴 논문이야. 내 강의 안에서 썼는지 모르겠어요.

그리고 민중이라는 단어를 제일 먼저 쓰신 분이 문동환 박사입니다. 민중교육론으로. 그리고 그것이 CCA에서 출판이 됐어요. 그리고 민중선교라는 단어를 박근원 박사가 썼어요. 박근원 박사는 다른 사람들이 한 걸 인용해서 썼어요. 그래서 민중신학이라는 단어가 어떻게 나왔는가 하는 것을 이종원, 그때는 학생인데, 내가 잘 썼다고 생각을 했어요. 서 목사님이 선교교육원을 하시면서 교수단(faculty)을 중심으로 해서 일종의 신학 학술모임을 일 년 동안 지속한 거예요. 서 목사님이 이런 뜻을 가지고 계셨어요. '민중신학연구소를 했으면 좋겠다!' 그때 장소는 기사연에서도 모이고 선교교육원에서도 모이고 이대에서도 모이고, 서강대에서도 모이고. 그리고 정윤형 교수가 경제학자잖아요. 홍대 경제학자. 그 양반도 참여하고. 간헐적으로는 염무웅 선생도 참여를 했어요.

사실은 백낙청 선생이 서남동 목사님의 민중신학에 굉장히 중요한 공헌을 했는데, 그게 한이라는 테마입니다. 한이라는 신학. 이게 김지하에게서 처음으로 나왔는데, 서 목사님이 공부를 열심히 하는 분이시잖아요. 소설책을 다 뒤졌어요. 근데 그 추천을 백낙청 교수님이 한 것으로 제가 알고 있어요. 이런저런 테마를. 그리고 조직을 하시면서, 민중신학연구소를 —신학연구소는 이미 있으니까— 폭넓게 이 민중신학연구소를 집중적으로 하고 싶다는 말씀도 하시고, 그 안도 만드신 것으로 알고 있습니다. 근데 그게 시행이 안 된 것은, 재정적인 뒷받침을 받아야 하는데 독일 쪽에서 한국신학연구소가 있으니까 또 하나 연구소를 지원하는 것은 어렵겠다고 한 거예요. 그게 EMS입니다. 한국에 와서 직접 대화하는 것을 옆에서 들었어요.

**권진관**: 질문이 생기는데요. 안병무 선생님하고 서남동 선생님하고, 처음에는 민중신학을 안병무 선생님이 리드하셨잖아요. 신학연구소를 중심으로. 용두동에 있었던. 그러다가 지금 말씀 들어보면 서남동 선생님이 다시 이걸 끌고 가시는 느낌이 있는데, 그렇게 봐도 되겠습니까?

**김용복**: 그렇게 보면 달라요. 왜냐면 신학연구소의 역할도 굉장히 중요한 역할들이에요. 제가 가장 중요하게 생각한 것 중 하나가 정창열 선생님, 정창열 교수를 안 박사님이 신학연구소에서 집요하게 후원하셨는데, 정창열 교수의 사관이 안 박사님 사관에 제일 잘 맞는 거예요. 그러니까 이만열 선생님은 조금 보수적이고 리버럴하고 그랬어요. 근데 정창열 선생님은 아주 확고하게 민중사관을 갖고 계셨어요. 신학연구소와 선교교육원은 두 바퀴라고 생각하면 돼요, 제가 보기에는. 민중신학의 두 바퀴. 그리고 사실은 「신학사상」의 역할이라는 게 아주 중요합니다. 제가 "민중신학의 사회전기"라고 하는 것을 썼을 때, 신학연구

소에서 발제를 하고 「신학사상」에서 출판됐거든요. 민중의 사회전기라고 하는 단어가 거기서 출발을 한 겁니다.

그래서 이게 두 바퀴인데. 서 목사님은 학문적인 자질이 있었는데, 민중신학에 집중해서 해보고 싶은 의향이 있었어요. 그런데 그게 불발이 된 거죠. 그래서 이것은 앞으로, 아까 미래를 생각할 때 제가 보기에 민중신학의 미래가 다시 열린다고 봅니다. 지금. 그 첫 번째 장르는 앞으로 오는 4차 산업에서 민중이 어떻게 되느냐 하는 문제도 있고, 전통사회에서의 민중, 식민지 시대의 민중, 그다음에 한국전쟁과 냉전체제의 민중, 앞으로 오는 세계화. 이렇게 진행이 되는데, 그중 가장 중요한 논쟁, 민중신학의 단서가 뭐냐면 남북한 통일 과정에서의 민중신학의 위치와 역할이 새로운 지평이에요.

이렇게 되면 민중신학이 그동안 공개적으로 관계를 보류해 왔던, 사실적으로 조심해 왔던 맑스주의와의 관계, 사회주의와의 관계를 확 털어놓고 논의할 수 있는 장이 생긴다고 보고, 이걸 해야 합니다. 그러려면 한국 교회사를, 이만열 선생님이나 한국에 있는 교회사가들이 쓴 걸보면 북쪽이 없는 교회사에요. 분단 교회사. 그래서 통일된 한국 역사. 그러니까 처음에는 선교의 역사였습니다. 외국에서. 그리고 민족 운동에서의 교회사. 지금 이만열 선생님이 하시는. 그런데 분단 시대에 있어서의 교회사는 어떤 거냐. 그런 의미에서 저는 서 목사님의 텍스트가 북쪽에서 읽혔다고 하는데, 그 책을 읽고 북쪽에 있는 선생님들이나 학생들이 어떻게 느꼈는지, 어떻게 생각했는지, 쓴 논문은 뭐가 있는지 알고 싶습니다. 단순히 주체사상과의 대화라는 추상적인 것이 아니고 실질적인.

최근에 팅 주교가 돌아가신 다음에, 중국은 중국 교회사를 다시 쓰는 작업을 했어요. 그리고 중국에서는 1999년에 희년이 되어서 중국신학사상 건설이라는 프로젝트를 했어요. 그래서 나는 동양에서 기독교사를 쓰려면 중국교회사적 해석학, 북쪽의 해석학, 남쪽의 해석학, 독립운동과 민주화운동의 해석학을 보아야 한다고 생각해요. 이런 새로 쓰는 틀을 구성하려면 민중신학을 정리해야 해요. 이걸 사실 제일 먼저 시작한 것이 서광선 박사님의 CCA 출판물입니다. 상당히 요약을 잘하시고. 그 연장선에서 이제는 분단을 해체하고 냉전을 넘어서는 차원에서 민중신학의 장르가 무엇이냐 하는 것을 서남동 목사님의 문제제기도 있고 경험도 있고 하니까, 연결해 가면 어떨까 합니다.

그러면 최근에 우리가 주체사상과의 대화를 연구하고, 실질적으로 문제를 삼는 것 중 하나가 반공법, 보안법에 걸린 동지들 있잖아요. 이데올로기 때문에 희생당한 사람들인데 이들의 구출을 어떻게 하느냐는 것은 민중신학적 접근밖에 없다고 보거든요. 그것이 치유가 되지 않으면, 아주 깊은 상처잖아요. 약간 시기상조인 감은 있지만 지금부터 준비를 해서. 그 차원에서의 역할을 제일 먼저 (한 분이) 일제 시대 이대위 목사예요. 이대위 목사가 나중에 친일로 비판도 받았지만, 본래는 「YMCA 청년」라는 잡지에 예수는 사회주의자라고 하는 논문을 썼어요. 그것이 청년에 실리지 않고, 검열에서 삭제됐습니다. 거기까지만 제가 지금 알고 있어요. 우리가 과거에 민중, 민족이라는 말을 사용할 때에 우리가 반공체제 하에서였기 때문에 조심하는 분위기가 사실은 민중신학에 있었거든요. 그것을 넘어서는, 그러나 이데올로기적인 논쟁에 그치면 안 되니까 그것을 뛰어넘은 새로운 지평. 그걸 여는 데 저는 서 목사님의 역할이 아주 중요하다고 생각을 하고.

또 하나는 서 목사님의 신학 방법론을 우리가 여러 가지 이야기하지만, 이 양반은 선교교육원에서 학생들의 이니셔티브(주도적 학습)라고 하니까 더 재미있는데, 융합적 방법론이었어요. 문학, 사회경제학, 심지어는 생태학, 역사학 다 하셨거든요. 이 융합적 방법론이 서남동 목사님에게 있었기 때문에, 이 양반의 신학적 방법론이 굉장히 유연성도 있고 상상력도 생기고. 그래서 이 장르를 살릴 수 있는 것이 서 목사님이라고 생각을 하는 거예요. 서 목사님은 인격적으로 보면, 은근히 감성이 굉장히 풍부하신 분이에요. 인격적으로 만나도 부드럽고 풍부하고. 근데 한 번은 서 목사님이 CCA 컨퍼런스를 마치고, 제가 서기를 했으니까, 수고했다고 한턱내시겠다고 집에 갔어요. 근데 서 목사님은 술을 별로 좋아하시지 않거든요? 근데 저는 술을 잔뜩 마시고. (웃음) 그런 퍼스널 케어, 대단히… 현영학 선생님도 마찬가지입니다만, 퍼스널 케어를 잘하시잖아요.

**권진관**: CCA 컨퍼런스 때 현영학 선생님도 계셨나요?

**김용복**: 물론이죠. 그때 탈춤에 대한 발표를 하신 거예요. 그래서 사실 제가 보기에는 민중신학을 전부 섭렵을 해서 이번에 결과물 중의 하나로, 교과서 비슷한 책을 하나 냈으면 좋겠습니다.

그래서 모든 신학생들이 읽을 수 있도록. 이것은 이 자체 프로젝트가 끝나고, 그다음에 민중신학 교본 비슷한 책을 너무 크게 내지 말고, 신학생들이 신학교 가면 민중신학이라는 게 있다던데 뭔가 하고 읽어볼 수 있는. 그래서 미래 세대를 위한 걸 했으면 좋겠다 싶고.

서 목사님에 대한 이야기는 여러 가지가 많이 있습니다, 사실은 제가 이걸 언제 한 번 따로 논의를 해야 되는데, 한동안 서 목사님이 통일교 쪽하고 가깝다고 비판을 많이 받으셨습니다. 그런데 그게 정당한 이유가 있습니다. 서 목사님이 영성에 대한 관심이 생긴 거예요. 영적 차원에 대해. 그런데 서 목사님이 나중에 이 장르를 메꾼 것이 김지하 때문입니다. 김지하는 상당히 시적이기 때문에, 영성에 가까워. 김지하 성격 자체도 그런 면이 있습니다. 서남동 목사님의 어렸을 때 경험하고 관련이 되지 않나 하는 생각이 듭니다. 그 양반이 종교적 영성에 대한 실존적 경험이 있지 않겠나, 그렇지 않고는 그게 가능할까 하는 생각이 들었는데. 지평이 열려 있으니까요.

그런데 제가 3·1 운동을 연구하다 보니까, 한국의 샤머니즘이라든지 단군교라든지 전통 종교가 아주 굉장한 역할을 했어요. 근대적인 훈련을 받은, 서양에서 훈련받은 사람들은 그걸 싹 다 환원해버리고 사용하지 않는데, 민중의 영성이라고 하는 게 대단한 역할을 했죠. 서 목사님이 샤머니즘적인, 순복음교회 연구하시면서 그걸 돋보이게 하셨지만, 이 부분이 민중신학이 품는 부분인데, 여기에 대해서도 서 목사님은 지평을 가지고 계셨다고 생각합니다.

마지막으로 하나 더 말씀드리고 싶은 것은, 사실 상당히 오래 전에 우리가 얘기했지만, 서 목사님과 생태신학의 관계예요. 서 목사님이 굉장히 거기 심취해 계셨어요. 그때 미국에 오셨을 때 유니버시티 오브 시카고 라이브러리에서 공부를 하고 계신다고 해서 제가 뉴욕의 기독교연합회관에서 컨설턴트로 일을 하고 있었기 때문에 뉴욕으로 오시라고 했어요.

**권진관**: 그때가 몇 년도인 거예요? 서남동 선생님이 아직 젊으실 때죠?

**김용복**: 70년대입니다. 오시라고 해서 저희 집에서 유하시면서, 제가 그랬죠. 책은 그냥 있는 거니까 가서 보시고, 학자들을 좀 만나십시오. 서 목사님을 제 자동차에 모시고 보스턴으로 갔죠. MIT에 세계종교 연구가 ―기억이 안 나는데, 유명한 MIT에 있는 연구가인데― 그분하고 만나서 대화를 하는데, 제가 느낀 건 이런 겁니다. 종교에 대해서, 아시아

종교나 신학이나 이런 것에 대해서, 서 목사님이 책을 훨씬 많이 보셨더라고요, MIT 교수보다. 그래서 서 목사님이 나중에 대화가 끝난 다음에 일종의 서구지향적인 오리엔테이션에 대해서 자기 나름대로의 자신감 같은 것을 느끼는 것을 제가 경험했습니다. 제 식으로 이야기하면 '내가 아는 것이 보통이 아니구나' (웃음) 이런 거. 그리고 여기서 빼면 안 되는 것 중 하나가 ─서 목사님이 어떤 의도를 갖고 계셨는지는 잘 모릅니다─ 박현채 선생님이 선교교육원에서 연속 세미나를 몇 번 하셨습니다. 서남동 목사님이 주최를 하신 거죠. 그때 사회경제에 대한 공부를 하셨는데, YWCA 이종경 선생 아시죠? 나중에 Y 총무 했어요. YWCA가 선교교육원에 와서 훈련을 받았어요, 그 세미나를 들으면서. 한 번이 아니고 여러 번. 그것이 기억이 나는 부분인데. 기억하자면 많이 있는데.

제가 최근에 우리나라 정세 보면서 느끼는 게, 한국 기독교가 이제는 동양기독교, 동아시아 기독교다. 이것은 서구 기독교의 연장선상에서 보면 안 되겠다. 남북한, 중국을 통합해서 새로운 프레임으로 보는데, 그 시대에 인큐베이션된 신학적 장르도 새로운 지평으로 존재해야 되겠다는 생각을 합니다. 구체적으로 이 프로젝트가 나오면 몇 가지 출판물이 나오겠죠. 그럼 거기에 대한 리플렉션이 나오고. 저는 욕심인지 모르겠지만, 아 이것은 한신대하고 조율을 좀 해야겠지만, 전통적인 신학교육 체제를 떠난, 기독교 성직자뿐만 아니라 평신도, 평신도뿐만 아니라 기독교를 넘어서서 초종교적이고 초학문적인 융합적 차원에서 신앙을 베이스로 한 본회퍼 양산. 새로운 공동체 양산의 지평을 열어야 하는데, 이건 김성재 교수님이 교육학을 하시기 때문에 지평을 확 넓혀서 문을 열어보는 것도 어떨까. 처음에는 공식화하지 말고, 공부하고 싶은 현장에 있는 사람들이 모이는 새로운 선교교육원이라고 할까?

권진관: 좋습니다. 김용복 박사님 좋은 아이디어 많이 나오셨는데, 아까 얘기로 돌아가서, 그럼 교육원의 위치가? 교육원이 민중신학의 산실이었는가, 그런 질문에 답해 주세요.

김성재: 지금 신학적으로 접근을 하는 게 아니고, 선교교육원이 왜 탄생되었는가에 대해서 얘기할게요. 76년부터 80년까지의 선교교육원의 상황하고, 81년 이후에 서남동 목사님이 원장직을 계속 하시면서의 상황은 좀 달라요. 학생들의 성격도 달라지고. 아까 이야기했지만, 선교교육원이 만들어지게 된 계기는 한신대 문동환, 안병무 선생님 해직되고 학생들이 제적되고. 선교신학대학원은 문동환 박사님이 WCC에 프로젝트를 내서 새로운 신학교육방법론으로 해서 한신대학이 그걸 받았고, 그 프로젝트 책임자가 나였어요. 그래서 74년, 75년 해서 2년 단위로 그걸 했고. 그때 선교신학대학원은 현장 중심이었기 때문에 학생이 전부 교회 목사거나 직업을 가진 평신도들이 들어와야 해요. 그냥 일반 학생이 아니에요. 그래서 자기의 직업, 현장 얘기를 늘어놓으면 신학자들과 일반 학자들이 거기에 대해서 함께 대화를 하는 것이 과정이었어. 그리고 학생들이 자기들이 듣고 싶어 하는 교수도 초청하고, 커리큘럼도 자기들이 짜고. 거기 학생 중에는 지금 활동하고 있는 이창복 선생, 한명숙 전 총리, 박화목 시인, 서경원 전의원, 이런 사람들도 많이 들어오고. 교장 선생님도 있었고. 교회 목사님들도 많이 왔지.

권진관: 선교교육원은요?

김성재: 그러다가 이게 문을 닫게 되니까, 교육을 선교교육원에 와서 계속한 거예요. 교육이 이어진 거지. 선교교육원에는 두 과정이 같이

들어간 거예요. 하나는 제적 학생들 교육, 또 하나는 선교신학대학원 교육. 같이 들어갔어요. 그래서 어떤 교육은 통합했고, 어떤 교육은 따로 했고. 그러다 선교신학대학원은 뭘로 바뀌었냐면 목회자 재교육과정으로 바뀌었어요.

**김용복:** 평신도들이 안 들어오기 때문에.

## 해직, 제적, 구속 사이에서의 하나님의 선교

**김성재:** 그렇지요. 80년대 서남동 목사님 대에 바뀌었어요. 70년대까지는 이 두 과정이 있었어요. 이 두 과정의 교수들이 양쪽에서 다 강의를 하고 특강도 하고 한 거야. 내가 선교신학대학원 책임연구원이었는데, 이거 갈 때 내가 한신 전임강사 내정을 받았는데 이거 하면 좋겠다 싶어서 포기하고 가서, 어원 선교사 집을 12월에 인수해서 3월에 개원할 때까지 내가 목수 데리고 와서 교육시설로 새로 다 만든 거야. 겨울 동안에 서대문 선교교육원으로 리모델링한 거야. 창고든지 차고든지 다 좋은 시설로 바꿔 놓고.

그리고 3월 2일에 오픈하기로 했는데 3·1 민주구국선언으로 이분들이 다 잡혀 들어가 버린 거지. 그건 긴 얘기니까 나중에. 원래는 3·1 민주구국선언 끝내고 나서 3월 1일날 오후에 와서 3월 2일날 오픈하는 준비를 하는 회의를 하기로 했는데, 와 보니까 안병무 이문영 서남동 선생님은 왔는데, 나머지 문동환 이우정 문익환 목사님이 없어. 어떻게 됐냐니까, 잡혀갔어. 명동 중부서에. 그러니까 안병무 선생님이 "우리도 가자! 서대문서로." 그리고 나보고는 '집에 가서 다 알려달라. 우리 감옥갈 각오하고 간다.' 그리고 뒷바라지하느라고 이분들 집 다니면서 책 정리하고, 이분들이 경찰서에 갔다는 소식을 전해주러 돌아다녔죠.

문익환 목사님 집이 수유리, 3·1 민주구국선언 주도했던 문익환 목사님 집 바로 앞에 안병무 선생님 집이 있고. 조금 올라가면 창동에 이문영 박사님 집이 있고. 그 가운데에 함석헌 선생님 집이 있고. 그다음에 조금 더 들어가면 방학동에 문동환 박사님 '새벽의 집' 생활하고 있고. 그 옆에 이우정 선생님 집 있고. 이렇게 다 모여서 같이 의논들 하고, 안국동에 윤보선 대통령 집에도 가고, 그런 과정에서 선교교육원 준비도 하면서 다닌 거예요. 봉원동에 이태영 박사님 집도 왔다 갔다 하고. 내가 다니면서 쭉 연락하고 택시 대절해서 왔다 갔다 하는데, 오다 보니까 서남동 목사님 집을 가는데, 집이 연대 안에 사택에 계셨어. 그런데 거기에 전부 경찰이 둘러싸고 있어서 못 들어가. 그래서 다시 나와서 어떻게 할까? 하다가 박대인 선교사한테 연락을 했어요. 박대인 선교사한테 '이런 일이 있는데 같이 들어갑시다' 하니까 좋다고 같이 거기 갔어요. 들어가니까 서남동 목사님이 집에 앉아계셔. 그래서 어떻게 된 일이냐고 했더니 우리가 서대문서 갔더니 '아직 위에서 지시 온 게 없으니까 집에 계시라'고, '부르면 다시 오시라'고 그랬다는 거예요. 그래서 나왔어. 나와서 쭉 같이 가고 나는 버스 타러 나가니까 경찰이 나를 쫓아와서 잡은 거야. 서대문서에서 와서 서남동 어디 갔냐는 거야. 근데 집에 있다고 할 수는 없잖아.

그 다음 날 다 잡혀간 이유는, 처음에는 이 사건이 그렇게 크지 않았는데 김대중 얘기가 들어가니까 큰 도표가 만들어지더라고. 서대문서에 딱 보니까 김대중과 함께 내란음모를 씌워 버려. 그래서 쫙 18명이 만들어져. 그래서 내가 거기 이틀을 붙잡혀 있었는데, 보니까 나는 뭐째깐한 학생이 별 게 안 되잖아. 사건이 안 되는거야. 그래서 이틀 만에 나는 나가라고 해서 나왔어. 얻어터지고. 근데 나중에 보니까 이해동 목사님이 잡혀들어갔어. 나 나온 다음에. 이해동 목사님 잡혀간 이유는 교회에서 등사를 했어. 3·1 민주구국선언 그거를. 그래서 18명이었는데, 가톨릭 신부들은 다 서명 안 하고 빠지고, 문익환 목사님은 신구약 공동번역을 가톨릭이랑 처음으로 한다고 해서 본인이 주동을 했으면서도 서명을 안 한거야. 그리고 문동환보고 '동환아, 니가 했다 그래라. 난 이거 마지막까지 완성을 해야 하니까.' (웃음) 근데 소용이 없어. 들어가서 금방 다 뽀록이 나 가지고. 금방 들통이 나서 잡혀들어간 거야. 서명자 10명 중에 문익환 목사님은 없어. 이해동 목사님도 서명하신 분이 아냐. 서명은 내가 받고 다녔으니까. 그러니까 3월 2일날 오픈을 못한 거예요. 내가 나와서 준비를 한 거죠. 그러니까 이거 어떡하냐 다 잡혀들어갔는데, 그래서 부원장이 김성환 목사님이셨어. 그러니까 교단에서 대리를 세웠지. 그게 박근원 박사님이야. 박근원 박사님이 선교교육원의 원장 대리를 하셨어.

**권진관**: 그게 76년? 75년?

**김성재**: 76년부터. 안 박사님 나올 때까지. 그리고 나는 79년 8월에 한신으로 갔기 때문에 그때까지 선교교육원 실무를 전부 내가 봤지. 그 전부터 선교신학대학원의 교수들과 모든 걸 연락해서 기독자교수협의회하고 해직 교수협의회의 뒷바라지를 내가 다 했지. 역사적 자료라니까 내가 이야기를 하는 게, 그래서 연세대학에서는 김찬국 교수님하고 성래운 교수님이 해직당하셨고. 이화여대는 서광선 교수님, 현영학 교수님, 이효재 교수님이 해직되셨고. 그리고 서울대에서는 한완상, 안병직, 백낙청. 고려대에서는 이문영, 김윤환, 김영준. 한양대는 정창열. 숙대는 이만열. 중앙대의 유인호, 농업경제학 하신. 그다음에 여기 온 사

람이 해직 교수는 아니지만 와서 처음부터 강의를 한 게 박현채, 백기완, 송건호. 그리고 거기서 같이 다 살았어. 와서 강의뿐 아니라 대화도 하고. 그러니까 그게 선교교육원 마당이 완전 그 마당이었어. 석방되면 여기 오고, 언론인들이 여기 몰려오고.

## 한신대 재직 교수들도 강의 참여

변론했던 변호사들 모임에서 여기 와서 성서공부 같이 했어, 그때. 한신에서는 여기 와서 강의를 하니까. 그러니까 구약에 김정준 박사도 오고, 교회사는 주재용 박사 모시고, 신약은 황성규. 조직신학은 김경재.

**권진관**: 김경재 교수도 왔어요? 그 전에 누구더라. 박봉랑 선생님.

**김성재**: 박봉랑 선생님도 오셨지.

**권진관**: 저희는 박봉랑 선생님한테 배웠어요.

**김성재**: 그러니까 한신의 신학과 교수님들은 다 오셨지. 박봉랑 교수 오시고, 김경재 선생님도 오시고. 이분들이 선교교육원에 다 오셨어. 한 학기 강의하신 분도 있고, 특강하신 분도 있고, 이슈에 따라서 얘기 하신 분도 다 있었던 거죠. 그리고 서인석 신부님도 『성서의 가난한 사람들』이라고. 서인석 신부님도 나중에 서강대에서 쫓겨났지. 그분도 나중에 해직 교수가 된 거야. 그건 정부에 의해 된 게 아니고, 가톨릭 안에서, 총장 한 후에. 아 한양대 리영희 선생도 있었어. 그리고 또 누가 있나? 구약에는 장신대 문희석 교수가 민중 이야기를 했고.

**권진관**: 임태수도 강의를….

**김성재**: 임태수는 그 후에. 안 박사님 제자니까. 그다음에는… 이름 거의 다 댄 것 같애. 그다음에 내가 민중교육론을 했어. 파울로 프레이리의 의식화로 논문을 쓰고, 민중교육을 해서, 『민중과 한국신학』 보면 내 논문이 들어가 있어, 민중교육론. 아까 얘기한 CCA 모임에 나도 참여를 했는데, 내가 발제는 안 하고 나중에 논문 내놓으라고 해서 책에다가 논문을 집어넣은 거지.

그러니까 민중신학이 태동된 거는, 원래 계기를 만들어 준 것은 수도권 빈민선교회야. 이분들이 민중의 현장에 들어가 보고 거기서 민중 속에서 예수를 말하는 사람들이지. 여기서 구원이 뭐냐, 여기서 예수가 누구냐? 그러다가 논의의 계기된 것은 아까 기독자교수협의회에서 75년 3·1절에 김찬국, 김동길 교수 석방됐을 때 강연회에서 언어로 정리된 거야. 그때 「기독교사상」을 보면 "예수·민족·교회"가 안병무 선생이고, 그다음 호가 서남동 교수님의 "민중신학에 대해서"야. 김형효에 대해서 반론을 제기하면서 한 게 75년이야. 그리고 76년에 선교교육원에서 민중신학의 범위를 넘어서서 각 학문 영역으로 민중론이라는 게 확대되기 시작한 거야. 경제학, 역사학, 대표적으로 민중사학이 정창열이지. 그다음에 경제는 박현채, 안병직. 민중사회학은 한완상. 그다음 민중문학이 백낙청. 고은 선생은 나중에 여기 오게 되고. 그러니까 80년대 넘어오면서부터는 상황이 이미 달라졌으니까, 그때는 제적 학생들이 70년대 왔던 학생들하고는 다르니까. 그리고 서남동 목사님이 아까 얘기한 대로 민중을 주제로 해서 민중신학연구소에서 이들하고 공부를 같이 하면 좋겠다는 생각을 하고 있었어. 그런데 안 박사님은 이미 교수로 한신으로 갔고, 원장을 넘겨주고 미국 갔다가 오셔서는 다시 한신으로 복직을 했죠. 서남동 교수님은 이어서 선교교육원에 계셨고.

**권진관**: 안병무 선생님 건강이 언제부터 안 좋아지셨죠?

**김성재**: 감옥에서 나오면서부터. 감옥에서 심장병이 발병한 거야. 그때 감옥에서 마가린하고 기름 해가지고 밥 비벼 먹는 걸 너무 좋아해서 심장병이 생긴 거야.

**권진관**: 아, 그 마가린. 그거 되게 맛있잖아요. (웃음)

**김성재**: 어, 되게 맛있는데 마가린하고 계란 노른자하고 비벼서. 그게 딱 막힌 거야. 그래서 그것 때문에 수술받으러 미국에 버클리로 가신 거야. 버클리에서 강연하시다가 수술을 거기서 받으신 거지.

**김용복**: 76년에, 민중신학에 대한 글을 CCA에 '젊은 신학자 대회'가 있었습니다. 홍콩에서. 그게 CCA 저널에 출판이 됐는데, 제가 거기 참여하고 투고를 했어요. 제 이름을 Y Kim이라고 써서 붙인 게 있습니다. 제가 새문안에서 논의되었던 내용을 가지고 쓴 거예요.

**권진관**: 주격! 역사의 주격! (웃음)

**김용복**: 그래서 민중이라는 단어를 영어로 표기하기 시작합니다. 그때 처음으로.

**김성재**: 그때 논쟁도 있었어. '민중을 people이라고 하냐', '뭐 아니

다, 이건 고유언어다' 해서 'minjung 그대로 표기하자' 그래서 minjung 으로 그대로 표기하기 시작한 거야.

**김용복:** 그것을 누가 스폰서했냐면, 프레만 나일스가 한 거야. (웃음)

## 학제를 넘은 통합적 지성을 지향

**서광선:** 선교교육원이 가능했던 배경, 신학적인, 역사적인 배경이 뭐냐? 선교교육원이 이렇게 아무것도 없는 황무지에서 솟아나온 것이 절대 아니다. 그 시대정신 그리고 그 시대의 정신을 만들어낸 집단지성이 있었다. 난 이걸 잊어버리면 안 된다고 생각해. 선교교육원이 가능했던 건, 1960년대 4·19 이후, 한국 지성계, 한국의 집단지성이 어떤 고민을 하고 어떤 생각을 하고 무엇을 해 왔기 때문에 선교교육원이 가능했다. 그 선교교육원의 그 많은 지성들이 신학계와 언론계, 법조계, 일반 인문과학, 경제학, 정치학 이런 분들이 모여서 가르칠 수가 있었냐? 한마음 한뜻으로 하나의 공동체를 만들 수 있었던 건, 한신 공동체가 절대 아니고, 한신 공동체를 중심으로 한 그 당시의 한국의 집단지성이 모인 곳이, 젊은 집단지성들하고 만났기 때문에 가능했다. 이걸 강조를 했으면 좋겠어. 개인 한 사람 한 사람, 어느 학교, 한신, 장신, 이대, 연대 할 것 없이, 한국의 집단지성, 그 출발점이 4·19였다. 그래서 신학회에 있어서는 그러한 집단지성 가운데 중요했던 건 기독자교수협의회가 65년에 구성이 된 것. 기독자교수협의회가 인터디스플리너리(Interdisciplinary: 이전문간 협업)한, 그야말로 여러 학문 분야에 있는 사람들이 모여서 이시대의 우리 지성인의 삶이 뭐냐 고민한 그게 있었다. 난 그 시작이 중요하다고 생각해.

그다음에 70년대 들어와서 또 하나의 사건은 김재준 목사님을 중심으로 한 제3일. 제3일이 나오기 전에 기독교방송 CBS. 그 전에 1955년에 시작한 「기독교사상」. 이런 집단지성들이 자기 생각을 가져다가 발표하고 묻고 할 수 있었던 게 있었어요. 근데 그런 교회 집단지성의 생각들이 모아져서 생겨난 것이 기사연이었다. 기사연에 모였던 그 한국의 집단지성이라는 건 기라성 같은, 위험하고 나쁜 지성들이에요. (웃음) 박정희가, 전두환이가 제일 무서워한 게 그런 한국의 기독교 집단지성이었어요. 에큐메니칼 집단지성이라고 나는 말하고 싶은데. 어떤 한 사람 한 사람일 뿐 아니라, 그 집단지성이 없었다면 서남동도 불가능하고, 문익환 목사가 엉터리 같은 평양행을 할 수도 없었을 거고. 우리는 그 집단지성이 함께 모여서, 선교교육원에서 교육받은 젊은 집단지성이 그 집단에 있을 수가 있었다, 난 이거는 꼭 기록이 되어야 한다고 생각해. 그때 기사연에 모였던 사람들이, 그때 감옥에 간 사람이 누구야, 리영희, 강만길 그런 양반들이 감옥에까지 가면서 기사연에서 그런 얘기를 할 수 있었던 건 굉장한 결과가 아니었나. 집단지성이 만들어낸 기관들이 뭐냐. 크리스천아카데미를 내가 빼먹었는데. 그때 크리스천아카데미의 역할도 대단한 것이었지. 60년대 서남동 목사님이 외국 신학을 소개하는, 세속 신학에서부터 시작해서 본회퍼, 생태신학, 그 바탕을 가지고 한국의 에큐메니칼 집단지성의 하나의 교육기관으로서 성장할 수 있었던, 그 집단지성의 영양분을 다 먹은 게 학교 밖의 학교, 선교교육원이었지 않나.

**김성재**: 내가 하나만 보완을 드리면, 배경에 있는 게, 선교교육원에서 이 이름을 갖고 논쟁을 많이 했어요. 왜 그랬냐면, 60년대 중반 이후부터 기장이 "하나님의 선교 신학이 기장의 신학이다" 이렇게 정립을

합니다. 그러니까 WCC가 1950년대 말부터 했던 하나님의 선교, 교회의 선교가 아니고 하나님의 선교. 그래서 전도에서 선교로 패러다임이 바뀌면서, 한국에서 전도가 선교가 되는 거예요. 그래서 60년대부터 산업선교라는 말이 나오기 시작한 거고. 그래서 거기 근거해서 기장이 자기의 교육과 신학을 정립하자, 해서 나온 게 70년에 하나님의 선교 신학에 근거한 교회교육 지침서. 71년에 사회선언지침. 그다음에 선교정책. 신앙고백. 이거 제가 다 참여해서 같이 만들었는데, 여기서부터 하나님의 선교 이런 게 이루어졌고. 그래서 아까 얘기한 대로 신학 안에서뿐만 아니라 일반 평신도들에게도 이런 것을 공유하자. 해서 한신대학이 72년부터 종합대학을 꿈꿨습니다. 신학과 외에 일반 학생들에게도 함께 인터디스플린(interdiscipline)하는, 지성의 새로운 지평을 열자. 선교라는 것이 기독교인이냐 아니냐의 개념을 넘어서서, 그때는 이름 없는 너희가 그리스도다 이런 얘기를 했어요. 그리고 72년에 방콕에서 열렸던 WCC 선교대회가 "salvation today"였잖습니까. 오늘의 구원이 인간화, 인간해방, 셀프 아이덴티티 정립, 이렇게 이어지고. 그 다음에 문동환 박사님이 미국에 갔다 오시면서 71년부터 미국의 흑인신학, 여성신학 그리고 후에 해방신학을 소개하기 시작했어요. 그래서 연재를 쭉 해서 나중에 『인간해방과 기독교교육』이라는 책이 나오는 거거든요. 이런 배경이 있어서 교육기관을 만들 때 뭐라고 얘기했냐, 기장교육원 하자, 아니다 선교교육원이다. 그때 선교라는 말이 그런 거예요. 기독교인 확장을 하자는 게 아니고, 지금 서 박사님 얘기하신 그런 정신으로서의 것이기 때문에 이렇게 만들었다. 그런데 지금 또 선교를 떼 버리고 그냥 교육원이 돼 버렸거든. 정신을 잃어버려서 그런 거지.

**김용복**: 이번에는 좀 같은 주제인데, 유신정권뿐만 아니라 전두환 정

권 하에서 정부가 민중신학에 대한 본격적인 대책을 취합니다. 그 자료가 주로, 대학에서 인문학을 가르치는 과정에 민중신학 비판이 들어가 있습니다. 그 양이 신학보다도 다섯 배가 되나 그래요. 지금 그것이 기독교 안에도 침투해 들어가서, 해방신학과 민중신학을 비판하는 프로젝트가 난무했어요. 그중 하나가, 사실은 크리스천아카데미에서도 그 프로젝트를 했습니다.

김성재: 했죠. 그 서울대학 교수였던 사람 누구지? … 외대에 있다가 그거 비판하면서 서울대로 갔어.

김용복: 맞아. 손봉호.

김성재: 그 양반이 외대에서 이거 비판하고, 빨갱이가 한다고 그러면서 앞장섰어.

김용복: 민영진도 또 비판했잖아.

김성재: 민영진도 그랬지. 나중에는 돌아왔고.

김용복: 그렇지. 그러니까 이게 무슨 의미가 있냐면요. 민중신학이 국가시책에 대한 본격적인 도전을 했기 때문에, 집단지성을 했기 때문에 이것을 관리하기 시작한 거예요. 본격적으로. 그래서 민중신학 비판한 자료 중에서 서 목사님을 특별히 비판한 자료들이 있을 거예요. 이런 부분이 상당히 중요한 부분인데, 현재 흐름의 초점이 어디로 생기냐면, 정부하고 기독교계하고 왕창 부딪칠 때가 70년대 말~80년대 초인데,

중요한 선교협의회가 있었습니다. NCC 선교협의회라고 하는 것이 나다나는데, 기기 전환점이 뭐였냐면 "통일운동 없는 민주화운동은 없다." 그게 굉장한 전환점이었어요. 그 정책에 의해서 기사연이 통일정책연구를 시작한 거예요. 그래서 박살난 거예요, 기사연이. 이것이 민중신학의 과정에서 단순히 우리가 자칫 잘못하면 인권 민주화로 끝날수 있는데, 우리의 저항은 분단체제에 대한 저항이었어요.

권진관: 여기서 마치고… 시간 있으신 분들은 나가서 좋은 차라도 한잔하시죠.

김성재: 오늘은 여기까지 하시죠.

# 쫓겨난 이들을 품은 선교교육원
## — 김성환 부원장의 증언

김성환 부원장

배석자: 김성환 이광일

진  행: 임승철

영상 촬영 및 녹취: 김균열

대담 정리: 송유진

진행자: 76년도에 여기 선교교육원에서 근무하셨잖아요. 그전에는 어디서 뭐 하셨어요?

김성환: 군목하다가 76년도에 제대를 했죠. 그리고 바로 기장 총회 사무실에서 간사로 일했어요. 그다음에 선교교육원에 왔어요. 근데 당시에는 총회 본부도 여기 총회 선교교육원 부근에 있었어요.

진행자: 그럼 목사님이 총회에서 근무하실 때 선교교육원이 생기니까 선교원의 부원장을 맡기신 거네요, 총회에서.

김성환: 바로 간 건 아니고. 원장으로 안병무 박사를 임명했는데 그 보좌를 위해서 김성재와 내가 간사로 임명이 된거죠. 김성재 목사는 청년부 관련 사업, 난 교역자 계속교육과 학생 관련 업무를 했어요. 학교에서 쫓겨난 사람들을 모아서 위탁교육을 했는데 그 그룹 중에 이 목사님도 있고. 위촉생 교육과정을 관리한 거죠.

진행자: 그러면, 선교교육원의 예산과 총회 예산은 다른가요?

김성환: 다르죠. 선교교육원은 독일교회에서 특별히 후원을 해준 거

예요. 왜냐면 교역자 계속교육이라고 하는 특별한 프로그램 때문에 거기에서 왔어요. 그리고 총회는 총회대로 따로.

**진행자**: 그러면 목사님하고 김성재 박사님 간사 월급은 선교교육원 예산에서 받은 거예요?

**김성환**: 그렇지.

**진행자**: 그 당시 얼마나 받으셨어요?

**김성환**: 기억 안나지. 하하 뭐…. 3만 원인가, 만 삼천원인가…. 뭐 기억도 안 나. 나는 위촉교육생들 졸업시키고. 김성재 목사는 청년사업을 했는데. 당시 데모를 청년들이 주로 했잖아요. 그때 김성재 목사가 직접 지도도 하고 관여를 했지. 당시 한창 데모가도 만들고 했잖아요? 그걸 김성재가 주도했거든. 난 전혀 모르지. 그런데 남산에서 나를 불러 가지고. 불려가서 내가 지도한 것처럼 그렇게 거기서 혼이 났지.

그리고 전주랑 목포에서 청년대회를 했는데 그것도 김성재 목사가 주도했지. 그때 목포에서 애찬식 하면서 막걸리로 했는데 그게 몇 년도인가 모르겠네.

**진행자**: 그게 76년, 77년.

**김성환**: 응. 그 일로 정말 큰 반응을 일으켰지. 총회적으로도 문제가 생기고. 그 사건을 김성재가 주도했는데 결국엔 부원장, 내 책임인 걸로 됐어. 그때는 안 박사가 안 계셔서 내가 부원장이었어, 총회적으로 큰 문제가 생겼는데, 그때….

**진행자**: 제가 자료를 읽어 보니까, 목사님 방금 말씀하셨던 목포 기청

대회에서 막걸리 성찬을 했어요. 그때 당시에 선교원의 원장이었던 안병무 박사님이, 몸이 안 좋으시니까 "학생들의 모든 허물은 스승인 나의 잘못이다"라는 글을 쓰셨는데, 그 글을 총회 가서 말씀하신 것 같아요.

**김성환**: 그걸 원장님이 쓴 게 아니에요. 사건이 일어난 후 총회가 열렸어요. 나도 거기 참석했는데 그때가 안 박사님이 감옥에서 막 풀려났을 때예요. 난 풀려난 줄도 모르고 열심히 혼날 각오하고 앉아 있는데, 안 박사가 뒤늦게 오셔서 내 뒤에 앉았어. 내가 나가서 답변하려고 준비를 하고 막 일어나려고 했더니 앉아 있으라고 하고 안 박사가 자리에 서서 "그 사건, 내가 다 듣고 다 승인해서 한 거다, 나의 승인하에 한 거다" 하고 말했지. 그렇게 되니까 내 허물을 다 덮어쓴 거지. 안 박사가 한마디 하니까 총회가 바로 잠잠해져. (웃음) 참 안 박사 위력이 굉장해.

**진행자**: 그럼 목사님, 간사에 김성재 목사님하고 김성환 목사님 두 분 외에는…?

**김성환**: 없었어요. 그 위로는 박사님 계신 거고요, 안병무 박사님.

**진행자**: 그 다음에 안병무 박사님 원장 끝나고 서남동 목사님 원장할 때 김성환 목사님은 부원장으로 올라가신 거예요?

**김성환**: 아냐 아냐. 그때도 간사지 뭐.

**진행자**: 그러면 그 얘기 좀 해 주세요. 목사님하고 김성재 교수님 두 분이 간사하실 당시에 학생들 막 들어왔다고 했잖아요? 학생들이 여기 선교교육원에 입학을 했잖아요. 교수들은요?

**김성환**: 교수들은 여기서 초청을 했죠. 그때 여러분 초청을 했는데, 초청된 교수도 해직된, 쫓겨난 교수들. 그것이 누구냐면 교무부장인 박

근원 박사를 중심으로 해서 초청했지. 그때 해직당한 사람들 누구더라?

**이광일**: 한신에서는 문동환, 안병무 해직되셨고요, 일반대학에서도 해직되신 분들이 오셨죠.

**진행자**: 서울대에 한완상, 백낙청, 고려대학교 이문영, 연세대학교 김찬국, 서남동. 한양대학교에 정창렬, 이런 분들이 계셨죠. 한승헌 변호사도 계시고. 교수님들을 오시게 하는 섭외나 접촉이나 그런 건 다 교수부장이던 박근원 박사님이 하셨어요?

**김성환**: 아뇨 우리 간사가 했죠.

**진행자**: 그러면 이런 교수님을 모시자, 뭐 이런 건 어떻게? 해직 교수 중에서 여기 안 오신 분들도 있잖아요. 어떻게 접촉해서 오셨죠, 그분들이?

**김성환**: 거의 다 그냥 오셨어요. 해직된 사람들 뭐 할 일이 없으니까. 오시라 하면 대부분 오셨어. 잘 된 거지.

**진행자**: 월급도 드렸고요?

**김성환**: 아마 강사 사례를 줬을 거예요.

**진행자**: 그분들은 일주일에 한 번씩 오셨나요? 가르치려고?

**김성환**: 시간표에 따라서 왔으니까 일주일에 한 번도 오고, 특강으로도 오고.

**진행자**: 사례비 혹시 기억나세요?

**김성환**: 아이고 (웃음) 숫자는 기억 못 하지.

진행자: 그다음에, 학생들은요? 학생들은 어떻게 뽑았어요?

김성환: 세적당하면 그냥 다 자격이 있고, 할 일이 없으니까 오라면 오는 건데. 그런데 예를 들면 신앙을 전혀 몰랐던 사람, 와서 신학 공부를 하던 사람들 기억나요?

이광일: 권오성 같은 경우도 서강대. 여기서 졸업하고 NCC 총무까지 했고. 이원희 목사, 권진관 교수….

진행자: 그런 분들은 그래도 새문안교회나 SCA(대학 단위 기독학생회) 같은 활동을 한 사람들이고. 신학과 교회랑 전혀 인연 없는 사람들도 온 것 같은데요? 신학도 안 했고, 교회 생활도 안 했는데 온 사람들.

김성환: 그런 사람들 있었어요. 누구였더라? 전혀 신앙도 없던 사람이 와서 신학 공부해가지고 목사가 된 사람이 있어요.

이광일: 권오성도 교회가 없었어요, 그때.

진행자: 아, 그 당시에요? 그럼 여기 다니면서 한빛교회를 다니신 거구나?

이광일: 그분이 기독교인을 불한당이라고 보는 입장이어서.

진행자: 목사님, 그 당시에 학교에서 해직당하고 또 데모하다가 학교에서 쫓겨난 학생들이 여기 왔잖아요. 이렇게 수업하고 강의 듣고, 거기에 대한 실무는 김성재 교수님하고 목사님이잖아요.

김성환: 사실상 행정관계만 책임지고, 가르치는 건 교수들이 하는 거지.

진행자: 목사님께서 학생들 지도관리할 때, 어려운 게 뭐였어요?

김성환: 어려운 건 없었어요. 그분들도 할 일 없고 한데 불러주니까

고마웠겠지.

진행자: 그러면 여기 쭉 계시면서 간사로 활동하시면서 재밌었던 일, 즐거웠던 일, 뿌듯한 일 있으세요?

김성환: 뿌듯한 건 모르겠는데, 하여튼 내가 그 일로 인해서 남산에 불려가서 고생 많이 했지요.

진행자: 몇 년도에? 70년대에 남산이면 중앙정보부?

김성환: 그렇죠.

진행자: 중앙정보부에서 그래도 목사님인데, 때려요?

김성환: 때리진 않지. 하여튼 잠 안 재우기 같은 굉장한 고문을 했어.

진행자: 중앙정보부에서 목사님한테 뭘 알아내려고 했어요?

김성환: 청년대회 자료, 누가 어떻게 만들었냐 이런 거지. 청년들도 고문한 것 같아요. 그때 그중에 한 사람이 내가 했다고 말했나 봐. 내가 그때 캐나다에서 막 와서 거기서 사 온 노란 바지를 입고 있었거든. 근데 그 사람이 괜한, 내가 평소에 입던 거 가지고. 하여튼 그렇게….

진행자: 선교교육원에서 교수님들하고 학생들이 같이 소풍도 다니고 하면서 찍은 사진을 봤어요. 거기에 드는 비용도 다 여기서 지원했었나요?

김성환: 기억 안 나요.

진행자: 재정은 어려웠어요?

김성환: 그건 독일에서 특별히 나왔어요. 학생들을 위한 거, 교육자들을 위한 거 이렇게.

진행자: 부족하지는 않았어요?
김성환: 뭐 필요한 만큼 괜찮게 썼어요.

진행자: 목사님 그러면 부원장은 언제 되신 거예요?
김성환: 안 박사가 감옥에 들어간 다음에, 하여튼 누군가는 책임자가 있어야 될 거 아니겠어요. 그래서 내가 했지.

진행자: 안병무 박사님에 대한 기억 좀 말씀해주세요. 어떤 사람이었어요, 목사님 입장에서는?
김성환: 그 양반이 참… 집사람 말에 의하면, 안 박사는 모든 사람에게 다 애인이야. 백이면 백 사람 다 안 박사가 다 자길 좋아한다고 얘길 한다는 거지. 부하직원의 모든 문제를 자기가 다 책임지는. 이게 아까 그 얘기지 뭐.

진행자: 서남동 원장님은요?
김성환: 서남동 원장은 뭐 그렇게 많이 그러진 않았어. 난 서 원장하고는 사무적인 것만 있었지.

진행자: 지금 생각해보면요. 목사님께서 선교교육원이 처음 만들어졌을 때 거기 계셨거든요. 그래서 중앙정보부에 끌려갈 정도의 곤욕을 치르셨는데. 지금 생각하면 그 당시 선교교육원은 어떤 의미가 있는 것 같아요?

**김성환**: 선교교육원은 그 당시에, 그 시대에 꼭 했어야 할 일을 한 거고. 교육을 참 잘한 거고.

**진행자**: 그 "구역예배" 그런 사업했던 것도 좀 말씀해주세요.

**김성환**: 아마 여기 자료실에 있을 거야. 안 박사가 처음 와서, 물론 시작은 교역자 계속교육 때문에 왔지만, 일반 한국교회를 생각할 때 교인들의 기독교에 대한 개념이 잘못된 부분이 많은데, 교육원이 거들어서 그 개념을 구역예배 교본에 써서 일반 교인들에게 교육시켜려고 했어. 그 개념이라는 게, 하나님 나라, 성령, 죄, 등 다섯 가진데. 이런 것들에 대한 개념을 안 박사가 쉽게 가르치려고 했지. 성령 하면 다들 이상한 생각하잖아. 근데 그런 것보다도 성령의 진수, 그런 걸 교육해야겠다 해서 책으로 나온 게 그거예요. 지금도 가만히 읽어 보면 설교자료 중에 좋은 거 많아.

**진행자**: 아까 목사님 말씀하실 때, 대학 다니다가 데모하다가 여기 선교교육원에 와서 공부한 학생들 중에는 신학도 안 했고 교회 다닌 적도 없는 학생들이 있는 것처럼, 교수들 중에서도 비크리스천이 많았잖아요.

**이광일**: 그때 우리 스님하고도 많이 교류하고 그랬잖아요.

**김성환**: 아 맞아. 스님도 와서 특강 했어. 함석헌 선생도 오시고.

# 선교교육원 교수들 이야기

안병무 / 서남동 / 김찬국 / 문익환 / 문동환 교수

# 심원(心園) 안병무 교수 연보

| | |
|---|---|
| 1922. 6. 23. | 평남 안주군 신안주면 운송리에서 아버지 안봉식 어머니 정원숙의 맏아들로 출생 |
| 1940. 12. 15. | (간도 용정) 은진중학교 졸업 |
| 1943. 8. 10. | (일본) 대정대학 문학부 예과 3년 수료 |
| 1950. 5. 5. | 서울대학교 문리과 대학 사회학과 졸업, 문학사 학위 받음 |
| 1965. 7. 5. | 독일 하이델베르그 대학교 신학부 졸업, 신학박사 학위 받음 |
| 1950. 5.-1970. 4. | 중앙신학교(현 강남대학교) 교수 |
| 1951. | 월간지『야성』창간, 발행인 |
| 1953. 5. | 평신도 교회 설립(현 향린교회의 모체) |
| 1965. 9.-1966. 3. | 대전 감리교 신학대학(현 목원대학) 강사 |
| 1965. 9.-1969. 2. | 중앙신학교 교장 |
| 1966. 9.-1969. 9. | 연세대학교 연합신학 대학원 강사 |
| 1968. 9.-1970. 4. | 한국신학대학 및 대학원 강사 |
| 1969. 3.-1971. 3. | 숭실대학교 강사 |
| 1969. 7.-1980. 8. | 월간『현존』창간, 발행인 |
| 1970. 5.-1975. 6. | 한국신학대학 교수 |

1973. 5.-1991. 6. <한국신학연구소> 설립. 소장으로 봉직

1975. 6.        교수직 강제 해직(제1차)

1976. 3.-1977. 2. '3.1민주구국선언' 사건으로 옥고를 치름

1980.          개신교 수녀회인 <한국디아코니아 자매회> 설립

1980. 2.-1980.5.  한국신학대학 교수(제1차 복직)

1980. 8.        교수직 강제 해직(제2차)

1984. 7.-1987. 8. 한신대학교 교수(제2차 복직), 대학원장, 평화연구
             소 소장

1987. 8.        한신대학교 정년 퇴임

1988.-1996. 10. 한신대학교 명예 교수

1990.          한국기독교장로회 통일연구위원회 위원장

1994. 6.-1996. 7. 재단법인 <천원>(현 재단법인 <아우내>) 이사장

1996. 7.-1996. 10. 재단법인 <아우내> 명예 이사장

1996. 10. 9.     오전 1시 서울풍납동 중앙병원에서 심장질환(심근
             경색)으로 별세. 향년 74세.

# 죽재(竹齋) 서남동 목사 연보

| | |
|---|---|
| 1918. 7. 5. | 전남 무안에서 출생함(목포 앞 바다 자은도에서 태어남) 소학교 오학년 때 목포에 있는 교회학교에 진학, 거기에서 처음으로 성경을 배우기 시작함 |
| 1936. 3. | 전주 신흥고등학교 졸업 |
| 1938. | 일본 동지사대학 예과 수료 |
| 1941. 3. | 일본 동지사대학 문학부 신학과 졸업(문학사) |
| 1941. 9.-1942. 12. | 평양 요한 성경학교 교사 재직 |
| 1943. 1.-1953. 8. | 대구제일교회, 범어교회, 동문교회 목회함(10년간) 대구에서 목회를 하는 동안 바르트, 부르너, 라인홀드 니버 등의 신학에 감명받고 함석헌, 김재준의 영향을 받음 |
| 1951. | 서남동의 신학형성에 가장 큰 힘이었던 틸리히의 신학을 처음으로 접함 |
| 1952. 9.-1962. 12. | 한국신학대학 교수 취임(철학적 신학 강의) |
| 1956. 5. | 캐나다 토론토대학 임마누엘 신학교 졸업(신학사) 유학시절에 C.H. 다드, 불트만, 베르자예프, 엘리아데의 영향을 받음 |
| 1957. | 동대학원 졸업(신학석사) |

| 1961. 9. | 연세대학교 신과대학 교수로 초빙받아 현대신학, 기독교역사철학 등 강의 |
|---|---|
| 1961. | 교양학 부장 |
| 1966. | 교목실장 |
| 1966. 8.-1971. 3. | 연세대학교 신과대학 학장 |
| 1969. 3.-1970. 2. | 연세대학교 연합신학대학원 원장 직무대리 |
| 1970. 5.-1971. 3. | 연세대학교 연합신학대학원 원장직 재임 |
| 1971. | 통일교 원리강론에 관한 연구논문이 문제가 되어 원장직 사임(논문 제목: "통일교 원리강론의 비판적 연구") |
| 1969-1974. | 과학신학사상 연구에 몰두함 |
| 1973. 5. 20. | 서남동이 주동이 되어 국내 신학자들이 공동으로 서명한 "한국 그리스도인 선언"이 발표됨. 이것이 그의 사회참여의 시발점이 됨 |
| 1974. 11. 18. | "한국 그리스도인의 신학적 선언" 현영학, 안병무 등(66명)과 함께 참여 |
| 1974. 11. | 민주회복국민선언에 서명한 이유로 안병무 등과 함께 정부로부터 경고조치 받음 |
| 1974. 11. 22-26. | "연세대 구속학생, 교수의 석방을 위한 교수기도회" 주도함 |
| 1974. 12. 18. | "교수 자율권 선언"(서울대 백낙청 교수에 대한 징계를 규탄)에 성내운 등(34명)과 함께 서명 |
| 1975. 3. 30. | 기독교정의구현전국성직자단(전국 8개 교단 성직자 320명 가입)에 참가 |
| 1975. 5. 1. | 동 성직자단에서 개최한 선교자유와 정의구현을 위 |

|  | 한 기도회 강연자로 초대되었으나 당국의 방해로 참석치 못함 |
|---|---|
| 1975. 5. 13. | 국가안보를 위하여 면학분위기를 조성해야 한다는 명분으로 해임을 권고, 사직케 함(이계준, 안병무, 문동환 등과 함께) |
| 1975. 6. | 이계준 교수와 함께 의원면직으로 교수직 사임함. 그후 NCC 산하 한국기독자교수협의회와 해직 교수협의회에서 활동함(한국기독자교수협의회 초대회장 역임) |
| 1975. 7. 14. | 기독자교수 해직 관련 건의문 제출 |
| 1975. 8. 17. | 갈릴리교회 설립예배 드림. 기독자 해직 교수, 구속자 가족, 해고된 기자 등 33명 참석. 형사 9명도 참석 |
| 1975. 10. | 수도권 선교자금 사건 관련 성명서에 참여함(함석헌 등 17명) |
| 1975. 11. 18. | 기독자교수 해직 관련 진정서 제출 |
| 1975. 12. 12. | 김찬국 교수와 함께 서울 기독교회관에서 NCC인권위원 주관 인권주간 강연함 |
| 1976. 3. 1. | "3.1 민주구국선언"에 서명(일명 명동사건). 함석헌, 윤보선, 정일형, 김대중, 윤반웅, 안병무, 이문영, 서남동, 문동환, 이우정, 문익환(초안자) |
| 1976. 3. 10. | 긴급조치 9호 위반 혐의(민중선동에 의한 국가변란을 회책한 죄)로 입건 발표. 서남동 등 11명 구속, 함석헌 등 9명 불구속 |
| 1976. 5. 4.-8. 28. | 재판 시작(15차례) |
| 1976. 8. 3. | 변호인단이 총사퇴한 가운데 구형. 서남동 징역 5년, |

자격정지 5년

| | |
|---|---|
| 1976. 8. 28. | 1심 선고공판 서남동 징역 4년, 자격정지 4년 |
| 1976. 11. 13.-12. 29. | 항소심 공판(10차례) |
| 1976. 12. 28. | 항소심 선고공판, 서남동 징역 2년 6개월, 자격정지 2년 6개월 |
| 1977. 12. 31. | 문익환 목사와 함께 석방(22개월) |
| 1978. 1. 6. | 석방 후 명동사건 관련자 성명서 발표 |
| 1978. | 석방 후 해직 교수협의회에 가입하여 적극적인 참여를 함 |
| 1978. 2. | 한국기독교장로회 선교교육원장으로 취임하여 자신의 신학을 구축해 나감 |
| 1978. 11. 10.-1979. 8. 17. | 고난받는 형제를 위한 기도회인 금요기도회에 5차례 참석하여 강연함 |
| 1978. 12. 16. | NCC인권위원회 주관 인권주간 인천연합예배 강연 (인천성공회 성당) |
| | 같은 날 군산(해방동교회)에서는 함석헌이 강연함 |
| | 한국기독교학회 초대회장 |
| | WCC 신앙과 직제 위원, 민중교육연구소 이사장 |
| 1980. 3. | 연세대학교 신과대학 교수로 복직과 동시에 정년퇴임함 |
| 1980. 5. 17. | 제주도 한 교외에서 강연 도중 신군부에 의해 연행됨 |
| 1984. 5. | 캐나다 토론토대학 빅토리아 신학교에서 명예신학박사 학위 받음 |
| 1984. 7. 19. | 서울에서 별세함. 일산 탄현기독공원 묘지에 안장 |
| 1999. 3. 26 | 광주민중묘역으로 이장됨 |

■ 저서

『민중신학의 탐구』<증보판>. 도서출판 동연, 2018.

『한-신학, 문학, 미술의 만남』글: 서남동, 그림: 이철수. 분도출판사,
        1984.

『일하는 사람들을 위한 성서연구』공저. 웨슬레출판사, 1983.

『민중신학의 탐구』. 한길사, 1983.

『전환시대의 신학』. 한국신학연구소, 1976.

# 나의 스승 서남동 목사님*

김상근
(KBS 이사장)

1981년 어느 날이었다. 담임하고 있던 목사실에 노크 소리가 들려왔다. 서남동 목사님께서 들어오신다. 황급히 일어나 선생님을 맞았다. 나를 찾아 오실만한 일이 있을 것 같지 않은데 뜻밖의 방문을 받게 된 것이다. 나는 선생님의 심기가 대단히 편치 않다는 것을 금방 알아차릴 수 있었다. 원래 학자의 차가움이 얼굴에 항상 가득하셨지만 평소의 그 차가움과는 사뭇 다른 차가움이었다. 차를 권해 드리면서 어찌 걸음 하셨는지를 여쭈었다. 한참 동안 아무 말씀도 안하셨다. 찻잔을 물끄러미 내려다 보시고만 계셨다. 심상치 않은 일이 있구나 싶었다.

선생님은 소위 '김대중내란예비음모사건'이라 이름 붙여진 전두환의 음모에 걸려 중형을 선고받으셨다가 며칠 전 가석방되어 출감하셨다. '김 목사, 내 원수 좀 갚아 줘.' 의외의 말씀을 하시는 것이었다. 놀라지 않을 수 없었다.

---

* 이 글은 2018년 3월 11일 「에큐메니안」에 실렸던 글이다.

김대중내란예비음모사건이란 전두환 일당이 저들이 말한 '5·18 광주사태'의 배후로 김대중을 지목하여 조작한 사건이었다. 선생님은 그 내란음모에 함께 했다는 혐의를 쓰게 되었다. 선생님은 체포당해 중앙정보부의 후신인 국가안전기획부로 끌려가시게 되었다. 저들은 사건을 짜 맞추었다. 선생님은 공산주의가 내란과 내란으로 세운 정부의 이념이 되게 하는 역할을 배당받았던 것이었다. 지금도 그렇지만 그때는 공산주의자라 하면 사회에 발을 붙일 수 없었다. 목사가 공산주의자라면 더더구나 그랬다. 선생님은 완강히 거부했다. 고문은 날로 더 포악해졌다. 죽을 힘을 다하여 버티셨다.

　피나는 싸움을 하고 있던 선생님 앞에 두어 장 되는 글이 던져졌다. 한 교회 지도자의 자술서였다. 선생님은 그 자술서를 읽으며 전율했다. 절망했다. 그 진술은 서남동은 원래 공산주의 사상을 가진 자라는 것을 길게 진술하고 있었다. 눈앞이 캄캄해졌다. 그것은 고문 이상이었다. 더 이상 버틸 수가 없었다. 내가 공산주의자가 되고, 저들이 이 음모를 공산주의로 포장하여 내는 데 동원당하느니 차라리 자살하자! 선생님은 비장한 결심을 아니 할 수 없으셨다. 그러나 안기부 지하 수사실에서 자해나 자살할 아무런 수단을 찾을 수 없으셨다. "나 하나님께 기도드렸어. 하나님, 어찌 이러실 수 있습니까? 어찌 이런 비극을 그냥 두십니까? 거기서 나는 그리 기도하는 것밖에 아무것도 할 수 없었어."

　그랬었는데 나오게 되셨다는 것이었다. 칩거하며 생각하셨다. 기도하며 생각하셨다. 아무리 생각해도 이것은 개인문제가 아니었다. '교회'문제다. 한국교회가 이리 되어서는 안 된다. 기장 교회부터 바로잡아야 한다. '김 목사, 교회를 바로잡아 줘. 기장을 바로잡아 줘.' 선생님의 말씀이 딱히 이런 것은 아니었지만 나는 여러 사정을 고려하여 이렇게 에둘러 해석할 수밖에 없었다.

나는 그날부터 선생님의 두 주문, 원수 갚음과 한국교회 바로 잡음을 놓고 고심하지 않을 수 없었다. 사실 나는 1980년 5월 광주참상 직후 열렸던 그해 한국교회 교단들의 9월 총회에 분노하고 있던 터였다. 불과 넉 달 전에 자행되었던 신군부의 광주시민학살에 대해 불과 넉 달 만에 열린 한국교회의 총회들에서 예언자의 외침을 들을 수 없었기 때문이었다. 불의를 꾸짖고 정의를 세우려는 몸부림을 찾아볼 수 없었기 때문이었다. 이 점에서 기장도 크게 다를 바가 없었다.

나는 한국기독교장로회부터 쇄신하라는 선생님의 요청을 어떻게 구현해낼까? 우선 총회장부터 바로 세우자. 박형규 목사님을 총회장으로 세워서 기장 교단부터 예언 교단으로 서게 하자. 여러 스승님들과 선배들과 상의했다. 모두 동의했다. 그러나 지난 총회의 부총회장이 특별한 이유가 없는 한 총회장으로 추대되는 것이 불문율처럼 되어 있던 것이 큰 걸림이었다. 거센 반발이 있었다. '쿠데타를 비판하더니 너희는 쿠데타를 자행하려 하느냐?' 하는 비난이 쏟아졌다. 그러나 박 목사님은 총회장에 피선되셨다.

박 목사님은 기장 교단 개혁에 박차를 가했다. 그러나 총회장 임기 1년이 훌쩍 지나갔다. 1년이라는 기간으로는 별 큰 성과를 낼 수 없었다. 이런 이유를 들어 박 목사님은 김상근 나를 4년 임기 총회총무로 미시는 것이었다. 당시는 후보등록제도 같은 것이 없을 때였다. 이심전심으로 지지하는 자를 정해 나갔고, 혹은 비공식적으로 선거운동을 했다. 내가 목회하던 수도교회 당회는 총회총무로 나가기 위해 교회를 사임하는 데 절대 반대했다. 박형규 총회장님과 NCC총무 김관석 목사님이 나서셔서 수도교회 장로님들을 설득하셨다. 결론이 나지 않았다.

담임하고 있는 교회가 교회 사임을 허락하지도 않은 상태였다. 그러니 캠페인 같은 것을 할 수 없었다. 그런데 선생님은 스스로 전국을 도시는 것이었다. 총회총대가 거기 있다 하면 그게 논 가운데건 어디 산속이든 달려가시곤 하셨다. 가서서 김상근이가 총회총무가 되어야 하는 이유를 설파하셨다. 그때 선생님의 모습이 눈에 선하다. 조그마한 손가방 하나 드신 단신(單身)이셨다. 그 은덕으로 나는 총회총무에 당선되었다. 이후 나는 은퇴할 때까지 불교의 '사판승'(事判僧) 같은 기관목사의 길을 줄곧 걷게 되었지만 하여간 나를 기관목사의 길로 강제하셨다.

서남동 목사님과 나, 나는 선생님의 제자다. 선생님은 내게 조직신학, 현대신학을 가르치셨고 나는 배웠다. 선생님은 독일신학 독습을 지도하고 강의하셨고 나는 어렵사리 수강했다. 선생님은 그저 선생님이 아니라 직접 가르치셨던 선생님이셨다. 대학원 석사 논문을 쓸 때 선생님은 주심이셨다. 나는 그저 넓은 의미로 제자가 아니라 직제자였다. 그런 나에게 '김 목사, 내 원수 좀 갚아 줘.' '김 목사, 교회를 바로잡아 줘. 기장을 바로잡아 줘' 하셨으니 그 말씀을 내가 어찌 허투루 들을 수 있었겠는가. 직제자인 나를 총회총무가 되게 하기 위해서 그렇게 전국을 누비고 다니셨으니 그 어른의 뜻을 내가 어찌 가벼이 여길 수 있겠는가. 선생님은 나의 생을 강제하셨다 해도 지나친 말이 아니다.

기장에는 당시 기관장회의라는 게 있었다. 한신대학 학장과 선교교육원 원장 그리고 총회 총무 3자가 회동하는 월례회의였다. 학장은 정대위 선생님이셨으니 두 분 모두 나에게는 직접 스승이셨다. 총회사무처 총무실, 한신대학 학장실, 선교교육원 원장실을 돌아가며 회동장소로 삼았다. 그러나 내 임기 내내 장소를 총회총무실로 못 박

왔다. 두 분께서 그리 고집하셨기 때문이었다. 그때 내 나이가 40대 초였다. 총회 총무가 너무 젊다는 세평을 의식하여 연세 높으신 신생님들께서 극진히(?) 총무로 대우하는 모양을 내보이시고자 하셨던 것이었으리라. 선생님은 나에게 극진하셨다.

나는 1984년 선생님의 장례를 정성을 다하여 준비하고 치렀다. 그러나 기념사업회가 조직될 때 참여하지 않았다. 내가 당시 감당해야 하는 일들이 과부하였기 때문이었다. 조직에 함께 하면 또 일을 맡게 될지 모르겠다는 공포가 있었다. 한 해 두 해 지나다 보니 본의 아니게 그게 선생님을 기리는 일을 외면하는 듯 보이는 것이 또 큰 부담이 되었다. 이 글을 씀으로써 어정쩡한 내 처신을 다잡고자 한다. 그것이 선생님을 향한 나의 진심이기 때문이다.

# 서남동, 그는 이 시대의 행동하는 예언자!

이재정
(전 성공회대 총장, 현 경기도교육감)

서남동 교수님은 위대한 신학자이십니다. 서 교수님의 신학은 거침이 없었습니다. 한계도 없었습니다. 그야말로 과거의 전통신학으로부터 현대신학에 이르기까지 그 어떤 신학자의 이론도 그 어떤 이름의 신학도 서남동 교수님을 만족시킬 수는 없었습니다. 그것은 서남동 교수님의 가슴 속에 살아 있었던 신앙과 신념 때문이었습니다. 서남동 교수님은 이 시대의 예언자이셨습니다. 서남동 교수님은 구약시대의 수많은 예언자들의 역사를 이 시대의 새 역사로 전승하였습니다. 구약시대의 예언자들은 하나같이 공통점이 있습니다. 그들은 역사의 현실에 저항하는 행동가들이었습니다. 야훼 하나님의 신탁은 역사를 변혁시키라는 명령이었으며 그것은 종교를 포함한 세상이 나가야 할 새로운 역사의 지평을 열었습니다. 그러나 이것만이 아닙니다. 그 시대의 예언자들은 다만 그 시대에만 통용될 수 있는 분노와 저항을 넘어 역사를 통전적으로 꿰뚫어 보는 예지가 있었습니다. 그래서 지금도 우리는 예언서를 읽으면서 역사의 과거와 현재와 미래를 냉철하게 비판하고 우리가 반드시 가야 할 길을 확인하게 됩니다. 이런 관점에서 서남동 교수님은 옛 예언자들을 현실적으로 이어가는 이 시대의 예언자이셨습니다. 그의 신학은 곧 삶의 실천이었고 신념의 행동이었습니다.

서남동 교수님은 1970년대와 1980년대에 민주화운동의 선봉에 서셨습니다. 1975년 이른바 "학원사태"로 연세대학교 교수직에서 강제 해직을 당하였습니다. 교수 해직! 누구도 상상할 수 없었던 대학과 지성에 대한 권력의 만행이며 유린이었습니다. 이것이 그를 거리에 나서게 한 계기가 되었습니다. 그의 행동하는 신학은 자신을 유신체제에 맞서 1976년 3월 1일 저녁, 서울 명동성당에서 일어났던 이른바 '3·1민주구국선언사건'의 한가운데 세웠습니다. 결국 서남동 교수는 '정부전복선동'이라는 공안사건으로 옥중에 갇혔습니다. 그의 양심이 그의 신앙이 그리고 그의 신학이 국가권력에 의하여 고난을 받게 된 것이었습니다. 당시 검찰은 이들을 기소하면서 "구속자들이 민중봉기를 획책하고, 국내의 정세에 관해 허위사실을 유포하였으며, 외세를 이용하여 정치적 야욕을 달성하려 했다"고 주장하였습니다. 예수가 십자가형의 재판을 받고 처형을 했을 때와 비슷하지 않습니까. 서남동 교수는 여기에 그치지 않았습니다. 1980년 신군부 세력이 5·18 광주민주화운동을 '김대중 일당이 정권을 잡기 위해 민중을 선동해 일으킨 봉기'로 조작하고 김대중과 문익환 목사·서남동 교수 등 20여 명을 연행해 군사재판에 회부하였습니다. 전두환 신군부는 5·18 민주화운동을 "김대중이 대중을 선동해 민중봉기와 정부 전복을 획책했다"고 하면서 그 배후를 북한의 책동으로 몰아가려 했습니다. 여기에서 서남동 교수는 수사 과정에서 김대중에게 공산주의 주체사상을 전승하였다고 몰아가려 하였습니다. 견딜 수 없는 모진 고문이 이어졌습니다. 그러나 터무니없는 이 조작극은 군부가 스스로 포기하였습니다. 그 이후 군법회의는 1980년 8월 14일부터 재판을 시작하여 9월 17일 김대중 전 대통령에게 사형을 선고하였고, 1981년 1월 대법원에서 사형 확정판결을 내렸습니다. 서남동 교수도 함께 징역형을 선고받았습니다. 이후 관련자들의 재심청구가 받아들여져, 2001년과 2003년에 무죄판결과 명예회복이 이루어졌고, 김대중 전 대통령은 2004년 2월 무죄를 선고받았습니다. 그러나 서남동 교수님은 무죄선고를 보지 못한 채 1984년 7월 19일 이 세상에서의 삶을 마감했습니다.

이러한 치열한 역사현장의 경험과 옥중생활에서 서남동 교수님은 서구의 관념적 신학에서 벗어나 민중신학을 태동시켰습니다. 그는 자신의 삶과 역사현장과 구원의 역사를 연결하는 민중신학에서 새로운 기독교 신학의 영적인 세계를 다양한 관점에서 발전시켰습니다. 서남동 교수는 교회 안과 밖을 구별하지 않았으며, 종교의 한계도 뛰어 넘어 구원의 역사에 통합하려 하였고, 역사의 새로운 지평을 민중의 삶을 통하여 조명하였습니다. 그래서 때로 감옥은 그의 연구실이었으며, 그의 신학은 현장의 외침과 소통에서 성령의 역사를 경험하였습니다.

1984년 1월 서남동 교수님은 자신이 유학을 했던 토론토대학교 임마누엘대학을 방문하였습니다. 그때 저는 캐나다 중부에 있는 위니펙에 위치한 매니토바대학교 대학원에서 종교학 공부를 하고 있었습니다. 서남동 교수님은 토론토에서부터 비행기로 3시간이나 걸리는 제가 공부하고 있던 위니펙에 저를 보러 오시겠다는 것입니다. 그 먼 길을… 그러나 오신다고 약속했던 전전날 아무래도 몸이 아파서 오시지 못하겠다는 말씀이었습니다. 서울로 급히 돌아가야 하겠다는 것이었습니다. 그러시면서 제게 간곡하게 민중신학을 이어서

연구해달라는 부탁 말씀을 주셨습니다. 아쉬움과 안타까움으로 전화를 끊고 마음으로 다짐을 하였습니다. 기독교의 길이 민중신학에 있다는 것, 그 민중신학을 어떻게 실천신학으로 발전시키고 행동하는 신앙으로 만들어가야 하는가? 그것이 오늘의 신학도에게 주어진 과제라고 생각했습니다. 그때 그 전화의 말씀이 마지막 말씀으로 유언처럼 제게 주신 말씀이 될 줄은 몰랐습니다. 그 길이 서남동 교수로서는 유학을 했던 모교를 방문한 마지막 길이었습니다. 교수님이 서울로 돌아가신 후 6개월여 만에 부음을 듣고 망연자실하였습니다. 저는 영결식에도 참석을 못했습니다. 그후 제가 할 수 있었던 일은 1986년 완성된 제 논문을 서남동 교수님께 헌정하는 논문이라고 표지에 쓰는 것뿐이었습니다. 그것이 오늘까지 제가 서남동 교수님을 목사님을 그리며 감사의 표시를 남긴 것입니다.

임은 가셨지만 떠나신 것이 아니라 다른 모습으로 여전히 민중신학으로 민중운동으로 민중 속에 살아 계십니다. 그 민중구원의 역사, 민중이 이끌어가는 구원의 역사는 지금도 계속되고 있습니다. 후학들이 민중신학의 담론을, 그 역사의 참여와 행동을 연구하면서 한국교회 안에 민중신학의 맥을 이어가고 있습니다. 그 자리에 서남동 교수는 영원히 함께 하실 것입니다.

# 소원(笑園) 김찬국 교수 연보

| | |
|---|---|
| 1927. 4. 23. | 경북 영주 배고개 마을에서 김완식(부)과 장현이(모)의 장남으로 출생 |
| 1934. 3. | 영주서부보통학교 입학 |
| 1940. 2. | 예천보통학교 졸업 |
| 1940. 3. | 대구계성중학교 입학 |
| 1945. 3. | 서울중앙중학교(5년제) 졸업 |
| 1945. 4. 8.-8. 15. | 영주서부보통학교 촉탁교사 |
| 1945. 11. 21. | 연희전문학교 전문부 신과 입학 |
| 1946. 8. | 연희대학교 신학과 진학 |
| 1950. 5. 10. | 연희대학교 신학과 졸업(신학사, 제1회) |
| 1950. 6. 1. | 연희대학교 대학원 신학과 입학 |
| 1950. 12.-1952. | 육군에서 군복무 |
| 1952. 4. 26. | 부산에서 성윤순과 결혼 |
| 1952. 4.-1953. | 부산 피난 시절 배재중학교 교사 |
| 1952. 9. | 연희대학교 대학원 복학 |
| 1953-1954. | 연희대학교 신과대학 전임조교 |
| 1954. 3. | 연희대학교 대학원 신학과 졸업(신학석사, 제1회) |
| 1954-1956. | 연희대학교 전임강사 |

| | |
|---|---|
| 1954-1955. | 미국 뉴욕 유니온신학대학원 졸업(S.T.M./신학석사) |
| 1956. 3-1962. 2. | 연세대학교 조교수, 신학과장 |
| 1956-1975. | 연희대학교 신과대학 신학과 교수 |
| 1957-1963. | 경기도 과천 하리감리교회 전도사(한남지방) |
| 1959. | 감리교 목사안수를 위한 준회원 가입 |
| 1961. 3. 11. | 감리교 중부연회에서 목사 안수 |
| 1961-1968. | 대한YMCA연맹 대학생부 위원 및 위원장 (1964~1966) |
| 1961-1965. | 연세대 신과대학 동창회 부회장 |
| 1965-1967. | 연세대 신과대학 동창회 회장 |
| 1961, 62, 65, 67. | 이화여자대학교 기독교학과 강사 |
| 1962-1964. | 대한기독교서회 편집위원 |
| 1962. 5.-1964. 3. | 연세대학교 학생처장 |
| 1962-1975. | 연세대학교 부교수, 교수 |
| 1963-1965. | 영등포감리교회 임시 설교 목사 |
| 1964-1966. | 대한YMCA연맹 실행위원 |
| 1964-1966. | 감리교신학대학 강사 |
| 1964-1967. | 기독교사상 편집위원 |
| 1965-1967. | 연세대학교 한국어학당 학감 |
| 1968. 9.-1970. 8. | 연세대학교 대학원 박사과정 수료 |
| 1970. 9.-1971. 6. | 영국 세인트앤드류대학교 연구교수 |
| 1971. | 이스라엘 예루살렘 히브리유니온대학 여름학기 성서고고학 과정 이수 |
| 1972. 9.-12. | 한국신학대학 강사 |
| 1973-1975. | 연세대학교 신과대학 학장 |

| 1974. 5. 7. | 긴급조치법 1, 4호 위반혐의로 구속 |
| 1975. 2. 17. | 군사재판에서 징역 5년 자격정지 5년 형을 선고 받음 (복역 중 형집행정지로 석방) |
| 1975. 3. | 연세대학교 교수직 복직 |
| 1975. 4. 8. | 정부 강요로 교수직 박탈(1차 해직) |
| 1976-1990. | 한국구약학회 회장(제5대: 1976~1978, 제6대: 1978~1985, 제7대: 1985~1990) |
| 1976-1981. | 한국기독교교회협의회(KNCC) 에큐메니칼 위원 |
| 1976-1992. | 한국기독교사회문제연구원 이사 |
| 1977. 3.-1984. 8. | 해직기간 동안 성미가엘신학교(현 성공회대학교), 감리교서울신학교(현 협성대학교), 동부신학교, 기독교장로회 선교교육원 강사 |
| 1977-1978. | 평화시장대책위원회 위원장 |
| 1978-1980. 2. | 노량진감리교회(현 목양교회) 임시 설교 목사 |
| 1978-1979. | 인천 동일방직긴급대책위원회 부위원장 |
| 1978-1980. | 한국기독교교회협의회(KNCC) 신학연구위원 |
| 1978-1992. 4. | 한국기독교교회협의회(KNCC) 인권위원 및 부위원장(1989, 1992) |
| 1979. | 양심수월동대책위원회 위원장 |
| 1980. 2. | 연세대학교 대학원 신과대학 졸업(신학박사) |
| 1980. 2. 29. | 국방부로부터 사면장과 복권장 받음 |
| 1980-1981. | 한국기독학생회총연맹 이사 |
| 1980. 3. 7. | 연세대학교 교수직 복직 |
| 1980. 7. 29. | 정부 강요로 사표 제출, 다시 해직(2차 해직) |
| 1982. 1.-1983. 5. | 미국장로교회 총회본부 초청 선교사로 도미, 미국 교 |

회 방문, 유니온신학교 연구원 등으로 활동

| | |
|---|---|
| 1982. 12. | 뉴욕에서 열린 미국 성서학회 참석 |
| 1983. 9.-1985. | 대치동 목양감리교회 설교 목사 |
| 1984. 9.-1992. 8. | 연세대학교 신과대학 교수직 복직 |
| 1987. 6. | 제3회 성지 세미나 참석(이스라엘) |
| 1987. 9.-1988. 9. | 연세대학교 연합신학대학원 원장 |
| 1988. 8.-1992. | 연세대학교 교학부총장 |
| 1988. 11.-1991. 11. | KBS 이사 |
| 1988-1989. | 권인숙노동인권회관 이사장 |
| 1989-1993. | 해직교사 서울위원회 공동대표 |
| 1990-1992. 2. | 한국기독자교수협의회 회장 |
| 1990-1993. | 한국신학연구소 이사 |
| 1991. 2. | 제7회 세계교회협의회(WCC) 대회 참석(호주 캔버라) |
| 1992. 4.-1993. 8. | 한국기독교교회협의회(KNCC) 인권위원장 |
| 1992. 7. | 제16회 세계감리교회대회 신학교육분과 참석(싱가폴) |
| 1992. 8. | 연세대학교 정년퇴임, 명예교수 |
| 1992. 9. 19. | MBC 정상화와 공정방송 실현을 위한 범국민대책회의 상임위원장 |
| 1992. 11. 5. | 주한미군병사의 윤금이씨 살해사건 공동대책위원회 공동대표 |
| 1993. 8. | 민주유공자장학재단 이사장 |
| 1993. 3. 7. | 상지대학교 제2대 총장 |
| 1997. 3.-1998. 8. | 상지대학교 제3대 총장 |

| | |
|---|---|
| 1997. 4. 1. | 제주 4.3 제50주년기념사업추진범국민위원회 공동 대표 |
| 1997. 5. | 미국 로아노케(Roanoke)대학 명예박사(상지대학교 자매대학) |
| 1997. | 감리교 목사 은퇴 |
| 1998. 5. 28. | 전국교직원노동조합 주관 제7회 참교육상 수상 |
| 2005. 5. | '2000년의 자랑스러운 동문상' 수상(미국 유니온신학대학교) |
| 2009. 8. 19. | 지병으로 10년 동안 투병생활하다 82세로 별세 |

■ 저서

『구약성서개론』공저. 대한기독교서회, 2006.

『나의 삶 나의 이야기 1, 2』. 연이, 1997.

『사랑의 길 사람의 길』. 제삼기획, 1992.

『성서와 현실』. 대한기독교서회, 1992.

『구약성서개론』공저. 대한기독교서회, 1990.

『청년과 성서이해 — 청년을 위한 성서연구』. 신앙과지성사, 1987.

『고통의 멍에 벗고』. 정음문화사, 1986.

『성서와 역사의식』. 평민사, 1984.

『인간을찾아서』. 한길사, 1980.

『예언과 정치』. 정우사, 1978.

# 늦봄 문익환 목사 연보

| | |
|---|---|
| 1918. 6. 1. | 만주 북간도 명동에서 아버지 문재린, 어머니 김신묵의 만아들로 태어남 |
| 1924. | 명동소학교 입학. 5학년 때 윤동주·송몽규와 함께 어린이 잡지『새명동』을 만듦 |
| 1932. | 은진중학교, 숭실중학교 재학 중 신사참배 거부로 중퇴 |
| 1938. | 동경에 있는 일본신학교 입학 |
| 1943. | 만주 봉천신학교로 옮김(학병거부), 만보산 한인교회 전도사 |
| 1944. | 박용길과 평생가약을 맺음 |
| 1947. | 한국신학대학을 졸업하고 목사 안수 받음. 을지교회 전도사1950~53. 6.25전쟁 중 판문점 및 동경 UN군사령부에 근무, 휴전회담 통역원으로 일함 |
| 1954. | 프린스턴신학교 신학석사학위 받음 |
| 1955-1970. | 한국신학대학과 연세대학교에서 구약학 강의. 한빛교회 목사로 시무 |
| 1975. | 장준하가 의문의 사고로 죽자, 민주화운동에 투신 |
| 1976. 3. 1. | 민주구국선언사건으로 첫 투옥 |

| | |
|---|---|
| 1978. 10. | 유신헌법의 비민주성을 비판, 형집행정지 취소로 재수감, 석방후 선교교육원에서 강의 |
| 1980. 5. 17. | 내란예비음모죄로 세 번째 투옥 |
| 1983. | 고난받는 사람을 위한 갈릴리교회 담임목사 |
| 1985. | 민주통일민중운동연합 의장, 5.3인천항쟁으로 네 번째 투옥 |
| 1989. 3. 25. | 통일의 길을 열기 위해 72세의 나이로 방북. 귀국 후 국가보안법으로 다섯 번째 구속 |
| 1991. | 조국통일범민족연합 남측본부 결성준비위원회 위원장 6월 6일 이른바 '분신정국'에서 강경대 등 많은 열사들의 장례위원장을 맡는 등 활동하다가 형집행정지 취소로 재수감(여섯 번째 투옥) |
| 1992. | 노벨평화상 후보로 추천 |
| 1993. | 통일맞이 칠천만 겨레모임 운동 제창 |
| 1993. | 제4차 범민족대회 대회장 |
| 1994. 1. 18. | 통일맞이 사무실을 개소하고 새로운 통일운동체 결성위해 전력하던 중 자택에서 심장마비로 별세 |

# 문동환 박사 연보

1921. 5. 5.　　　아버지 문재린 어머니 김신묵의 둘째 아들로 만주 북
　　　　　　　　간도 명동촌에서 출생

## 학력

1934. 12.　　　만주 용정 광명소학교 졸업

1938. 12.　　　만주 간도성 용정가 은진 중학교 졸업

1941. 3.　　　일본동경 일본대학 부속 제2상업고등학교 졸업

1943. 12.　　　동경 일본신학교 예과 수업 태평양 전쟁으로 중단

1947. 6.　　　조선신학교 졸업(현 한신대학교)

1953. 6.　　　미국 피츠버그 웨스턴신학교(B.D. 학위)

1955. 6.　　　미국 프린스톤 신학원(Th.M. 학위)

1956. 6.　　　미국 하트포드 신학원(M.A.)

1961. 6.　　　미국 하트포드 신학원 종교교육학 박사(ED.R.D)

## 경력

1944. 9.-1945. 5.　만주 만보산 초등학교 교사

1945. 9.-1946. 5.　간동 용전 명신여자중학교 교사

1947. 9.-1948. 11.경기도 장단중학교 교사

1950. 1.-1951. 8. 경남 거제도 아양리교회 시무

1956. 10.-1960. 5.미국 코네티켓 주 맨체스터감리교회 기독교교육
　　　　　　　　　목사

1960. 6.-1961. 8. 미국 미주리 주 모빌리에서 농촌교회 연구목회

1961. 12. 16.　　해리엇 페이 핀치백(Harriett Faye Pinchbeck, 문혜
　　　　　　　　림)과 결혼

1961. 9.-1965. 2. 한국신학대학 부교수

1965. 3.-1970. 4. 한국신학대학 교수 겸 학생과장

1967-1974.　　　한국기독교장로회 수도교회 목사

1971. 8.-1975. 6. 한국신학대학 교수

1975. 6.　　　　한국신학대학 교수 강제 해직(1차)

1976-1979.　　　한국기독교장로회 선교교육원 교수

1975-1980.　　　갈릴리교회 공동목회

1976. 3. 1.　　　명동 3·1 민주구국선언 사건으로 투옥(22개월 복역)

1978-1980.　　　한국기독교 민중교육연구소 소장

1979. 8.-1980. 12.와이에이치(YH) 사건으로 투옥(5개월)

1980. 2.-1980. 5. 한국신학대학 교수(제1차 복직)

1980. 5.　　　　한국신학대학 교수 강제 해직(2차), 미국 망명

1982-1985. 8.　　미국 워싱턴 한인 수도장로교회 목사

1985. 9.-1986. 8. 한국신학대학 교수(제2차 복직)

1986. 8.　　　　한국신학대학 정년퇴임

1986. 9.　　　　한국신학대학 명예교수 추대

1987. 6.　　　　민주쟁취 국민운동본부 위원장

1988. 3.　　　　평화민주당 수석부총재, 평화민주통일연구회 이사장

1988. 5.　　　　국회의원, 국회외무통일위원회 위원

| 1988. 6. | 국회 5·18광주민주화운동 진상조사 특별위원회 위원장 |
| 1995-2000. | 뉴욕 장로교신학교 교수 |
| 2001-2004. | 뉴욕 선한목자장로교회 설교목사 |
| 2005-2008. 6. 15. | 민족공동위원회 해외공동위원장 |

## 저서

『교회교육지침서』. 1969.

『자아확립』. 기독교서회, 1972.

『인간해방과 기독교 교육』. 한신대 자유문고, 1976.

『아리랑고개의 교육』. 한국신학연구소, 1986.

『어둠이 빛을 이겨본 적이 없다』. 종로서적, 1987.

『생명공동체와 기화교육』. 한국신학연구소, 1987.

『문동환 자서전』. 삼인, 2009.

『바벨탑과 떠돌이』. 삼인, 2012.

『예수냐 바울이냐』. 삼인, 2015.

『두레방 여인들』. 삼인, 2017.

# 용서와 화해의 역사를 실천한 문동환*

김성재
(한신대 명예교수)

문동환 박사님은 1921년 5월 5일 북간도 명동촌에서 부친 문재 린 목사님과 모친 김신묵 여사님의 둘째 아들로 태어나셨습니다. 민 족 독립운동과 기독교 선교의 중심지였던 명동촌에서 성장하면서, 어려서부터 민족과 나라를 위해 헌신하는 삶과 김약연 목사님의 영 향으로 목사로서의 사명에 뜻을 두었습니다.

1938년 은진중학교를 졸업하고 동경으로 유학 가서 동경신학교 에서 신학공부를 하던 중, 태평양전쟁으로 학업을 중단하고 한국으 로 귀국해서 감격 속에 해방을 맞았습니다.

1947년 서울의 조선신학교(현 한신대학교 전신)를 졸업하시고, 미국으로 유학을 가서 웨스턴신학교, 프린스턴신학교를 거쳐 하트 퍼트신학대학에서 종교교육학 석사와 박사학위를 받았습니다.

1961년 한국에 돌아와 모교인 한국신학대학 신학과(종교교육전공) 교수로 재직하면서 같은 해 12월 해리엇 페이 핀치백(Harriet Faye

---

* 이 글은 고 문동환 박사의 장례식 조사이다.

Pinchbeck, 문혜림) 여사와 결혼했습니다.

문동환 박사님은 "나와 세계(자아 확립)"이라는 과목을 통해 신학생들에게 자신들 내면의 자아를 성찰하게 하고 새로운 눈으로 하나님과 세상을 바로 보게 해서 "생에 놀라운 변화"를 경험하며 성장하게 했습니다. 그래서 학생들은 문동환 박사님을 "생에 놀라운 변화의 선생님"이라는 애칭으로 부르기도 했습니다.

동시에 문동환 박사님은 성경과 교리 중심의 전통적 주입식 교육에서, 성경을 삶의 경험과 만남의 깨달음 과정으로 학습하는 새로운 방법의 기독교교육을 하였습니다. 한국기독교장로회(기장)는 1969년 문동환 박사님의 이런 새로운 기독교교육 방법을 교단의 "교회교육지침서"로 채택했습니다. 이후 문동환 박사님은 기장 교단의 신학인 "하나님 선교 신학"에 근거해서 "사회선언지침", "신앙고백", "선교정책" 등 교단의 기본정책인 4대 정책문서 작성에 주도적인 역할을 하셨습니다.

1970~71년에 문동환 박사님은 학내 사정으로 교수직을 사임하고 미국에 가서 약 1년간 연구생활을 하였는데, 이때 새롭게 태동된 흑인해방신학, 라틴아메리카 해방신학, 여성해방신학 그리고 브라질의 해방교육학자인 파울로 프레이리(P Freire)의 피압박자의 교육학(Pedagogy of the Oppressed)을 깊이 연구하고 귀국해서 교수로 복직했습니다. 이후 문동환 박사님은 한신대에서 해방신학과 인간해방 기독교교육을 가르치시고 한국 교계와 신학계에 해방신학을 널리 알렸습니다.

또한 문동환 박사님은 1971년 대한기독교교육협회를 통해 기장, 예수교장로회, 감리교, 성결교 등 4대 교단의 기독교교육학자들과 공동으로 "경험과 깨달음" 중심의 새로운 교회교육 커리큘럼을 만들었습니다. 그동안 미국의 주일학교 커리큘럼을 번역한 "통일공과"와 "계단공과" 만을 사용했던 한국교회가 처음으로 독자적이고 에큐메니칼적으로 교회교육 커리큘럼을 만들어 공동으로 사용하게 되었습니다.

한편, 문동환 박사님은 1967년부터 서울의 수도교회에서 목회를 했는데, 수도교회 예배당 전면 벽에 십자가 대신 지게 위에 깨어진 지구가 놓여있는 부조상을 설치하고, 자본주의와 산업사회에서 이기적 탐욕으로 죽어가는 인류와 지구를 살리는 생명의 신앙공동체를 강조했습니다. 또 예배 마지막 축도 때는 전 교인들이 뒤로 돌아서서 눈을 뜨고 세상을 바라보게 했습니다. 이런 문동환 박사님의 목회에 대해 한국교회와 교인들이 신선한 신앙의 충격을 받았습니다.

1972년 문동환 박사님은 설교로만 그치지 않고 자신의 집을 개방해서 뜻을 함께 하는 교회청년들과 제자들과 함께 '새벽의 집' 공동체 생활을 시작했습니다. 이때 교계만이 아니라 한국 사회가 놀람과 찬사를 보냈습니다. 이후 우리나라에 공동체 운동이 여러 곳에서 일어났습니다. '새벽의 집 공동체' 생활은 공동소유하며, 남녀노소 누구나 가사 노동도 함께 하는 생활이었기 때문에 유신정권으로부터 공산집단이라는 오해도 받았습니다. 1980년 5월 광주민주화운동으로 문동환 박사님은 미국으로 망명을 가게 되어 '새벽의 집 공동체'는 중단될 수밖에 없었습니다.

1973년 문동환 박사님은 박형규 목사님과 젊은 목회자들이 수도권 빈민들을 위해 설립한 "수도권 특수지역 선교위원회"에 부위원장 직을 맡으시고, 청계천 빈민들의 민중현장에서 민중의식화교육을 하였습니다. 이때 안병무 교수님, 현영학 교수님도 함께 빈민현장에 와서 민중과 더불어 하나되어 생활하는 민중예수를 새롭게 발견하고 이 깨달음을 신학적으로 증언하는 민중신학을 태동시켰습니다.

1974년 문동환 박사님은 WCC 프로젝트로서 변화된 세계에서 현장 중심의 새로운 신학교육 모델 연구를 위해 한국신학대학 부설로 선교신학대학원을 개설하고 원장으로 재직하였습니다. 그러나 유신정권의 탄압으로 1975년 이 대학원은 폐쇄되었고, 문동환 박사님은 해직되었습니다. 이후 해직 교수 및 민주 인사들과 함께 새로운 형태의 실험 교회인 "갈릴리 교회"를 공동목회하였고, 기장 교단이 해직 교수와 제적 학생들을 위해서 만든 선교교육원 교수로 재직하면서 민중교육을 발전시켰습니다.

문동환 박사님은 1976년 명동성당에서 "3.1 민주구국선언문" 사건으로 투옥되어 2년 가까이 복역했습니다. 감옥에 있는 동안 갇힌 민중들의 아픔을 깊이 통찰하면서 '아파하시는 하나님'을 통해 민중신학과 민중교육을 발전시키고, 석방된 후 민중운동에 깊이 참여하고 동일방직 및 와이에이치(YH) 노조원의 투쟁을 지원하다 다시 투옥되어 복역했습니다.

1979년 10 · 26 사건으로 유신정권이 막을 내리자 한국신학대학에 복직했으나 전두환 신군부에 의해 다시 해직되어 미국으로 망명을 떠났습니다. 미국에서 한국의 민주화를 위해 다양한 활동과 더불어 이민자 목회생활을 하다가 1985년에 한국에 돌아와 한신대에 다시 복직했습니다

1986년 한신대에서 정년 퇴임하시고 김대중 전 대통령의 권유로 민주화운동을 했던 젊은 청년활동가들과 함께 평화민주당 창당에 합류해서, 평민연(평화민주통일연구회) 이사장으로 활동했습니다. 1988년에 국회에 진출해서 평화민주당 수석부총재를 역임했고, 국회 5 · 18 광주민주화운동 진상조사특별위원회 위원장으로 활동했습니다.

이후 1991년 부인 문혜림 여사와의 약속을 지키기 위해 미국으로 돌아가 노년을 보내면서 젊은 목회자들과 함께 성서연구에 주력하였습니다. 문동환 박사님은 민중신학에서 민중의 눈과 역사로 성서를 보는 성서연구를 계속 발전시키지 못하는 것을 안타까워하다가 이때서야 성서연구를 시작한 것입니다. 이 과정에서 고국에서 밀려나 저임금 노동자로 팔려가는 이주노동자들에 대한 깊은 관심과 그런 비참한 삶의 구조적 원인인 미국의 신자유주의 경제체제에 대한 문제의식을 가지고 민중신학을 더욱 심화시킨 '이민자 신학', '떠돌이 신학' 연구에 매진하였습니다. 문동환 박사님은 구약은 떠돌이 히브리들, 신약은 예수 민중 떠돌이들이 중심이라는 깨달음에서 성서와 기독교 역사를 떠돌이 역사로 꿰뚫는 『바벨탑과 떠돌이』를 펴냈습니다. 그리고 문동환 박사님은 한국을 방문할 때마다 한국에 있는 공동체들을 방문하고 새로운 공동체생활에 희망을 놓지 않았습니다.

2013년 영구 귀국해서 딸의 집에 살면서 『바벨탑과 떠돌이』 연구에서 새롭게 발견한 예수 탐구를 다시 시작했습니다. 이 연구에서 '기독교가 잘못된 것은 바울이 예수를 헬라와 로마의 사상 및 세계관으로 잘못 해석해서 예수의 복음이 바울기독교로 변질되었기 때문이다'고 했습니다. 이런 바울의 비판을 통해 예수의 생명공동체 복음을 회복시키려는 연구결과로 『예수냐 바울이냐』를 출간했습니다. 이 책은 성서와 2,000년 기독교 역사를 완전히 새롭게 해석한 것으로 교계에 큰 충격을 주었습니다. 이 시기에 문동환 박사님은 연로하시고 몸이 아프셔서 거동이 불편했지만 계속해서 제자들과 생명공동체에 대한 토론을 많이 했습니다. 그리고 이 과정에서 아내 문혜림 여사가 1986년부터 의정부 미군부대 주변 여인들을 돌보는 두레방을 운영했는데, 이 두레방 여인들의 삶의 이야기에서 민중생명공동체의 희망을 보고 두레방 여인들의 삶의 이야기를 민중신학적으로 해석한 『두레방의 여인들』을 2017년 펴냈습니다.

이렇게 문동환 박사님은 90대 후반의 고령으로 병상에 누워계시면서도 자본주의와 산업사회의 이기주의와 물질 탐욕주의를 넘어선 새로운 생명문화공동체 탐구 그리고 우리 민족이 분단의 질곡을 극복하고 새로운 한반도평화공동체가 되게 하는, 곧 성서가 말하는 '새 하늘과 새 땅'의 생명공동체를 일구는 노력을 계속하셨습니다.

문동환 박사님은 "생애 놀라운 변화"를 깨닫게 하는 교육자이셨고, 민중과 떠돌이들의 목자이셨고, 민중신학과 민중교육의 선구자이셨고, 민주화와 평화통일운동의 거목이셨습니다. 또한 아픔과 고난의 한반도 100년의 역사를 사랑으로 껴안고 용서와 화해의 역사를 실천한 사도였습니다.

문동환 박사님은 참된 민족지도자로서, 스승의 사표로서 국민들과 제자들의 사랑과 존경을 받으셨습니다.

2019년 3월 9일 22시 9분, 모든 가족의 감사와 사랑의 찬송을 들으시며 하느님의 품에 안기셨습니다

문동환 박사님.
사랑합니다.
존경합니다.
고맙습니다.

2019년 3월 12일
제자 김성재 삼가 드림

# 제5장 ｜ 기장 선교교육원에 얽힌 이야기들

# 민중을 향한 시야를 넓혀준 선교신학대학원
## : '선교교육원'의 전신 '선교신학대학원' 이야기

최정의팔
(트립티 대표이사)


'서대문민중신학교의 증언' 초고를 읽으면서 많은 감동을 받았다. 1970, 1980년대 한국 현대사에서 가장 깊은 어둠과 절망이 지배하던 시절, 예수 이름으로 그 절망에 맞섰던 이들이 모여 이루어낸 기장 선교교육원 지하 신학교 역사. 이 역사 중심에 함께 일했던 동지, 민중교회 목사들이 참여한 교육과정을 읽으면서 짙은 동질감을 느꼈다. 물론 내가 청암교회라는 민중교회에서 목회하면서, 이들과 함께 민중교회운동에 참여해서 가깝게 지냈기 때문에, 이들의 삶에 관한 이야기 자체가 그러한 감동 요소 중에 하나지만, 나 자신도 그곳에서 똑같은 선생님들로부터 많은 배움을 받았기 때문에 더 크게 마음에 다가왔다. 나는 기장 선교교육원이 설립된 1976년 한 해 동안 선교교육원에서 '선교신학대학원' 과정으로 공부하고, "하나님 나라의 구현을 위한 기독교 공동체주의의 모색"이라는 제목으로 석사학위 논문을 썼다.

선교신학대학원은 삶의 현장에서 선교 사명을 어떻게 감당할 것

인가에 대한 연구와 실천을 주
목적으로 1974년 한국신학대
학 부설로 개설되었다. 이 교
육과정은 문동환 박사가 세계
교회협의회 프로젝트를 받아
현장 중심의 신학교육을 실험
하는 장이었다. 입학 자격은
목회자에 국한하지 않고 직업
을 가진 일반 신도들까지 확대
되었다. 학생 대부분은 직업
을 갖고 있어서 학생 편리를
위해 교통이 불편한 수유리 한
신대학 교정이 아니라 시내에

하나님 나라의 구현을 위한
기독교 공동체주의의 모색

지 도 장        일     조 교 수

이 논문을 석사학위 논문으로 제출합니다

1977. 2.

한 국 신 학 대 학 부 설
선 교 신 학 대 학 원
최   의   팔

위치한 경동교회에서 월, 화요일 야간에 수업을 진행하였다. 나도 신
학을 전공하지 않았지만, 이러한 목적에 동의해서 입학하였다.

  당시 선교대학원 자료가 없어 입학생 명단은 알 수가 없다. 다행
히 졸업생 명단은 총회교육원(이전 '선교교육원'에서 후에 명칭 변경)
에 보존되어 있다. 신학하지 않은 분 중에서 기억에 남는 분으로는
김용희(서울 독산 YWCA 전임 관장), 현하규(YWCA 전임 사무총장),
한명숙(전 국무총리), 마상조(「기독교사상」 전 편집장), 손학규(전 경
기도지사), 이창복(전 전국연합 상임의장), 정종화(「복음신보」 전 발행
인), 박화목(시인), 서경원(전 국회의원), 박병희(한신초등학교 전 교
장), 이미경(전 국회의원), 유장렬(전 생명과학연구소장) 등이 있다.
다음은 1976년과 1977년 졸업생 명단이다.

◇ 1976~1977년 졸업생 명단

고재갑 김대선 김수배 김용원 김원철 김재두 김준부 라기성 마상조
서정래 석용원 손학규 오소운 유영규 이백희 이원우 이종철 이창복
이현국 장성룡 정남영 정종화 박병희 박석진 황의곤 박춘배 박화목
박영식 최승국 최희암 고완철 김준부 서달수 서정래 유성남 유재향
이경환 이정재 장경환 정숙자 정중길 현하규 황의곤

내가 다녔던 1975년 입학생은 목회, 여성, 사회분과로 나뉘어 있
었다. 나는 아는 분들과 함께 그룹으로 입학하여 사회분과란 이름으
로 공부를 시작하였지만, 실제로 졸업한 것은 사회분과 10여 명 중
에서 김용희, 현하규와 나뿐이었다. 커리큘럼은 학생들의 자율적인
참여를 존중해서 학생들이 의견을 존중해서 짜고, 교수 선택도 학생
들의 요청에 맞추어 했다. 교수진은 한신대학 교수뿐만 아니라, 이극
찬(정치학/ 연세대), 이효재(사회학/ 이화여대), 변형윤(경제학/ 서울
대), 이문영(행정학/ 고려대), 서남동(문화/ 연세대), 김용준(자연과학
/ 고려대) 등 일반대학 교수들도 다수 강의를 했다.

입학한 지 얼마 되지 않아 긴급조치가 선포되면서 한신대학에서
는 격렬한 항의시위가 일어났고, 이로 인해 학생들은 제적되었고, 교
수는 해직되었다. 유신정권은 항의 시위 배후 혐의로 문동환 박사와
안병무 박사를 교수에서 해직했을 뿐만 아니라 선교신학대학원까지
폐쇄시켜 버렸다. 이에 대응하여 한국기독교장로회 총회에서는 이
해 9월 제60회 총회에서 문교부 승인 없이 자체적으로 교육을 실시
하는, 교단에서 인정하는 교육기관으로 선교교육원 설립을 결의하
였다(다음쪽 총회 설립안 참조). 총회가 선교사업을 추진하기 위해 가

장 시급한 교역자 계속 교육 및 평신도 지도자 훈련을 통한 인력개발 계획을 실현하기 위하여 선교교육원을 설립한다는 취지였다.

1976년 2월 선교교육원 초대 원장으로 안병무 교수가 선임되었다. 이른바 '3·1 민주구국선언'사건으로 안 원장이 구속되자 교단에서는 긴급하게 박근원 박사를 원장 대리로 임명했다. 원장 대리 체제

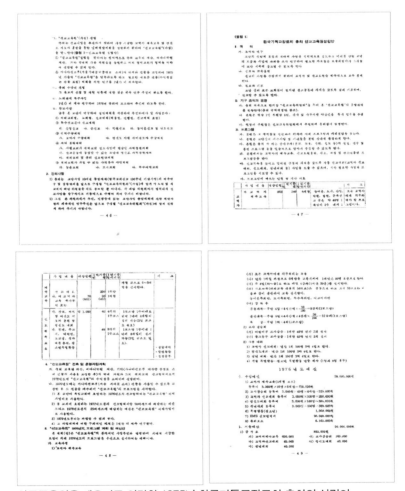

선교교육원을 세우기로 의결한 1975년 한국기독교장로회 총회의 설립안

로 선교교육원 건물에서 선교신학대학원 강의를 계속 진행했고, 한신대학에서 제적당한 10여 명의 신학생도 4월 15일부터 수업을 시작하였다. 우여곡절 끝에 4월 26일이 되어서야 선교교육원은 개원예배를 드리게 되었다. 수업은 한신대학 제적 학생들 교육과 선교신학대학원 교육을 같이 진행하여, 어떤 강의는 통합해서 실시했고, 어떤 수업은 따로 진행하였다.

1976년 총회 결의로 1977년부터 한신대학뿐만 아니라 타 대학 제적생들도 합류하였다. 1977년 2월 안병무 박사가 출소하여 원장으로 봉직하였지만, 1년 후 안 원장이 한신대학 교수로 복직하면서 서남동 박사가 1978년 3월 제2대 원장으로 취임하였다. 서남동 원장의 주도하에 사회개혁에 뜻을 함께하는 학자들과 학생들이 참여하는 다양한 만남이 이뤄졌고, 이를 통해 선교교육원은 본격적으로 민중교육 그루터기로 자리매김하게 되었다. 선교교육원은 학생들과 교수들이 함께 만든 민중운동, 여성운동, 전교조운동, 민중교회운동의 산실이 되었다.

선교신학대학원은 현장 중심이었다. 학생들이 현장에 관해 보고하면 신학자들과 일반 학자들이 거기에 대해서 함께 대화를 나누었다. 목회 분과에서는 주로 목회자들이 겪는 교회 현장에 관해, 여성분과에서는 가부장적 사회와 교회에 대한 비판과 성평등 사회를 위한 대안 모색 등에 관해, 사회분과에서는 민중을 고통에 넣는 사회 구조악에 관한 이야기를 나누었다. 이 중에 여성분과 과정은 일반 대학에서 여성학이 생기기 전에 시행된 것으로, 가부장 사회와 교회에 문제의식을 갖고 있던 여성들에게 신선한 충격을 주었다. 학생들은 여성운동의 대모격인 이화여대 이효재 교수 지도로 "남아존중사상에 있어서의 여성의 비인간화"(유재향), "성차별 문제의 기독교적 조명"(정숙자), "가부장적 혼인제도와 성차별"(한명숙) 등 여성학 논문을 제출하였다. 이 과정은 사실상 한국에서 최초의 여성학 과정이었다(한국 여성학 효시로 인정되고 있는 이화여대 여성학과는 1년 후인 1976년 신설). 총회 교회학교 교재 집필자를 위한 전문 과정으로 2년 대학원 과정을 개설, 총회 교회학교 시범 교재가 출간하기도 했다. 이때 만들어진 시범 교재가 너무 급진적이라 하여 일선 교회의 비판을 받기도 하였으나 교재 자체는 일방적인 주입식 교육이 아니라 민주적이 교육 방식이 도입되어 교회 교육에 많은 영향을 미쳤다.

나는 한신대학교 부설 선교신학대학원으로 입학하였지만, 선교신학대학원이 폐쇄되어 남은 1년 동안 선교교육원에서 수업을 받고 졸업증은 한신대학교 학장 이름으로 받았다. 이후 졸업증서 발급은 총회교육원에서 발행 받게 되었다. 6년 후 나는 신학을 본격적으로 공부하기 위해 한신대학 신학대학원에 입학하였다. 이때 선교신학대학원 교육과정이 인정되지 않아 다시 3년 과정을 모두 이수하여야만 했다. 내가 아는 몇 분은 이곳에서 공부한 것이 인정되어 해외 박사과정 입학(손학규, 한국염), 준목고시 과정(정숙자)에 도움을 받았다. 나는 선교대학원 교과과목과 신학대학원 교과과목이 달라서 전 과정을 모두 이수해야 했다. 마침 내가 안기부의 압력으로 직장에서 해고되어 시간적 여유가 있었고, 공부하기 위해서 입학한다고 생각했기에 그대로 전 과목을 이수하여 많은 도움을 받았지만….

선교교육원에서 문동환, 안병무, 서남동 등 여러 해직 교수들의 강의를 들을 수 있었던 것도 감동이었지만, 무엇보다도 내가 논문 작성을 통해 당시 터부시하던 사회주의에 대해서 공부한 것은 놀라운 은혜였다. 학부에서 사회학을 전공하여 사회사상사 강의를 들었지만, 주로 사회계층론 측면에서 접하고, 계급론 측면에서 사회주의나

마르크시즘과 접할 기회는 거의 없었다. 하나님 나라를 사회경제사적 측면에서 규명한다는 입장에서 원시 기독교 공동체는 물론이고 이후 마르크시즘, 사회주의, 종교사회주의, 기독교사회주의를 겉핥기식으로나마 볼 수 있는 기회가 주어졌다. 이런 공부를 공개적으로 학교에서 한다는 것은 당시 사회나 교계 분위기에서는 불가능하였지만, 선교교육원이라는 특수 공간이라 허락되었던 것이다. 지금 다시 보니 제출한 졸업논문이 무척 조잡하여 부끄럽다. 이때 민중신학 등을 접한 것이 후에 한신대학교 신학대학원에서 "한국에서 해방신학 논쟁"이란 제목으로 논문을 쓸 수 있게 되었다고 생각한다.

선교교육원 출신들은 이 땅의 민주화를 위해 다양한 처소에서 다양한 방식으로 민주화에 기여했다. 1985년까지 10여 년 동안 123명의 제적 학생들이 공부했던 위촉생 교육과정은 한국 사회가 민주화되어 더 이상 대학교에서 제적생이 생기지 않자 자연히 없어지고, 신학대학원은 목회자 재교육 과정으로 성격이 바뀌게 되었다. 이제 학교 명칭도 총회교육원으로 바뀌었지만, 나는 선교교육원을 생각하면 문동환 교수가 제일 먼저 떠오른다. 기독교교육 전문가인 문동환 교수가 선교교육원 기틀을 잡고 운영하는데 가장 크게 기여했다고 본다. 선교교육원 전신이라고 할 수 있는 선교신학대학원 실험을 주도적으로 진행하였고, 선교신학대학원이 해체된 후 총회에서 선교교육원 설립을 주도하여 통과시키고, 선교교육원 설립과 운영에 있어서도 —제자인 김성재 교수와 함께— 교육과정, 교육 방법 등을 제시하였고, 실제 한신대학교에 복직(1976~1979년)하기 전까지 서남동, 안병무, 김용복과 함께 강의도 많이 했다. 문동환 교수, 그는 스스로 민주화운동에 직접 앞장섰고, 선교교육원의 마중물이고 길잡이였으며 기틀이었다.

# 수업 노트로 본 선교교육원 생활

권오성

(목사, 전 NCCK 총무)

## 들어가며

1978년에 선교교육원에 입학해서 올해 41년이 지났다. 그동안 이사를 15번 이상 했다. 심지어 독일까지 이삿짐을 끌고 다녔다. 이사할 때마다 짐을 추리면서 가능한 한 많이 버렸다. 그런데 올해 집 정리를 하면서 40년 전에 선교교육원에서 수업받을 때 쓴 노트가 8권 나왔다. 그런 노트가 있으리라고 생각 못했는데 그동안 차마 버리지 못하고 끌고 다녔나 보다. 노트를 버리면 꿈을 꾸던 젊은 시절과 가르쳐주시던 선생님들을 포기하는 것이라는 마음 때문이었을까? 물론 당시 수업 노트야 더 있었겠지만 그래도 8권이라도 남은 것이 다행이다. 무슨 노다지라도 발견한 것 같다. 노트가 오래 돼서 누렇게 바랬지만 그래도 다행히 글씨는 충분히 알아볼 만하다. 과목은 이러하다.

1) 조직신학 I, 서남동 교수(1978년 2학기)

2) 마가복음 주석, 안병무 교수(1979년 2학기)

3) 이스라엘역사, 문익환 교수(1979년 1학기)

4) 선교교육론, 문동환 교수(1978년 1학기)

5) 선교교육방법론, 문동환 교수(1978년 2학기)

6) 경제사, 박현채 교수(1978년 1학기)

7) 근대사, 정창렬 교수(1978년 1학기)

8) 현장신학, 김용복 교수(1979년 1학기)


교수님들 이름을 다시 적어 보니 참 쟁쟁한 분들이었다. 이외에도 내가 직접 수업을 들었던 분들은 김찬국(구약), 성내운(교육학), 송건호(한국사), 유인호(경제학), 이문영(행정학), 이우정(희랍어) 교수님 등이 생각난다. 감옥에 갔다 오고 학교에서 제적된 후 오랜만에 듣는 귀한 수업이어서 수업 분위기는 아주 진지했다. 다른 학생들의 깊이 있는 질문을 듣고 놀란 경우도 있었다. 또 교수님들도 하고 싶은 말씀을 마음껏 했다. 투옥, 해직된 분들이어서 그런지 보통의 교수-제자 사이 이상으로 아주 친밀했다. 1월 2~3일은 학생들이 다 같이 교수님들 댁에 세배를 다니기도 했다. 지금도 교수님들 집이 어디에 있었는지 기억이 난다. 참 즐거웠던 20대 청년 때이었다.

노트의 내용을 정리해야 한다는 요청을 받았다. 내용을 다 적는 것은 지면의 제한도 있고, 필요하지도 않아서 수업의 처음 부분을 중심으로 정리했다. 그래도 중요 단어 중심으로 적어 놓은 노트를 다시 요약하는 것이 쉽지 않았다. 또 그 핵심 단어만으로 된 8권의 노트를 여기에 몇 페이지로 정리하는 것도 더 쉽지 않았다. 그리고 40년 전의 기억을 되살리는 것은 아둔한 머리로 더더욱 쉽지 않았다. 그러다 보니 교수님들의 시대에 대한 도전 의식과 심도 있는 신학 강의 내용을 지극히 일부만 드러낼 수 있었음에 혜량을 바란다. 노트에 쓰여진 내용을 수정없이 그대로 적고, 그 경우에는 따옴표로 표시하였다.


## 수업 노트

### 1) 〈조직신학 I〉, 서남동 교수(1978년 2학기)

참고도서: 신학해제(하인리히 오토), 희망의 신학(몰트만), 해방신학(구티에레츠), *The Millitant Gospel*(알프레도 피에로), *Science and Modern World*(화이트헤드)


조직신학은 기독교 신앙을 대상으로 하여 신학 전반의 역사적 이해와 신학적 방법과 문제점 연구하는 것을 내용으로 한다. 일반적으로 그 주제들은 신론, 인간론, 기독론, 구원론, 교회론, 종말론 등으로 알고 있다. 그러나 서남동 목사님의 조직신학 첫 시간 수업은 "1. 농심라면 직공 임석철 씨 사건의 의미"라는 제목으로 "5인 가족, 1일 18시간 노동(휴일 없이), 월급 실수령액 33,550원으로 이 경우가 예외가 아니라 한국 노동자의 대표적인 경우"라는 문제 제기로 시작하였다. 그리고 노동자의 현실을 전체적으로 설명하며 그 원인을 "독재 정권의 무리한 계속, 발전과 번영의 논리, 외국 자본의 무차별 유치라는 구조적인 악"에 있으며 이에 대한 "교회의 대응책은 산업선교"라고 대답하고 있다.
그리고 "산업선교의 신학적 논리의 근거는 출애굽 사건과 십자가 사건"이라고 지적한다. 그리고 이 두 사건은 "기독교의 중심적 의미를 부여하는 핵심적인 사건으로 하나님이 나타나신 중요한 사건"이 었다. 그리고 "중세 아우구스티누스의 신학이 플라톤 신학을 기본으로 하여 교회 지배 신학이 되었고", 또 다른 신학의 역사로 "아퀴나스 신학(아리스토텔레스 기반), 자유주의(칸트 철학 기반), 자연신학(가톨릭에서), 현대신학(실존주의 철학에 기반)"을 설명하고 "사회경제사적인 틀을 기반으로 하고 있는 신학이 있음"을 설명하였다.

이어서 "사회경제사적으로 출애굽을 해석하면 이는 최하층 노예들의 반란과 폭동 사건이며, 이것이 신학의 기초가 되어야 하며" "하나님 자기 계시의 중요한 사건으로, 반란, 폭력, 정치는 노예들의 사회정치적인 차원에서 보면 해방이고, 하나님은 앞서 가시는 하나님이고, 해방의 하나님이라"고 하였다. 또한 "사회경제사적으로 십자가를 해석하면 '십자가'가 아니라 로마 질서에 반란한 천민에 대한 처형 방법인 '십자가형'이다. 또 교회가 십자가를 우주적, 종교적 의미로만 추구하는 것을 반성해야 한다. 십자가형은 예수 생애의 마지막에 일어난 해프닝이 아니고 출발부터 체제에 대한 비판과 반역을 시도한 예수 생애 과정의 정점"이라고 하였다. 또 "출애굽 사건은 폭력을 사용했지만 십자가 사건은 폭력 사용을 거부했으며 이것이 교회의 원형"이라고 하였다.

또 "성령의 역사는 인간화 과정"이고 "역사는 하나님의 자기실현(성육화) 과정이므로 요아킴 플로리스와 같이 삼위일체를 형이상학적 이해가 아닌 역사적으로 이해하는 것이 필요하다"고 하였다. "성령의 단계는 진리가 내 주장, 내 확신으로 변화하는 단계(요 16:13)로 질적인 변화는 아니지만 발전의 새로운 단계"라고 하였다. 그리고 "사회경제사를 전제한 신학은 남미에서는 해방의 신학, 유럽에서는 혁명의 신학, 미국에서는 하비 콕스 등의 소셜 체인지의 신학"이 되었다. "전통 신학에서는 텍스트가 성경, 콘텍스트가 현실이지만 해방신학에서는 텍스트가 현실, 콘텍스트가 성경"이라고 했다.

그다음으로 "종말론" 강의에서는 쿨만과 슈바이처를 비교하여 설명하고, 천년왕국에 대한 설명으로 이어졌다. "천년왕국은 기독교의 처음 세기 동안의 중심적인 사고이었으며 유토피아는 희랍 전통이고, 밀레니움은 유대 전통으로 사회 전반의 혁명적 상황"이다. 천년왕국에는 "상징"이 사용되었는데, "사회운동은 상징을 쓰지 않지만 신학의 특징은 상징을 쓰는 것"이다. "기독교 언어는 상징이므로" 그래서 "영원히 비과학적이지만 더 리얼할 수 있다. 콘셉트(concept 개념)보다 상징이 더 말할 수 있고, 상징이나 신화, 이야기는 역사적 현실를 넘어서는 초월의 세계를 가리키는 힘이 있다. 새 사회의 상징으로 천년왕국을 사용하는데, 기독교만의 제3의 대안은 없다. 신학은 인간 현실에 대한 예언자적인 비판이 주 임무이다." 또한 "구체적인 정치 질서를 천년왕국과 하나님의 나라와 일치시킬 수 없다. 그것은 교리화하는 것으로 신학의 본질이 용인하지 않는다. 그렇다고 상징이 절대화되어서는 안 되고 개념도 필요하다."

여기까지가 총 22쪽 노트 기록 중에서 10쪽까지의 요약 인용이다. 그 뒤로 어거스틴 이래 중세시대와 근대, 바르트, 본회퍼 등 현대까지의 주요 신학자들의 신학을 설명하고 있다. 노트의 맨 마지막 기록은 틸리히가 "철학-신학, 이성-계시, 존재-신, 실존-그리스도(new being), 삶-성령(spirit), 역사-하나님의 나라"를 대비하는 것으로 끝난다.

이 조직신학 노트를 통해서 보면 서 목사님의 관심은 전통적인 신학을 설명하는 것에 있지 않았다. 그 초점은 당면한 현실에서 그리스도인이, 또 교회가 어떻게 하는 것이 신학적으로 바르게 응답하는 것인가에 있었다. 우리 시대의 신학자에게도 요구되는 성찰이다.

## 2) 〈마가복음 주석〉, 안병무 교수(1979년 2학기)

참고도서: 공관복음 전승사(불트만), 양식사(디벨리우스), *Der Evanglist Markus*(W. Marxen), *Offen für alle Menschen*(G. Schille), *Interpreter's Bible*(성서주해/류형기 역), 희랍어 성경

마가복음 주석은 먼저 "방법론, 마가복음의 구성, 전체 구성에서 주목되는 점"을 강의한 다음에 마가복음 1:1부터 본문을 주석하였다.

"방법론"에 관한 노트 기록 내용은 다음과 같다: "① 마가복음은 가장 처음 된 복음서이며, 그 후에 누가복음과 마태복음의 대본이 되었다. ② 마가복음은 교단에 의해서 전승된 단편적 자료를 편집했다. 그 과정에서 독특한 문학 양식이 생성되었는데 이것은 불트만, 디벨리우스, 슈미트 등에 의한 양식사적 방법의 연구 결과이다. 예수의 이야기가 결정화(crystalization)되어 단편화되었다. 이 구전 전승과 문서 전승을 마가가 편집했다. 그 과정에서 독특한 문학 형식이 만들어졌다. ③ 그러나 단순한 편집이 아니라 편집 의도를 가졌다. 전승된 자료를 배열, 선택하면서 그의 신학적 입장을 명백히 했으며 이것을 밝히는 것이 편집사적인 연구방법이다. ④ 또한 성서 연구에는 사회학적인 방법론이 필요한데 성서의 상황은 사회와 유리된 종교적 상황만은 아니다. 종교적 결단이 사회 사건으로 파급된다. 불트만은 성서에서 어떻게(How)와 무엇(What)을 물을 수 없다고 하지만 그렇게 되면 추상적인 심볼이 된다. 누가, 왜를 묻지 않으면 역사적인

사건이 되지 않는다. 예를 들어 십자가 사건은 종교적 사건만이 아니다. 종교가 비정치적이어야 한다는 것도 정치적이다."

"마가복음 구성"은 다음과 같다: "크게 1부, 1~9장, 2부 11~15장으로 나뉘고 10장은 1부와 2부를 연결하는 교량 역할이고, 16:1-8은 결론이다. 1부는 갈릴리 예수에 초점이 있고, 2부는 예루살렘의 예수에 초점이 있다. 10장은 예루살렘으로 가는 길 부분이고, 16:1-8은 빈 무덤 설화와 갈릴리에서 만나자는 메시지로 끝난다. 1부는 중심 무대에서 예수의 활동을 기록하고 있고, 민중과 함께 하는 생활, 공생애 기간 거의 전부이다. 2부는 예루살렘 입성하여 1주일 기간이다."

"전체 구성에서 주목되는 점"은 다음과 같다: "① 마가복음에는 마태복음, 누가복음에서 나오는 탄생설화 같은 전역사(前歷史)가 없다. 직접 공생애로 돌입한다. 다른 자료들을 사용했기 때문이다. ② 마가복음이 Q자료(예수의 어록)와 비교해서 다른 점은 행동과 말씀을 결부시킨 아포프테그마(狀況語)가 생겼다. 예수의 말을 중심으로 앞뒤에 상황을 배치했다(막 14:1-11; 3:23-28). 현재의 성서 해석도 아포프테그마 형식을 가져야 한다. ③ 마가복음은 예수의 말보다 행동에 초점을 두었다. 행동 중에 특히 민중과 관계에서 기적에 중심을 두고, 그중에서 Exorzismus(귀신 쫓는 일)에 중심을 두었다. 예수는 사탄을 왕국으로 보고 있으며, 사탄을 쫓는 일은 그 왕국과의 대결이고, 낡은 구조악과의 전투이다. 이는 무당 일이 아니라 종말론(하나님 나라 도래)과 관련이 있다. 여기서 보른캄은 예수 자신이 하나님 나라 도래의 전선에서 싸운다고 보았다. 예수의 행동 기간에 유월절이 단 한 번 나온다. 1년이 안 되는 짧은 기간이다. 요한복음은 3년으로 전개적인 삶이 나온다. ④ 지역적으로는 갈릴리와 예루살렘을 구분하였는데, 反예루살렘적이다. 사람도 구분하는데 예수가 갈릴리 사람임을 분명히 지적한다(1:9). 8:26까지 예수는 계속 갈릴리에 있는데도 반복해서 갈릴리에서 행동하심을 표현하고 있다. 상황을 알려 주려는 지정학적 의도가 있다. 부활한 예수의 만남의 약속도 갈릴리이다(14:28; 16:7). 누가는 예수 현현이 예루살렘이고, 요한은 예루살렘과 갈릴리이다. 또 예수를 박해한 자들은 예루살렘 사람임을 명시했다."

이어서 "전체 구성에서 주목되는 점"은 다음과 같다: "⑤ 예수가 자신을 숨기려는 명령을 했다(메시야의 비밀 — 브레데의 가설). 유대의 메시야는 권력자 상인데 예수의 삶이 그런 모습이 아니었고, 메시야임을 감춘 동기에는 가현설의 영향이 있었다. ⑥ 갈릴리 예수의 민중(ὄχλος) 성격은 독특한 입장으로 ὄχλος는 천하다는 의미가 있다. ⑦ 예수의 부활 이후 현현 보도는 전혀 없고, 빈 무덤 설화와 메신저가 갈릴리에서 만나자는 말을 전하는 것으로 끝낸다. ⑧ 마가복음의 언어는 희랍어 중에 민중이 쓴 코이네어를 사용했으며, 문장은 보통 사람들이 주고받는 구어체이었다. 말을 반복하고(3:26), 세밀하게 이야기하였다. 전개적인 것은 전혀 없는 단순한 하층계급이 쓰는 언어를 사용했다. ⑨ 저자와 때는 일반적으로 A.D. 64~70년이라고 하는데, 64년은 이레니우스 말 중에 베드로가 죽은 후 마가복음을 썼다고 하여(유세비우스의 교회사) 나왔고, 70년은 예루살렘이 함락된 해(13장, 소묵시 장면이 나왔기 때문에)이다. 안병무는 70년 이후로 본다."

이상이 마가복음 주석 첫째 날인 1979년 9월 5일 강의 내용이다.

이 서설에서 안병무 교수님은 마가복음을 통해서 민중의 자리에 선 예수와 정치적 결과를 가져온 예수의 십자기를 보고 있었다는 생각이 든다. 그 뒤의 내용은 마가복음을 장절로 나누어서, 예를 들어 두 번째 강의는 마가복음 1:1-13의 주석인데 주요 희랍어 성서 단어를 설명하고, 누가복음, 요한복음, 바울서신과 비교하고, 한 절, 한 절 주석을 하고 있다. 마가복음 주석 노트는 9:1-6의 메시야 사상과 남은 자 사상에 대한 언급으로 끝난다.

### 3) 〈이스라엘 역사〉, 문익환 교수(1979년 1학기)

참고도서: 성서의 제방법(Koch), 이스라엘 역사(군네벡), 이스라엘 역사(John Bright), 구약성서 지리학(Yohanan Aharoni), 성서 고고학(문희석), 구약성서의 배경(문희석), 성서지도(기독교서회), 오늘의 오경연구 ─ 구속사와 창조사(문익환)

이스라엘 역사는 첫 수업 시간에 "문제를 보는 각도의 전환, 서구의 안경을 벗는 것이 필요하고, 서구 신학에서 방법론은 배우더라도 관점을 같이 해서는 안 된다"가 강조되었다. 그리고 "이스라엘의 지리학"을 다루며 "메소포타미아 문화", "이집트 문화", 또 그후 두 문화의 공백기에 이동해 온 "아람족"과 "블레셋족"에 관해 개괄적으로 강의가 이어졌다. 이후 "이스라엘 민족의 발생"과 "출애굽", "사사시대", "왕정시대"에 대한 수업이 진행되고, "예언자들"에 관한 언급으로 한 학기 강의가 끝났다.

첫 시간 "이스라엘의 지리학"의 노트 기록은 다음과 같다: "팔레스틴의 크기는 강원도 정도이고, 세계 4대 문명지인 메소포타미아 문화와 이집트 문화가 만나는 곳에 위치하고 있으며, 그 후에는 이곳에서 인도, 유럽, 페르시아, 고대 그리스, 로마 문화가 만난다. 즉 세계 주요 문화 소용돌이의 한복판에 있는 작은 눈으로, fertile crescent(비옥한 반달) 지역에 속했다." "메소포타미아 문화의 기본은 수메르 문화(B.C. 2800년)이고, 성서와 관련된 이집트는 B.C. 1700~1500년의 힉소스 왕조로 야만인들(셈족)이 이집트를 지배하던 시기로 이집트 굴욕의 시기였다. 철기 시대가 도래하면서 고대 문화가 파멸되었고(B.C. 12C), 철기 도입은 소아시아에 살던 헷족(Hittites)이 했다. 이 시기는 강대국 정치의 공백기로서 사막에서 아람족이 팔레스틴으로 이동하기 시작했고, 이스라엘, 시리아(다마스쿠스 중심), 아시리아(메소포타미아 북부)로 나뉘었고, 철기를 사용했다. 이때 바다로 들어온 민족이 블레셋족이다. 후에 페르시아가 이스라엘로 침공했으며(B.C. 549~B.C. 333), 이들은 성서의 이원론적인 사고에 결정적인 영향을 주었다. 그 뒤에 알렉산드로스의 점령(B.C. 333~B.C. 63)으로 헬라 문화가 도입되었고, B.C. 63년 이후는 로마 시대이다."

두 번째 큰 단락에서는 팔레스틴 지역의 "사막 전통"과 "비옥한 땅" 전통의 비교가 나온다: "사막 전통에서는 부족 간 계약과 연대가 생존권을 보장해주며, 특권층이 있을 수 없고 완전한 평등을 누렸고, 이것이 성서의 정의와 평등의 뿌리이다. 부족 전체에 자유 개념이 발달했다. 자연과의 싸움은 생존이 걸린 문제이었으며 이에 따라 종교는 문화 현상이 아니라 생사의 문제이었다." 그 반면에 "비옥한 땅 지역인 메소포타미아, 이집트의 전통에서는 대제국이 형성되어 있었고, 큰 규모의 강에서 혜택을 입고 있었고, 풍부한 자연에 적응하여 살고 있었다. 팔레스틴의 경우 땅속의 샘과 비, 이슬에서 물을 얻었고, 해안선에는 쓸 만한 항구가 없었고, 바다와 친할 수 없었다.

기후는 예루살렘은 온대, 해안은 아열대, 사해지방은 열대, 북쪽 레바논 헬몬산에는 일 년 내내 눈이 있었다."

"이스라엘 민족의 발생(형성)"에서는 "아브라함–이삭의 남방전승과 야곱의 북방 전승이 결합되었으며 이것이 솔로몬의 죽음 이후 분열로 나타났다. 남북 전승이 통일될 수 있었던 것은 이집트에서 함께 고생함으로 같은 운명 공동체가 형성되었기 때문이다. 또한 '히브리인'은 민족 개념보다 계층 개념으로 용병이나 노동자층을 말한다. 야훼는 그 원형이 '야(후)'로 약소민족에 관심을 가진 신(神)으로, 출애굽에서 강자들의 신이 아니라 억압받는 약자에 관심 갖는 신이었다. 기독교 역사에서 하나님을 강자의 편에 선 전쟁의 신으로 경험할 때 문제가 발생했다. 이스라엘 민족은 가나안에 전쟁의 신 야훼 밑에서 정복자로 들어간다. 야훼가 자기 지위 확보를 위해 이용하는 지배층의 신이 되었다. 이 정복자의 신에 반발하는 세력이 야훼를 피지배자를 위한 신으로 경험하였고, 로마 콘스탄티누스 대제 직전까지 갔다. 그 이후로 야훼 하나님이 다시 지배자의 신이 되었다가 지금부터는 피지배자의 신이다. Martin North는 이스라엘 민족은 가나안에 입주한 다음 가나안에서 형성된 것이라고 한다."

이후 노트의 기록은 사사시대, 왕조시대로 이어지는데, 왕조시대에는 주요 왕들의 정치와 그 의미에 대한 내용이 적혀 있다. 문익환 목사님의 강의는 이스라엘 민족과 국가의 역사, 주변 국가의 영향, 주변 국가와 이스라엘의 비교를 하고 있고, 그 관점은 고통받는 사람들에 대한 하나님의 섭리에 두고 있다.

## 4) 〈선교교육론〉, 문동환 교수(1978년 1학기)

참고도서: 선교신학 서설(안델슨), 교회의 본질과 사명(뮐러), 교회와 급변하는 사회(브레히트), *Christian Education as Engagement*(Hunter), 흩어지는 교회(J. C. Hokendike), *A Theology for Christian Education*(Ferre, Nels), 예배와 선교(대비스), 신의 혁명과 인간의 책임(하비 콕스), 기독교 교육의 새 전망(레티 러셀), 교회(W. Collins), 인간화(브레이텐 슈타인), 새로운 선교와 교회의 구조(플레밍 라이트)

문동환 교수님 강의는 언제나 열정적이었다. 첫 시간에 "교육 목적"에 대해서 "① 선교의 신학적 의미를 해명하여 하나님의 교육적 과제를 본다. ② 오늘의 선교 과업 — 어디에, 무엇을 선교할 것인가? ③ 선교를 위한 교육적 사명 — 훈련의 내용"이라고 하였다. 또한 "선교 과업 전체를 하나님 스스로에 의한 인류 전체의 구원을 위한 교육행위로써 이해"하고, "하나님 = 인류의 교육자로 이해하며, 하나님이 인류 역사의 주인으로 하나님에 의한 선교이다. 교육은 구원의 마지막 완성이다." 그리고 "선교를 위해 필요한 훈련은 선교 대상자와 동일화하는 훈련이다." 이와 함께 제시된 "1학기 강의의 개괄은 ① 선교란 무엇인가?, ② 구원의 의미, ③ 구원으로 가는 길 — 구속사, ④ 구원의 담당자 — 예수의 역할과 해방의 문제, ⑤ 선교 공동체의 탄생, 교회의 구체적 사명과 모습, ⑥ Para Church와 관계 — 비기독교적 인간 구원공동체와의 대화, ⑦ 선교 공동체의 할일, 과제를 교회가 임의로 결정하는 것이 아니라 세계 속에서 발견되고, 제공되어야 한다. ⑧ 선교 공동체의 여러 가지 형태, ⑨ 선교를 위한 교육(선교교육과정론)"이었다.

그다음 시간에는 "선교" 개념과 관련해서 하나님의 선교를 설명했다: "기존 선교는 교회가 주체가 되어 선교사를 이방인, 불신자, 교회 불참자에게 보내고, 신자화, 복음 선포, 교회 설립, 영혼 구원이 목적이었다. 그러나 이제는 선교의 주체가 철저하게 하나님인 '하나님의 선교'이다. 이 경우에 선교의 대상은 세상이다. 구원은 사회 전체와 개인에게 향한다. 교회는 하나님이 세상을 섬기기 위해서 사용하시는 것으로, 하나님 나라를 위한 방편이지 목적이 아니다. 또 교회 밖에도 하나님이 다르게 사용하는 집단, Para Church(숨은 교회)가 있다. 선교의 목적은 세상의 인간화이다."

"샬롬"과 "인간화"로 본 "구원"에 관한 강의와 함께 "모세의 출애굽 이후에서 바벨론 포로기까지 역사에서 구원"을 설명한 뒤 4월 마지막 수업의 교회에 대한 강의가 다음과 같이 이어졌다: "교회(ἐκκλσία)는 ① 구약에서는 사람들이 모인 회중(신 4장, 호렙산 모임), ② 신약에서는 특별한 목적으로 부름받은 모임(행 11:26; 12:5)으로 새로운 공동체가 생기기 전에 있었던 모임이나 지역 전체를 지칭, ③ 하나님이 예수를 통해 모인 모임, ④ 종말론적인 하나님의 백성으로 그리스도를 머리로 하는 새 공동체로 악과 싸우는 모임, ⑤ 에클레시아라고 쓰지 않고 그것을 나타내는 말에는 '성도, 믿는 자들의 모임, 하나님의 종이 된 자, people of God, 하나님 나라의 자녀, 권속(가족), 새로 출애굽한 사람들(히 10:26; 벧전 1:17; 2:11), 포도원이나 양 떼라는 표현(요 15:1이하), 그리스도를 머리로 하는 한 몸(롬 12:5), 새 인류(롬 12:5; 요 3장)'가 있다. 이렇게 볼 때 교회는 ① 하나님이 불러내시고 거기에 응답하는 새 피조물, ② 그리스도를 머리로 하는 새로운 유기적 공동체로 가족적인 친교가 있고, 하나님을 찬양하고, 그리스도의 선교를 이루기 위해 자기 십자가를 지고 따라가는 공동체, ③ 그리스도의 영이 살아 움직여 생기를 불러일으키고, 갈 방향을 지적한다. ④ 종말론적 공동체로 인류 구원의 마지막 모습을 제시해주고, 이것을 해치는 악의 세력과 싸우는 공동체, ⑤ 변화를 초래하며 전진하는 공동체이다. 그러나 현실 교회는 인간 세상에 다이나믹한 힘을 주지 못하고 있다."

그리고 "교회는 Kerygma(선교), Diakonia(봉사), Koinonia(친교)를 하는 하나님의 새 공동체"이다. WCC 웁살라 대회에 따르면 "교회의 타입은 ① family type(가족형/ 공통된 지역에 거주하는 사람들이 가족적인 친교로 모인다), ② 항구적인 선교기관(정착 봉사형/ 사회의 병을 치료하기 위한 기관), ③ 기동타격대(기동형/ 사회 구조의 병을 고치는 것을 목적으로 하여 사회 구조 변혁 노력)가 있다."

선교교육론 노트의 결론은 "선교 대상이 어떤 경험을 가지게 할 것인가?"이다. 그 내용은 "노출로 새 경험과 만남이 있게 되고, 대화로 깨달음이 생긴다. 그 깨달음은 개체적, 단편적으로 이루어져서는 안 되고, 흡수, 확신 되어야 자신의 갱신, 변화, 성장, 새 창조가 이루어질 수 있다. 여기서 새 경험과 만남 그리고 깨달음은 하나님의 계시적인 것"이다.

이외에 당시 기록한 노트는 4권이 더 있다. 선교교육방법론(문동환), 경제사(박현채), 근대사(정창렬), 현장신학(김용복)이다. 이 과목들 노트들은 간단한 소개로 정리하려고 한다.

## 5) 〈선교교육방법론〉, 문동환(1978년 2학기)

선교교육방법론은 구체적으로 선교하는 방법에 대한 수업이었다. 참고도서는 *Rules for Radicals*(Saul D. Allensky), *Education for Critical Consciousness*(Paul Frerie), *The Functions of Social Conflict* (Lewis Coser)이었으며, 그 내용은 알렌스키의 인간관과 세계관, 현장 조직 방법, 혁명관 등과 파울로 프레리의 인간관과 의식화의 4차원(종속적 의식, 종파적 의식, 나이브한 의식, 비판적 의식)과 의식화의 교육과정이었다.

## 6) 〈경제사〉, 박현채(1978년 1학기)

경제사(박현채 교수, 1978년 1학기)는 시대의 사회, 경제를 이해하기 위한 경제 역사에 대한 수업이었다. "참고 도서"는 "*일반경제사(최호진), *일반경제사(이해주), *일반경제(이영협), *공동체의 기초(오스카 이사오), *아시아적 생산양식(티 케오)"이었다.

강의 목차는 "① 경제학의 대상과 기초 개념, ② 경제사관(경제사적 관점에서 역사를 어떻게 보는가?), ③ 역사적 이행의 제문제, ④ 중세 봉건사회의 경제적 특징, ⑤ 봉건사회에서 자본주의 사회로의 이행, ⑥ 자본주의 사회의 경제 제도적 특징, ⑦ 자본주의 사회의 경제 법칙, ⑧ 자본주의 사회에 대한 제이해, ⑨ 세계자본주의의 변모 — 국가독점 자본주의와 이의 수정, ⑩ 세계 경제와 자본주의 성격, ⑪ 근대화와 저개발, 경제 개발의 문제"이었다. 구체적으로는 "사회구조 및 사회 발전의 도식, 생산 양식과 여기에 상응하는 사회 구성체 문제, 아시아적 생산 양식, 봉건제 사회와 자본주의로의 이행 과정,

자본주의가 경제적 관점으로 보면 어떤 특징이 있는지, 아담 스미스 이후 자본주의 사회에 대한 여러 경제 학설"에 대한 설명이 나온다.

### 7) 〈근대사〉, 정창렬(1978년 1학기)

근대사(정창렬 교수, 1978년 1학기) 노트는 "한국의 역사 인식을 위한 史觀의 문제"로 시작된다. 노트 전면에 vol III이라고 적은 것을 보면 앞에 두 권의 노트가 더 있었는데 잃어버린 것이 분명하다. 강의 제목이 "한국 근대사"이니까 아마 강의 내용은 조선 말기 역사부터 시작된 것으로 보인다. 또 보통 '동학혁명'이라고 규정하고 있는 것을 정 교수님이 '동학농민전쟁'이라고 해야 한다는 했고, 이 주장이 당시로서는 생소하여서 지금도 분명히 기억난다. 남아 있는 노트에 적힌 내용은 "일제 식민사관이 주장하는 반도적 성격론, 타율성론, 사대주의론, 당파성론, 정체성 이론의 내용을 각각 설명하고, 그것이 어떤 점에서 부당하고, 또 어떻게 극복할 수 있는지"가 나온다. 또 "일제시대를 4시기로 나누어 시대의 특징"을 강의했고, "일제시대의 산업과 자본 현황과 이에 대응하는 노동자 조직과 노동 운동, 농토 소유 관계 변화와 농민 운동"에 대한 내용이 나온다.

### 8) 〈현장신학〉, 김용복(1979년 1학기)

현장신학(김용복 교수, 1979년 1학기) 과목은 생소한 과목인데, 사회 현실을 신학적 관점에서 파악하고 대안을 모색하고자 만들어진 것으로 알고 있다. 당시 미국에서 막 박사학위를 마치고 들어온 김용복 교수가 맡았는데 우리 사회를 구성하고 있는 주요 세력과 사회

문제들에 대한 리서치를 하는 방식으로 진행되었다.

참고도서는 *Politics of Military Revolution in Korea*(김세진), *Journal Sociology*(Laswell), *Military in Developing Nation*(Huntington), *The Role of Military in Developing Countries*(J. Johnson)이었다. "대한민국 헌법, 근대화와 군대, 다국적 기업" 등을 주로 다루었다.

## 마치며

40년 전 노트를 다시 보니 교수님들의 열정이 느껴진다. 교육원 2층 강의실에서 진지하게 수업을 받던 광경도 떠오른다. 그런 선생님들 밑에서 당시 학생들은 사명감을 가지고 수업을 받았다. 하나님과 사회 변혁에 대한 책임감 때문이었다. 교수님들 중에 제일 연장자 서남동, 안병무 교수님이 1918년생 동갑이었는데, 1978년이면 그 당시 나이가 만 60이었다. 교수님들의 가르침은 도전적이었고, 그분들 인생은 넘지 못할 산처럼 거대하게 보였다. 제자 된 내가 지금 그 당시 교수님들 나이를 훨씬 넘어섰는데, 그 가르침에 부끄럽게 살지는 않았는지 자문하니 부끄럽고 식은땀이 난다. 지금부터라도 40년 전 노트에 새겨있는 젊은이의 마음으로 살아가는 것이 가능할까?

# 나와 선교교육원 출신들의 기독청년운동

이상익

(시인, 작곡가)

나는 구한말 고조부께서 기독교인이 되시고 교회를 개척하셨기 때문에 집안 대대로 기독교 신자였다. 해방 후 예수교장로회가 신사참배 문제로 갈라졌고, 지역이 지역인지라 대다수가 고려파인 부산에서 자연스럽게 나는 예장 고려파의 모태신앙인으로서 살아가게 되었다.

나의 삶의 대부분은 교회생활(손양원 목사님 고향 모교회인 경남 함안 칠원교회와 주기철 목사님 모교회인 마산 제1문창교회)로 채워져 있었다. 고교 때는 교회 목사님과 장로님들의 분쟁으로 인해 강단이 비워졌을 때 고교생인 어린 나에게 주일설교를 맡겼을 정도였고, 목사님이 쫓겨나자 교회 사택을 지키기 위해 제법 거리가 먼 집에서부터 연탄불을 옮겨 사택을 지키기도 하였다. 나는 상업학교(마산상고) 출신이면서도 주산, 타자, 부기의 의무 졸업 자격증 급수가 하나도 없었다. 왜냐면 언제든 일요일에 자격 시험이 치러졌기 때문이었다. 주일에 예배드리지 않고 다른 일을 하면 지옥 가는 것으로 철썩 같이 믿고 있었던 나로서는 선택의 여지가 없었던 것이다.

서울로 유학을 온 후 예장통합 교회에 출석을 하고, 거기서 새로운 기독교 문화를 접하게 되면서부터 나의 신앙에 대한 생각에도 변화가 오기 시작하였다. 그 후 장청(예장 전국청년연합회) 행사 등에 따라다니면서 더 많은 변화가 생기게 됐었고, 선교교육원에 입학하게 되면서부터는 기존의 나의 신앙에 일대 혁명이 일어나고 말았다.

나는 민청학련 사건 이후 옥살이를 같이 하였던 친구 이종원(현 와세다대학원 교수)의 설득에 의해 선교교육원에 입학하게 되었고, 그 후 이제는 또 다른 측면에서의 교회청년운동에 매진하였으니 신학적 관점과 무관하게 교회와 기독학생청년운동(대학 전까지는 고려 고신파의 SFC학생신앙운동 회장)으로서 활동의 테두리를 벗어난 일이 단 한 번도 없었다.

나는 서울로 유학 와서 첫 신앙생활을 금호동에 있는 금호중앙교회에서 하였다. 이때 청년회, 주일학교, 학생성가대 지휘 등을 하면서 장청 활동에도 관심을 기울였고, 1979년에는 장청 서울지구 8개 노회(평양, 평북노회 포함) 연합회장 일을 하였다. 이어서 얼마 후, 서경석 선배에 의해 EYC 활동을 하게 되었고, 1979년도에는 서울지구 회장과 전국 총무 일을 동시에 맡았다. 이때는 단 하루도 느슨한 날이 없이 기독청년으로서의 유신독재 체제와의 싸움에 매진하였고, 종로구 연지동 기독교회관은 내집처럼 드나들었으며 덩달아 나를 지키는 정보 담당 기관원도 같이 생활하다시피 하였다.

이때 잊지 못하는 두 사건이 있다. 당시 김영삼 의원이 신민당 총재가 된 후 우리 사무실로 방문을 하게 되었는데 기관에서 엘리베이터를 중단시켜 고인이된 김영삼 전 대통령 일행은 8층의 우리 사무실까지 참모들과 함께 걸어서 찾아왔다. 이때 EYC 사무실에서 당시 김 총재와 내가 손을 부여잡고 이 땅의 민주주의와 유신독재 타도를 위해 눈물 흘리면 기도했던 기억을 지울 수 없다. 또 1층 엘리베이터에서 기관원과 싸우다가 손목 부위의 살점이 떨어져 나가 그 흉터가 30년 넘게 남아 있었다. 또 한 번은 카터 전 대통령의 방한 때 어디든 따라 붙는 기관원들에 의해 며칠간 전국으로 강제 여행을 다닌 일도 있다.

당시 선교교육원 출신들의 기독청년 활동은 대단했었다. 다만 여기서는 본교 출신으로서 개인적으로 혹은 개 교회 중심으로 활동한 기독청년운동은 다뤄야 할 인원이 너무 많은 관계로 제외하였음을 미리 밝혀둔다.

참고로 당시 유신반대투쟁운동을 가장 심도 있게 전개하였던 두 그룹의 청년운동 단체는 최열, 최민화, 홍성엽(선교교육원 출신), 강구철(선교교육원 출신), 양관수(선교교육원 출신), 이우회 등의 민주청년연합(민청연)과 EYC, KSCF, 기청, 장청, 감청 등을 포함하는 기독청년연합(기청연) 운동이었다.

당시 전두환 신군부는 다시 대통령 간접 선거로 체육관 대통령을 뽑으려고 최규하를 대리로 내세우면서 최종 목표는 전두환을 대통령으로 선출하기 위하여 2,359명의 통일주체국민회의 대의원들을 동원, 또다시 체육관 대통령 선거를 획책하였다. 이때, 이 두 그룹은 대통령 간접 선거 반대 국민 총궐기 대회(소위 명동YWCA위장결혼식 사건)를 개최하였는데, 기청연의 대표로 본교 출신인 권진관, 이상익이 나섰다. 두 사람은 신군부에 체포되어 지금까지 민주화운동 기간 중에 끌려갔던 인사 중에서 가장 혹독한 고문을 당하였고, 세월이 흐른 지금도 그 후유증에 시달려야 했다.

본교 출신 권오성은 이 사건으로 도피, 10개월의 전국 수배기간

동안 큰 고생을 하기도 하였다.

기청(기독교장로회 전국청년연합회)에는 이광일이 1976년 기청 창립에 주도적 일을 하였는데, 1978년부터 권오성, 김상복, 최인규, 인태선, 이대수, 김형기(캄보디아선교사) 등이 선두에서 일하였다. 최인규는 1983년 전국 상임총무 일을 맡아 수고하였다.

장청(예수교장로회 전국청년연합회)에서는 1976년부터 이원희(목사)가 서울노회 임원으로서, 이상익은 1978년(?)부터 서울노회 8개 연합회장으로서 일을 하였고, 이영환(성공회대 사회복지학교수)도 같이 장청 활동을 하였다.

감청(기독교감리회 전국청년연합회)에서는 (고) 유상덕(전 한국교육연구소 소장)이 활동하였는데 그는 교육운동가로서 역할을 많이 하였다. 전교조 전신인 한국YMCA 중등교육자협의회 결성을 주도하였고, 1986년에는 민주교육실천협의회 사무국장, 전교조 정책실장과 수석부위원장, 2003~2005년 대통령자문교육혁신위원회 수석전문위원의 일을 맡기도 하였다.

EYC(한국기독청년협의회)에서는 1979년부터 본격적 활동을 하면서 권진관(목사, 전 성공회대 교수)이 간사 일을, 이상익(준목, 전 한국도로공사 상임감사)이 서울지구 회장 및 전국 총무 일을 하였고, 1978년 (고) 강구철(전 NCC인권위원회 간사)은 대전EYC 창립에 주도적 일을 하였으며, 최인규(목사)는 1985년 충북EYC 창립을 주도하였고, 전국회장을 맡기도 했다. 이대수(목사) 역시 EYC 활동을 같이 하였다.

KSCF(한국기독학생회총연맹)는 나상기(준목, 현 민청학련동지회 공동대표)가 1972년 서울지구 회장과 전국 회장을 맡았고, 1978년부터는 전남기농 창립을 주도하였으며, 그후 전국기농(전국기독교농민회) 총무로서 실무 총책을 맡았다.

1973년에 이원희(목사, 현 한국YMCA연맹 이사)가 활동하였고, 김창규(목사, 시인), 황인성(전 청와대 시민사회 수석), 신대균(준목, 현 KSCF 이사장), 이종원(전 닛교대 부총장, 현 와세다대학교대학원 교수), (고) 오세구(당시 서울대 재학), 배경순(당시 수도사대 재학), 유종성(전 호주국립대학교 교수, 현 가천대학교 교수) 등이 중추적 임무인 간사 일을 하였다. 전점석은 1979년부터 대구 지역 KSCF 활동을 하였다. 신대균은 현재 (사)기독교민주화운동 사무총장을 맡고 있으며, 황인성은 남해, 하동, 사천에서 민주당 후보로 국회의원 출마를 하였다.

YMCA(기독청년회)는 1981년부터 1980년대 말경까지 선교교육원 출신들이 들어가서 주요한 일을 많이 하게 된다. 그 일은 지금까지 봉사나 문화활동에 국한되어 있다시피 한 YMCA를 운동단체로 이끌어내는 것이 우리의 과제였다. 이때는 '80년의 봄'을 전두환 신군부 세력에게 빼앗겨 버린 시점이었는데 향후 운동 노선에 대한 토론 결과, "이제는 합법적이고 대중운동노선을 지향해야 한다"는 결론에 따라 합법적이면서 대중을 가장 많이 접할 수 있으며 세계에서 가장 큰 민간단체인 YMCA를 선택하였던 것이다. 그나마 YMCA가 이런 취지에 가장 적합하다는 결론을 내리고 많은 사람이 활동가로 들어가게 됐는데, 선교교육원 출신으로는 신대균(대구Y), 이상익(마산Y), 전점석(부산Y), 유종성(연맹Y), 이영환(인천Y) 등이 있다.

전점석(현 전국협동조합협의회 공동대표)은 부산Y 간사를 거쳐 진주와 창원에서 사무총장 일을 맡아 그 지역에서 시민사회운동을 주도하였다. 이상익 또한 마산Y 간사로 들어간 후 사무총장 일을 맡아 노동자, 대학, 청년들의 의식화 작업 등의 일을 하였다. 신대균은 지금도 YMCA연맹 인사로, 전점석은 창원Y 명예총장으로, 이상익은 창원Y 감사 일을 하고 있다.

우리 모두 각자가 기독 청년으로서 자기가 속한 장을 달리하였지만 자기가 맡은 일터에서 최선을 다하여 싸웠다. "하나님 나라를 이 땅에 오게 하기" 위하여 기독 청년으로서 신앙 양심에 충실하였다. 따라서 망가져 가는 이 땅의 민주주의와 사회 정의를 위해 몸 바쳐 싸움으로 하나님 나라를 이 땅 여기에 건설하기 위한 노력을 온 몸을 던졌다.

우리 선교교육원은 우리에게 머리엔 신학적 사고로 무장시키고, 몸에는 신앙적 생활 실천을 무장시켜 하나님의 군병으로서 유신독재체제와 전두환 군사독재체제에 항거하게 하였다.


선교교육원!

우리로 하여 하나님의 군사로서 이론과 실천을 동시에 터득하게 한 우리의 보금자리였고, 학교였고, 삶의 터전이었다.

선교교육원!

그때도 지금도 그리고 앞으로도 어찌 우리가 선교교육원을 잊을 수 있으랴.

# 1979년 YH사건 때 선교교육원은
# 역사의 중심에 있었다

이원희

(목사, 한국YMCA전국연맹 이사)

　8월 9일 아침에 재야인사 세 분 문동환 선교교육원 교수, 이문영 선교교육원 교수, 고은 시인이 김영삼 신민당 총재의 상도동 자택으로 가서 YH무역 노동자들의 신민당사 방문을 보호해 달라고 요청하여 노동자 170여 명이 무사히 신민당사에 들어가 농성할 수 있었다.

　상도동행 이전에 8월 9일 이른 아침(오전 7시경)에 문동환 교수, 이문영 교수, 고은 시인 그리고 인명진 목사(영등포 산업선교회 총무)가 서대문 선교교육원에 먼저 모였었다. 그 자리에는 황주석 선배(YH무역 노동자들의 핵심협력자로 YH무역 노동조합 위원장 최순영의 남편이며, 한신대 69학번으로 KSCF한국기독학생회총연맹 초대 학생사회개발단장, EYC한국기독청년협의회 초대 회장, 부천YMCA 사무총장을 역임)를 중심으로 서경석(한국교회사회선교협의회 총무), 신대균(선교교육원 학생, KSCF 간사), 이상희(EYC 임원), 이원희(선교교육원 학생)가 협력자로 함께 모였다. 그리고 또 다른 협력자로 김성재(한국신학대학교 교수)가 있었다.[1]

한편, 황주석을 중심으로 5명의 YH무역 노동조합 언더협력팀은 10일 전부터(YH무역노동지 2차 농성 때부터 신민당사 농성 때까지) YH무역 노동자들을 도우려 밤낮없이 모여 지원방안을 짜내고 실천하였다. 대외여론 홍보 등… YH무역 노동자들의 위기가 심각해지는 상황에서, 타개책을 찾는 협력팀 작전회의가 8월 8일 밤이 새도록 계속되었다. 여러 방책 중 어느 노동조합운동 지도자의 아이디어가 소개되었다. 신민당사로 쳐들어가서 사회 이슈화하는 방법이었다. 늘 하던 종교기관(기독교회관, 명동성당 등)에서의 농성 등과 전혀 다른 방식이었다. 논의 끝에 좋은 방책으로서 채택되었다.

다만 몇 가지 고민이 있었다. 이렇게 하는 것이 YH무역 노동자들도 원하는 방책일까 하는 고민이 그 하나이고, 또 하나는 수백 명의 YH무역 노동자들이 마포 신민당사로 신민당 직원들의 제지를 받지 않고 무사히 들어갈 수 있냐는 것이었다. 전자는 새벽에 확인하는 수밖에 없었는데, 제지받지 않고 신민당사로 가는 과정에 중간 보호 가교가 필요했다. 그때 생각해낸 게 재야 민주인사들의 역할이었다. 김영삼 총재에게 YH무역 노동자를 보호하라고 요청할 가교! 그때 나온 이름이 문동환 교수(선교교육원 교수), 이문영 교수(선교교육원 교수), 고은 시인, 인명진 목사였다.

그 다음, 재야인사 분을 어디서 회동케 할 것인가? 언더협력팀 5명 모두 당연히 서대문 선교교육원을 떠올렸다. 교통의 중심이요, 민주화 동지의 홈그라운드였으니…. 그러자니 어른들을 서대문 선교교육원으로 모셔오는 게 1차 과제였다. 신대균, 이상희, 이원희가 분

---

1 서아현, "한국민주화운동 과정의 교차적 연대 — 다사건 분석을 통한 YH사건의 비판적 재구성", 성공회대 석사학위논문 (2019); 조병호, 『한국기독청년 학생운동 100년사 산책』(땅에쓴글씨, 2005).

담하여 어른들 댁에 가서 설명하고 교육원으로 모시고 오기로 했다.

이원희는 이문영 교수를 맡았다. 새벽에 택시를 타고 쌍문동 이 교수님 댁으로 갔다. 결국 모시고 오기는 했으나 한 가지 에피소드가 있다. 이 교수님이 새벽에 화장실로 가셨는데, 아무리 기다려도 나오질 않으셨다. 나는 약간 긴장했다. 모시는 것이 어그러지나? 화장실 볼 일 보는 시간이 원래 긴 분인가? 아니면 혹시 학생에게 모종의 시국사건으로 납치(?)되는 게 고심되어 시간이 길어지나? 기우였다. 결국 나오셨다. 드라마처럼 교육원에 네 분 다 모였다. 이문영 교수님은 80년대 90년대에 두어 번 우연히 뵐 때마다 날 보곤 씩 웃곤 하셨다. "어이, 자네 덕에 내가 감옥에 갔지? 날 납치(?)해 갔지?" 하는 듯한 묘한 여운이 있었다.


선교교육원 정문을 새벽에 어찌 여나? 교육원 교무주임격인 김성재 교수에게 부탁하여 사찰집사가 문을 열도록 했다. 그것은 아마도 황 선배가 김성재 교수에게 부탁한 것으로 기억된다. 김성재 교수는 당시 교육원에서 거주하고 있었다.

네 분을 모이게 하니 당장 상도동으로 가야 한다는 것이었다. 그리하여 세 분은 상도동으로 갔고, 인명진 목사는 신민당 박한상 사무총장을 만나러 갔다.

당일 새벽 YH무역 노동자들의 상황은 위기 그 자체였다. 그들도 절박한 상황에서 신민당사로 가는 걸 환영했다. 모든 것이 합력하여 선을 이루(로마서 8:28)었나? 무사히 신민당사에 들어갔다. 그러나 신민당사에서 경찰의 강제진압 중 안타깝게도 YH무역 노동자 김경숙 님이 목숨을 잃었다. 우리에게 깊은 생각을 하게 한다.

8월 9일 교육원 학생과 선생은 YH무역 노동자들과 만나고, 민중 사건과 만나 민중 선교의 담지자가 되었다. 교육원 공간도 거대한 민주화 역사에 징발당한 사건의 현장이 되었다. 구레네 시몬(누가복음 23:36)과 또 다르게 하나님의 구원사에 징발되었다.

# 선교교육원과 전교조

고은수
(전 전교조 교사)

문: 먼저 선교교육원을 알게 된 인연, 누구 소개라든가, 개인으로 선교교육원에 온 동기를 말씀해주세요. 그다음은 특별히 전교조 같은 교육운동과 관련해서 말씀해주세요.

답: 제가 73년에 서울대 사범대학 역사교육과를 다니다 3학년에 제적되고 군대 보내져서 78년 5월에 제대를 했어요. 생계 및 용돈을 마련하려고 과외를 했거든요. 과외를 하다가 선배 유상덕 선생님을 만났죠. 이야기 중에 공부를 좀 더 하고 싶다는 이야기를 했더니 바로 선교교육원을 소개해주셨어요. 78년도 여름에 선교교육원에 와서 면접을 봤어요.

문: 그럼 유상덕 선생님하고는 학교 시절부터 이미 알고 지냈었나요. 사범대 선배로?

답: 네.

문: 그 당시 사범대학은 동숭동에 있었나요?

답: 사범대학이 처음에 용두동에 있었는데 3학년인 75년도에 관악산으로 이전을 했어요. 그러니까 관악산에서 문리대 선배와 사대 선배들을 만나고 이 시대를 우리가 어떻게 살아야 되느냐에 대해 선배들로부터 좋은 이야기도 듣고 하면서 어쨌든 시위에 소극적이나마 가담하게 된 건데. 그 소극적인 가담이 감옥으로 이어져 나의 삶을 송두리째 바꿔놓았죠. 그리고는 이제 그때 배운 내용들이 나에게 20대를 의미 있게 만들어줬죠.

문: 유상덕 선생님이 아니었으면 선교교육원을 몰랐을 가능성이 많았겠네요?

답: 아뇨, 그때 어떤 술자리 같은 데에서 선교교육원 얘기가 나왔는데, 아마 양관수 선배도 그 자리에 합석했던 것 같아요. 나보다 2년 선배 되시는 분인데.

문: 그 당시 양관수, 유상덕 선생님은 이미 선교교육원에 재학 중이었고요?

답: 네, 네.

문: 그 당시 사범대학 제적생은 고 선생님하고 유상덕 선생님 외에 또 있었나요?

답: 박광순이라는 친구가 있어요. 박광순 그 친구도 굉장히 학구적인 친구였고. 그 친구를 두고 내가 제주도로 가 버렸으니까. 그다음에 그 친구도 10·26 이후에 복학하면서 선교교육원을 떠나게 됐죠. 나중에 그 친구도 선교교육원 시절에 공부 열심히 했다고, 참 좋

았다고 이야기를 했어요.

　문: 알겠습니다. 그리고 78년도 2학기부터 다니셨고요? 그럼 영등포산업선교회 야학은 몇 년도에 시작하신 거예요?
　답: 그게 78년 겨울. 겨울에서부터 79년 5월까진가. 오륙 개월 했던 것 같아요. 역사 과목을 맡아 열심히 가르쳤죠. 그러다 여러 가지 일이 있었고 83년에 졸업을 하면서 교사가 됐죠.

　문: 교육운동이라고 할 Y 중등이나 전교조 뭐 이런 맹아들은 실질적으로 사범대 시절 어느 정도 얘기가 되었나요? 부문운동으로서?
　답: 그렇죠. 그때 선배들이 반드시 일독을 하라고 했던 책이 〈페다고지〉. 마치 〈전환시대의 논리〉에서 사회의식이 싹이 튼다면, 교육을 하는 사람들은 〈페다고지〉로부터 시작했지요. 그리고 교사가 될 거냐 안될 거냐, 교사가 된다면 어떤 교사가 될 거냐, 어떤 것을 가르쳐야 하고 그 속에서 어떻게 자신의 삶을 꾸려가야 될 것이냐를 고민했죠.
　그때는 교사가 생계를 유지하기 위한 하나의 직업으로서, 수단이기도 하지만. 사실 이것이 우리들의 삶의 중요한 현장이라고 했어요. 아까 노동현장, 농민들의 삶으로 들어가는 그런. 교사가 지금으로서는 상당히 기득권이라고 생각하지만 그때는 교사의 급여라든지 그런 것들이 경제적으로 선망의 대상은 아니었던 것 같아요. 일반 기업들이 워낙 호황을 맞으면서 그들의 급여에 비하면 약했기 때문에 교사가 나름대로 민중적 삶을 지향하는 사람들에게는 덜 부끄러운 직업이었어요. 그래서 그때는 토론했던 것들이 뭐, 교사가 성직자냐 노동자냐, 아니면 공무원이냐 하는 교사의 지위와 성격을 규정하는 것부터 준비를 했다고 할까요?

요즘 젊은이들이 임용시험을 보면서 시험문제를 가지고 공부를 한다면, 우리는 임용시험이라는 코스가 없었기 때문에 좀 더 의미 있는 교사활동을 하기 위한 준비를 할 수 있었죠.

그래서 내가 83년도에 발령을 받는데, 이미 그때 나보다 먼저 발령을 받았던 유 선배라든지 이런 분들은 교사운동을 시작했었어요. 그래서 82년도에 만들어진 것이 YMCA 중등교육자협의회. YMCA라고 하는 우산을 쓰고 거기서 교사들의 공개적이고 조직적인 활동을 시작했어요. 아마 김성재 목사님 같은 경우는 잘 아실 텐데, 유상덕 선배가 YMCA 중등교육자협의회를 만드는 과정, 또는 만들기 전에 이미 YMCA 중등교육자협의회에 가담하고 함께할 사람들의 모임은 선교교육원에서 많이 이루어졌다고 이야기를 해요. 근데 어떤 분들이 만났고 어떤 식으로 만났는지는 내가 솔직히 잘은 몰라요. 아마도 그런 이야기를 해 주실 몇몇 분들이 계실 겁니다.

문: 김성재 교수님한테 저는 수업을 들었는데요. 김성재 교수님은 기독교교육학에 관심 많다 보니까, 고 선생님 말씀처럼 유상덕 선생님하고 Y 중등 쪽으로 외피를 써야 한다는 등 많은 얘길 하셨다고 하더라고요.

답: 그래요. 그러니까 아마도, 유선배가 흉금 없이 이야기를 나눌 수 있는 분이 김성재 목사님이었을 거예요. 김성재 목사님은 선교교육원에서의 중요한 실무 교수이시자 학생들하고 아주 격의 없이 이야기하는 중간 역할을 너무 잘해주셨던 분이에요. 곱상한 얼굴에 호감도 많으셨고.

**문**: 김진경 선생님은 어떠신가요?

**답**: 김진경이랑 고광원은 같이 어울리기는 했지만 선교교육원에 다니지는 않았어요. 아마도 모임을, 처음부터 YMCA에 가서, 그때 YMCA에 강문규 총무님이 있었어요. 강문규 총무님이랑은 이야기가 쉽게 됐을 거예요.

**문**: 맞습니다. 그런 역할을 중간에 김성재 박사님이 했습니다.

**답**: 내가 86년도에 YMCA 중등교육자협의회에서 강좌를 많이 했어요. 근데 그 강좌가 한 번은, 거의 뭐 시국에 관한 교사들의 입장을 발표할 정도까지 갔어요. 민중교육지 사건 직후니까. 그때 말미에 누가 나한테 부탁을 하더라고요. 교육자협의회 말고 일반 선생으로서 나가서 발언을 좀 했으면 한다고. 그래서 내가 발언했던 것도 기억이 나요. 발언하는 것 자체를 장학사들이 체크를 해요. 저 사람은 어느 학교 누군데 어떤 발언을 했다 하고. 교사가 감시의 대상이 된 것도 YMCA 중등교육자협의회가 있었기 때문이죠.

**문**: 제가 80학번인데, Y 강연 자리에 몇 번 갔었어요.

**답**: 그러니까요. 또 한편으로, 아직도 80년대 상황이라고 하는 것이, 우리나라의 정치 상황이, 공포정치의 연속이고 가끔 그 속에서 우리 같은 사람이 발령받을 수 있었던 것은 그 공포 분위기 속에서 유화책을 쓸 때, 운 좋게 걸리면 발령도 받고 직장에 들어가는 것도 무난하게 들어가고. 그러다 걸리면, 아까 박광순이라는 그 친구도 딱 걸려버리니까 발령도 안 나고 묶여버리는 거예요.

그래서 그때 교육운동에 관심 있는 친구들은 크게 두 부류로 나뉘었어요. 하나는 YMCA라고 하는 공개적인, 그리고 비교적 사람들에게는 온건하게 보이는 부류가 있었어요. 우산 속에 들어가서 활동의 공간을 잡고 활동을 넓혀나가고 심화시키자.

그런데 교사운동이라고 하는 것은 궁극적으로 사회변혁의 한 부분을 교사가 부문 속에서 담당해야 되는데, 공개적인 모임에 들어가 버리면 우리 조직의 인적 네트워크가 다 드러날 수 있다, 그러니까 이건 위험한 일이기 때문에 비밀 조직으로 움직여야 된다 해서 지역 소모임 그룹과 YMCA 그룹이 나중에 86년서부터 서서히 갈라지게 되었죠.

86년에 민중교육지 사건이 있었거든요. 그 이후부터는 굉장히 적극적으로 교사의 공개적인 조직을 도모한다고 할까? 공개적인 조직 속에서 교사 대중을 담을 수 있어야 하는데, 그러다가 86년 교육 민주화선언을 할 거냐는 얘기가 나왔죠. 그때 민주화 선언이 상당히 각계에서 많이 나왔잖아요. 그래서 86년 5월 10일을 기해서 교사도 "교육민주화 선언"을 했죠. 처음에는 이름을 다 공개해서 발표하자 했어요. 참 대단한 각오를 가지고서 이름을 집어넣었는데, 나중에 최종적으로 신문사와 교섭했던 친구가 굳이 이름 넣지 않고도 될 것 같다고 해서 이름을 공개하지 않으면서 했어요.

그리고 87년으로 오면서 민주항쟁에 교사들이 수업 끝나고 와서 참여하고. 그때부터는 사회적인 분위기가 상당히 자신감을 갖게 되고, 교사운동의 부분을 확고하게 할 수 있겠다 싶었죠. 그다음부터는 교사 공개 대중 조직으로 이야기가 나오면서 88년도에 교협을 만들어요. 교사협의회를 88년도에 각 지역별 그리고 전국 조직으로 만들었고. 그리고 교사협의회를 그대로 둘 거냐, 조금 더 노동자들이 투쟁할 수 있는, 노동자 권리를 갖는 노동조합으로 갈 거냐 이걸 가지고 상당히 많이 격론들을 벌이다가 노동조합으로 가자, 그래야 노동

삼권을 갖고 노동자투쟁을 더 강고히 할 수 있다 했죠. 그래서 89년도에 전교조가 되는 거죠.

문: (감탄) 고 선생님 말씀이 우리나라 교육운동사네요.

답: 유상덕 선배가 거기 기여한 바가 커요. 유상덕 선배를 누구나 다 어느 정도 이야기를 하는데, 그런 식으로 우리들이 가지고 있는 학문적인 부분을 채워 가면서 또 한편으로는 실천으로서의 삶, 그때는 우리가 투쟁이라고 했는데, 이런 것들을 결합시켜주는 게 있었죠.

그리고 그걸 함께할 수 있도록 만들어 준 보금자리가 선교교육원이었죠. 조금도 부족함 없이 그 역할을 했고. 그래서 선교교육원의 운동사적 의의는 대단히 큽니다. 아니 지금, 어떤 탄압도 없고 자유가 넘치는 시대에도 선교교육원과 같은 학문의 분위기를 맛볼 수 있는 곳이 있으면 참 좋겠다는 생각이 들어요.

문: 방금 말씀하신 데에서 마무리를 하려고 하는데요. 고 선생님이 개인적으로 20대 중후반이 선교교육원 시절이잖아요. 되돌아보니까 그 당시에 과외교사 하시면서 생활비 벌고. 선교교육원에 입학금 안 내셨죠?

답: 네, 네. 저는 선교교육원을 통해서 큰 영양소를 얻었다고 자부해요. 아주 건강하게 자랄 수 있는 보약? 정말로 삶의 굉장히 유익한 영양제를 20대 시절에 거기서 섭취하지 않았나. 그렇기 때문에 지금도 선교교육원을 다니는 분들을 많이는 모르지만, 다녔다고 하면 왠지 정체성이 당연히 같으리라는 동질감을 느끼고. 그리고 궁극적으로 자신과 이웃의 삶의 방향이, 어떤 식으로 살 거냐를 생각하며 사는 게 중요하잖아요, 우리가 개인적으로 유한한, 그러나 사회적으로

역사적으로 굉장히 유구한 것들 속에서 삶이 전개되어야 하고, 우리 역시도 그 방향으로 나아가야 하는데. 함께 살아갈 수 있고 올바른 삶을 살아야 되겠다는 가치관, 의지, 이런 것들을 20대 시절에 정립하는 것은 굉장히 중요하죠. 물론 올바르게 정립하는 것이 더 중요하겠죠. 그것이 나로서는 '선교교육원이 해주었다. 짧은 시간이지만 상당히 많이 해 주었다' 이런 고마움이 있죠.

문: 좋은 이야기들 너무 고맙습니다.

글 정리: 송유진

3부

맺는 말

# 민중신학의 요람
# "서대문민중신학교"의 과제

권진관

(전 성공회대학교 교수, 민중신학자)

한국의 민중신학의 산실은 어디였을까? 시적인 표현이겠지만, 그 산실은 고난의 거리였다. 그런데 그렇게 태어난 민중신학을 키운 곳은 어디였을까? 1973년 초에 설립된 한국신학연구소가 그 하나였다고 해도 크게 틀림은 없을 것이다. 동대문구 용두동의 한 작은 건물을 개조해서 입주한 한국신학연구소에는 한국의 진보적인 신학자들과 다양한 학문영역에서의 학자들이 모였다. 이곳을 중심으로 하여 안병무, 서남동, 현영학, 서광선, 김용복 등 신학자들이 민중신학이라고 하는 새로운 신학적 운동을 모색하고 공부하고 있었다. 한국신학연구소는 연구자들의 모임이었고, 교수나 학자들이 중심이 되어 학술회의, 출판사업에 치중하였다. 지식인들을 청중으로 하는 지식인 공동체였다.

민중신학의 또 다른 성장지는 어디였을까? 단연 서대문에 있던 선교교육원(이하 교육원)이라고 할 수 있다. 교육원은 1977년경부터 본격적으로 민중신학을 강의하거나 민중신학적인 주제들을 교수와 학생들이 다루었다. 교육원은 보다 현장 속에서 민중신학을 추구하였던 그야말로 "민중신학교"였다. 따라서 기장 선교교육원은 한국신학연구소에 비해서 좀더 접근하기 쉽고 열려 있었던 "서대문민중신학교"라고 불러도 좋을 것이다. 수업이 이루어졌고, 크고 작은 모임들이 이루어졌다. 그렇기에 현장적이었고, 역사 참여적이고, 역동적인 공간이었다. 교육원 자리는 교통의 요충지였고, 넓이도 상당했다. 이런 곳에 많은 학자들이 올 수 있었고, 학생들도 모였다. 그때 학생들은 학생운동 출신의 뛰어난 젊은이들이었다. 그러니 최고의 교수와 학생들이 한자리에 모인 것이다. 교수진과 학생들의 질에서 볼 때, SKY대학보다도 낫고, 한신대보다 뛰어났다. 이곳에 민중신학자 서남동, 안병무, 문익환, 문동환, 서광선, 김용복 등, 민중역사학자 정창렬, 이만열, 송건호 등, 민중경제학자 박현채, 민중사회과학자 한완상, 이문영 등이 모였다. 당시에 가장 진보적이고 혁신적 사고를 하는 학자들이 교육원의 교수진으로 포진한 것이다. 민청학련 등의 사건에 연루되어 투옥된, 정권에 의해서 배제되고 소외된 엘리트 대학생들이 대거 선교교육원에 학생으로 들어옴으로써 교육원은 활기를 찾았다. 교육원에서 좋은 학생과 좋은 교수들이 만났다. 이 둘의 만남은 무엇인가 창조를 할 수 있었다. 민중신학이 탄생되었고, 이로 인해 민중신학자, 민중목회자들이 배출되었다.

한국기독교장로회가 운영하는 교육원은 1976년부터 위촉생들을 받아들이기 시작했다. 처음에는 한신대에서 민주화운동으로 제적된 10명 내외의 학생들이 들어왔다. 곧 1977년부터 일반 제적 학생들을 받아들였다. 감옥에서 나온 일반 대학생들이 대거 입학하면서 선교교육원의 모습은 확 바뀌게 된다. 이들에게 제공된 교육은 전통적인 신학이나 학문이 아니었다. 전통적인 신학교 교과과목을 넘어서 사회과학, 철학, 인문학, 역사학 등 다양한 학문을 포함하는 복합적이고 다양한 교과과목이 설치되었다. 한국의 사회·정치·경제·문화 문제들을 놓고 구약의 민중전통과 민중 예수의 관점에서 그 해결을 위해 고민하는 방식으로 공부가 진행되었다. 교수의 연구를 강의하는 형식이 주를 이루었지만, 학생들의 참여로 그 내용이 더 풍부해졌다. 역량 있는 교수가 강의와 발표를 하고 그것에 대해 토론하는 방식으로 공부가 진행되었다. 1976년부터 1985년까지 진행된 총회 위촉생(한국기독교장로회총회에서 인정하여 위촉해 준 학생들)인 학생들의 수는 연인원 123명이었다. 이 중에서 49명이 졸업했고, 졸업을 하지 않은 사람들이 74명이다. 졸업하지 않은 학생들을 포함한 학생들은 현재 각 분야에서 대학이나 교회 등에서 활동하였다. 그리고 연인원 50여 분이나 되는 교수님들을 모셨다. 교수들은 주로 대학에서 해직된 분들이 중심이 되었고, 현직 교수들도 많이 참여했다. 지금 생각하면 정말 대단한 십자가의 "군단"이었다. 사실, 이러한 모임의 사건은 독일 교회의 재정적 지원이 없었다면 불가능했을 것이다. 이것은 우리가 자랑해야 할 일이지만, 또 풀어야 할 숙제이기도 하다. 이제는 우리 스스로 이런 재정을 마련하여 이런 좋은 일을 해낼 수 있어야 한다. 이런 전통을 오늘에 되살리는 것이 만만치 않다. 우리가 과거의 전통을 창조적으로 이어가려면 넘어가야 할 산도 많아 그걸 넘어가려면 상상력과 지혜와 결단이 필요하다.

그런 문제의식을 잊지 않으면서 우리는 이제 이러한 전통을 되살리고자 한다. 우리들의 과거 역량을 살피고 통일평화번영의 한반도를 바라보며 긴급히 해야 할 일들을 모색하고 다짐해야 한다. 한국의 앞날은 평화와 통일에 크게 좌우될 것이다. 북한과의 사회, 경제, 정치적인 통일에 앞서서 먼저 사고의 통일, 사상의 통일이 있어야 한다. 민중신학은 북한의 주체사상과 대화할 수 있는 몇 안 되는 우리들의 자산이다. 혹자는 민중신학이 시대에 맞지 않게 되었다고 하는데 이는 민중신학도 시대에 맞춰 진화하고 있다는 것을 모르고 하는 소리이다. 민중신학의 모습이 70년대의 그것과 같을 수 없고 지금 그렇게 되고 있지도 않다. 다만 처음의 민중신학이 민중의 언어를 중시하고, 민중사건을 귀중하게 여겼던 것을 우리가 지금도 존중하고 있다. 이것은 민중신학의 자기 정체성에 해당되며, 오늘날에도 이러한 정체성은 유효하다. 민중신학이 민중의 현실에 예리한 시선을 보내면서 민중의 삶을 살피고, 민중이 질곡에서 해방의 역사가 일어나기를 열망하는 것도 민중신학이 추구하는 지점이다. 서남동은 민중의 한을 풀고자 하는 것이 민중신학의 목적이라고 하였다. 이처럼 우리는 한편으로는, 민중이 평화롭고 인간적으로 살아갈 수 있도록 남한 사회를 개혁하면서, 다른 한편으로는 북한과의 평화, 통일을 추구하는 과제가 민중신학의 지상 과제로 존재한다는 사실을 교육원의 전과정에서 확인하였다.

평화 통일의 한반도를 위한 큰 그림에서 볼 때, 북한의 주체사상의 맞수는 민중신학 사상이다. 남한의 어떤 이론도 민중신학만큼 북한의 주체사상을 타고 넘어갈 수 있는 풍부한 사상적 자원을 가진 것이 없다고 해도 과언이 아니다. 북한에 사상이나 철학이 있다. 그것은 다름 아닌 주체사상이다. 주체사상이야말로 북한 인민이나 엘리트가 갖고 있는 대표적인 사상 체계이다. 그리고 남쪽의 민중신학은 그동안 내용을 확대하였고, 포용적일 뿐만 아니라, 변혁적인 사상으로 발전하면서 남북한 사회를 이끌 수 있는 사상체계로 발전되고 있다고 감히 말할 수 있다. 만약에 그렇지 않다면, 지금부터라도 더 발전시켜야 한다. 남북한의 통일을 위해서 북측의 주체사상이 발전되어 나아가야 하고, 남쪽은 그 맞수로서 민중신학이 지금보다 질적으로 그 내용을 잘 갖추어야 하고 방점이 필요한 부분은 더 깊이 있게 공부해 들어가야 한다. 예를 들어서, 남북한 통틀어서 민중과 인민이 정치와 경제 및 사회와 문화 속에서 소외되고 있는 것에 대해서 어떻게 하면 민중과 인민이 주체성을 가지고 참여할 수 있느냐 하는 문제가 대두되며, 그것을 뒷받침할 수 있는 정치사상을 형성할 수 있도록 민중신학과 주체사상은 유기적 내용을 갖추어야 한다. 이를 위해서 민중신학의 전통은 계속 발전되어야 한다.

한편, 남한의 교회에서는 1988년 2월 29일 88선언이라고 하는 "민족의 평화와 통일에 관한 한국기독교교회선언"을 KNCC 총회에서 발표했다. 민중신학자들이 이 선언을 만드는 데에 기여했다. 그리고 교육원 교수이고 민중신학자인 문익환 목사가 이듬해 89년 봄에 북한을 전격 방문하여 막혔던 통일의 장벽을 무너뜨렸다. 이 두 사건에는 민중신학이라고 하는 사상적 배경이 드리워져 있다. 최근 남북 정상 간의 여러 번의 만남과 문재인 대통령의 방북, 북미 정상 간의 회담, 그리고 남북미 정상의 회동은 한반도의 정세를 완전히 바꾸어 놓았다. 이제 한반도에서의 남북은 이전과는 다른 차원에서 교류하며 평화 속에서 많은 일을 함께 풀어나가야 할 시점에 와 있다. 이러한 변환의 시기에 비정부적 차원에서 그리고 민중적 차원에서 만남이 일어나야 하고, 함께 당면의 문제를 선도적으로 풀어가야 할 시점이다. 남북의 만남에서 지켜야 할 원리는 그 만남이 정치적 지도자들만의 만남이 아니라 민중이 함께하는 만남이 되어야 하며, 남북의 문제를 해결하는 주체는 결국 민중(그리고 인민)이어야 한다는 대원칙이다. 이러한 원칙을 정부와 교회는 잊지 말아야 한다. 그리고 민중신학 그룹은 이제 북측과의 대화에 발벗고 나서야 한다. 이것이 "서대문

민중신학교"였던 교육원이 계속 짊어져야 할 사명이라고 하겠다.

"서대문민중신학교"였던 교육원이 민중신학을 탄생시킨 장소라 기보다는 요람이라고 부르는 것이 옳을 것 같다. 민중신학은 거리에 서 태어났다고 해도 과언이 아니다. 민중신학은 수많은 사람들의 고 난과 투쟁의 자리에서 태어났다. 이렇게 태어난 아기 민중신학을 안 병무, 서남동 등이 데려와 키워낸 곳이 있는데 그것이 교육원이었다. 민중신학을 입양한 곳이 몇 군데 더 있었다. 예를 들어, 기독학생운 동이나 한국신학연구소나 혹은 산업선교회 같은 곳이 있었다. 그러 나 지속적으로 돌보고 체계적으로 꾸준히 양분을 주어 키워낸 곳은 민중민주운동에 참여했던 교수와 학생들이 모인 집단지성의 장, "서 대문민중신학교"로서의 교육원밖에 없었다. 그곳의 방지기는 서남 동, 안병무였다.

증언에 따르면, 서남동 원장은 교육원 안에 민중신학연구소를 만 들려고 시도했다. 그리고 자주 관련 학자들을 불러 집단적 토론도 했 고, 민중신학적 사상을 형성하기 위한 연속 강좌에 초청했다. 민중신 학은 방외(方外)신학(theology of outsiders)이었다. 쫓겨난 사람들 이 하는 신학이었다. 민중신학은 학교에서 쫓겨나고, 심지어 교회에 서 쫓겨난 사람들이 모여서 했다. 당시 쫓겨난 사람들끼리 모여서 교 회를 만들었다. 그게 갈릴리 교회였는데, 그곳에서 민중신학이 설교 되고 발표되었다. 쫓겨난 사람들이 모여서 만든 신학교가 교육원이 었다. 그러므로 서대문의 위촉생 교육과정을 우리는 "서대문민중신 학교"로 이름할 수 있다고 생각한다.

모든 것이 다 그렇듯이 민중신학은 특히나 홀로 유아독존 식으로 자라날 수 없는 것이었다. 다른 학문들, 특히 서양신학, 사회철학, 정 치철학, 사회과학, 문학, 예술 등 인문학 등의 다른 학문들과 함께 발전하는 것이었다. "서대문민중신학교"는 그것의 이상을 잘 보여준 유례 없는 케이스이다. 민중신학은 이러한 타학문이나 타분야로부터 자양분을 얻는다. 그뿐 아니라, 민중신학은 민중의 현실적 고통을 흡수하고, 그 한을 이해하려고 한다. 나아가서 그 한을 넘어설 수 있는 단(斷, 회개와 정의의 행위)을 실천하려고 한다. 그리고 민중의 해방의 사건을 목도하고 빠짐없이 증언하려고 한다. 다른 학문들의 성숙한 이론들과 교류하면서 그것을 비판적으로 배우고 받아들이고 적용하기 때문에 민중신학은 자기 울타리 안에 갇힌 폐쇄적 신학 학문이 아니다. 그리고 현실과 담을 쌓는 추상적이고 관념적인 상아탑의 놀음도 아니다. 현실에 문을 열어놓을 뿐 아니라, 불의한 현실을 바꾸기 위해서 뛰어드는 실천을 중시하고 성찰하는 실천적 지혜인 것이다. 현실을 해석하는 것에 멈추는 것이 아니라, 현실을 바꾸기 위한 민중신학이다.

그렇기 때문에 교육원에서는 다른 학문 분야들 학자들을 모았다. 그들로부터 신학자들은 배웠고, 그것을 기초로 하여 신학적 담론을 구성하려고 했던 것이다. 나아가서 교수와 학생들이 현실 참여를 계속했다. 이러한 공동체가 당시에 필요했지만, 지금 그리고 미래에도 절실하게 필요한 것이 사실이다. 이제 민중신학이 쇠퇴기에 들어갔다고 말하는 사람들이 있다. 그래서 다른 신학을 준비하자고 한다. 물론 민중신학이나 민중이란 말을 굳이 쓸 필요는 없을 것이다. 그러나 우리가 하려는 것은 항상 민중신학의 범위 안에 놓여 있게 될 것이라고 생각한다. 우리가 민중신학이라는 말을 더 이상 쓰지 않을 수도 있다. 나는 결코 그런 주장을 하지 않는다. 계속 이 용어가 필요하고, 그것을 이어가야 한다. 그럼에도 민중신학이라는 단어를 우리가 쓰지 않게 되더라도, 민중신학은 우리들의 모든 지적, 실천적 행위의 표현 속에 정신적으로나 상징적으로 밑바탕을 이루고 있음을 알아야 한다.

문제는, 위에서 이미 언급하였지만, 앞으로 민중신학이 어떻게 남북한의 정신적, 사상적 통일을 위해서 기여할 수 있고, 남한 사회의 변혁을 위한 이론적 철학적 근거를 제공해 줄 수 있겠느냐이다. 민중신학, 아니 실천적 신학을 발전시키려고 하는 신학자나 사상가들은 치열하게 고민하고 공부해야 한다. 서남동 선생이 많은 젊은 학자들과 후학들에게 민중신학을 위해 부탁하셨다는 이야기를 종종 듣는다. 안병무 선생도 우리 후학들에게 민중신학을 살려 나가 주기를 부탁하셨다. 이분들의 마음을 헤아려야 할 것이다. 이 두 분의 민중신학적 지혜의 말씀을 아래에 적어본다. 오늘날에도 이런 번득이는 언어들이 나타나기를 간절히 바란다.

복음은 원래 가난한 자들의 복음이었던 것이 부자들의 복음으로 변해 버렸다. 부자와 가난한 사람, 주인과 종을 같은 죄인이라고 균등화하는 것은 하느님 앞에서 죄를 범하는 것이고 현실의 잔혹한 불평등과 비참한 가난에 대한 외면 무관심을 낳고 부자들의 자기 의인을 다져주게 된다. 부를 같이 나누려 하지 않고 죄만을 같이 나누는 것이다. (서남동, 『민중신학의 탐구』, 2018, 530쪽)

나는 민중의 사건을 거대한 하나의 화산맥에 비유하지요. 하나의 화산맥이 여러 시대를 두고 흘러오면서 각각의 역사적 상황에서 분출합니다. 그 화산맥이 예수 시대에 거대한 활화산으로 터진 것이 바로 예수사건입니다. 그 화산맥이 지금 이 시대에도 면면히 역사의 지각 밑을 흐르고 있어요. 그래서 오늘 한국에서 일어나는 민중사건들도 단절된 독립된 사건들이 아니라, 2천년 전 예수 사건과 맥을 같이 하는 사건들이라고 봅니다(안병무, 『민중신학이야기』, 1991, 35쪽).

그러나 우리도 나이가 들었다. 나는 스승 서남동 선생이 작고하실 때보다도 한 살 더 먹었다. 제자가 스승의 나이를 넘어선 것이다. 목욕탕에 가서 보니 온탕이 있고 열탕이 있었다. 열탕의 온도가 섭씨 44.4도였다. 뜨거웠지만 조금 참으며 반쯤 몸을 담궜다. 들어오려던 어린아이가 '앗! 뜨거워' 하며 도망쳤다. 세월과 함께 나의 육신의 감각은 많이 무뎌졌다. 그러나 요즘 나의 영적인 감각은 더 민감해진 것을 느낀다. 육신으로 보면 우리의 전성기는 지났다. 육신은 후패해졌으나 우리의 영은 날로 새로워진다고나 할까. 우리의 영적인 감수성은 아직도 영민하다. "서대문민중신학교" 졸업생들의 시대는 서서히 지나고 있지만, 그러나 아직도 우리의 영적인 감수성과 상상력은 젊었을 때를 넘어선다. 우리가 우리의 삶을 마감할 때까지 이 시대를 위해서 할 수 있는 일을 다 할 수 있게 되기를 기도한다.

# 이 책이 나오기까지

역사는 기록되고 전승되어야 한다. 역사는, 수집되고 정리되어, 평가되고, 다시 교육되어야 한다. 이름 없이 빛도 없이 활동했던 수많은 이들의 피눈물의 역사는 기억되어야 한다. 그리고 후세에 알려져 교육되어야 한다.

'선교교육원'이라는 단어를 떠올릴 때면, 내 가슴은 벅찬 감정으로 끓어오른다. 대한민국이 박정희 군사독재의 폭압에 시달리던 1970년대에 분연히 떨쳐 일어나, 잘못된 이 나라의 역사를 바로잡기 위해 온 힘을 다하여 독재에 맞서 투쟁했던 분들이 떠오르기 때문이다. 내 마음속의 '선교교육원'은 대한민국의 억압받던 민중들의 편에 서기 위해 고뇌하며 고난의 길을 스스로 걸어갔던 분들의 모임이었다. 그들의 신앙과 신념이 곳곳에서 실천으로 이어져 한국을 바꾸고 많은 이들에게 미래에 대한 꿈과 희망을 갖게 하였다고 믿는다.

역사편찬 작업을 시작했을 때만 해도 어떻게 이 역사를 복원할지 막연하기만 해서 뜬구름 잡는 일 같았다. 그러나 한 번 두 번 회의를 하며 중지를 모아가다 보니 조금씩 윤곽이 잡혔다.

남아 있는 기록이 거의 없으니 선교교육원과 관계했던 사람들에게 자료나 각자의 스토리를 글로 쓰기를 요청했고, 또 교육원을 다녔던 학생들에게 당시의 기억을 되살려 글을 써주기를 부탁했다.

여기에다 당시 학생들과 교수 등을 모아서 집담회를 열어 공통의 기억을 되살리는 방법도 시도하기로 했다. 그리고 남아 있는 자료들도 이곳저곳을 다니며 찾아내었다. 몇 개월에 걸쳐 매주 수요일에 편찬위원들이 모여 진전된 사항을 점검하고, 새로운 문제들에 대해 의견을 모으고 토론하며, 방향을 잡아 나갔다.

처음에는 선교교육원에 대한 역사자료집으로 방향을 잡았으나 이번에는 시간상의 제약도 있고 하니 가능한 한 많은 자료를 모아 자료집을 만들고, 다음에 그 자료들을 기반으로 누군가가 한 권의 책으로 써내는 것이 좋겠다고 생각했다.

그러나 원고가 속속 도착하며 또 집담회가 거듭될수록 생각이 바뀌었다. 개개인이 민중교회에서, 노동 현장에서, 농촌에서, 또 다른 현장 속에서 '한의 사제'로 너무나도 치열하게 살았고, 그곳을 변화시킨 생생한 기록들인 것을 깨닫게 되면서, 이 증언들로 나중에 책을 쓸 것이 아니라 지금도 충분히 완성된 책을 만들 수 있다는 생각에 이르렀다. 교수님들이 집담회에 나와 깊이 있는 귀한 말씀을 해주셔서 '역시 선교교육원에 오셨던 교수님들이 높은 수준이었구나'라는 것을 느꼈다. 연세가 드셨는데도 날짜까지 또렷이 기억하셨다.

먼저 선교교육원과 연관된 자신의 삶의 증언에 참여해주신 모든 회원에게 깊은 감사를 드린다. 그리고 서울시의 지원에 진심으로 감사를 드린다. 시의 지원을 성사시킨 임승철 목사의 노고가 없었으면 이 일은 가능하지 못했을 것이었다. 몇 달간이나 매주 한 번씩 모여 같이 논의한 역사편찬위원들, 이현준 원장, 김창규 목사, 박몽구 시인, 한기양 목사께 감사드린다. 아울러 임원단인 권진관 회장, 정상시 부회장, 조인영 부회장, 신대균 부회장, 김명희 총무께 감사드린다. 우리의 끈끈한 우정과 연대가 없었으면 불가능했을 일이다. 기술지원을 해주신 윤병희 기자, 손인덕, 김균열 선생 그리고 수집된 자료를 원고로 작성해주신 박철 목사, 김현수 목사, 염태정, 박몽구, 송유진 선생께 감사드린다. 특히 편집장을 맡아 끝까지 수고한 염태정 선생께 감사한다.

끝으로 도서출판 동연의 김영호 사장님, 출판사 직원들과 전미숙 차장님의 헌신적 도움 없이는 이 책이 나올 수 없었다.

* * * * *

초판을 여러 동지들과 기관에서 구매하여 6개월만에 개정증보판을 다시 만들 수 있게 됨을 감사드린다. 2019년 12월에 이 책의 초판이 나오고 나서 격려도 많았지만 인명, 지명 등의 오기에 대한 지적도 받았다. 특히 역사적인 기록에 관한 책은 연도, 날짜, 이름 하나하나를 세심하게 확인해야 하는데 애초에 표준이 될만한 사료라는 게 없이 사람들의 기억을 토대로 하다 보니 미비한 점이 있었다. 다행히 책이 출간되고 여기저기서 사실 확인을 해주고, 보완·수정 요청도 있어 이를 최대한 반영하였다. 개정증보판에 추가된 원고로는 최정의팔 목사께서 서대문민중신학교-선교교육원의 전신인 선교신학대학원의 역사를 "민중을 향한 시야를 넓혀준 선교신학대학원: '선교교육원'의 전신 '선교신학대학원' 이야기" 제하로 써주셨다. 선교신학대학원과 이어 한신대학원에서 학위 과정을 이수하신 체험적인 사례와 글로 이로써 서대문민중신학교의 전사(前史)와 출범의 토대가 잘 규명되었다. 또 "나와 선교교육원 출신들의 기독청년운동"의 글을 보내주신 이상익 시인의 글도 첨부하였다. 그 밖에 이원희 목사의 "1979년 YH사건 때 선교교육원은 역사의 중심에 있었다"의 글은 사실관계를 수정, 보완하여 새 원고로 보내주셔서 전면 교체하였다.

유구한 동·서양 대학의 역사에서도 찾아보기 힘든 서대문민중신학교의 사례는 이땅의 민주화와 교회운동 그리고 민중신학에 있어서 소중한 사례로서 잘 보전, 전승되기를 바란다. 아울러 우리가 품었던 하나님 나라의 꿈, 새로운 사회를 향한 희망이 속히 성취되기를 기도한다.

2020년 5월
선교교육원 역사편찬위원장 이광일